Optionen und Futures

Optionen und Futures

Grundlagen und Strategien für das Termingeschäft
in der Schweiz, in Deutschland und Österreich

Ernst Müller-Möhl

Fünfte Auflage
Überarbeitet von Erhard Lee

Verlag Neue Zürcher Zeitung

5., überarbeitete Auflage 2002
© 1988 Verlag Neue Zürcher Zeitung, Zürich
ISBN 3-85823-888-0
www.nzz-buchverlag.ch

Inhaltsübersicht

Inhaltsverzeichnis

Widmung für Ernst Müller-Möhl

Es ist ungeheuer schwer, an dieser Stelle einem Menschen gerecht zu werden – selbst wenn er eine weniger spektakuläre Spur durchs Leben gezogen hätte als Ernst Müller-Möhl. Aber diese Aufgabe ist uns gestellt. Und er hat sie uns heute gestellt – unvorstellbar früh im eigentlichen Wortsinn, unvorstellbar früh für einen, der uns erst noch anlachte in der nur ihm eigenen Façon.

Lassen Sie mich kurz von dieser ihm eigenen Façon sprechen, so wie sie sich in meiner Erinnerung eingeschrieben hat:

Vorab dieses strahlende Lächeln. Nie habe ich ihn anders einen Raum betreten oder ein Gespräch beginnen sehen. Es war gerade nicht ein Lächeln wie es die Konvention von uns allen gelegentlich fordert. Sondern es signalisierte die ihm eigene Bereitschaft, zuallererst das Beste in den Menschen und Dingen sehen und annehmen zu wollen. Es erschien einem als die sichtbare Oberfläche einer positiv aufgeladenen Energie, die ihn auch in seinem Beruf scheinbar unerschöpflich vorantrieb. Diese Energie, dieser Optimismus, dieser unerschütterliche Glaube an das Gelingen seiner Vorhaben, seinen Partnern wie auch seinen Kontrahenten gegenüber, waren ein konstituierender Teil von ihm.

Es war diese positive Kraft, die ihn unentwegt neue Dinge anpacken liess. Etwas bewegen wolle er – so sein häufigstes Diktum. Kompromisslos war er der Zukunft zugewandt – nicht einer beliebigen, sondern der von ihm gewollten Zukunft für die Unternehmen, in denen er sich engagierte. Eine Vision für sie aufzuzeigen und seine Partner dorthin mitzureissen, gehörte zu seinen besonderen Stärken. Widerstände forderten seine Kreativität heraus. Er war ein Kämpfer, der ohne Not nie aufgab.

In den letzten Jahren richtete er sein Augenmerk über die Schweiz hinaus, nach Europa, USA, China. Dennoch blieb er der Schweiz gleichermassen zugetan. Er glaubte fest an ein ausserordentliches Potenzial ihrer Menschen, Institutionen und Unternehmen, an den Finanzplatz und Werkplatz Schweiz. Und gerade deshalb hatte er sich mit Lust und gelegentlicher Frustration daran gemacht, deren Verkrustungen aufzubrechen, wo sie sich seinen Visionen entgegenstellten. Macht um ihrer selbst willen hatte auf ihn keine Anziehung. Das spiegelte auch sein Führungsstil: nicht autoritär – er pflegte zunächst die neuen Ideen gewissermassen zu infiltrieren, er inspirierte seine Umgebung zu eigenen Argumenten, und schliesslich gewann er durch Überzeugen.

Mich faszinierte an seiner Person seine Fähigkeit, zwei Tätigkeiten zusammenzudenken, die sich in der Regel ausschliessen: Ernst war in seinem Vorgehen Stratege und Künstler zugleich. Der Stratege bestimmt sorgfältig seine Ziele. Dann leitet er die Massnahmen ab, wie sie zu erreichen sind. Dann handelt er. Der Künstler wiederum begibt sich in einen Prozess, etwas Bedeutendes zu schaffen, ohne das Ziel schon zu kennen. Er tut dies im Vertrauen auf seine Intuition, auf das eigene Vermögen, den Prozess zu Ende zubringen. Hatte Ernst als schneller Denker die Richtung festgelegt, pflegte er rasch zu handeln, im Vertrauen auf seine eigenen Stärken. Er hatte Respekt erheischenden Mut, Risiken einzugehen. Dazu kam eine kaum bezähmbare Lust, sich über Konventionen und Normen hinwegzusetzen. Er war indessen zu intelligent, um nicht mit der Möglichkeit des gelegentlichen Scheiterns zu rechnen. Für ihn zählte nicht die Nullfehler-Quote. Es zählte nur die Zahl der erfolgreich gestalteten Gelegenheiten. So ist ihm ganz Ausserordentliches gelungen. Und so ist vieles noch zu vollenden.

Ernst brachte als Mensch und als Unternehmer ein ganz ungewöhnliches Potenzial ein. Zudem vermochte er mittlerweile ganz bedeutende materielle Ressourcen zu mobilisieren. Die Reise hatte eben erst wirklich begonnen. Nichts schien zu gross, um es nicht wenigstens andenken zu können. *The sky is the limit*. Und so war es dann.

Unser Schmerz besteht im Grunde darin, dass wir diese Reise genau so nie mehr werden tun können, mit all den Dramen und Komödien, die Ernst mit uns gemeinsam geschaffen und bestanden hätte. Nun wird es eine andere Reise werden. Wir, Freunde und Familie, werden uns gegenseitig beistehen. Wir werden die Dinge vollenden, die Ernst sehr wichtig waren. Und wir werden neue Dinge anpacken. Wir werden ihm sein strahlendstes Lächeln abnötigen.

Dr. Uli Sigg

Vorwort

Ernst Müller-Möhl war ein Visionär, als er in den 80er Jahren die Erstausgabe dieses Werkes auflegte. Als hätte er geahnt, welche Entwicklung den derivativen Anlageinstrumenten bevorstehen würde. Zu dieser Zeit befand sich eine Bewegung im Anfangsstadium, deren Ende heute nicht absehbar ist. Derivate galten ganz allgemein als spekulative, exotische Instrumente, die nur von einem engen Kreis von versierten Anlegern genutzt wurden. Heute sind sie nicht mehr aus der Finanzwelt wegzudenken und selbst Laien begeben sich auf dieses rutschige Parkett. Die Vision von Ernst Müller-Möhl hat dazu beigetragen, dass die Laien der ersten Stunde heute oft als Profis mit der Materie umzugehen wissen. Welcher Fondsmanager, Finanzchef oder Pensionskassenverwalter bezieht nicht Optionen, Futures oder andere strukturierte Produkte in seine Anlagestrategie ein. Sie gelten heute nicht mehr als Exoten, sondern sie werden gezielt als Absicherungs- oder Anlageinstrument eingesetzt. Und zwar in den verschiedensten Anwendungsgebieten.

Tatsächlich lassen sich heute die Risiken dank der Vielfalt an Produkten fast beliebig umverteilen. Seien es die Währungsschwankungen, welche einem Exportunternehmen zu schaffen machen, oder seien es die Rohstoffpreise, die Versicherungsrisiken, die Zinsrisiken einer Hypothek oder die Renditeschwankungen eines Aktienportefeuilles: Mit Derivaten lassen sich die Risiken genau abgrenzen. Die Wirtschaft nutzt diese Möglichkeiten sehr aktiv, denn sie helfen ihr in einer unsicheren Welt die Unwägbarkeiten auf ein beruhigendes Mass zu reduzieren.

Die vorliegende aktualisierte Ausgabe eignet sich ebenso, um dem Laien eine Basis zu verschaffen, wie für den Profi, der sich mit den neusten Trends vertraut machen möchte. Denn das Wichtigste im Umgang mit derivativen Instrumenten ist, dass der Anwender deren Eigenschaften von Grund auf versteht. Für den Leser wird bald klar, dass die Losung «wenig Einsatz – hoher Gewinn» sich unter dem Aspekt des eingegangenen Risikos relativiert. Das exakte Verständnis der Abhängigkeiten zwischen Risiko und Ertrag zu gewinnen, ist für den erfolgreichen Einsatz von Derivaten unabdingbar. Der ‹Müller-Möhl› eignet sich dazu bestens. Er liefert die Grundrezepte und verschafft dem Leser eine solide Basis. Wer auch *mit* Derivaten ruhig schlafen möchte, dem sei die Lektüre wärmstens empfohlen.

Erhard E. Lee

15

Einleitung

Ein derivatives Finanzinstrument ist, wie die Bezeichnung bereits verrät, ein von einem zugrundeliegenden Wert abgeleitetes Produkt, welches durch eine vertragliche Vereinbarung zwischen zwei Kontrahenten zustandekommt. Der zugrundeliegende Wert kann theoretisch beliebiger Natur sein; die üblichen Derivate basieren jedoch auf Aktien, Zinsinstrumenten, Devisen, Indizes, Rohwaren oder Edelmetallen. Der Preis eines derivativen Instrumentes ist eng mit demjenigen des Basiswertes verknüpft und wird aufgrund von Angebot und Nachfrage eines Marktes gebildet. Dieser Preis muss allerdings nicht dem theoretisch richtigen Preis entsprechen, welcher mittels verschiedener mathematischer Modelle ermittelt werden kann.

Seit den 80er Jahren haben Derivate eine unvergleichbar erfolgreiche Entwicklung erfahren und übertreffen heute sogar das Umsatzvolumen der zugrundeliegenden Basiswerte in manchen Bereichen. Immer neue Anwendungsgebiete eröffnen sich für Derivate wie beispielsweise in den Bereichen Unternehmungsfinanzierung oder Versicherungswirtschaft.

Noch immer rufen jedoch Optionen und Futures bei den meisten Menschen, darunter auch erfahrene Investoren, negative Assoziationen hervor. Für viele stellen diese Instrumente suspekte Spekulationshilfsmittel von Finanzjongleuren dar und werden fast ausschliesslich mit dem Begriff Risiko verbunden. In der Tat sind derivative Finanzinstrumente sehr eng mit dem Begriff Risiko verknüpft, sie sind sogar aus Risikoüberlegungen heraus entstanden. Anders jedoch als die weitverbreitete Auffassung beinhalten sie nicht direkt ein Risiko, sondern dienen zur Abgrenzung und Umverteilung von Risiken. Das Risiko kann allgemein als Kursschwankung von Werten während eines bestimmten Zeitraums definiert werden. Wenn zwei Marktteilnehmer bereit sind, entgegengesetzte Risiken einzugehen, können beide Parteien einen Kontrakt schliessen und so das Risiko vom einen zum anderen Marktteilnehmer transferieren.

Optionen und Futures zeichnen sich im Vergleich zu Transaktionen im zugrundeliegenden Produkt durch ihren geringen Kapitaleinsatz aus. Kursänderungen einer Aktie beispielsweise wirken sich auf die Preisänderung einer Aktienoption aus diesem Grund prozentual stärker aus, was als Hebeleffekt bezeichnet wird. Dieser Hebeleffekt ermöglicht je nach Einsatzstrategie der Derivate relativ hohe Gewinne, aber auch entsprechende Verluste. Schliesslich hängen, wie bei allen Finanzinstrumenten, Gewinn und Verlust allein vom Eintreffen der Markterwartungen des Investors ab.

Die Flexibilität von Derivaten ermöglicht sowohl dem konservativen als auch dem risikofreudigen Anleger den Einsatz idealer Werkzeuge für das Finanzmanagement, welche die Möglichkeiten früher eingesetzter Instrumente bei weitem übertreffen. Mehr als bei allen anderen Finanzprodukten benötigt jedoch der Einsatz von Derivaten fundierte Kenntnisse über deren Struktur, Eigenschaften und Einsatzmöglichkeiten, da sie sonst tatsächlich zu einem risikoreichen Unterfangen werden können. Dieses Buch soll einen vertieften Einblick in die Welt der Futures und Optionen vermitteln und sowohl als Grundlage für den Einsteiger als auch als Nachschlagewerk für den versierten Anleger dienen. Obwohl für ein tieferes Verständnis von Derivaten kein Weg an komplizierter Finanzmathematik vorbeiführt, wurde in allen Kapiteln dieses Buches versucht, möglichst leichtverständlich und anwenderfreundlich zu bleiben.

In einem ersten Schritt sollen dem Leser die Grundlagen des Termingeschäfts sowie dessen Nutzen nahegebracht werden, um dann in den Kapiteln zwei und drei näher auf die Merkmale und Formen von Futures und Optionen eingehen zu können.

Das vierte Kapitel befasst sich mit der theoretischen Bewertung von Futures und Optionen und stellt verschiedene Modelle vor, welche dabei in der Finanzwelt zur Anwendung gelangen. Die Bewertung von Optionen bildet den Hauptteil, da diese bedeutend komplexer ist als diejenige von Futures. Ebenfalls werden Faktoren der Optionspreisbestimmung sowie die wichtigsten Kennzahlen für Optionen behandelt.

In den folgenden drei Kapiteln werden die Typen von Marktteilnehmern im Terminmarkt, der Arbitrageur, der Hedger und der Trader, sowie deren unterschiedliche Motivationen und Handelsstrategien vorgestellt. Danach wird anhand der Vektortechnik gezeigt, wie Risiko- und Gewinnprofil komplizierter Optionsstrategien auf einfache Weise sichtbar gemacht und umgekehrt geeignete Strategien für vorgegebene Anlegerpräferenzen gefunden werden können.

Das neunte Kapitel soll dem Anwender praktische Kenntnisse zu unterschiedlich risikoreichen Optionsstrategien, ein Modell zu deren Auswahl sowie Beispiele zur Veränderung des Risikoprofils eines Portefeuilles vermitteln. Die ökonomische Bedeutung von Derivaten, deren Risiken sowie Sicherheitsbestimmungen sind die Diskussionspunkte der folgenden zwei Kapitel.

In den Kapiteln zwölf bis vierzehn erfolgt eine genauere Betrachtung des Optionenhandels in den Ländern Schweiz, Deutschland und

Österreich mit dem Schwergewicht auf den jeweiligen Terminbörsen und deren Produkten. Anschliessend werden einige der zahlreichen Produktinnovationen der letzten Zeit im Bereich der exotischen Optionen und deren Eigenschaften vorgestellt.

Zuletzt erhält der Leser einen Überblick über die Besteuerungsproblematik von Optionen und Futures in den Ländern Schweiz, Deutschland und Österreich.

Um den Umgang mit der hauptsächlich aus dem angelsächsischen stammenden Fachsprache zu erleichtern, befindet sich im Anhang des Buches ein Verzeichnis der gebräuchlichsten Terminologie im Bereich Futures und Optionen. Ein für den täglichen Handel und für das theoretische Verständnis geeignetes Faltblatt mit allen gängigen Optionsstrategien ist dem Buch beigelegt.

Das Termingeschäft

Die von den Marktbedürfnissen vorangetriebene, rasante Entwicklung im Bereich der Finanzinstrumente hat in den letzten Jahren zu einer zunehmenden Heterogenität und damit verbundenen Intransparenz geführt, wodurch die Abgrenzung einzelner Geschäfte auf den Finanzmärkten erschwert wurde.

Die beiden grundlegenden Elemente eines Finanzmarktes bilden der Kassamarkt und der Terminmarkt. Im Kassamarkt werden Geschäfte getätigt, die in Form eines Direktgeschäftes eine unmittelbare Bezahlung und Lieferung des Vertragsgegenstandes erfordern. Beispiele hierfür sind der Barkauf von zwei Kisten Wein in einer Weinhandlung oder das Wechseln von US$ 1 000 in Fr. am Bankschalter. Beide Geschäfte beinhalten die Erbringung einer unmittelbaren Leistung und Gegenleistung.

Auf Terminmärkten werden hingegen nur Verträge über ein in der Zukunft liegendes Geschäft abgeschlossen. Ein Termingeschäft wäre es beispielsweise, wenn ein Blumengeschäft im Dezember 1 000 rote Rosen zum Stückpreis von Fr. 3 auf den kommenden Valentinstag bestellt. Die Festlegung der Ware und des Preises erfolgt bereits im Dezember, während die Lieferung und Bezahlung am Fälligkeitstermin im Februar stattfindet.

1.1 Abbildung
Das Finanzmarktsystem

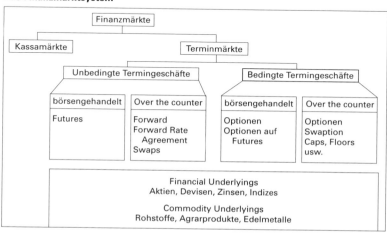

Geschäfte auf Termin lassen sich wiederum in die Kategorien bedingte und unbedingte Termingeschäfte unterteilen. Abgrenzungskriterium ist hierbei das Vorhandensein eines Wahlrechts, welches dem einen Vertragspartner die Entscheidung über die Erfüllung oder das Verfallenlassen des zugrundeliegenden Kontraktes einräumt.

Besteht für beide Vertragsparteien eine unbedingte Verpflichtung zur Leistung und Gegenleistung wie beim Beipiel mit dem Blumenhändler, handelt es sich um ein unbedingtes oder festes Termingeschäft. Dabei wird zwischen individuell ausgehandelten, ausserbörslichen Geschäften (Over the counter, OTC) und homogenen, börsengehandelten Kontrakten unterschieden. Zu ersteren gehören die klassischen Termingeschäfte (Forwards), Forward Rate Agreements und Swaps. Forward Rate Agreements sind Vereinbarungen von Vertragsparteien über den Zinssatz für eine Einlage, wobei keine effektive Einlage stattfindet, sondern zu einem bestimmten Termin nur ein Barausgleich zwischen vereinbartem Zinssatz und Marktzinssatz erfolgt. Ein Swapgeschäft beinhaltet den Austausch von Zahlungsströmen gemäss individuellen Vertragsbedingungen. Ein Devisenswap besteht beispielsweise aus der Kombination eines Devisenkassageschäfts mit einem entgegengesetzten Termingeschäft. An der Börse abgewickelte unbedingte Termingeschäfte mit standardisierten Vertragspunkten werden als Futures bezeichnet.

Bedingte Termingeschäfte zeichnen sich durch die Trennung von Verpflichtungs- und Verfügungsgeschäft aus und werden aufgrund des Wahlrechts der einen Vertragspartei Optionen genannt. Der Optionsinhaber hat das Recht, nicht aber die Pflicht, ein bestimmtes Gut zu einem festgelegten Preis an einem in der Zukunft liegenden Zeitpunkt bzw. während eines Zeitraumes zu kaufen oder zu verkaufen. Dem Optionsverkäufer obliegt hingegen die jederzeitige Erfüllungspflicht oder die Pflicht zur Erfüllung zu einem bestimmten Zeitpunkt. Optionen können sowohl individuell Over the counter als auch standardisiert an der Börse gehandelt werden.

Ein Immobilienhändler rechnet beispielsweise mit dem Wertzuwachs französischer Landgüter und kauft deshalb eine zweijährige Option auf ein französisches Landhaus im Wert von FF 2 000 000. Er sichert sich damit die Möglichkeit, das Haus während zwei Jahren zu diesem Preis zu kaufen. Steigt nun der Wert des Hauses in einem Jahr auf FF 3 000 000 wird der Optionsinhaber sein Kaufrecht für FF 2 000 000 ausüben und einen Gewinn erzielen. Sinkt jedoch der Marktwert des Landhauses unter FF 2 000 000, ist es für den Immobilienhändler günstiger, das Haus zum herrschenden Marktpreis zu erwerben und seine Option verfallen zu lassen. Sein Verlust beschränkt sich dabei auf die beim Kauf der Option geleistete Prämie.

Der Optionsverkäufer, hier der Besitzer des Landhauses, hat keinen Einfluss auf den Ausgang des Geschäfts und muss sich der Entscheidung des Optionsinhabers fügen. Als Entgelt vereinnahmt er die Optionsprämie unter anderem für seine passive Rolle und die Finanzierungskosten.

Bedingte und unbedingte Termingeschäfte sind Finanzkontrakte, deren Preis vom Wert des zugrundeliegenden Basiswertes abhängt. Sie sind hauptsächlich von Vermögenswerten wie Aktien, Obligationen und Rohwaren oder Referenzsätzen wie Devisen, Zinsen und Indizes abgeleitet, weshalb sie auch als derivative Finanzinstrumente bezeichnet werden. Grundsätzlich kann der zugrundegelegte Gegenstand (underlying) beliebiger Natur sein. Der Entwicklung von innovativen Finanzinstrumenten sind somit keine Grenzen gesetzt, was an der Vielzahl neuer Konstruktionen und Kombinationen von Termingeschäften in den letzten Jahren ersichtlich ist.

CLEARING

Die Clearingstelle spielt eine wichtige Rolle im Handel mit Futures und standardisierten Optionen. Bei einem Handelssystem mit Clearinghouse werden die Verträge nicht direkt zwischen den Marktteilnehmern abgeschlossen, sondern die Clearingstelle tritt auf beiden Seiten als Gegenpartei auf. Sie übernimmt die Garantie, dass die gegenseitigen Abmachungen eingehalten werden. Dadurch erübrigt sich die Beurteilung des Kreditrisikos jedes einzelnen Marktteilnehmers und es bleibt lediglich jenes der Clearingstelle zu beurteilen. Die Vertragsparteien bleiben anonym, und verschiedene Akteure können gleichzeitig am Markt agieren, ohne die Preisfindung aufgrund der unterschiedlichen Bonität zu stören.

Da die Clearingstelle die Einhaltung der eingegangenen Verträge garantiert, kommt ihr auch eine überwachende Funktion zu. Erfüllungsrisiken werden vor allem durch ein sogenanntes Margensicherheitssystem minimiert. Eine nähere Beschreibung dieses Themenkreises folgt in den jeweiligen Kapiteln über Futures und Optionen.

SYMMETRIE – ASYMMETRIE

In einer bewegten Umwelt wird die Wahl von derivativen Finanzinstrumenten als Form der vertraglichen Abmachung sehr attraktiv. Der einseitige Charakter der Option, nämlich die Möglichkeit, aber nicht die Verpflichtung zur Ausübung, lässt dem Optionsinhaber grosse Flexibilität und Freiheit. Ungleich starke Partner können einen rechtlich bindenden Kontrakt eingehen, welcher Unsicherheiten unterschiedlicher Ausprägung beinhaltet. Der Vorteil der Option bei erhöhter Unsicherheit kann anhand der folgenden Situation eines Produzenten veranschaulicht werden.

Ein holzverarbeitender Betrieb offeriert einem Möbelhersteller eine bestimmte Menge Holz zu einem auf fremde Währung lautenden Preis. Einerseits besteht dabei für den Lieferanten die Unsicherheit hinsichtlich der Annahme der Offerte und anderseits bezüglich der Entwicklung des Wechselkurses. Verändert sich die Währungssituation für den Offertensteller positiv, kann angenommen werden, dass der Möbelhersteller in der Hoffnung, ein günstigeres Angebot zu erhalten, eine neue Offerte verlangen wird. Eine für den Offertensteller negative Entwicklung des Wechselkurses führt bei Interesse des Käufers höchstwahrscheinlich zu einer Annahme der Offerte.

Wird die Offerte angenommen, braucht der Holzlieferant einen Schutz, respektive eine Versicherung, gegen eine negative Währungsentwicklung, den er bei einer positiven Entwicklung nicht benötigen würde. Durch den Kauf einer Option, die das Recht beinhaltet, die notwendige Menge einer Währung zu einem bestimmten Kurs in Zukunft zu erwerben, kann eine solche Versicherung abgeschlossen werden. Wird die Offerte akzeptiert und verläuft die Währungsentwicklung negativ, kann die Option ausgeübt werden und das Unternehmen verliert im Vergleich zur ursprünglichen Kalkulation nur wenig, nämlich den Optionspreis (Prämie). Entwickelt sich hingegen der Wechselkurs positiv oder wird die Offerte nicht akzeptiert, verfällt die Option wertlos. Dieselbe Auswirkung hat ein unveränderter Wechselkurs.

Die Kosten für den Kauf einer Option stellen eine Art Versicherungsprämie dar. Es wäre deshalb falsch, den Kaufpreis der Option als Verlust zu betrachten. Wird eine Brandversicherung abgeschlossen und erleidet das versicherte Haus keinen Brandschaden, wird die Versicherungsprämie vom Versicherungsnehmer auch nicht als Verlust aufgefasst.

In obigem Beispiel hätte das Unternehmen nebst der Option die Alternative eines Terminkontraktes in der entsprechenden Währung. Das Termingeschäft hat gegenüber der Option den Nachteil, dass eine Verpflichtung vorliegt, auch wenn die Offerte nicht angenommen wird. Entwickelt sich die Währungssituation für den Offertensteller negativ, hat der Terminkontrakt die gleichen Auswirkungen wie die Option. Er erhält die vereinbarte Summe zum bereits festgelegten, günstigeren als zu diesem späteren Zeitpunkt am Kassamarkt erzielbaren Wechselkurs. Wird die Offerte angenommen, führt das Geschäft zum selben Ergebnis wie zum Zeitpunkt der Offertenstellung. Bei einer Ablehnung kann der Holzlieferant einen Kursgewinn auf dem Future realisieren.

Offertenabgabe mit Optionsabsicherung

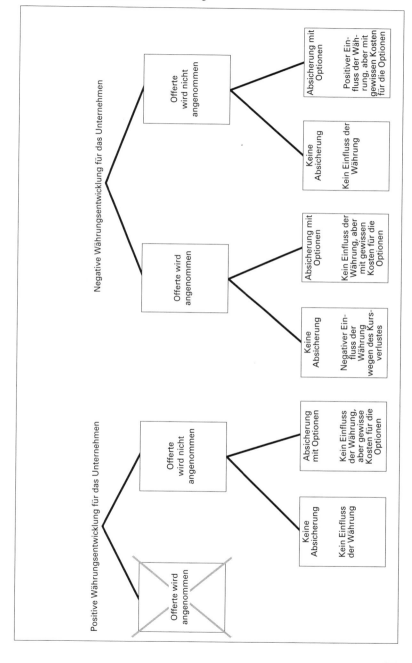

Offertenabgabe mit Optionsabsicherung und Termingeschäft

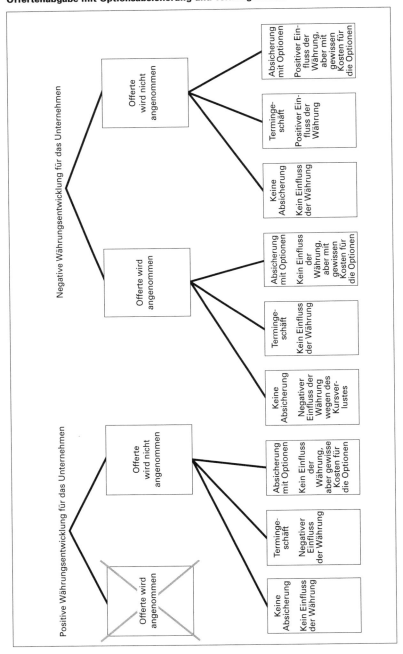

Eine für den Holzlieferanten günstige Wechselkursentwicklung wird sich auf das Termingeschäft jedoch negativ auswirken, da er die vereinbarte Summe zu einem schlechteren als auf dem Kassamarkt im aktuellen Zeitpunkt erzielten Wechselkurs entgegennehmen muss.

Der Unterschied zwischen dem Optionsgeschäft und der Terminabsicherung liegt in der asymmetrischen Risikoverteilung der Option, welche für den Optionsinhaber nur ein Recht, aber keine Verpflichtung beinhaltet. Im Gegensatz dazu steht die symmetrische Risikoverteilung des Termingeschäftes, welches gleichzeitig ein Recht und eine Verpflichtung beinhaltet. Für die Asymmetrie bezahlt der Optionskäufer eine Prämie. In einer von Unsicherheit bestimmten Situation kann der Optionskauf demnach mit einer Versicherung, das Termingeschäft mit einer Spekulation verglichen werden.

ZUSAMMENFASSUNG

Termingeschäfte können unbedingter oder bedingter Natur sein und entweder standardisiert an einer Börse oder individuell Over the counter gehandelt werden. Die Standardisierung der Kontrakte manifestiert sich in der Begrenzung der Anzahl individualisierter Vertragspunkte. Sie garantiert ein kontinuierliches Handelsvolumen und eine effiziente Preisbildung.

Optionen und Futures sind die heute bedeutendsten Termingeschäfte. Futures zeichnen sich für beide Parteien durch ihren standardisierten Vertragsinhalt wie auch die unbedingte Erfüllungspflicht beider Seiten aus. Die Option als asymmetrisches Vertragsverhältnis gewährt dem Inhaber ein Recht und auferlegt dem Aussteller eine Pflicht betreffend eines zugrundeliegenden Vertragsgegenstandes.

Derivative Finanzinstrumente kommen vorwiegend in sich rasch wandelnden Wirtschaftsgebieten wie Zins-, Währungs, Aktien- und Rohwarenmärkten zur Anwendung, können aber grundsätzlich auf einem beliebigen Vertragsgegenstand basieren.

Als Garant für einen effizienten Futures- und Optionenhandel steht der funktionierende Markt. Die Institution des Clearinghauses garantiert dabei eine reibungslose Abwicklung und reduziert die Erfüllungsunsicherheit der Vertragsparteien auf ein Minimum, indem sie die für das einzelne Vertragsverhältnis notwendige bonitätsmässige Beurteilung und die Bewertung der Gegenpartei übernimmt oder vertraglich garantiert. Zudem führt die Anonymität der Akteure zu einer besseren Funktionsfähigkeit des Marktes.

Der Future Kontrakt

Der Future Kontrakt ist ein verbindlicher Vertrag, der beide Vertragsparteien dazu verpflichtet, eine bestimmte Anzahl oder Menge eines Basiswerts zu einem festgelegten Preis an einem vereinbarten Abwicklungsdatum zu liefern bzw. zu übernehmen. Die Zahlung der Ware erfolgt in der Regel erst bei deren Lieferung und nicht bei Vertragsabschluss. Bei einer grossen Anzahl von Futures Kontrakten wird die Lieferung der Ware durch einen Barausgleich, das sogenannte Cash Settlement ersetzt.

Obwohl Futures wie auch Forward Kontrakte (Termingeschäfte) unbedingten Charakters sind, ist deren Anwendung unterschiedlich motiviert. Während sich ein Forward Kontrahent gegen einen unerwünschten Preisanstieg bzw. -verfall absichert, indem er die Ware auf Termin kauft bzw. verkauft, besteht die Handelsabsicht der Future Vertragspartner weniger an der Verwertbarkeit der zugrundeliegenden Ware. Vielmehr steht dabei die Nutzung von erwarteten Preisveränderungen zur Risikoreduktion und Ertragsoptimierung im Vordergrund.

Dem Vorteil von Forwards, auf individuelle Bedürfnisse massgeschneidert zu sein, stehen gewichtige Nachteile gegenüber, wie aufwendiger Vertragsabschluss, geringe Handelbarkeit und hohes Erfüllungsrisiko. Durch die Bildung von Future Märkten konnten diese Nachteile überwiegend beseitigt werden. Mittels einer Tabelle werden die Unterschiede zwischen Future und Forward Geschäften zusammengefasst.

	Forward Geschäft	Futures Geschäft
Kontraktgrösse	nach Wunsch	Standardisiert
Fälligkeit	nach Wunsch	Standardisiert
Abschluss	per Telefon	Börsenhandel via Bank oder Broker
Kommission	keine, Ertrag der Bank ist Marge Geld/Brief	Brokergebühren, Bankspesen
Sicherheit	durch Kreditlimite	Originaleinschuss mit Nachschusspflicht
Überwachung	Bankengesetz	Börsenaufsicht
Erfüllung	ist die Regel	ist in der Regel Glattstellung (Ausübung weniger als 1%)
Preisschwankungen	nach Marktgrösse und Marktentwicklung	oft durch Tageslimiten beschränkt

Das Glattstellen

Die hohe Markttransparenz und Liquidität, welche durch die Standardisierung des Vertragsinhaltes in Future Kontrakten erreicht wird, erleichtert den Teilnehmern den Marktzugang und ermöglicht den Vertragsparteien die Vermeidung der unbedingten Lieferpflicht. Die Glattstellung einer offenen Position (Closing out) erfolgt durch eine inverse Transaktion mit einem Kontrakt mit identischen Vertragsbedingungen.

Ein Investor kauft beispielsweise im Oktober einen Februar Kaffee Future zum Preis X, d.h. er geht eine Longposition ein. Nun steht ihm bis Februar die Möglichkeit offen, die vereinbarte Menge Kaffee im Februar zum Preis X effektiv zu kaufen oder seine Longposition durch ein Gegengeschäft zu neutralisieren. Dies ist durch das Eingehen einer Shortposition, d.h. den Verkauf eines Februar Kaffee Future möglich. Der Investor zahlt bzw. erhält die Differenz zwischen Preis X und dem aktuellen Verkaufspreis. Die Glattstellung einer Shortposition würde dementsprechend durch das Eingehen einer Longposition des gleichen Kontraktes erfolgen. In der Regel wird die Mehrzahl aller Future Kontrakte an einer Börse glattgestellt und nur die wenigsten führen zu einer effektiven Lieferung des Basiswertes.

Kontraktspezifikationen

Futures zeichnen sich durch ihren Standardisierungsgrad und damit durch eine erhöhte Handelbarkeit aus. Die elementaren Vertragspunkte eines Future Kontraktes sind Basiswert, Kontraktgrösse, Preis, Erfüllungsdatum und Erfüllungsort.

Der Basiswert

Die zahlreichen Produkte im Future Geschäft können in zwei Hauptgruppen unterteilt werden, in Commodity Futures und Financial Futures. Die klassischen Commodity Futures basieren auf physischer Ware wie lagerfähigen Agrarprodukten, Rohstoffen oder Edelmetallen. Um sich über die Qualität der Ware im klaren zu sein, benötigt der Investor genauere Angaben über ihre Beschaffenheit. Hierzu wurden auf Rohwarenmärkten Qualitätsstandards festgelegt, die beispielsweise die Reinheit von Platin oder die Reife von Mais beschreiben.

Financial Futures wurden im Laufe der Zeit an den Commodity Börsen entwickelt und basieren auf den gleichen Prinzipien wie Waren Futures. Den Financial Futures liegen Finanzinstrumente wie Devisen, Zinsen und Indizes zugrunde. Aufgrund der klaren Definierbarkeit von Finanzinstrumenten werden keinerlei Qualitätsstandards benötigt, sondern lediglich Angaben wie Kurs, Coupon, Laufzeit oder Indexbezeichnung in den Kontraktspezifikationen festgelegt.

Die Kontraktgrösse

Die Kontraktgrösse definiert eine bestimmte Menge oder den Wert des zugrundeliegenden Produktes. So könnte die standardisierte Quantität eines Terminkontraktes für ein Finanzinstrument US$ 1 000 000 pro Eurodollar Future Kontrakt oder 100 Unzen pro Gold Kontrakt lauten. Die Kontraktgrösse hängt meist vom typischen Anwender ab, tendenziell sind Commodity Futures geringeren Wertes pro Kontrakt als Financial Futures.

Die Preisbildung

Die Preise für Future Kontrakte widerspiegeln die Korrelation mit ihrem Basiswert, d. h. Future Preise bewegen sich üblicherweise in die gleiche Richtung wie die ihnen zugrundeliegenden Waren oder Finanzinstrumente. Dies bedeutet jedoch nicht, dass die Preise identisch sind. Wie bei den meisten börsennotierten Finanztiteln, kommt der Preis von Futures aufgrund von Angebot und Nachfrage zustande. Zu beachten ist dabei, dass beim Kauf eines Kontraktes auf dem Kassamarkt die Finanzierungs- und Lagerkosten hinzukommen, während diese bei Future Kontrakten zeitlich aufgeschoben, aber trotzdem im Preis berücksichtigt sind.

Da die Theorie der Preisbildung von Termingeschäften relativ komplex, gleichzeitig aber auch grundlegend für das Verständnis des Future Marktes ist, wird darauf im Kapitel zur theoretischen Bewertung speziell eingegangen.

Erfüllungstermin, Erfüllungsort

Eine schnelle, einfache Börsenabwicklung wird durch die Beschränkung der Erfüllungsdaten auf wenige Liefertermine pro Jahr und eine geringe Anzahl Erfüllungsorte erreicht. Die Börse legt mehrere bestimmte Monate pro Jahr zur Lieferung von Future Kontrakten fest. Future Kontrakte können, je nach Ausgestaltung und Spezifikation, entweder während der gesamten Zeitspanne des Liefermonats erfüllt werden oder es wird ein exakter Liefertag vorgegeben.

Der Erfüllungsort spielt hauptsächlich bei Commodity Futures eine Rolle, deren physische Lieferung meist mit hohen Transportkosten verbunden ist. Oft stehen den Kontrahenten mehrere Erfüllungsorte zur Wahl, wobei die Lieferung an gewisse entlegene Orte zu Preisnachlässen führt.

Das Clearingsystem

Die Clearingstelle ist die dritte Partei an der Terminbörse und dient als zentrale Organisations- und Verrechnungsstelle. Sie ermöglicht den Handel zwischen anonymen Anbietern und Nachfragern indem sie das Erfüllungsrisiko der Gegenpartei minimiert, da sie als Gegenpartei auftritt und Verfahren zur problemlosen Abwicklung von Transaktionen wie Glattstellungen bereitstellt. Die Zwischenschaltung einer Clearingstelle reduziert die Such-, Verhandlungs-, und Prüfkosten indem sie die Glaubwürdigkeit und die Bonität ihrer Mitglieder ständig kontrolliert und garantiert.

Zum Handel an Terminbörsen sind lediglich Banken und Brokerhäuser berechtigt, die Mitglieder der Clearingstelle sind. Da alle Aufträge, auch die von Nichtmitgliedern, über sie erfolgen, sind die Anforderungen bezüglich ihrer Bonität, Zahlungsfähigkeit und Kompetenz hoch. Mittels Einschussverpflichtungen ihrer Mitglieder versucht die Clearingstelle zusätzlich eine permanente Erfüllungsgarantie zu sichern.

2.1   Abbildung
Der Clearingprozess

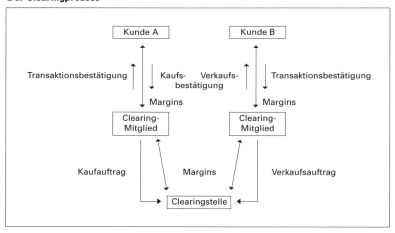

Um übermässige Preisschwankungen zu verhindern, werden von einigen Börsen täglich bestimmte Preislimiten für Future Kontrakte festgelegt. Sie werden anhand des Schlusskurses des vorhergehenden Tages berechnet und führen bei Über- oder Unterschreitungen zur zumindest vorübergehenden Einstellung des Handels. Eine weitere Sicherheitsmassnahme sind die Positionslimiten für Spekulanten. Sie sollen den Markteinfluss von Spekulanten verhindern, während vertrauenswürdige Hedger oft uneingeschränkte Handelsfreiheit besitzen. An der Chicago Mercantile Exchange (CME) gilt beispielsweise eine absolute Limite von 1 000 Kontrakten mit nicht mehr als 300 Kontrakten pro Liefermonat.

Das Margensystem

Zur Reduktion des Erfüllungsrisikos verlangt die Clearingstelle zudem die Hinterlegung von Sicherheiten in Form von Kapitaleinschüssen, sogenannte Margenzahlungen. Entsprechende Margenzahlungen fordern die Clearingmitglieder wiederum von ihren Kunden.

Als erstes muss ein Mindestkapitaleinschuss, die Initial Margin, geleistet werden. Ihre Höhe wird aufgrund der erwarteten Preisvolatilität der eingegangenen Position berechnet und bis zur Schliessung des Kontraktes aufrechterhalten.

Nach dem Mark to Market Prinzip werden offene Positionen mit den Marktpreisen (meist Schlusskursen) bewertet. Die täglichen Transaktionsgewinne bzw. -verluste werden einem speziellen Konto, dem Margin Account, gutgeschrieben bzw. belastet.

Bei der Unterschreitung eines festgelegten Kontostandes, der Maintenance Margin, ist der Investor durch einen Margin Call zu Nachschüssen verpflichtet. Diese Nachschüsse, auch Variation Margin genannt, entsprechen der Differenz zwischen Initial Margin und Maintenance Margin. Erfolgt die Zahlung der Variation Margin nicht innert kürzester Zeit, wird die offene Position des Marktteilnehmers durch das Clearingmitglied glattgestellt. Das Clearingmitglied selbst besitzt keine Maintenance Margin gegenüber der Clearingstelle, sondern hat täglich für den Ausgleich der Initial Margin, genannt Clearing Margin, zu sorgen.

Zur Verdeutlichung des Margensystems soll folgendes Beispiel dienen. Ein Kunde gibt seiner Bank am 23. März den Auftrag, 3 September Palladium Futures zu kaufen. Die Kontraktgrösse umfasst 100 Unzen Palladium und der aktuelle Future Kurs sei US$ 305. Die Höhe der Initial Margin, die der Kunde für die 300 Unzen Palladium zu entrichten hat, wird aufgrund der Volatilität der Ware bestimmt und sei hier US$ 700 pro Kontrakt, also insgesamt US$ 2 100. Fällt nun der Future Kurs am nächsten Tag auf US$ 300, verändert sich der Saldo des Margin Account um US$ 1 500 (300 x 5) auf US$ 600. Da die Maintenance Margin in der Regel bei etwa 75 % der Initial Margin liegt, in diesem Fall bei US$ 1 575, hat deren Unterschreitung um US$ 975 einen sofortigen Margin Call zur Folge. Der Kunde wird angewiesen, eine Variation Margin von US$ 1 500 nachzuschiessen, um die Initial Margin von US$ 2 100 auszugleichen. Am darauffolgenden Tag fällt der Futures Kurs weiter auf US$ 298.50. Am Abend, nach dem Mark to Market, weist das Margin Account einen Saldo von

US$ 1650 (2100 – 300 x 1,5) auf. Da die Maintenance Margin von US$ 1575 nicht unterschritten wurde, besteht für den Kunden keine unmittelbare Nachschusspflicht. Der Kurs des Future fällt am 26. März weiter auf US$ 298. Weil dadurch die Maintenance Margin von US$ 1575 unterschritten wird (der Saldo des Margin Accounts steht bei US$ 1500) ist eine weitere Variation Margin von US$ 600 (2100 – 1500) nachzuschiessen. Steigt nun der Future Kurs am 27. März auf US$ 299, verfügt der Kunde auf seinem Margin Account über einen Überschuss von US$ 300, den er umgehend abziehen kann. Am 31. März entschliesst sich der Kunde, seine Position glattzustellen und seinen Gewinn zu realisieren. Er verkauft dazu 3 September Palladium Futures zu US$ 308. Er erhält die US$ 2100 der Initial Margin zurück abzüglich der zu entrichtenden Kommission. Insgesamt hat der Investor in einer Woche eine Rendite auf dem im Maximum eingesetzten Kapital von US$ 4200 (2100 + 1500 + 600) von über 20% erzielt.

2.1   Tabelle
Beispiel zum Margensystem

Datum	Future Preis (US$)	Täglicher Gewinn/Verlust (US$)	Kumulativer Gewinn/Verlust (US$)	Margin Account Saldo	Margin Call (US$)
23. März	305			2100	
24. März	300	–1500	–1500	600	1500
25. März	298.50	– 450	–1950	1650	
26. März	298	– 150	–2100	1500	600
27. März	299	300	–1800	2400	
28. März	301	600	–1200	3000	
29. März	303	600	– 600	3600	
30. März	306	900	300	4500	
31. März	308	600	900	5100	

Wie man aus obigem Beispiel erkennen kann, ist der Future Kontrakt ein Instrument mit grosser Hebelwirkung, indem der Kunde durch die Zahlung eines relativ geringen Betrages, der Initial Margin (in der Regel zwischen 1% und 6% des Basiswertes), die Möglichkeit hat, an marktbedingten Gewinnen und Verlusten uneingeschränkt teilzunehmen. Die Kosten für die Marktteilnahme sind üblicherweise Kommissionssätze, berechnet anhand der Anzahl gehandelter Futures.

Zusammenfassung

Der Future ist ein rechtlich bindender Kontrakt, der das Preisniveau bestimmt, zu dem der zugrundeliegende Basiswert an einem definierten, in der Zukunft liegenden Datum gekauft oder verkauft werden muss. Er grenzt sich vom individuell zugeschnittenen Forward durch seine Standardisierung und Handelbarkeit an der Börse ab. Deshalb folgt einem Future Kontrakt meist keine physische Lieferung, sondern das Instrument wird vor Verfall durch Eingehen einer Gegenposition glattgestellt.

Die vertraglich festzulegenden Punkte eines Future sind dessen Basiswert, Kontraktgrösse, Erfüllungsort, Erfüllungstermin und Preis.

Der Handel an der Börse bedingt eine Clearingstelle, welche bei beiden Kontrahenten als Gegenpartei auftritt und damit die Such-, Verhandlungs- und Prüfkosten reduziert. Mittels eines Margensystems, welches dem Investor wie auch dem Broker je nach Kursverlauf des Futures Einschusspflichten auferlegt, kann das Erfüllungsrisiko reduziert werden.

DEVISEN FUTURES

Ein Devisen Future ist ein Kontrakt, der den Tausch eines vereinbarten Geldbetrages in eine andere Währung zu einem bestimmten Wechselkurs an einem festgelegten Zeitpunkt regelt. Während der Käufer eines Devisen Future mit einem fallenden Wert der zugrundeliegenden verkauften Währung rechnet, glaubt der Verkäufer an einen Anstieg. Devisen Futures werden meist in US Dollar pro anderer Währungseinheit notiert. Für den Käufer eines Fr. Future bedeutet ein von 0,60 US$/1 Fr. auf 0,55 US$/1 Fr. sinkender Wechselkurs, dass er für einen Fr. bei der Erfüllung des Kontraktes am Fälligkeitstermin mehr US$ erhält als auf dem dann geltenden Kassamarkt. Er erzielt einen Gewinn.

Entwicklung

Die ersten Devisen Futures wurden im Mai 1972 an der Chicago Mercantile Exchange gehandelt. Terminkontrakte waren zwar damals nichts Neues, jedoch lag einem Future erstmals ein Finanzinstrument und nicht eine Ware zugrunde, womit das Zeitalter der Financial Futures eingeläutet wurde. Grund für den regen Gebrauch von Devisen Futures war der Zusammenbruch des Wechselkurssystems von Bretton Woods, welches jahrzehntelang für fixe Devisenkurse gesorgt hatte. Unternehmungen strebten seitdem eine Absicherung ihrer Wechselkursrisiken bei internationalen Geschäften an, indem sie in der Höhe des Vertragswertes Future Positionen eingingen.

Schloss beispielsweise ein Deutscher Unternehmer im Mai 1973 mit einer amerikanischen Firma einen Vertrag ab zum Kauf von Maschinenteilen in der Höhe von US$ 150 000, wobei Lieferung sowie Bezahlung sechs Monate später erfolgen sollten, hatte er die Möglichkeit, sich gegen das Wechselkursrisiko abzusichern. Er kaufte einen

November US$ Future zum Kurs von 0.25 US$/DM. Nun sank der Kurs bis November auf 0.222 US$/DM (indirekte Kotierung: von 4 auf 4.50 DM/US$). Da sich der Unternehmer vorsichtigerweise mit einem Future abgesichert hatte, konnte er im November 1973 US$ 150 000 für DM 600 000 anstatt für DM 675 000 kaufen und ersparte sich beim Kauf der Maschinenteile somit DM 75 000.

Obwohl Devisen Futures auch an anderen Börsen eingeführt wurden, bleibt die Chicago Mercantile Exchange (CME) der führende Markt für Währungskontrakte. Zu den meistgehandelten Kontrakten gehören der US Dollar im Tausch mit dem Euro, dem Yen, dem Schweizerfranken, dem Britischen Pfund und dem Kanadischen Dollar. Seit 1990 werden an der CME die obigen Kontrakte nicht mehr nur gegen US Dollar, sondern auch gegeneinander angeboten.

Zusammenfassung

Ein Devisen Future Kontrakt erlaubt einem Investor den Kauf bzw. den Verkauf einer Fremdwährung zu einem vereinbarten Wechselkurs an einem festgelegten, künftigen Termin.

Der Zusammenbruch des fixen Wechselkurssystems in den 70er Jahren brachte unvorhersehbare Kursausschläge mit sich und setzte international tätige Unternehmen einer neuen Unsicherheit aus. Diese Währungsrisiken, die als externe Risiken die Kalkulation von grenzüberschreitenden Transaktionen erschweren, gaben den Anlass zur dynamischen Entwicklung des weltweiten Future Marktes in Devisen.

ZINS FUTURES

Ein Zins Future ist ein standardisierter Kontrakt, welcher den Kauf oder Verkauf eines kurz- oder langfristigen zinstragenden Wertpapieres zu einem bestimmten Preis an einem festgelegten Datum regelt. Der Käufer eines Zins Future Kontraktes rechnet damit, dass der Zinssatz des zugrundeliegenden Wertpapieres in der nächsten Zeit fällt und demzufolge der Kurs des Wertpapieres steigen wird. Die Kursänderungen fallen umso stärker aus, je grösser die Zinsänderung, je länger die Laufzeit der Titel und je niedriger die Couponzahlungen des Basiswertes sind.

Der Basiswert

Grundlage eines einwandfrei funktionierenden Terminmarktes ist ein reger und effizienter Handel des zugrundeliegenden Basiswertes. Zins Futures basieren auf zinstragenden Wertpapieren wie Obligationen und Schuldzertifikaten. Die Besonderheit dieser Wertpapiere liegt darin, dass ihre Verzinsung während der gesamten Lebensdauer fixiert ist. Der Betrag, den ein Anleger für einen Wert zu zahlen gewillt ist, welcher während X Jahren Y% Zinsen trägt, hängt vom Marktzins und der Laufzeit des Wertpapieres ab. Liegt der Marktzins höher als der Couponzins der Obligation, befindet sich der Preis (in %) des Wertpapieres unter Pari (100%). Im umgekehrten Fall, wenn der Couponzins der Obligation höher liegt als der Marktzins, weist die Obligation einen Preis über Pari auf. Der Anleger bezahlt somit im allgemeinen relativ mehr für eine festverzinsliche Anlage, wenn der Marktzins tiefer liegt.

Das Marktzinsniveau hängt von verschiedenen Faktoren ab. Bei üblicher Marktlage erhält ein Anleger auf Investitionen mit kurzer Laufzeit eine tiefere Rendite als auf jenen mit langer Laufzeit. Dieser Zinsunterschied ist Ausdruck der Risikoprämie, welche ein Investor für seine Bereitschaft verlangt, das Kapital für eine längere Zeit zu binden.

Der Zinsmarkt in den USA kennt festverzinsliche Wertpapiere mit Laufzeiten von 1 Tag bis zu 30 Jahren. In der Schweiz beträgt die längste Laufzeit normalerweise 10 Jahre. Längere Laufzeiten sind nur sehr selten anzutreffen. In Deutschland wurde vor kurzem eine Bundesanleihe mit 30jähriger Laufzeit lanciert.

Papiere verschiedener Laufzeiten weisen bei gleicher Zinsniveauveränderung unterschiedliche Preis- und Kursbewegungen auf. Steigt der Marktzins um 1%, so fällt der Kurs für ein einjähriges Wertpapier um etwa 1%. Ein Wertpapier mit zweijähriger Laufzeit erleidet einen fast doppelt so hohen Kursverlust, da das investierte Kapital während zwei Jahren zu 1% unter dem Marktniveau verzinst wird. Im Handel mit festverzinslichen Wertpapieren spricht man dabei von einem zunehmenden Hebeleffekt bei längeren Laufzeiten.

Die Renditeerwartungen des Marktes für verschiedene Laufzeiten können mit einer Renditekurve beschrieben werden.

Unregelmässigkeiten im Verlauf einer Renditekurve sind nur selten rational erklärbar. Eine Wölbung der Kurve beim dreijährigen Zins bedeutet zum Beispiel, dass der Markt den Zins für ein Jahr, welcher im dritten Jahr erhalten wird, wesentlich höher einstuft als den heutigen Einjahreszins. Dies müsste normalerweise auch für den Einjahreszins gelten, welcher in vier Jahren fällig wird. Ist dies nicht der Fall, kaufen die Marktteilnehmer solange die dreijährigen Zinspapiere und verkaufen die zwei- und vierjährigen Papiere, bis die Ausbuchtung verschwunden ist. Die durchschnittliche Laufzeit der Anlage ändert sich dabei nicht, aber die Investoren erhalten eine höhere durchschnittliche Rendite.

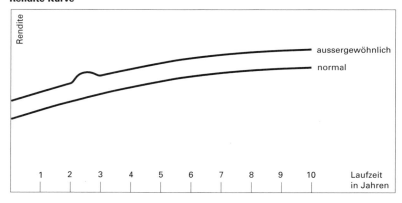

Veränderungen der Renditekurve vollziehen sich normalerweise langsam über alle Laufzeiten. Entweder steigt die Kurve an oder flacht ab. In den meisten Fällen bleibt die Richtung der Veränderung gleich, aber die Stärke variiert mit der Laufzeit. Geldmarktsätze (Zinsen für Anlagen mit einer Laufzeit von max. 1 Jahr) und Kapitalmarktsätze (Zinsen für Anlagen mit einer Laufzeit von mehr als 1 Jahr) können sich während einer gewissen Zeit in verschiedene Richtungen bewegen. Der Grund dafür liegt in der Tatsache, dass Zinsen für verschiedene Laufzeiten von unterschiedlichen Faktoren beeinflusst werden. Während die kurzfristigen Zinsen in erhöhtem Masse von der Liquidität des Marktes abhängen und meist durch die Zentral- und Notenbanken gesteuert werden, richten sich jene für längere Laufzeiten mehrheitlich nach Faktoren wie Inflationserwartung, längerfristig erwartetes Geldmengenwachstum oder Wirtschaftswachstum.

Entwicklung von Zins Futures

Der Zinssatz spiegelt die monetären Kosten für die Geldbeschaffung wider und beeinflusst damit den Preis aller Güter und Dienstleistungen. Mit dem Übergang zu flexiblen Wechselkursen endete zugleich die Zeitspanne harmonischer Geld- und Fiskalpolitiken. Die von Inflation heimgesuchten späten Siebzigerjahre zeichneten sich durch unberechenbare und volatile Zinssätze aus. Diese Unsicherheit führte 1975 zur Konstruktion der ersten Zinspapier Future Kontrakte an der CBOT.

Da sich festverzinsliche Wertpapiere meist durch die Couponhöhe, die Laufzeit und den Emittenten unterscheiden und ein Terminkontrakt nur durch ein Gegengeschäft mit einem Kontrakt von identischer Ausgestaltung glattgestellt werden kann, beschränkt sich das Angebot an Zins Futures auf einige wenige Basiswerte. Es findet deshalb auf Future Märkten generell eine Differenzierung zwischen kurz-, mittel- und langfristigen Zins Futures statt.

Kurzfristige Zins Futures

Zu den kurzfristigen Zins Futures zählen einerseits Kontrakte auf Treasury Bills und andererseits auf Eurobonds. Einem US Treasury Bill Future unterliegt ein 90tägiger Schatzwechsel mit Nominalwert US$ 1 000 000. Treasury Bills sind ein zinsloses Diskontinstrument, dessen Preis durch einen Index repräsentiert wird. Der Indexpreis 94.65 bestimmt beispielsweise eine einjährige Treasury Bill Rendite von 5.35 %. Sinkt der Zinssatz bzw. die Rendite, so steigt der Indexpreis und damit der Wert eines Future Kontraktes. Treasury Bills gelten als liquidestes Geldmarktinstrument überhaupt, weshalb darauf basierende Futures bei Fälligkeit jederzeit problemlos physisch geliefert werden können. Neben Futures auf US Schatzwechsel werden auch Geldmarktkontrakte auf andere Währungen gehandelt.

Eine höhere Popularität wird den Eurodollar Futures zugesprochen, die auf Dollareinlagen ausserhalb der USA basieren und am International Monetary Market (IMM) und der London International Financial Futures Exchange (LIFFE) gehandelt werden. Die Abwicklung des dreimonatigen Eurodollar Future erfolgt im Gegensatz zum Treasury Bill Future durch Barausgleich. Das zugrundeliegende Finanzinstrument ist somit eine fiktive Einlage und kann bei Fälligkeit nicht physisch bezogen werden. Der Eurodollar Zinssatz entspricht einem dreimonatigen Kredit zwischen Geschäftsbanken und wird auch als 3-month London Interbank Offered Rate (LIBOR) bezeichnet. Der Eurodollar Zinssatz ist der Preis, zu dem Geschäftsbanken Geld borgen, während der Treasury Bill Zins den Kosten der Geldaufnahme der US-Regierung entspricht. Dies erklärt auch, warum der Treasury Bill Zinssatz in der Regel tiefer ist als der LIBOR. Analog zum LIBOR lautet der Interbankenzinssatz für einen dreimonatigen Euro Kredit EURIBOR (European Interbank Offered Rate). Zusammenfassend kann gesagt werden, dass der Future auf US Treasury Bills ein Kontrakt auf den indexierten Preis eines Schatzwechsels und der Eurodollar Future ein Kontrakt auf einen Zinssatzindex darstellen.

Mittel- und langfristige Zins Futures

Als Basiswerte für Zins Futures dienen meist erstklassige Staatspapiere wie zum Beispiel deutsche Bundesanleihen oder schweizerische Bundesobligationen, worauf in den länderspezifischen Kapiteln eingegangen wird. Der umsatzstärkste langfristige Zins Future ist der am CBOT gehandelte US Treasury Bond Future, welchem ein Wertpapier, emittiert vom amerikanischen Schatzamt, mit einer Laufzeit von mindestens 15 Jahren unterliegt. Mittelfristige amerikanische Zins Futures basieren auf Staatsanleihen oder Notes mit einer Restlaufzeit von 6.5 bis 10 Jahren. Sowohl Futures auf Treasury Bonds als auch auf Treasury Notes sind mit Coupons versehen und schütten halbjährlich Zinsen aus.

Mittel- und langfristige Zinssatz Futures beruhen wie Eurodollar Kontrakte nicht auf einer effektiv vorliegenden Basis, sondern auf einem hypothetischen Wertpapier. Um am Fälligkeitstermin eine physische Lieferung zu ermöglichen, muss ein Zinspapier mit ähnlichen Ausgestaltungsmerkmalen herbeigezogen werden. Da zahlreiche mittel- und langfristige festverzinsliche Wertpapiere mit unterschiedlichen Laufzeiten und Coupons gehandelt werden und einem Future eine Vielzahl solcher Titel unterlegt werden können, ergeben sich Schwierigkeiten bei der Marktpreisbildung. Deshalb wird im Falle eines amerikanischen 10 Jahres Future zur Preisberechnung ein hypothetischer Titel mit einem Coupon von 6 % angenommen und zur Erfüllung des Future Kontraktes können Titel mit einer Restlaufzeit von 6.5 bis 10 Jahren geliefert werden. In der Schweiz und in Deutschland liegt den Futures eine Standardanleihe mit einem Couponzins von 6 % zugrunde.

Um die einzelnen lieferbaren Anleihen miteinander vergleichbar zu machen, wird ein Konversionsfaktor benötigt. Der Konversionsfaktor einer Anleihe ist der Preis in dezimaler Form, bei dem die Anleihe im Beispiel des US Treasury Bonds auf Verfall mit 8 % rentieren würde. Um den Einlieferungspreis dieser Anleihe zu bestimmen, multipliziert man den aktuellen Future Preis mit dem Konversionsfaktor und addiert die bis zum Verfall des Future aufgelaufenen Marchzinsen für diese Anleihe.

Die Kurse von US Treasury Bonds und Treasury Notes wie auch darauf lautende Terminkontrakte werden in Punkten zu US$ 1 000 und in Bruchteilen von Punkten zu 1/32 notiert. Ein Preis von 60-20 bedeutet beispielsweise einen Wert von US$ 60 625 (1 000 x 60 + 1 000 x 20/32). Die Notierung europäischer Zinsterminkontrakte erfolgt, wie bei den Wertpapieren selbst, in Prozentpunkten bis zu einer Genauigkeit von 0.01 %.

Zusammenfassung

Zins Futures sind standardisierte Kontrakte, die den Kauf oder Verkauf eines spezifischen Zinssatzes oder Zinssatzinstrumentes zu einem gegebenen Preis an einem bestimmten Zeitpunkt vorsehen.

Wie auch bei Devisen Futures hängt die Entwicklung des Marktes für Zins Futures stark mit dem Übergang zu flexiblen Wechselkursen und der damit verbundenen Volatilität der Zinssätze zusammen.

Als Basiswert kommen kurzfristige Zinspapiere oder Einlagen wie beispielsweise US Treasury Bills oder Eurodollar Time Deposits sowie langfristige hochkarätige Schuldpapiere wie Staatsanleihen in Frage. Die Vielzahl möglicher Kombinationen von Zinssätzen und Laufzeiten zur Lieferung des Basiswertes erfordert erstens eine Beschränkung auf einige Wertpapierspezifikationen und zweitens ein System zur Preisbildung, welches durch Konversion der Basiswerte die Lieferung vereinfacht.

INDEX FUTURES

Ein Index Future Kontrakt ist eine gegenseitige Vereinbarung, einen diversifizierten Korb von Wertpapieren, welcher durch einen Index repräsentiert wird, an einem künftigen Datum zu kaufen bzw. zu verkaufen.

Im Gegensatz zu Währungs- und Zinsfutures, die auf einem konkreten Basiswert beruhen, unterliegt dem Index Future eine errechnete, real nicht existente Grösse. Bei Fälligkeit eines Index Future Kontraktes erfolgt somit keine physische Lieferung, sondern lediglich ein Barausgleich (Cash Settlement) in der Höhe der Indexdifferenz zum Stand des Kaufzeitpunktes. Der Basiswert eines Index Kontraktes ist zudem nicht nur ein einzelner Wert bzw. eine spezifische Ware, sondern ein spezieller Preis eines Korbes von in ihrem Anteil genau definierten Werten.

Der Index

Mit Aktienfonds haben Anleger seit längerer Zeit die Möglichkeit, eine Art Index zu erwerben. Der Indexhandel – ein Handel, bei dem der Anleger anstatt Aktien eines spezifischen Unternehmens einen Marktdurchschnitt kauft oder verkauft – besteht in gewissen Märkten jedoch erst seit relativ kurzer Zeit.

Der Grundgedanke eines Index besteht überwiegend in der möglichst exakten Repräsentation des zugrundeliegenden Aktienmarktes. Die Indexbewegung spiegelt die durchschnittliche Entwicklung aller Titel eines Marktes wider.

Die Gewichtung der einzelnen Titel kann entweder bezüglich der Marktkapitalisierung, des Preises oder des Grundkapitals erfolgen. Ein marktgewichteter Index (Menge x Preis) gibt mengenmässig stärker vertretenen Aktien ein grösseres Gewicht, während beim preisgewichteten Index einzig der Kurswert des Titels ausschlaggebend ist.

Beispiel zur Indexkonstruktion

	Preis	Anzahl Titel	Marktgew. Index	Preisgew. Index
Aktie A	200	50 000	10 000 000	200
Aktie B	50	150 000	7 500 000	50
Aktie C	150	80 000	12 000 000	150
			29 500 000	400

Das obige Beispiel zeigt, dass im marktgewichteten Index Aktie C das grösste Gewicht besitzt, während der preisgewichtete Index der Aktie A die grösste Bedeutung zumisst. Dies kann dazu führen, dass wie beim marktgewichteten S&P 500 Index 2 % der Unternehmungen ein Gewicht von mehr als 20 % besitzen. Somit ergeben sich grosse Indexveränderungen, wenn stark gewichtete Titel Kursschwankungen erfahren. An preisgewichteten Indizes wie dem Nikkei 225 wird bemängelt, dass unbedeutende Aktien gross kapitalisierte Blue Chips an Gewicht sogar übertreffen können.

Um eine zweckmässige Indexzahl zu erhalten, wird die Summe durch einen willkürlich gewählten Divisor geteilt. Im vorhergehenden Beispiel könnte der marktgewichtete Index folgendermassen berechnet werden: 29 500 000 : 10 000 = 2 950. Der Divisor kann im Laufe der Zeit geringeren Korrekturen unterzogen werden, wenn beispielsweise Aktiensplits oder Unternehmungsfusionen den Indexwert in verfälschender Weise beeinflussen.

Entwicklung von Indexinstrumenten

Die enorme Entwicklung der Indexprodukte in den USA, welche seit der Einführung des Indexterminkontraktes Value Line am Kansas City Board of Trade (KCBT) im Jahre 1982 stattgefunden hat, zeigt eindrücklich das zunehmende Bedürfnis nach Risikoübertragung zwischen Marktteilnehmern. Der Aktienindex sowie auch spezielle Branchenindizes dienten seit jeher als Referenz für die Analyse wirtschaftlicher Aktivitäten und der relativen Entwicklung verschiedener Branchen eines Landes sowie zum wirtschaftlichen Ländervergleich und zur Kontrolle der Wertentwicklung einzelner Portefeuilles. Indexbasierende Finanzinstrumente eröffnen dem Portefeuilleverwalter neue Möglichkeiten im Bereich der Risikoabsicherung. Er muss nicht alle Aktien eines Portefeuilles kaufen oder verkaufen, sondern er kauft oder verkauft ein kostengünstigeres Indexinstrument, um die Risikoexponierung des gesamten Portefeuilles zu ändern.

Die grosse Nachfrage nach Indexinstrumenten hat eine vielfältige Indexentwicklung an verschiedenen Marktplätzen gefördert und zu einer hohen Liquidität und reellen Preissetzung geführt. Die ersten

Indexprodukte basierten auf breit abgestützten Indizes, d. h. Indizes, die aus zahlreichen Aktien zusammengesetzt waren und somit eine hohe Marktrepräsentanz aufwiesen. Später wurden vermehrt branchenspezifische Kontrakte lanciert, wie beispielsweise der S&P International Oil Index. Branchenindexinstrumente erleichtern dem Portefeuilleverwalter das Eingehen von Positionen, die möglichst genau mit den Gegebenheiten seines individuellen Investitionsportefeuilles übereinstimmen.

Einsatz von Index Futures

Index Futures können sowohl auf Aktienindizes wie auch auf Obligationen-, Währungs- oder Warenindizes basieren und sind ideale Instrumente zur Absicherung von Wertschriftenportefeuilles. Das folgende Beispiel zeigt eine von vielen Einsatzmöglichkeiten.

Zum heutigen Zeitpunkt befindet sich ein Index bei 100 Punkten und ein entsprechender Terminkontrakt mit Verfall in einem halben Jahr kostet 103. Unter der Annahme, dass der Preis des Future dem Fair Value Preis gleichkommt, entspricht die Preisdifferenz den Zinskosten abzüglich eventuell anfallender Erträge des Aktienbesitzers. Es besteht eine mathematische Beziehung zwischen dem Futurepreis und dem Kassapreis. Der Kauf eines Fr. 100 000 Indexkontraktes zum Kurs von 103 bedeutet, dass sich der Investor in einem halben Jahr zum Kauf eines Aktienkorbes im Betrag von Fr. 103 000 (103/100 x Fr. 100 000) verpflichtet. Das entsprechende Aktienportefeuille kostet heute bei einem Indexstand von 100 Punkten Fr. 100 000.

2.3   Tabelle
Beispiel zum Indexterminkontrakt

Preise in Fr.

Kurs des gekauften Indexterminkontraktes (%)	103
Kurs des Index am Abrechnungstag (%)	106
Abrechnung:	
Kauf des Indextermins (103/100 x 100 000)	103 000
Glattstellen des Indextermins (106/100 x 100 000)	106 000
	x
Am Abrechnungsdatum gutgeschriebener Nettobetrag	3 000

Eine physische Auslieferung bei Abrechnung eines Terminkontraktes würde den Handel ungemein erschweren. Deshalb wird anstelle einer effektiven Lieferung am Verfalltag ein Barausgleich (Cash Settlement) vorgenommen. Steht der Index in unserem Beispiel am Verfalltag bei 106 Punkten, wird dem Käufer des Fr. 100 000

Kontraktes die Differenz zwischen dem Einkaufskurs (ehemaliger Terminkurs) und dem Tageskurs (Komptantkurs) gutgeschrieben. Die Differenz beträgt hier Fr. 3000 (106 x Fr. 100000 – 103 x Fr. 100000) und wird dem Verkäufer belastet.

Der Kurs eines Indexterminkontraktes und dessen Basiswert hängen unmittelbar voneinander ab. Normalerweise besteht der Wertunterschied in der Zinsertrags- und Kostendifferenz für die Restlaufzeit des Terminkontraktes. Stimmt die Relation zwischen aktuellem Index und dem Terminindex nicht überein, kann ein Arbitrageur die Situation ausnützen und somit die Kursverhältnisse korrigieren. Diese Abläufe werden in einem späteren Kapitel unter dem Titel Arbitrage eingehend beschreiben.

Indizes und die moderne Portfoliotheorie

Die neuere Portfoliotheorie unterscheidet zwei Arten von Risiken. Einerseits besteht ein Marktrisiko, welches auch als systematisches Risiko bezeichnet wird und durch Konjunkturschwankungen, Zinsniveauveränderungen und andere makroökonomische Grössen den Trend eines Marktes bestimmt. Das Marktrisiko steht ausserhalb der Einflussmöglichkeiten eines Portefeuilleverwalters und kann nur berechnet werden. Eine Reduktion durch Verändern der Portefeuillezusammensetzung ist allerdings mit Aktien nicht möglich. Untersuchungen über den amerikanischen Aktienmarkt ergaben beispielsweise, dass das Marktrisiko im Durchschnitt für einen Drittel der Kursveränderung einer Aktie verantwortlich ist.

Die Möglichkeiten einer Risikominimierung von Kapitalmarktinvestitionen beschränken sich auf die Reduktion des unsystematischen Risikos. Das unsystematische Risiko besteht bei Aktien aus dem branchenspezifischen und dem firmenspezifischen Risiko. Zu ersterem gehören beispielsweise die Abhängigkeit von Rohstoffpreisen oder neuen Technologien. Unternehmensspezifische Risiken bestehen bei der Einführung neuer Produkte, Naturkatastrophen oder auch personellen Problemen.

Mittels einer optimalen Diversifikationsstrategie kann ein Portefeuilleverwalter einen wesentlichen Teil des Risikos eliminieren. Mit einer Vielzahl verschiedener Titel können die schwachen Korrelationen zwischen Aktien ausgenützt und das unsystematische Risiko minimiert werden. Prinzipell bringt jede Korrelation unter 1 einen Diversifikationserfolg und reduziert somit das Gesamtrisiko.

Ein Beispiel hierfür wäre ein Ice-Cream Produzent, der dem unsystematischen Risiko der Wetterverhältnisse ausgesetzt ist. Während eines kalten und regnerischen Sommers wird in der Regel weniger Ice-Cream konsumiert. Sein Geschäft ist somit stark wetter-

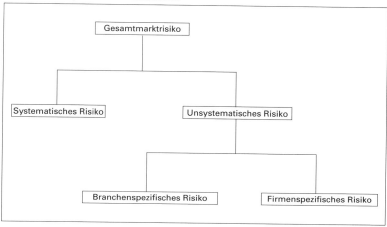

abhängig. Das schlechte Wetter wird jedoch keine allgemeine Baisse am Aktienmarkt hervorrufen, da beispielsweise eine steigende Nachfrage nach Auslandreisen die Reisebranche beleben kann. Unsystematisches Risiko bedeutet, dass bestimmte Faktoren verschiedene Unternehmen und Branchen unterschiedlich beeinflussen. Ein Portefeuilleverwalter wird deshalb in seinem Portefeuille sowohl Aktien von Ice-Cream Produzenten als auch von Reiseunternehmen halten, da diese im Hinblick auf das Wetter eine negative Korrelation aufweisen.

Der Diversifikationseffekt ist für jede zusätzliche verschiedene Aktie im Portefeuille kleiner, aber stets positiv (Abbildung 2.4). Das unsystematische Risiko kann aber nie gänzlich eliminiert werden und das systematische Risiko bleibt unbeeinflussbar.

Die Berechnung des systematischen Risikos eines Portefeuilles erfolgt durch die Analyse historischer Werte von Aktien. Es wird untersucht, wie stark die einzelnen Aktienpreise auf die Preisveränderungen des ganzen Marktes reagieren. Diese Korrelation wird Betawert genannt. Für eine Aktie mit dem Betawert von 1.5 wird ein Kursanstieg von 1.5% erwartet, wenn der Gesamtmarkt um 1% steigt. Durch die Berechnung des gewogenen Mittels der Betawerte aller im Aktienportefeuille vorhandenen Titel kann der Betawert des ganzen Portefeuilles ermittelt werden. Die Wahrscheinlichkeit, dass sich ein Portefeuille gemäss dem berechneten Betawert entwickelt, ist bei einer grösseren Anzahl verschiedener Aktien höher als bei Portefeuilles mit weniger Aktien. Dieser Betawert ist jedoch ein historischer

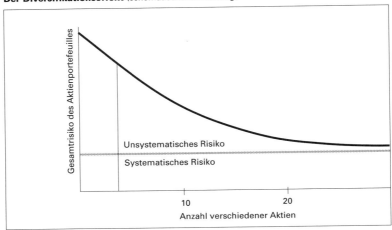

Wert. Er gibt lediglich einen guten Anhaltspunkt dafür, in welchem Ausmass die Aktie auf Schwankungen des Gesamtmarktes reagieren wird.

Mit Hilfe der Diversifikation kann nur das unsystematische Risiko, nicht aber das Marktrisiko reduziert werden. Indexinstrumente ermöglichen jedoch die Begrenzung des systematischen Risikos eines Portefeuilles. Das unsystematische Risiko eines bereits optimierten Aktienbestandes ist hingegen mit Indexinstrumenten nicht weiter reduzierbar.

Ein Investor eines Aktienportefeuilles mit hohem Betawert, d.h. mit einem hohem Marktrisiko, kann mit einfachen Mitteln die Risikoexponierung herabsetzen. Sobald er eine Turbulenz in der weiteren Kursentwicklung des Aktienmarktes erwartet, verkauft er einen Indexterminkontrakt. Ist die Unsicherheit über die Kursentwicklung seiner Meinung nach vorüber, stellt der Investor die Indexinstrumente glatt, und das Portefeuille erhält den ursprünglichen Betawert und die langfristig gewünschte Risikoexponierung wieder zurück. Die Kosten für die geschilderten Transaktionen liegen in allen heute bestehenden Indexmärkten in der Regel tiefer als für Transaktionen im Basiswert.

Der Investor muss für eine effektive Absicherung wissen, welcher Indexkontrakt sein Portefeuille am besten widerspiegelt. Zudem ist es von Vorteil, im voraus Strategien für unterschiedliche Marktsituationen auszuarbeiten. Das Portefeuille kann zum Beispiel ständig gegen aussergewöhnliche Bewegungen abgesichert sein. Eine andere Strategie besteht darin, auch bei stabilen Kursen durch den Einsatz von Indexinstrumenten eine höhere Portefeuillerendite zu erreichen. Dabei ist zu beachten, dass auf gehedgter Basis mit dem blossen Einsatz von Indexinstrumenten die Marktrendite nicht übertroffen werden kann.

Die konsequente Nutzung von Indexinstrumenten kann das Gewinn/Verlustprofil eines Portefeuilles verbessern, erfordert jedoch gute Kenntnisse des Marktes sowie eine ständige Überwachung durch den Verwalter. Die Performancesteigerung, der Zeitfaktor, die tiefen Transaktionskosten und die Möglichkeit, Risiken schnell zu verschieben sind die wichtigsten Gründe, die zur starken Verbreitung von Indexinstrumenten beigetragen haben.

Zusammenfassung

Ein Index Future Kontrakt beinhaltet den Kauf oder Verkauf eines Portefeuilles von Werten, welche durch einen Index repräsentiert werden. Dabei ist der Preis und der Fälligkeitstermin vertraglich festgelegt. Im Gegensatz zu den meisten übrigen Future Kontrakten findet bei Index Futures in der Regel keine physische Lieferung statt, sondern es wird am Ende der Laufzeit die Kursdifferenz in Form eines Barausgleichs erstattet.

Ein aus Aktien zusammengesetzter Index reflektiert die Kursentwicklung eines Korbes ausgewählter Aktien. Die Konstruktion kann entweder markt- oder preisgewichtet sein, d. h. entweder die Marktkapitalisierung oder der Kurswert bestimmt die Gewichtung eines Titels im Index. In den letzten Jahren gewannen Indexkontrakte stark an Popularität und jährlich werden neue Branchen-, Markt- und Spezialitätenindizes gebildet.

Das Einsatzgebiet von Indexterminkontrakten liegt vorwiegend in der Portefeuilleabsicherung. Die Eigenschaften eines Index hinsichtlich der Risikostreuung und Repräsentanz eines Aktienkorbes ermöglichen den Kauf oder Verkauf eines gesamten Marktes oder Marktsegmentes, ohne Transaktionen im Basiswert vornehmen zu müssen. Index Futures eignen sich aufgrund ihrer hohen Liquidität zur jederzeitigen Absicherung und dank tiefer Transaktionskosten kann bei richtigem Einsatz eine Performancesteigerung erzielt werden. Das Risiko eines Portefeuilles besteht einerseits aus dem gesamtwirtschaftlichen Marktrisiko – dem systematischen Risiko – und dem unternehmensspezifischen Firmen- und Branchenrisiko – dem unsystematischen Risiko. Letzteres kann durch eine möglichst breite Diversifikation reduziert werden, während das Marktrisiko nur mittels derivativer Indexprodukte begrenzt werden kann. Durch den Verkauf eines Index kann das systematische Risiko auf einen anderen Marktteilnehmer transferiert werden.

Die Option – eine Vereinbarung

Die Option ist eine Vereinbarung, welche dem einen Vertragspartner das einseitige Recht einräumt, eine im voraus bestimmte Menge einer Ware oder eines Wertes zu einem festgelegten Preis innerhalb eines definierten Zeitraumes zu kaufen oder zu verkaufen. Der Wert dieser Vereinbarung drückt sich in der Zahlung einer Prämie, der sogenannten Optionsprämie (Preis der Option) aus.

Die Option als Vertragsinstrument wird bereits seit den Anfängen des wirtschaftlichen Handels genutzt, ihre Verbreitung als aktiv gehandeltes Instrument findet sich jedoch erst seit Mitte der 70er Jahre. Optionen werden heute vorwiegend im Handel mit Rohwaren, Zinspapieren, Devisen und Aktien verwendet.

Das Handikapsystem

Der Erfolg einer Ernte und dementsprechend die Preise von Landwirtschaftsprodukten sind stark vom Wetter abhängig. Die Unsicherheit über die Quantität und Qualität der Ernte und die daraus folgenden Marktpreisschwankungen erschweren die wirtschaftliche Planung des Produzenten. Ein schlechtes Jahr kann für einen Betrieb verheerende Folgen haben. Um sich dagegen zu schützen, ist eine Versicherung mit hoher Flexibilität nötig, beispielsweise in Form einer Option. Die Option kann in diesem Zusammenhang als ein Handikapsystem, vergleichbar mit jenem beim Golfspiel, betrachtet werden. Das Handikapsystem ermöglicht es dem Amateur, gegen den professionellen Spieler auf gleicher Ebene zu kämpfen. Mit Hilfe der Option kann sowohl der einzelne Bauer mit seinem Kleinbetrieb als auch der Grossproduzent Marktschwankungen abfangen und sich gegen das Verlustrisiko absichern.

Optionen wurden schon lange Zeit vor den heutigen börsengehandelten Kontrakten eingesetzt. Sie waren meist auf zwei bestimmte Partner massgeschneidert, so dass ein eigentlicher Handel im Sekundärmarkt schwer realisierbar war. Eine Auflösung eines solchen individuellen Vertrages konnte oft nur zu einem unvorteilhaften Preis erfolgen. Dies führte in der Vergangenheit vielfach zu einem Misstrauen gegen das Finanzinstrument Option. Um diesem Nachteil entgegenzuwirken, wurde 1973 der erste Markt für standardisierte Aktienoptionen in Chicago, die Chicago Board Options Exchange (CBOE), eröffnet.

Die Standardisierung betrifft, wie auch bei Future Kontrakten, gewisse identische Spezifikationen im Optionsvertrag. Dadurch wird ein liquider und einfacher Handel mit hoher Transparenz ermöglicht. Da sich das ganze Interesse der Marktteilnehmer auf eine begrenzte Anzahl von Standardkontrakten konzentriert, verbessert sich über das erhöhte Volumen auch die Preisbildung.

Eingehen einer Optionsposition

Eine Option entsteht, indem ein Marktteilnehmer, der Schreiber oder Aussteller, einem anderen Kontrahenten, dem Optionskäufer, ein Recht verkauft. Es handelt sich entweder um ein Kaufrecht (Call) oder ein Verkaufsrecht (Put). Der Call gibt dem Optionskäufer das Recht, nicht aber die Pflicht, eine bestimmte Menge des zugrundeliegenden Wertes (Basistitel, Basiswert) während einer begrenzten Zeitperiode zu einem im voraus festgelegten Preis zu erwerben. Der Verkäufer einer Call Option verpflichtet sich, den Basiswert auf Verlangen des Käufers zu den vereinbarten Konditionen zu liefern. Der Put berechtigt den Optionskäufer in gleicher Weise, eine vereinbarte Menge eines Basiswertes zu einem im voraus bestimmten Preis zu verkaufen. Dementsprechend verpflichtet sich der Verkäufer einer Put Option zur Annahme des Basiswertes zum vorab bestimmten Preis während des vereinbarten Zeitraums.

3.1   Abbildung
Grundpositionen und Grundgeschäftsarten einer Option

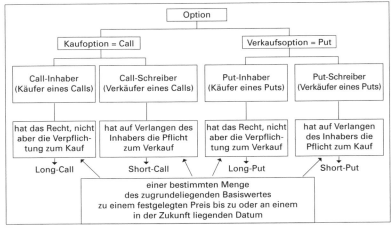

Tabelle
Rechte und Pflichten im Optionsgeschäft

		Rechte	Pflichten
Call	Käufer (Long Call) Verkäufer (Short Call)	Übernahme Basiswert Prämie kassieren	Prämie zahlen Lieferung Basiswert auf Aufforderung
Put	Käufer (Long Put) Verkäufer (Short Put)	Lieferung Basiswert Prämie kassieren	Prämie zahlen Abnahme Basiswert auf Aufforderung

Bezüglich des Zeitpunkts, zu dem Optionsrechte ausgeübt oder geltend gemacht werden können, werden zwei Optionsarten unterschieden. Bei den sogenannten europäischen Optionen kann das Recht, den Basiswert zu kaufen oder zu verkaufen, nur an einem bestimmten Zeitpunkt geltend gemacht werden. In den meisten Fällen entspricht dies dem Verfalltag der Option. Amerikanische Optionen können dagegen während der gesamten Laufzeit ausgeübt werden. Die amerikanische Option hat stets einen höheren Wert als die europäische, da jene immer mehr Rechte verkörpert als eine europäische Option. Der Terminus «europäisch» bzw. «amerikanisch» sagt jedoch nichts über den Handelsort der jeweiligen Option aus. Amerikanische Optionen werden hauptsächlich an Börsen gehandelt, während europäische Kontrakte mit einem fixen Ausübungszeitpunkt eher im Over the counter (OTC) Bereich anzutreffen sind.

3.2 Abbildung
Amerikanische vs. europäische Option

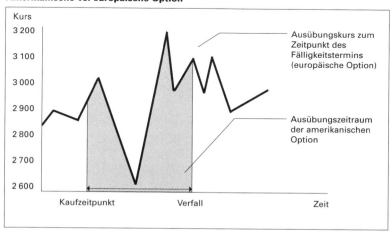

Als Beispiel einer amerikanischen Option dient die Anlagestrategie eines Investors, der mit einem Anstieg des Nestlé Aktienkurses rechnet. Durch den Kauf von 10 September Nestlé 3 000 Calls erwirbt der Investor das Recht, 100 Nestlé Namenaktien zum Preis von je Fr. 3 000 bis zum September zu kaufen. Der Kurs der Aktie steigt im August auf Fr. 3 100 und der Investor glaubt nicht an ein weiteres Steigerungspotential. Er hat nun die Möglichkeit, die Aktien zu einem tieferen Preis als im Kassamarkt zu kaufen, indem er von seinem Ausübungsrecht Gebrauch macht. Der Optionsverkäufer ist dazu verpflichtet, die 100 Titel zu einem Kurs von Fr. 3 000 unverzüglich zu liefern. Bei der gleichen Option europäischen Typs kann der Investor sein Ausübungsrecht nur am Verfalltag geltend machen. Ein Kursabfall im Dezember könnte somit bei einer europäischen Kaufoption zum wertlosen Verfall führen, sofern der Optionsinhaber ausüben möchte und die Optionen nicht im Markt weiterverkauft. Eine genauere Betrachtung, ob und wann ausgeübt werden soll, wird nachfolgend beschrieben.

Kontraktspezifikationen

Um eine Option umfassend zu definieren, müssen vier Faktoren spezifiziert werden, nämlich der Optionstyp, der zugrundeliegende Basiswert, der Strikepreis und der Verfallzeitpunkt.

Der Optionstyp

Optionen lassen sich in Calls und Puts unterteilen. Der Call gibt dem Besitzer das Recht, einen gewissen Wert zu kaufen, während ihn der Put zum Verkauf eines bestimmten Wertes berechtigt.

Der Basiswert

Der Basiswert ist die Bezeichnung für den einer Option zugrundeliegenden Gegenstand wie beispielsweise Aktien, Devisen, Indizes, Rohwaren oder Edelmetalle.

Optionen, welche sich auf den gleichen zugrundeliegenden Wert beziehen, bilden eine Optionsklasse.

Der Strikepreis

Der Preis, zu welchem ein Basiswert bezogen und die Option ausgeübt werden kann, wird als Strikepreis oder Ausübungspreis bezeichnet. Der Strikepreis als verbindlicher Vertragspreis wird bei Vertragsabschluss festgelegt und entscheidet in hohem Ausmass über den mit der Option erzielbaren Gewinn oder Verlust. Optionen mit gleichem Basiswert und Verfalldatum aber unterschiedlichen Strikepreisen bilden eine Optionsserie.

Eine Call Option mit einem tieferen Ausübungspreis als dem aktuellen Marktpreis, d.h. bei welchem dem Optionsbesitzer der Basiswert zu einem tieferen Preis als dem Marktkurs überlassen wird, wird in-the-money Option genannt. Ein Teil des Optionswertes besteht dann aus der Differenz zwischen Tagespreis und Strikepreis. Put Optionen befinden sich dementsprechend in-the-money, wenn der Strikepreis den aktuellen Marktkurs übersteigt.

Ein Call mit einem Strikepreis über dem Tageskurs des Basiswertes wird als out-of-the-money bezeichnet. Der Put befindet sich demgegenüber bei tieferem Ausübungspreis als dem Marktpreis out-of-the-money.

3.3   Abbildung
Innerer Wert einer Option

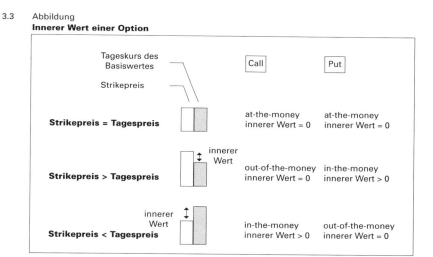

Der Verfallzeitpunkt

Die Laufzeit der Option wird durch Angabe des Fälligkeitsdatums definiert. Optionen mit gleicher Laufzeit bilden eine Optionsgruppe. Im Falle von standardisierten Optionen wird meist nur der Fälligkeitsmonat angegeben.

In den meisten Märkten wird der Verfall von Optionen und Futures koordiniert. Je nach Börsenordnung und Optionsklasse erfolgt die Festlegung des Verfalldatums an einem bestimmten Tag im Fälligkeitsmonat. Ein Optionskontrakt der Optionen und Financial Futures Börse (EUREX) verfällt beispielsweise am Tag nach dem letzten Handelstag, welcher wiederum meist auf den dritten Freitag des Verfallmonats zu liegen kommt, sofern dies ein Börsentag ist und andernfalls auf den Tag zuvor. Bis zu diesem Zeitpunkt kann der Optionsbesitzer sein Ausübungsrecht geltend machen.

Auflösen einer Optionsposition

Nachdem ein Abschluss zwischen dem Optionsschreiber (Aussteller) und dem Optionskäufer zustande gekommen ist, haben die Vertragspartner drei alternative Möglichkeiten, die Position aufzulösen: das Glattstellen, das Beziehen des Basiswertes oder das Verfallenlassen der Option.

Das Glattstellen

Das Glattstellen einer Position ist die bei weitem häufigste Methode der Positionsauflösung und funktioniert gleichermassen wie bei Futures Kontrakten. Der Optionskäufer verkauft einen gleichen Kontrakt mit identischen Merkmalen am Markt. Dementsprechend kauft der Optionsschreiber einen gleichartigen Kontrakt, um seine Position glattzustellen. Kann er diese Option billiger zurückkaufen, als er sie verkauft hat, ist die Transaktion gewinnbringend. Im speziellen Fall des Schreibens einer Call Option kann die Transaktion gesamthaft betrachtet auch einen Verlust bedeuten. Wird nämlich vom Schreiber verlangt, dass er die zugrundeliegenden Aktien effektiv besitzt, kann der Kursverlust der Aktien, durch den der tiefere Rückkaufspreis verursacht wurde, den Gewinn der Call Transaktion überwiegen.

Gleich wie der Schreiber seine ausgestellte Call Option mit Gewinn, bei tieferem Kurs, oder mit Verlust, bei höherem Kurs, zurückkaufen kann, hat der Call Optionsbesitzer die Möglichkeit eines Verkaufs. Erhält er einen höheren Kurs, kann er einen Gewinn verbuchen, während er bei einem tieferen Kurs einen Verlust zu verzeichnen hat.

Das Ausüben

Die Wahl zwischen Ausübung und Verfall kann nur vom Optionsbesitzer getroffen werden. Er kann sein Recht ausüben und den Kauf oder Verkauf des in der Option spezifizierten zugrundeliegenden Wertes verlangen. Wird beispielsweise ein Put ausgeübt, verkauft der Besitzer des Puts den Basiswert zum festgesetzten Preis. Die Auslieferung hat die gleiche Belastung von Steuern und Transaktionskosten zur Folge wie der Kassahandel mit den zugrundeliegenden Wertpapieren. Deshalb ist normalerweise das Glattstellen kurz vor Ablauf der Option kostengünstiger als die Ausübung des Kauf- bzw. Verkaufsrechts.

Der Verfall

Die dritte Möglichkeit, eine Optionsposition zu schliessen, besteht im Verfallenlassen des Kontraktes. In-the-money Optionen besitzen einen inneren Wert und werden meist ohne anderweitige Vereinbarungen vom Broker für den Optionsbesitzer eingelöst. Out-of-the-money Optionen werden nach dem Verfalldatum im Konto des Optionsbesitzers und des Optionsverkäufers gelöscht, da sie wertlos sind.

Die Wahl der Ausübung

Da das Glattstellen während der ganzen Laufzeit der Option vorgenommen werden kann und die Transaktionskosten relativ gering sind, ist diese Methode die gebräuchlichste der drei beschriebenen. Zwar kann das Ausüben einer Option amerikanischen Typs ebenfalls während der gesamten Laufzeit stattfinden, doch fallen dabei höhere Transaktionskosten an und es geht der Zeitwert der Option verloren.

Der Zeitwert der Option ist jener Teil des Optionspreises, der nicht dem in-the-money Wert entspricht. Er widerspiegelt die Erwartungen über den zukünftigen Wert des Basistitels unter Berücksichtigung der Zinskosten für dessen Finanzierung. Der Zeitwert variiert in Abhängigkeit vom Verhältnis zwischen Strikepreis und Marktpreis und erreicht sein Maximum, wenn der Marktpreis in der Nähe des Strikepreises liegt. Im Kapitel «Die theoretische Bewertung» wird dieser Effekt noch eingehend beschrieben. Der Zeitwert nimmt um so schneller ab, je näher das Verfalldatum der Option rückt, bis er am Verfalltag auf Null sinkt und der Kurs der Option sich auf deren inneren Wert reduziert.

Lediglich drei Situationen sind denkbar, in denen das Ausüben dem Glattstellen vorzuziehen ist. Im ersten Fall handelt es sich um eine Option mit hohem innerem Wert. Der Zeitwert einer solchen Option ist vernachlässigbar klein und sie sollte, sofern es sich um die amerikanische Art von Kontrakten handelt, dann eingelöst werden, wenn die Nachfrage nach der entsprechenden Option ungenügend ist und daher der Marktwert unter den inneren Wert zu liegen kommt.

Ein zweiter Grund zur Einlösung besteht bei einer Dividendenausschüttung des zugrundeliegenden Wertes. Der Aktienkursrückgang nach der Ausschüttung kann höher ausfallen als der verbleibende Zeitwert. Das Einlösen kann sich in diesem Falle lohnen, da der Einlöser Aktienbesitzer wird und die Ausschüttung erhält, welche ihn für den fallenden Kurs entschädigt. Dieses Problem ist insbesondere in Europa z. B. im Vergleich mit den USA von grosser Bedeutung, da Dividendenausschüttungen in Europa in der Regel nur einmal pro Jahr, in den USA jedoch quartalsweise vorgenommen werden.

Besteht die Absicht, eine bedeutende Aktienposition schnell zu erwerben oder zu verkaufen, ohne dadurch den Markt des zugrundeliegenden Wertes direkt zu beeinflussen, ist das Einlösen dem Abwarten des Verfalltages ebenfalls vorzuziehen.

Handelsplätze für Optionen

Anfang der 70er Jahre entwickelten sich in den USA spezielle Börsen für Optionsgeschäfte. Die Verwendung des Instrumentes Option kann jedoch bis in das 17. Jahrhundert zurückverfolgt werden als individuell vereinbarte Einzelgeschäfte vor allem im Bereich landwirtschaftlicher Produkte getätigt wurden. Trotz kostenintensivem administrativem Aufwand und höherer Unsicherheit hat sich der ausserbörsliche Handel, der sogenannte Over-the-counter Handel (OTC), in den letzten Jahren stark entwickelt. An OTC Märkten handeln vor allem Firmenkunden und Finanzinstitute direkt miteinander. Der grosse Vorteil von OTC Optionen liegt in der individuellen Ausrichtung der Kontrakte auf die Bedürfnisse der institutionellen Kunden, wobei es sich überwiegend um europäische Optionen handelt. Probleme ergeben sich vor allem in der Handelbarkeit von OTC Optionen, denn ihre individuelle Ausgestaltung bedeutet ein Verzicht auf die börsentypischen Vorteile wie hohe Liquidität, Transparenz oder institutionalisiertes Clearing. Deshalb führen die meisten OTC Kontrakte statt zu einer Glattstellung zur Ausübung oder zum Verfall. Ein weiterer Nachteil besteht im höheren Erfüllungsrisiko und dem Erfordernis einer ständigen Bonitätsprüfung durch den Optionskäufer.

Innerhalb der börsengehandelten Optionen wird unterschieden zwischen Kontrakten, welche an speziellen Optionenbörsen wie zum Beispiel der deutsch-schweizerischen EUREX gehandelt werden und den verbrieften Optionsscheinen, auch Warrants genannt, welche an den üblichen Wertpapierbörsen kotiert sind. Im Devisen- und Zinsoptionsgeschäft nehmen der OTC- und der Warrant Handel eine dominierende Stellung ein, während der Handel mit Aktien- und Indexoptionen mehrheitlich in standardisierter Form über eine Optionenbörse stattfindet.

Das Clearingsystem

Wie im Future Geschäft übt auch im Optionenhandel an speziellen Terminbörsen die Clearingstelle eine zentrale Funktion aus. Sie übernimmt eine Vermittlerposition und tritt als Kontrahent der beiden Vertragspartner auf. Dadurch wird die Erfüllung des Optionskontraktes gemäss der eingegangenen Vertragskonditionen garantiert. Der zeitliche und kostenintensive Aufwand von individuellen Bonitätsprüfungen fällt somit weg und ermöglicht einen liquiden und anonymen Handel mit geringen Transaktionskosten. Der Börsenhandel mit Optionen kann nur über Broker stattfinden, die Mitglieder des Clearinghauses sind.

Damit die involvierten Partner am Optionsmarkt möglichst unabhängig voneinander agieren können, ist im Optionsvertrag kein spezi-

3.4 Abbildung
**Der Geschäftsablauf beim Schreiben und Ausüben
einer Option durch Lieferung des Basiswertes**

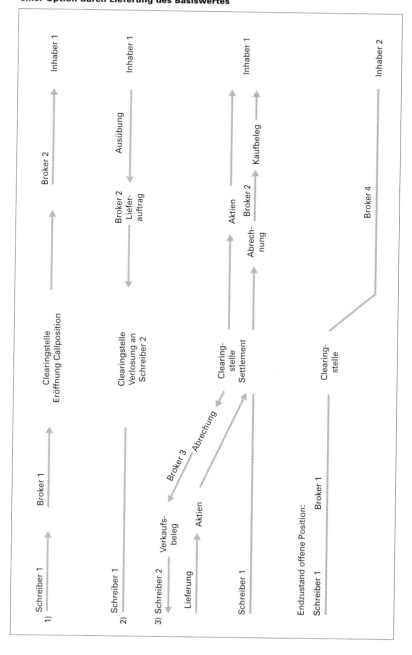

57

3.5 Abbildung

Der Geschäftsablauf beim Schreiben und Glattstellen einer Optionsposition

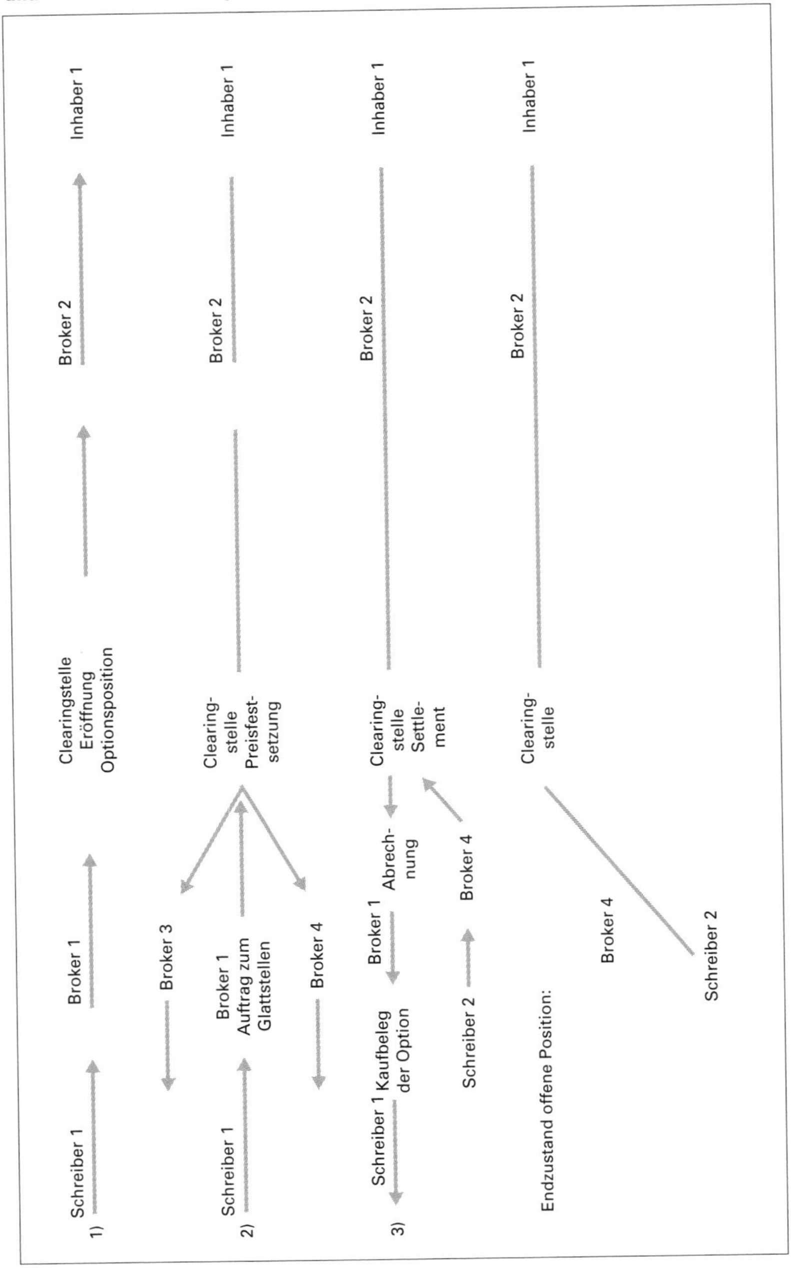

fischer Verkäufer des zugrundeliegenden Gegenstandes erwähnt. Jeder Basiswert kann somit geliefert werden, der die Vertragsspezifikationen erfüllt. Wie Abbildung 3.4 zeigt, sind am Marktgeschehen zahlreiche Optionsschreiber wie auch Käufer beteiligt. Sobald der Clearingstelle bekannt ist, dass ein Optionsbesitzer sein Ausübungsrecht geltend machen will, wählt sie einen oder mehrere Schreiber aus, welche zur Lieferung des Basiswertes verpflichtet werden (Schritt 2 in Abbildung 3.4). Nach Auswahl der Schreiber stellt die Clearingstelle alle Kauf- und Verkaufsaufträge einander gegenüber und die Broker erstellen die entsprechenden Börsenabrechnungen für ihre Kunden. Der Aussteller des Calls erhält die Verkaufsabrechnung und wird damit verpflichtet, den Basiswert zum festgesetzten Preis zu liefern (Schritt 3 in Abbildung 3.4). Der Schreiber eines Puts erhält dementsprechend eine Kaufabrechnung und der Besitzer eines Puts eine Verkaufsabrechnung.

Beim Glattstellen einer Optionsposition ist die ursprüngliche Gegenpartei der Transaktion nicht unbedingt involviert. Abbildung 3.5 verdeutlicht, dass die Gegenpartei des Glattstellers die Clearingstelle ist. Der Akteur stellt am Markt sein Engagement zum Tageskurs glatt (Schritt 2 in Abbildung 3.5), und jeder Marktteilnehmer kann an seine Stelle treten (Schritt 3 in Abbildung 3.5).

Margen

Ein Optionskauf muss je nach Börsenusanz an den folgenden Handelstagen voll bezahlt werden und wird nicht wie bei Futures über ein Einschussmargensystem abgewickelt. Das Schreiben einer Option kann, vor allem bei ungedeckten Shortpositionen, eine Margenhinterlegung erfordern, um das Erfüllungsrisiko im Falle der Optionsausübung abzudecken. Die Margen müssen vom Broker bei der Clearingstelle sowie vom Kunden beim Broker hinterlegt werden. Je nach Marktdynamik kann die Clearingstelle die entsprechenden Prozentsätze erhöhen oder senken, wobei der Broker verpflichtet ist, vom Kunden eine mindestens gleich hohe Marge zu verlangen.

Traded Options

Bevor auf spezifische Ausgestaltungen von Optionen und aus Optionen zusammengesetzten Finanzinstrumenten eingegangen wird, soll an dieser Stelle eine typische Geschäftstransaktion mit allen Beteiligten dargestellt werden.

Der Kunde A möchte eine Option schreiben (verkaufen) und nimmt Kontakt mit seinem Broker (1) auf. Wie bei einer Aktientransaktion wird der Auftrag entgegengenommen und die Menge, der Preis und die Laufzeit festgelegt. Der Broker (1) wendet sich nun an die

Clearingstelle (z. B. EUREX) und meldet den Verkaufsauftrag des Kunden A mit einer Verkaufslimite an. Durch ein Kursinformationssystem ermittelt die Clearingstelle den aktuellen Preis. Angenommen die von A festgelegte Verkaufslimite entspricht der Kaufslimite eines anderen Brokers, so wird die Option durch das System zu diesem Kurs automatisch vermittelt. Die Verkaufslimite von A wird aus dem Kursinformationssystem entfernt und die nächst höhere wird für die folgende Transaktion berücksichtigt.

Die Clearingstelle stellt einen Verkaufsbeleg auf Broker (1) aus, welcher seinerseits einen Verkaufsbeleg auf den Kunden A ausstellt. Gleichzeitig stellt die Clearingstelle einen Kaufbeleg auf Broker (2) aus, welcher seinerseits einen Kaufbeleg auf den Kunden B ausstellt.

Die Partner der Clearingstelle sind in beiden Fällen die Broker (1) und (2), obwohl das eigentliche Geschäft von Verkäufer A und Käufer B getätigt wurde. Der Grund hierfür ist, dass lediglich den Brokern als Miglieder der Clearingstelle das Erfüllen der mit der Option erworbenen Rechte garantiert wird. Gleichzeitig überwacht die Clearingstelle, dass die erforderlichen Sicherheiten von Broker (1) eingebracht wurden. Ohne die Clearingstelle wären der Broker (2) und damit B zur Überwachung der Sicherheiten von Broker (1) bzw. A gezwungen. Zudem hätte A dabei seine Identität preisgeben müssen.

3.6   Abbildung
Eine Geschäftstransaktion

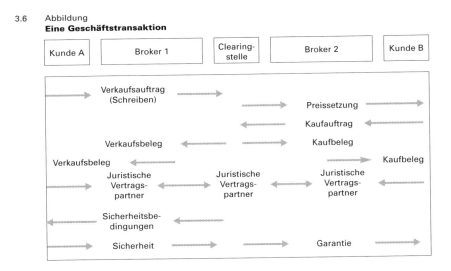

Market Maker

Um die fortlaufende Notierung von Kauf- und Verkaufskursen und eine effektive Preisbildung sicherzustellen, muss in einem Markt für Traded Options ein Market-Maker-System vorgesehen sein. Jeder von der Clearingstelle anerkannte Marktteilnehmer kann als Market Maker agieren. Der Market Maker ist verpflichtet, in jeder Situation Kauf- und Verkaufskurse für die ihm zugeordneten Optionen zu stellen. Je nach Börsenusanz können Höchstmargen zwischen den angegebenen Kauf- und Verkaufskursen festgelegt werden, z.B. Fr. 20 für Preise zwischen Fr. 100 und Fr. 200. Sobald ein Abschluss aufgrund eines gestellten Kurses zustande kommt, ist vom Market Maker ein neuer Kurs zu stellen. Um eine Zulassung als Market Maker zu erhalten, muss dieser während der Marktöffnungszeiten ständig erreichbar sein.

Da die Optionspreise eines Market Makers mit den Preisen der übrigen Market Maker konkurrieren, liegt die Kursmarge zwischen Kauf- und Verkaufspreis meist unter der Maximalvorgabe. Vorausgesetzt, der Market Maker gestaltet die Preisbildung effektiv und hält gleichzeitig keine grossen Positionen, liegt sein Gewinn in der Differenz zwischen dem Kauf- und Verkaufskurs. Der Market Maker kann durch Variation seiner Preissetzung seine Position am Markt verändern, d.h. durch eine Preiserhöhung eher eine Longposition und durch Preissenkung eher eine Shortposition eingehen.

Dem Market Maker werden tiefere Transaktionskosten als den übrigen Marktteilnehmern belastet, was bedeutet, dass gewisse gewinnbringende und risikofreie Transaktionen profitabler durch den Market Maker ausgeführt werden können. Da diese sogenannten Arbitragegeschäfte einen im Verhältnis zum eingesetzten Kapital kleinen potentiellen Gewinn versprechen, sind tiefe Transaktionskosten die unabdingbare Voraussetzung, um sie durchführen zu können.

Die traditionelle Optionsanleihe

Die traditionelle Optionsanleihe besteht aus einer Obligation sowie aus Warrants, d.h. Optionen, welche normalerweise auf Aktien des Obligationenschuldners basieren. Die emittierende Gesellschaft verknüpft damit zwei selbständige Finanzierungsinstrumente, die sozusagen im Verbund verkauft werden. Auf diese Weise kann die Obligation mit einem Zinssatz versehen werden, der wesentlich unter der Marktrendite für gewöhnliche festverzinsliche Anleihen liegt, da der Erlös aus dem Verkauf der Optionen zur Deckung dieser Differenz verwendet werden kann. Es eröffnet sich folgende Problematik: Das billige Fremdkapital verbessert ceteris paribus ohne zusätzliche Leistung des Managements den Erfolgsausweis der Gesellschaft. Die

Reduktion der Zinskosten wird mit einem Verzicht des Altaktionärs auf sein Bezugsrecht und einer latenten Kapitalverwässerung erkauft, d. h. mit einer Werteinbusse der sich im Umlauf befindenden Aktien aufgrund der potentiellen Kapitalerhöhung. Wie unten näher erläutert wird, weist die traditionelle Optionsanleihe aus der Sicht des Aktionärs, der seinen Cash Flow zu optimieren trachtet, weitere gewichtige Nachteile auf. Diese müssten eigentlich dazu führen, dass die traditionelle Optionsanleihe in einem transparenten Markt mit aktiven Aktionären in Zukunft an Bedeutung verlieren oder zumindest anders eingesetzt werden wird. Für die Bewertung ist zu beachten, dass die neu ausgegebenen Aktien meistens im Jahr der Ausübung nicht dividendenberechtigt sind.

Warrants

Warrants sind verbriefte Rechte (Optionsscheine) und werden im Gegensatz zu Traded Options von Unternehmungen oder Finanzinstituten emittiert. Obwohl Warrants auf Obligationen vorkommen, basieren sie meist auf Aktien eines kotierten Unternehmens. Sie werden in limitierter Zahl ausgegeben und die Laufzeit übersteigt typischerweise diejenige von Traded Options. Der wichtigste Unterschied zwischen einem Warrant, der von der Gesellschaft selbst emittiert wurde und einer üblichen Call Option besteht darin, dass bei der Ausübung eines Warrants oftmals neue Aktien bezogen werden und somit die Kapitalstruktur des emittierenden Unternehmens verändert wird.

Seit Mitte der 80er Jahre werden Call und Put Warrants auch von Finanzinstituten emittiert, welche damit auf Bedürfnisse im Markt reagieren. Derartige Warrants können sowohl auf Aktien, Zinsinstrumenten, Devisen, Indizes, Baskets sowie auch auf Rohstoffen oder Edelmetallen basieren. Sie dienen lediglich der potentiellen Gewinnerzielung, nicht aber der Kapitalbeschaffung und werden unter dem Begriff «Naked Warrants» subsummiert.

Nach deren Ausgabe werden Warrants meist an Wertschriftenbörsen gehandelt und die Auflösung des Kontraktes erfolgt direkt mit dem Emittenten; eine Clearingstelle existiert nicht. Warrants vereinen einige Vorteile von standardisierten, börsengehandelten Optionen und OTC Optionen, indem sie an Börsen gehandelt werden und somit relativ liquide sind, einen gewissen Grad an Standardisierung aufweisen und geringe Abschlussgrössen erlauben. Gleichzeitig können sie jedoch auf die momentanen Bedürfnisse des Marktes ausgerichtet werden, wie flexible Laufzeit, flexible Basiswerte oder besondere Kontraktbedingungen. Sie können innerhalb weniger Tage emittiert werden, bieten eine weit höhere Transparenz als OTC Kontrakte und sind auch für Privatinvestoren leicht zugänglich.

Gratis Warrants auf Aktien

Eine interessante Weiterentwicklung des Anrechtshandels konventioneller Kapitalerhöhungen stellen Gratis-Call-Warrants dar. Sie werden von der Unternehmung kostenlos an ihre Aktionäre ausgegeben und bei ihrer Ausübung wird dem Unternehmen neues Kapital zugeführt. Aufgrund der Bezugsfrist bilden sich am Markt Optionsprämien, die direkt dem Altaktionär zukommen, während sie im oben erwähnten Fall der traditionellen Optionsanleihe der Gesellschaft in Form tieferer Zinskosten zufliessen. Aus diesem Grund werden heute Gratis Warrants überwiegend Aktionärsoptionen genannt, da damit das Bezugsrecht des Aktionärs gewahrt wird.

Die Direktplazierung der Option mittels Optionsanleihe unter Ausschluss des Aktionärsbezugsrechtes erscheint fragwürdig. Es ist offensichtlich, welche gewichtigen Nachteile der Aktionär im Falle der Optionenplacierung via Anleihe erleidet, nämlich eine unnötige Schmälerung des Ertrages nach Steuern und eine Verwässerung seines Anteils am Unternehmen.

Covered Warrants

Die Ausgabe von gedeckten Optionsscheinen oder auch Stillhalteroptionen wurde anfangs nur von Banken mit dem Bezugsrecht von Aktien anderer Gesellschaften getätigt. Wegen der fehlenden Absicherung dieser sogenannten «nackten» Optionen (Naked Warrants) bestand die Sicherung aus den Aktienbeständen der Bank. Heute wird das Stillhaltergeschäft oft mit Hilfe grösserer Bankkunden durchgeführt, die durch die Hinterlegung ihrer Aktienbestände eine interessante Rendite erzielen können. Covered Warrants können beispielsweise die Handelbarkeit «schwerer» Aktien, d. h. für Kleinanleger kaum bezahlbarer Titel, erleichtern. Sie werden als Optionsscheine an Wertpapierbörsen gehandelt und beinhalten die selben Vorteile wie die oben genannten Warrants.

Die Eigenart eines Stillhaltergeschäftes liegt darin, dass in der Regel die Bank im Aussenverhältnis als Emittent auftritt, aber im Innenverhältnis auf Rechnung und Gefahr des Optionsschreibers handelt, des sogenannten Stillhalters. Im Gegensatz zu normalen Warrants beziehen sich Covered Warrants nicht auf neue Aktien des Emittenten, sondern auf sich bereits im Umlauf befindliche Titel eines Stillhalters. Die Vereinbarung zwischen der emittierenden Bank und dem Stillhalter, der Stillhaltervertrag, sieht die Hinterlegung einer entsprechenden Anzahl Aktien bei der Bank vor. Die Bank hält darauf ein Pfandrecht, damit sie bei der Ausübung der Option ihrer Verpflichtung zur Herausgabe der Aktie jederzeit nachkommen kann. Bis zur Ausübung des Optionsrechtes bleibt der Stillhalter Eigentümer der

Aktie und ist damit unter anderem auch uneingeschränkt stimm- und dividendenberechtigt. Nach Ablauf der Optionsfrist ohne Ausübung kann der Stillhalter wieder frei über seine Aktien verfügen. Will er bereits vor Ablauf der Optionsfrist darüber disponieren, kann er sich jederzeit die nötige Anzahl Optionen am Markt beschaffen und bei der Emissionsbank einreichen. Sie wird ihm je nach Ausgestaltung des Stillhaltervertrages seine eigenen Titel oder die entsprechende Anzahl gleicher Titel aushändigen. Diese Möglichkeit des Stillhalters, sich vor Ablauf der Optionsfrist aus dem Engagement zu lösen, lässt das Vertragsverhältnis zumindest in qualitativer Hinsicht weniger bindend erscheinen, als es häufig dargestellt wird.

Die Berechnung des erwarteten Ertrages wird damit allerdings noch komplexer. Während die maximal erzielbare Rendite bei Abschluss des Geschäftes feststeht, fällt die Quantifizierung des Risikos für den Stillhalter schwer. Wohl fällt im Zeitpunkt der Emission ein die Rendite verbessernder Cash Flow an, doch müssen die Aktien auch bei ungünstiger Kursentwicklung bis zum Ablauf der Optionsfrist gehalten werden. Mangels effizienter Absicherungsinstrumente ist daher die Titelauswahl auch für den Stillhalter von erheblicher Bedeutung.

Heutzutage wird das Stillhaltergeschäft auch ohne Deckung der Titel getätigt, indem institutionelle Kunden von der Hinterlegung befreit werden (naked hedge). Der Emittent übernimmt somit gegenüber dem Käufer das gesamte Kredit- und Lieferrisiko.

Zusammenfassung

In diesem Kapitel wurden die grundlegenden Elemente des Optionsgeschäftes dargestellt. Optionen werden grundsätzlich in Calls (Kaufoption) und Puts (Verkaufsoption) unterteilt und sind entweder an einer Börse kotiert oder werden über Over-the-counter Märkte gehandelt. Der Käufer einer Option erwirbt das Recht, nicht aber die Pflicht, einen bestimmten Basiswert zu einem festgelegten Preis bis zu einem bzw. an einem vereinbarten Datum zu beziehen oder zu verkaufen. Der Verkäufer (Schreiber) verpflichtet sich mit dem Kontrakt zu einer jederzeitigen Lieferung des Basiswertes. Eine Option wird durch vier Kontraktspezifikationen definiert, den Optionstyp (Call/Put), den zugrundeliegenden Basiswert, den Strikepreis (Ausübungspreis) und den Verfallzeitpunkt.

Eine Optionsposition kann auf drei verschiedene Arten aufgelöst werden. Die häufigste Auflösung erfolgt durch das Glattstellen einer Position. Die zweite Möglichkeit besteht in der Ausübung der Option. Dies geschieht vor allem bei tief in-the-money liegenden Optionen, falscher Preissetzung wie beispielsweise bei mangelnder Liquidität der Option, Ausschüttung von Dividenden kurz vor dem Verfalldatum oder mit dem Ziel, in kurzer Zeit eine Aktientransaktion ohne grosse Preisbeeinflussung durchzuführen. Die dritte Art der Auflösung ist das wertlose Verfallenlassen der Option.

Das Clearinghouse spielt bei börsengehandelten Optionen analog zu Futures eine wichtige Rolle, da es als Gegenpartei zwischen den Kontrahenten auftritt und somit das Bonitätsprüfungserfordernis reduziert sowie das Erfüllungsrisiko verkleinert, bzw. fast ausschaltet.

Der Market Maker bildet die wesentliche Voraussetzung für einen gut funktionierenden Markt, da er jederzeit einen Kauf- und einen Verkaufskurs stellen muss.

Aus der traditionellen Optionsanleihe entwickelte sich der Handel mit Warrants, welche dem Inhaber einen direkten Anspruch gegenüber dem Emittenten zur Lieferung des Basiswertes einräumen. Warrants werden entweder von Unternehmungen zur Kapitalbeschaffung ausgegeben oder von Finanzinstituten zur Erfüllung aktueller Marktbedürfnisse emittiert. Covered Warrants geben Anspruch auf bereits im Umlauf befindliche Titel, die beim Emittenten als Sicherheit hinterlegt sind. Diese drei Optionsscheinarten zählen heute weltweit zu den meistgehandelten Kontrakten.

Im ganzen Kapitel wurde eine Anzahl optionsspezifischer Begriffe definiert, die im Fachwortverzeichnis am Schluss des Buches nochmals zusammenfassend erklärt werden.

DEVISENOPTIONEN

Die Devisenoption verleiht ihrem Inhaber das Recht, einen bestimmten Betrag einer Fremdwährung zu einem festgelegten Zeitpunkt zu kaufen oder zu verkaufen. Auschlaggebend für das Geschäft ist der Wechselkurs, der das Verhältnis zweier Währungen bestimmt. Der Besitz einer Devisenoption ermöglicht international tätigen Unternehmungen, negative Entwicklungen des Devisenkurses aufzufangen, ohne den potentiellen Gewinn einer positiven Wechselkursentwicklung aufgeben zu müssen.

Entwicklung

Devisenoptionen sind als Einzelkontrakte im Sinne einer individuellen vertraglichen Vereinbarung zwischen zwei Partnern schon seit langem bekannt. Relativ neu ist jedoch die börsengehandelte Devisenoption. Der erste Markt für standardisierte Devisenoptionen wurde im Jahre 1982 an der Philadelphia Stock Exchange (PHLX) eröffnet. Seither wurde an zahlreichen weiteren Börsenplätzen der Handel mit standardisierten Optionen auf Devisen aufgenommen.

Eine noch bedeutendere Entwicklung als börsengehandelte Devisenoptionen haben die von Banken und Investmenthäusern lancierten OTC Devisenoptionen. Marktteilnehmer mit spezifischen Problemen finden an der Börse nur selten einen Kontrakt mit den gewünschten Eigenschaften. Gewöhnlich tritt deshalb eine Finanzinstitution als Vermittler auf und stellt dem Kunden eine massgeschneiderte Konstruktion zur Verfügung, wobei die Finanzinstitution ihr Risiko wiederum auf den standardisierten Märkten, bzw. durch andere OTC Optionen absichert.

In gewissen Fällen werden die börsengehandelten Produkte vom Kunden vorgezogen, auch wenn eine exakte Übereinstimmung mit seinen Bedürfnissen kaum möglich ist. Der Vorteil, in einem sehr liquiden Markt mit geringen Transaktionskosten, fortlaufender Preissetzung und kleineren Kontraktgrössen agieren zu können, überwiegt vielfach die Nachteile der Standardisierung. Da der US Dollar die am meisten gehandelte Währung ist, sind heute Optionskontrakte gegen den US Dollar für alle wichtigen Handelswährungen vorhanden.

Ein typischer Schweizerfranken Call kann beispielsweise so gestaltet sein, dass er dem Besitzer das Recht gibt, aber nicht die Verpflichtung auferlegt, bis zum Verfalltag der Option Fr. 125 000 zum Strikepreis von 0.75 US$/Fr. zu kaufen. Dies bedeutet, dass der Besitzer 0.75 x 125 000 = US$ 93 750 für Fr. 125 000 bezahlt. Der Optionspreis wird kotiert und kann in beliebiger Währung beglichen werden. Angenommen, die Prämie des Calls wird in US$ kotiert, gilt für 100 Einheiten und beträgt 0.60 Cents, bedeutet dies, dass für den Kontrakt US$ 750 (0,60/100 x 125 000) bezahlt werden müssen.

Jede Börse kennt spezifische Vertragsbedingungen und kotiert die Preise auf ihre eigene Art.

An immer mehr Börsenplätzen werden weltweit eine ständig wachsende Anzahl von Devisenoptionskontrakten gehandelt, was zu einem weltweiten 24-Stunden-Handel geführt hat. Ein Zeichen der Globalisierung ist die zunehmende Standardisierung und Angleichung der Optionskontraktbedingungen zwischen verschiedenen Börsenplätzen. So ist es möglich, dass Positionen in Amerika am Nachmittag eingenommen und nach Börsenschluss über Nacht im Fernen Osten wieder glattgestellt werden können. Trotz Standardisierung hat die Konkurrenz unter den Börsenplätzen zu einer Unmenge verschiedener bedürfnisorientierter Kontrakttypen geführt.

Auf den wichtigsten Märkten werden sowohl Optionen des amerikanischen als auch des europäischen Typs gehandelt. Dabei werden sowohl Komptant- als auch Terminoptionen verwendet.

Devisenoptionen sind ein sehr gutes Instrument, um Devisenrisiken von einem Marktteilnehmer auf den anderen zu übertragen. Ihre

Komplexität hat jedoch mit sich gebracht, dass der Devisenoptionen-handel in den USA während der ersten zwei Jahre nur eine zögernde Entwicklung verzeichnen konnte. Grosse Volumen wurden erst nach 1984 erreicht. Es ist bemerkenswert, dass europäische Portefeuille-verwalter die Devisenoption als Finanzinstrument schneller und in grösserem Volumen entdeckt haben als ihre amerikanischen Kolle-gen. Der Grund dafür liegt in der Tatsache, dass die Abhängigkeit von Devisenkursveränderungen bei europäischen Unternehmen höher ist, da die eigenen Absatzmärkte relativ klein sind und dem Handel zwi-schen Ländern mit unterschiedlichen Währungen eine weitaus grös-sere Bedeutung zukommt.

Die Optionsabsicherung als Alternative zur Terminmarktabsicherung

Der Verwaltungsrat der Swissair entscheidet sich Ende 1994 für eine Investition von 1 Milliarde US Dollar in Flugzeuge, deren Liefe-rung ein Jahr später erfolgen soll. Mit in der Zwischenzeit erarbei-teten Schweizerfranken müssen also zu einem späteren Zeitpunkt US Dollar gekauft werden. Der Dollarkurs befand sich 1994 bei 1.30 Fr./US$.

Es bieten sich vier alternative Lösungsmöglichkeiten an:

1. Keine Absicherung, d.h. den Kauf der Dollar bis zum Zahlungs-zeitpunkt abwarten. Ein Dollaranstieg würde einen Verlust, ein Dollarfall einen Gewinn bedeuten.

2a. Absicherung über den Terminmarkt, d.h. die Dollar werden auf Termin über einen Future gekauft. Dadurch wird der Dollar-kurs auf den Zeitpunkt fixiert, zu dem der Dollar Future gekauft wird.

2b. Absicherung ebenfalls über den Terminmarkt, aber mittels eines Forwards. Auch hier wird der spätere Dollarkurs auf den Zeit-punkt fixiert, jedoch ist eine zeitgenaue, d.h. auf den effektiven Abschlusstag abgestimmte Absicherung möglich.

3. Absicherung über den Optionenmarkt, d.h. es werden Calls auf den Dollar gekauft. Die Prämie für die at-the-money Option kostet am Entscheidungszeitpunkt beispielsweise 3% der Kon-traktgrösse, was bedeutet, dass die zukünftige Investition bei einem unveränderten Dollarkurs 3% teurer wird. Gleichzeitig sind aber damit die maximalen Kosten bestimmt. Schwächt sich der Dollarkurs ab, kann der tiefere Dollar trotzdem ausgenützt werden. Durch die Option hält sich der Investor das Gewinnpo-tential offen.

Im Zeitpunkt der effektiven Bezahlung der Flugzeuge Mitte 1995 steht der Dollar bei Fr. 1.10. Tabelle 3.2 stellt das Ergebnis der drei Alternativen dar. Das beste Resultat hätte die Swissair erhalten, wenn sie sich nicht abgesichert hätte. Die Investition wäre Fr. 200 Mio. billiger ausgefallen als zum Entscheidungszeitpunkt Ende 1994.

Die zweitbeste Alternative wäre der Kauf von Call Optionen gewesen. Zwar hätten diese zusätzliche Kosten von Fr. 39 Mio. verursacht, hätten aber das Unternehmen gegen einen Kursanstieg des Dollars abgesichert. Die Swissair hätte die Optionen jedoch ungenutzt verfallen lassen können und vom gesunkenen Dollar profitiert, was per Saldo einen Gewinn von Fr. 161 Mio. ermöglicht hätte.

Die schlechteste Variante wäre in diesem Fall eine Terminabsicherung zum Zeitpunkt der Entscheidung zu 1.30 Fr/US$ gewesen. Die Investition wäre die Swissair Fr. 200 Mio. teurer zu stehen gekommen als ohne Absicherung.

3.2   Tabelle
Alternativen zur Absicherung

	Keine Absicherung	Call Option	Future Kontrakt
Fr./US$ 1994	1.30	1.30	1.30
Fr./US$ 1995	1.10	1.10	1.10
Effektive Investition	1.1 Mia Fr.	1.1 Mia. Fr.	1.3 Mia. Fr.
Optionsprämie	–	39 Mio. Fr.	–
Kosten	1.1 Mia. Fr.	1.139 Mia. Fr.	1.3 Mia. Fr.

Bei dieser Betrachtung wird angenommen, dass die Zinssätze auf Fr. und US$ über die Laufzeit die gleiche Höhe haben. Vom Aspekt der Sicherheit sind jedoch sowohl der Options- als auch der Future Kontrakt der ersten Alternative weitaus überlegen. Der Dollarkurs hätte sich genausogut in die andere Richtung entwickeln können und somit zu einem enormen Verlust geführt. Die Ergebnisse der Alternativen wären gerade umgekehrt ausgefallen und die Swissair wäre mit einem Future Kontrakt am besten bedient gewesen. Gesamthaft kann also gesagt werden, dass die Option den goldenen Mittelweg in beiden Szenarien und ein ideales Instrument zur Wechselkursabsicherung darstellt, sofern die Kosten für die Option nicht zu hoch sind.

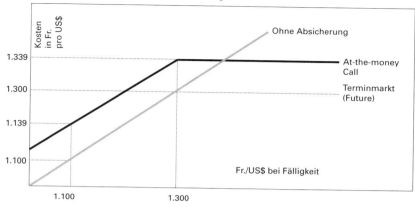

3.7 Abbildung
Optionen, Futures und keine Absicherung

Kosten in Fr. pro US$

1.339

1.300

1.139

1.100

Ohne Absicherung

At-the-money Call

Terminmarkt (Future)

Fr./US$ bei Fälligkeit

1.100   1.300

Zusammenfassung

Die Option auf eine Fremdwährung räumt ihrem Inhaber das Recht ein, einen bestimmten Fremdwährungsbetrag bis zu einem festgelegten Zeitpunkt zu kaufen oder zu verkaufen.

Devisenoptionsprodukte haben seit Anfang der 80er Jahre an den Weltbörsen eine enorme Entwicklung erfahren. Nebst dem regen OTC Markt werden standardisierte Devisenoptionen heute an den meisten Börsenplätzen der Welt gehandelt.

Devisenoptionen stellen dank ihren Eigenschaften ein ideales Instrument zur Absicherung von unstabilen Währungsentwicklungen dar. Besonders im europäischen Raum mit einem stark länderübergreifenden Handel spielt das Wechselkursrisiko für viele Marktteilnehmer eine grosse Rolle, aber auch in Asien sind Optionen als Absicherungsinstrument für Währungsrisiken nicht mehr weg zu denken.

Der Vergleich von Futures und Optionen zeigt, dass das Instrument Option wegen der Prämie bei Abschluss teurer zu stehen kommt als ein Future Kontrakt, im weiteren Verlauf jedoch aufgrund der asymmetrischen Vertragsausgestaltung ein geringeres Opportunitätsrisiko aufweist.

ZINSOPTIONEN

Da der Preis aller Basiswerte wie Aktien, Obligationen, Rohstoffe oder Edelmetalle vom aktuellen Zinsniveau abhängt, ist eine ständige Überwachung der Zinsentwicklung für jeden Investor unabdingbar. Sinkt der Zinssatz, so steigt der Kurs einer festverzinslichen Anlage und umgekehrt. Der Kauf eines Calls hat einen Gewinn zur Folge,

69

sollten die Zinsen fallen. Demgegenüber kann ein Investor mit einem Put auf ein steigendes Zinsniveau spekulieren. Die zugrundeliegenden Basiswerte von Zinsoptionen können sowohl Zinssätze, als auch Kontrakte auf zinstragende Wertpapiere sein.

Entwicklung von Zinsoptionsmärkten

Optionsverträge auf den Basiswert Obligation existieren bereits seit einiger Zeit. Die ersten standardisierten Verträge wurden kurz nach dem Zusammenbruch des Bretton Woods Wechselkurssystems 1975 an der CBOT in Form von Zins Futures eingeführt. Es folgten weitere Terminkontrakte, Futures, Optionen und Kassaoptionen an Börsen ausserhalb der USA. Zu den ersten öffentlich zugänglichen Optionsinstrumenten auf zinstragende Papiere gehörten sogenannte Verlängerungsoptionen. Sie wurden im Zusammenhang mit Obligationen emittiert und gaben dem Inhaber das Recht, die Laufzeit der Obligation zu unverändertem Zinssatz zu verlängern. Das schwedische Schatzamt war weltweit die erste Institution, welche im Jahre 1980 diese Art von Obligation lancierte. Diese Obligationsemissionsart erzielte in Schweden unter den Banken zahlreiche Nachahmer. Die Option erlaubte den emittierenden Instituten die Ausgabe von Obligationen mit einer tieferen Rendite als dem Marktsatz, da diese Optionskonstruktion beim Käufer die Unsicherheit über zukünftige Zinseinnahmen reduzierte.

In den USA entwickelte sich der Optionenhandel auf spezielle Obligationstypen vorerst nur langsam. Es handelte sich dabei um die amerikanische Art von Optionen und auf die Ausübung erfolgte die Lieferung des Basiswertes. Das Instrument war wenig erfolgreich, obwohl noch heute damit Handel betrieben wird. Gründe für diesen Misserfolg lagen in der Wahl des Handelsplatzes, in der Organisation des Marktes und vor allem in der Vertragskonstruktion, welche zu grosser Unsicherheit führte. Ein weiterer Nachteil dieses Instrumentes war die häufige Einlösung von in-the-money Optionen vor ihrem Verfalltag. Der Inhaber eines Calls, der das Recht beinhaltet, eine Obligation mit einem Zinssatz von 7% zu erwerben, während der Marktzins bei 6% liegt, verliert nämlich beim Aufschub der Ausübung jeden Tag einen Teil der erzielbaren höheren Rendite. Besitzt der Basistitel der Option beispielsweise einen Wert von Fr. 10 Millionen und wird das Einlösen der Option um 10 Tage aufgeschoben, verliert der Besitzer unter der Voraussetzung, dass der Zinssatz für kurze Laufzeiten ebenfalls 6% beträgt, durch das Nichteinlösen des Calls Fr. 2 740 (10 000 000 x (7%-6%) x 10/365). Der Zeitwert von in-the-money Optionen ist während dieser Periode meist nicht gross genug, um die negative Zinsmarge zu decken. Dies zwingt den Callbesitzer zur vorzeitigen Auflösung der Position. Der Handel mit Put Optionen wird auf dieselbe Weise beeinflusst. Diese Unsicherheit führte in den USA zu einem schwindenden Interesse für dieses Produkt. Erst Optionen auf Futures verhalfen der Zinsoption in den USA zum Durchbruch. Der Druck zur frühzeitigen Einlösung der Option verschwindet mit der Wahl des Terminkontraktes als Basiswert, da dieser eine laufende Adjustierung der Zinskomponente erfährt. Der Handel mit Futures Optionen hat sich in der letzten Zeit rasant entwickelt. Es werden dabei Kontrakte auf alle im Kapitel Zins Futures beschriebenen Basiswerte wie beispielsweise Treasury Bonds oder auch den Eurodollar verwendet. Im Optionenhandel stehen ebenfalls direkt Zinssätze wie der 6 Monats LIBOR Zinssatz oder Index-Zinsoptionen auf einen Korb ausgewählter Zinspapiere zur Verfügung.

Dass direkte Optionen auf Zinspapiere trotz obiger Nachteile erfolgreich sein können, zeigt die Lancierung einer amerikanischen Zinsoption auf eine spezielle Obligation mit 5jähriger Laufzeit. Der Erfolg solcher Konstruktionen wird ausschliesslich durch das Marktbedürfnis nach Risikoabsicherung oder Spekulation bestimmt.

Anwendungsbereich

Zinsoptionen sind wie alle übrigen Optionsinstrumente primär ein Mittel, um das Risiko des Marktes effizient von einem Marktteilnehmer auf andere Marktteilnehmer zu übertragen. Der Verwalter eines zinstragenden Portefeuilles setzt sich einem kalkulierbaren, aber dennoch existenten Risiko aus. Der Optionenkauf bietet die Möglichkeit, das Portefeuille gegen unvorhergesehene und unerwünschte Marktzinsentwicklungen zu schützen, während der Optionenverkauf dem Verwalter eine höhere durchschnittliche Rendite sichert. Diese individuell ausgestalteten, OTC gehandelten Zinsoptionen werden Floors genannt und weisen eine beliebig lange Laufzeit auf. Sie stellen im Grunde nichts anderes als mehrere aneinandergereihte europäische Zinsoptionen mit bestimmter Fälligkeit dar und sichern eine untere Zinsgrenze ab (interest rate floor). Floors sind Call Optionen auf den Kurs eines Zinspapierkontrakts bzw. Put Optionen auf einen Zinssatz, da Zinssatz und Kurswert einer Obligation entgegengesetzt verlaufen.

Für grössere Investitionsprojekte ist das künftige Zinsniveau von enormer Bedeutung. Schuldner, welche in Zukunft Geld aufnehmen bzw. Anleihen emittieren möchten oder einen Kredit mit variablem Zinssatz eingegangen sind, können sich gegen höhere Zinsen in der Zukunft absichern. Zur Kreditzinsabsicherung werden am OTC Markt die sogenannten Caps angeboten. Sie sind das Gegenteil von Floors und begrenzen einen variablen Zinssatz nach oben (interest rate cap).

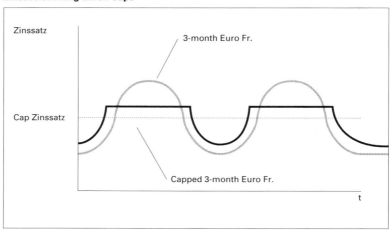

Die Kombination von Cap und Floor wird als Collar bezeichnet und weist eine Bandbreite mit einer unteren wie auch oberen Zinslimite auf.

Caps bestehen entweder aus aneinandergereihten europäischen Puts auf den Kurs eines Zinspapierkontraktes oder aus europäischen Calls auf einen Zinssatz. Angenommen, ein Kreditzinssatz wird monatlich an die dreimonatige Euroschweizerfranken Zinsrate angepasst. Bei steigendem Zins wird wie in Abbildung 3.8 dargestellt mit einem Cap oder einem Put auf Wertpapier Futures ein Gewinn erzielt, der die höheren Zinskosten aufwiegt. Der Zinssatz ist somit nach oben durch den Cap Zinssatz fixiert. Fällt hingegen der Zinssatz, beträgt der Gewinn die Differenz zwischen Zinsersparnis und Optionsprämie, was einem nach unten variablen Zinssatz entspricht. Das folgende Beispiel soll diesen Effekt verdeutlichen.

3.3   Tabelle
Neutralisierung des Zinsrisikos am Optionenmarkt

Vertraglich vereinbarte Finanzierung	Fr. 100 Mio.
Darlehenszins im Vertragszeitpunkt	5%
Zinsversicherung (Option)	Put mit Strikepreis 5.5% und Gegenwert Fr. 100 Mio. zum Preis von 0.1%

Resultat der Kreditaufnahme bei unterschiedlicher Zinsentwicklung

Darlehenszins 6%	Darlehenszins 4%
Mit dem Put kann zu 5.5% finanziert werden. Zusammen mit den Kaufkosten für die Option wird der effektive Zins 5.6%, 0.6% schlechter als kalkuliert.	Darlehen kann zu 4% aufgenommen werden. Der gekaufte Put verfällt wertlos, der effektive Darlehenszins ist 4.1%, 0.9% besser als kalkuliert.

Das Resultat ist in entscheidendem Masse von der Wahl des Puts abhängig. Ein Put mit tieferem Ausübungszinssatz, d.h. ein tieferer in-the-money Put, bietet einen besseren Schutz gegen den Anstieg des Zinsniveaus, ist jedoch zum Absicherungszeitpunkt teurer. Meist werden am Obligationenmarkt derart hohe Volumina gehandelt, wie sie oft nur von professionellen Portefeuilleverwaltern grösserer Fondsgesellschaften oder der öffentlichen Hand aufgebracht werden können. Damit öffnen Zinsoptionen neuen Gruppen von Marktteilnehmern den Markt für festverzinsliche Wertpapiere.

Zusammenfassung

Zinsoptionen sind Finanzinstrumente, mit denen erwartete Zinsveränderungen effizient abgesichert werden können. Die steigende Volatilität der Zinssätze und das dadurch gestiegene Zinsrisiko haben zur raschen Entwicklung dieser Märkte beigetragen. Zinsoptionen können direkt auf Zinssätzen basieren oder auch auf Terminkontrakten, die wiederum auf festverzinslichen Wertpapieren beruhen. Zur längerfristigen Absicherung werden heute spezielle Instrumente, sogenannte Caps und Floors, verwendet. Caps bestimmen eine Zinsobergrenze und sind somit für Kredit- oder Wertpapierschuldner interessant. Floors legen eine Zinsuntergrenze fest und dienen zur Portefeuilleabsicherung gegen sinkende Zinsen.

INDEXOPTIONEN

Optionen auf einen Aktienindex haben in den letzten Jahren entsprechend ihrer zunehmenden Nachfrage auf verschiedenen Märkten ein beachtliches Volumen entwickelt. In Folge der ständigen Neukonstruktionen von Indexinstrumenten und deren ebenso rasches Verschwinden mangels Interesse und Liquidität ist ein Überblick über die zahlreichen Indexoptionen nur schwer möglich.

Die Indexoption gibt dem Inhaber das Recht, nicht aber die Verpflichtung, einen Index zu kaufen oder zu verkaufen. Da der Basiswert nur eine fiktive Grösse darstellt, erfolgt die Ausübung der Option in Form eines Barausgleichs. Ein Call auf einen Index mit Strikepreis von 97 bei einem aktuellen Tageskurs von 100 weist bei einer Vertragsgrösse von Fr. 100 000 einen inneren Wert von Fr. 3 000 auf. Unter der Voraussetzung, dass es sich um einen amerikanischen Typ von Index Call handelt, würde die sofortige Ausübung dieser Option eine Barauszahlung von Fr. 3 000 ergeben.

Ebenfalls grosser Beliebtheit erfreuen sich sogenannte Basket Optionen. Ein Basket stellt einen Korb ausgewählter Basiswerte dar, meist Aktien, welcher im Gegensatz zum Index nur bestimmte Marktsegmente repräsentiert.

Die Index Future Option unterscheidet sich von der gewöhnlichen Indexoption dadurch, dass ihre Ausübung zu einer Transaktion mit einem Index Future Kontrakt führt, während der Indexoption ein Kassakontrakt zugrundeliegt. Wird die Index Future Option mit einem Strikepreis von 97 ausgeübt, hat dies den Kauf des entsprechenden Index Future von 97 zur Folge. Liegt der Tageskurs des Futures bei 103 und wird die Option zu diesem Zeitpunkt eingelöst, ergibt dies am Abrechnungstag einen Ertrag von Fr. 6 000.

3.5 Tabelle
Vergleich zwischen Indexoptionen und Index Future Option

Vertragsgrösse	100 000		
Strikepreis des Calls (%)	97		
Kurs des Index (%)	100	Kurs des Terminindex (%)	103
Indexoption:		Indexterminoption:	
Zu bezahlen (97/100 x 100 000)	-97 000	Zu bezahlen (97/100 x 100 000)	-97 000
Zu erhalten (100/100 x 100 000)	100 000	Zu erhalten (103/100 x 100 000)	103 000
Netto Ertrag (Sofortige Auszahlung)	3 000	Netto Ertrag (Auszahlung am Verfalltag des Terminkontraktes)	6 000

Der Unterschied zwischen den beiden Instrumenten erscheint gering, aber die Preissetzung geschieht auf Grund der unterschiedlichen Charakteristika der Basiswerte und kann wie im obigen Beispiel zu verschiedenen Ergebnissen führen.

Die grundlegenden Eigenschaften eines Indexinstrumentes sind jedoch beiden Formen gemein. Sowohl der Einsatz von Indexoptionen zur Portefeuilleabsicherung wie auch die Konstruktion des zugrundeliegenden Index können im Kapitel Index Futures nachgelesen werden.

Entwicklung

Die ersten Indexoptionen wurden 1970 von amerikanischen Versicherungsunternehmungen zur Absicherung von Aktienportefeuilles emittiert. Gleichzeitig erschienen in England und Kanada aktiengebundene Lebensversicherungen, welche als Kombination von Call Option und Aktienportefeuilles ausgestaltet waren. 1983 erfolgte die Lancierung des zu den bekanntesten Indizes zählenden S&P 100 an der CBOE. Mit Ausnahme der S&P 500 Option sind alle bekannten Aktienindexoptionen nach dem Prinzip des Barausgleichs (Cash settlement) konzipiert. Indexoptionen werden üblicherweise an speziellen Optionenbörsen gehandelt, wie beispielsweise der CBOE oder der MONEP (Marché des options négociables de la bourse de Paris), während die CME oder die LIFFE für den Future Handel bekannt sind. Die Kontraktgrössen von Indexoptionen sind in der Regel geringer als diejenigen von Futures Kontrakten. Die Kontraktgrösse des Major Market Index (MMI) errechnet sich beispielsweise bei Indexoptionen als US$ 100 x Index, beim Future als US$ 250 x Index.

Da Optionen und Futures als Indexinstrumente eine nahezu gleiche Entwicklung erfahren haben, wird für eine weitere Ausführung auf das Kapitel Index Futures verwiesen.

Anwendungsbereich

Der häufigste Einsatz von Indexoptionen erfolgt im Bereich der Portefeuilleabsicherung. Die besten Resultate werden dabei erzielt, wenn der Index möglichst genau dem gehaltenen Portefeuille entspricht. Es ist deshalb von grösster Wichtigkeit, dass ein Portefeuilleverwalter die richtige Auswahl aus der Menge von Gesamtmarkt-, Branchen-, Waren- und Währungsindizes trifft. Ein Investor möchte sein gut diversifiziertes Depot durch Optionen absichern, da er mit einer rückläufigen Aktienentwicklung rechnet. Sein Portefeuille ist vorwiegend im deutschen Aktienmarkt investiert, weshalb er Optionen auf den Deutschen Aktienindex (DAX) wählt. Ihm stehen nun zwei Möglichkeiten der Absicherung offen, entweder der Kauf eines DAX Puts oder der Verkauf eines DAX Calls. Bei ersterer wird der Rückgang des Portefeuillewertes durch den Kursanstieg des DAX Puts wettgemacht. Der maximal mögliche Verlust, sollte sich die Prognose des Investors nicht bestätigen, beläuft sich auf die Höhe der Optionsprämie.

Das Schreiben eines Index Calls hingegen sichert das Depot nur um die Höhe der erhaltenen Optionsprämie ab. Das Verlustpotential richtet sich zudem nach der Korrelation des Portefeuillewertes mit dem Index. Dabei sind zusätzliche Aspekte wie das systematische und unsystematische Risiko zu berücksichtigen. Eine genauere Beschreibung dazu ist in den Kapiteln Index Futures und Hedging zu finden.

Zusammenfassung

Ein Index Call (Put) verleiht dem Inhaber das Recht, einen Index, d. h. einen Korb von börsennotierten Titeln, zu einem bestimmten Zeitpunkt und Preis zu beziehen (liefern) bzw. einen Barausgleich zu erhalten (bezahlen). Basket Optionen richten sich im Gegensatz zu Indexoptionen nur auf gewisse Marktsegmente aus und basieren auf einem Korb ausgewählter Basiswerte.

Der Handel mit Indexinstrumenten befindet sich in einer starken Expansion. Index Futures und Indexoptionen unterscheiden sich unter anderem durch die verschiedenartigen Charakteristika ihres Basiswertes und die unterschiedliche Kontraktgrösse und ihre speziellen Handelsplätze. Ihr Anwendungsgebiet ist hingegen sehr ähnlich und liegt vorwiegend in der Portefeuilleabsicherung und im Spekulieren auf Bewegungen des Gesamtmarktes. Indexoptionen werden sowohl zu Absicherungszwecken als auch zur Renditeerhöhung eingesetzt. Ein zunehmendes Interesse ist auch im Einsatz von Optionsstrategien feststellbar, bei denen auf die Volatilitätsveränderung des Gesamtmarktes Positionen eingegangen werden.

Die theoretische Bewertung von Futures und Optionen

Für das Verständnis und den Einsatz von derivativen Finanzinstrumenten ist es von grösster Wichtigkeit, das Zustandekommen und die Bedeutung ihrer Preise zu verstehen.

Grundsätzlich ist der «faire» Preis eines derivativen Finanzinstrumentes unter gewissen Annahmen mathematisch bestimmbar. Wie in jedem intakten Markt wird aber auch hier die Preisbildung auf das grundlegende Gesetz von Angebot und Nachfrage zurückgeführt.

Es bestehen zahlreiche unterschiedliche Methoden zur theoretischen Bestimmung von Kontraktpreisen. Der theoretisch richtige Preis und der effektive Preis können erfahrungsgemäss auseinanderliegen, da im Markt sowohl objektive wie auch subjektive Faktoren eine Rolle spielen. Zudem kann ein Modell lediglich ein unvollkommenes Abbild der Realität darstellen, da immer nur eine limitierte Zahl von Einflussfaktoren berücksichtigt wird. Die Preisbildung derivativer Finanzinstrumente wird hauptsächlich durch die Relation des Kontraktwertes zum Preis des zugrundeliegenden Basiswertes bestimmt. Subjektive oder unerklärbare Einflussfaktoren wie die unterschiedliche Gewichtung von Informationen, Intuition oder auch divergierende Risikoneigungen sind in den meisten Fällen nicht quantifizierbar und somit in einem Modell kaum erfassbar.

DIE BEWERTUNG VON FUTURE KONTRAKTEN

Die Beziehung zwischen einem Future und dem zugrundeliegenden Kurs des Basiswerts erlaubt eine jederzeitige Berechnung des theoretischen Preises eines Futures. Gegen den Verfalltag des Terminkontraktes konvergieren die Preise von Kontrakt und Basiswert, bis sie am Fälligkeitsdatum denselben Wert aufweisen. Wäre dies nicht der Fall, könnten durch Arbitragehandel zwischen dem Termin- und Kassamarkt risikolose Gewinne erzielt werden.

Zur Berechnung des theoretischen Preises eines Futures werden zwei Theorien beigezogen. Einerseits besteht der Bewertungsansatz nach dem Cost-of-carry-Prinzip, bei dem der heutige Future Preis aufgrund des aktuellen Kassakurses eines zugrundeliegenden Basiswertes berechnet wird. Die Unbiased-futures-pricing-Theorie stützt sich andererseits auf die künftige Entwicklung des Kassapreises, welcher den derzeitigen Future Preis bestimmt.

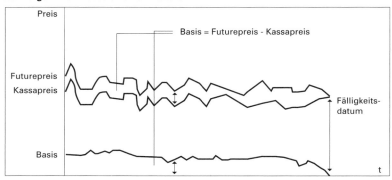

Trotz unterschiedlicher Hypothesen führen die beiden Bewertungsmethoden zu identischen Ergebnissen. Die Differenz zwischen Future- und Kassapreis wird Basis genannt.

Der Cost-of-carry-Ansatz

Der Kauf eines Wertes am Kassamarkt beinhaltet den Tausch eines Gutes gegen Geld, das sonst zinsbringend hätte angelegt werden können. Zudem ist die Haltung des Vertragsgegenstandes meist mit Lager-, Pflege- oder Versicherungskosten verbunden, die als Cost of carry bezeichnet werden. Mit dem Kauf eines Futures entfallen all diese Nachteile.

Bei Financial Futures können im Gegensatz zu Commodity Futures mit dem Basiswert bis zum Zeitpunkt der Auslieferung Erträge erzielt werden. Der Verkäufer des Kontraktes erhält beispielsweise durch Aufschub der Lieferung Dividenden- bzw. Zinszahlungen. Der theoretisch richtige Preis, bei dem weder der Käufer noch der Verkäufer benachteiligt wird, lässt sich errechnen und bildet den sogenannten Fair value für das Termingeschäft.

Vor dem Fälligkeitstermin kann die Differenz zwischen Future Preis und Kassakurs, genannt Basis, sowohl positiv als auch negativ sein. Commodity Futures weisen meist eine positive Differenz auf, da der physische Besitz lagerfähiger Güter bis zur Auslieferung mehr Kosten als Erträge mit sich bringt. In speziellen Situationen, in denen das Halten von Gütern zum Vorteil werden kann, z. B. bei Rohstoffverknappungen, bei denen eine sofortige physische Lieferung kurzfristig höhere Preise mit sich bringt, können die oben erwähnten Nachteile übertroffen werden. Die sogenannte Convenience yield übersteigt somit die Cost of carry, was sich in einem tieferen Future Preis als dem Spotpreis niederschlägt.

Die Differenz bei Financial Futures hängt hingegen von den Nettofinanzierungskosten ab. Oft überwiegen die Erträge durch das Halten von Finanztiteln diejenigen, die der Future Käufer mit kurzfristigen Anlagen erzielen kann. In diesem Fall erfährt der Future Preis einen Abschlag zum Spotpreis des Basiswertes. Die Convenience yield verunmöglicht eine exakte Bewertung von Commodity Futures, es kann höchstens eine Preisobergrenze festgelegt werden.

Die Cost of carry oder Nettofinanzierungskosten sind umso grösser, je höher die Zinsen liegen und je geringer die Dividenden- bzw. Couponerträge ausfallen und umgekehrt. Die Laufzeit eines Futures verstärkt diese Ausprägung zusätzlich. Allgemein kann der Preis eines Future Kontraktes folgendermassen definiert werden:

Future Preis = Kassapreis + Lagerhaltungskosten des Basiswertes + Zinserträge über Cashhaltung – Erträge des Basiswertes (Dividenden, Couponzahlungen)

Das folgende Beispiel soll diesen Ansatz verdeutlichen: Ein sechsmonatiger Future auf einen Market Index hat einen Stand von 2 640 Punkten. Der kurzfristige Zinssatz liegt bei 4 %, während sich die durchschnittlichen Dividendenausschüttungen des Indexportefeuilles auf 2,5 % belaufen. Es wird angenommen, dass die Dividendenausschüttungen gleichmässig über das ganze Jahr verteilt sind und es sich um einen nicht dividendenberechtigten Index handelt. Angenommen der Verkäufer besitzt ein Portefeuille, welches in der Zusammensetzung dem Index entspricht, erhält er während sechs Monaten einen Dividendenertrag von etwa 1.25 %, der Käufer hingegen kann auf dem Geldmarkt 2 % erzielen. Der Fair value für diesen Future wird somit mehr als 2 640 Punkte betragen, um die Indifferenz des Käufers zwischen Kassa- und Termingeschäft zu wahren, dürfte er bei etwa 2 660 liegen.

Die Unbiased-future-pricing-Theorie

Die Unbiased-futures-pricing-Theorie basiert auf der Annahme, dass der heutige Preis für einen Future Kontrakt aufgrund des am Verfalldatum erwarteten Kassakurses des Basiswerts zustandekommt. Das Capital Asset Pricing Modell (CAPM) teilt das Gesamtrisiko in ein unsystematisches und ein systematisches Risiko. Wie im Kapitel Index Futures erläutert, kann das unsystematische Risiko durch Diversifikation reduziert werden, während das systematische Risiko (Marktrisiko) das Portefeuille je nach Korrelationskoeffizienten (Beta) beeinflusst. Geht nun ein Investor eine Future Long Position im Markt ein, erwartet er einen Anstieg des Basiswertes und eine Abgeltung des systematischen Risikos. Der Future Preis muss demnach bei positiver Korrelation zwischen Titel und Markt tiefer liegen als der erwartete Kassapreis des zugrundeliegenden Basiswertes. Dementsprechend verlangt ein nach unten spekulierender Investor mit einer Short Position einen monetären Ausgleich seines systematischen Risikos durch einen höher bewerteten Future Preis als der erwartete Spotpreis. Bei negativer Korrelation des Titels mit dem Markt verläuft die Futures Preisbildung genau umgekehrt.

Ein Future Kontrakt mit einer bestimmten Laufzeit von beispielsweise einem Jahr auf ein Wertpapier mit Tageskurs Fr. 120 bei einem aktuellen risikofreien Zinssatz von 6% müsste einen Gleichgewichtskurs von Fr. 127.2 aufweisen. Rechnen aber die Marktakteure mit einer Rendite des Wertpapiers von 10% resultiert ein höherer erwarteter Kassapreis. Durch den Kauf eines Terminkontraktes könnte somit nach Erwartung eines künftigen Kassakurses von Fr. 132 ein Profit von Fr. 4.8 erzielt werden. Diese 4% entsprechen der Abgeltung des systematischen Risikos, dem sich der Anleger mit der Position aussetzt.

Preisbildung von Devisen Futures

Eine erste Anwendung des Cost-of-carry-Modells soll im Rahmen der Preisfestsetzung von Devisenfutures erfolgen. Ein Investor kauft mit einem Future eine Fremdwährung auf Termin. Seine Kosten setzen sich dabei aus dem Wechselkurs der entsprechenden Währung, den kurzfristigen Zinssätzen der inländischen und ausländischen Währung und der Länge der Future Laufzeit zusammen.

$$\text{Future Preis} = S \cdot \frac{(1 + r_1)^t}{(1 + r_2)^t}$$

S = Spot rate (Kassakurs, Fremdwährung per Einheit Heimwährung), r_1 = ausländischer Zinssatz, r_2 = inländischer Zinssatz, t = Laufzeit

Der Future Preis für Fremdwährungen wird, wie aus obiger Formel ersichtlich, hauptsächlich durch die Zinsdifferenz des In- und Auslands beeinflusst. Wenn der Käufer eines Kontraktes auf dem heimischen Geldmarkt bis zum Liefertermin des Future mehr Rendite auf seinem Geld erzielen kann als der Verkäufer mit der ausländischen Währung, wird der Future Preis über dem aktuellen Kassakurs der Fremdwährung zu liegen kommen. Befindet sich hingegen der Future Preis unter dem Kassakurs, ist daraus ersichtlich, dass die Fremdwährung höher verzinst wird als die inländische.

Der Preis eines 3-monatigen US$ Future errechnet sich bei einem kurzfristigen US Zins von 5.7%, einem Schweizer Zins von 1.9% und einem Wechselkurs von US$/Fr. 0.67 wie folgt:

$$\text{Future Preis} = 0.67 \cdot \frac{(1+0.057)^{90/360}}{(1+0.019)^{90/360}} = \text{US\$/Fr. } 0.67616$$

Der Zinsunterschied der beiden Länder von 3.8% hat einen Preisunterschied von 0.62 Cents zur Folge. Es gilt zu beachten, dass in obiger Formel der Wechselkurs indirekt notiert ist. In den USA muss also der Wechselkurs mit dem Verhältnis von inländischem zu ausländischem Zinssatz multipliziert werden.

Preisbildung von Zins Futures

Die Preisbildung von kurzfristigen Zins Futures ist bei nicht lieferbaren und lieferbaren Zinsinstrumenten unterschiedlich. Während bei ersteren die Preisnotierung, wie im Kapitel Zins Futures beschrieben, mittels eines Indexsystems erfolgt, wird bei lieferbaren Kurzfristkontrakten die Quotierungsmethode angewendet. Mittel- und langfristige Zins Futures bauen auf derselben Preisbildungs- und Abrechnungsmethode auf, werden aber wegen der zahlreichen möglichen lieferbaren Titel mittels eines komplexeren Preisbildungsmechanismus als bei kurzfristigen Instrumenten bestimmt.

Kurzfristige Zins Futures

Eurodollar und Treasury Bill Kontrakten unterliegen eine Festgeld- bzw. eine Wertpapieranlage mit Nominalwert US\$ 1 Million und 90tägiger Laufzeit.

Der Preis eines Eurodollar Future beruht auf dem LIBOR-Zinssatz, welcher als annualisierter Zins einer 360tägigen Einlage zwischen Geschäftsbanken berechnet wird. An der Terminbörse EUREX werden auch kurzfristige Futures auf den EURIBOR-Zinssatz (European Interbank Offered Rate) gehandelt. Analog zum LIBOR entspricht der EURIBOR-Zins dem Preis eines dreimonatigen Interbankenkredites in der Höhe von Euro 1 Mio. Am Fälligkeitstermin T entspricht der Future Preis der Differenz von 100 und dem Referenzzinssatz.

4.2   Abbildung
Zinssätze auf der Zeitachse

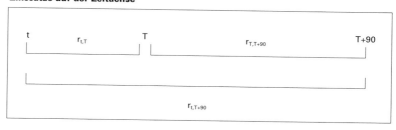

81

Vor dem Verfalltag des Future setzt sich sein Preis aus dem Zins für eine Kapitalanlage vom Zeitpunkt t bis T und der Spot rate einer darauffolgenden 90tägigen Festgeldanlage (T bis T+90) zusammen. In einem perfekten Markt besteht somit nur dann ein arbitragefreier Future Preis, wenn der durch die Forward rate implizierte Zinssatz dem im Markt zustandegekommenen Zinssatz entspricht, d.h., dass beispielsweise der Zinssatz einer 120tägigen Euro Anlage demjenigen einer 30tägigen Euro Anlage in Kombination mit dem 90tägigen EURIBOR-Satz entspricht.

Wäre dies nicht der Fall, könnte durch Arbitrage ein risikoloser Gewinn erzielt werden. Am 10. August liegt z. B. der Zinssatz des Dreimonats-EURIBOR Future bei 3.57 % (Beginn Dezember) und sein Preis bei Euro 96.43. Eine Geldmarktanlage in Euro für 110 Tage ist mit einem Zinssatz von 3.58 % versehen. Der Zinssatz für eine 20tägige Kapitalaufnahme berechnet sich mit der Formel für Forward rates folgendermassen:

$$(1 + r_{t,T})^{20/360} = \frac{(1 + r_{t,T+90})^{110/360}}{(1 + r_{T,T+90})^{90/360}} = \frac{(1 + 0.0358)^{110/360}}{(1 + 0.0357)^{90/360}} \quad \Rightarrow \quad r_{t,T} = 0.2\%$$

Wenn nun der Jahreszins für eine 20tägige Anlage unter 0.2 % liegt, lohnt sich ein Verkauf des Future Kontraktes und ein gleichzeitiger Kauf der 110tägigen Festgeldanlage. Dieses Beispiel zeigt, dass die implizite Verzinsung des aus zwei Zinssätzen «zusammengesetzten» Future mit dem Marktzinssatz für die effektive Kapitalaufnahme verglichen werden muss.

US Treasury Bill Futures werden als Diskontpapiere auf einer Basis von 360 Tagen gehandelt, weshalb deren Preisgestaltung einige Besonderheiten aufweist. Quotiert werden Treasury Bills mit n Tagen bis zur Fälligkeit und einem Kassakurs von K:

$$\text{Treasury Bill Quotierung} = \frac{360}{n} \times (100 - K)$$

Ein Treasury Bill mit Laufzeit von 90 Tagen und einem Kassakurs von 95 % hätte beispielsweise die Quotierung 20. Der Preis eines Treasury Bill Future zum Zeitpunkt t, berechnet auf einer 360tägigen Basis, lautet:

$$\text{Future Preis} = 100 - \text{Treasury Bill Quotierung} = 100 - \frac{360}{n} \times (100 - K)$$

Die Erwartung eines Anstiegs der kurzfristigen Zinssätze veranlasst einen Investor im Oktober zum Verkauf eines Januar Treasury Bill Future Kontraktes, da ein Wertpapier mit steigenden Zinsen an Kurs verliert. Der Zinssatz für die 100 Tage vom Verkauf (t) bis zur Fälligkeit des Future (T) beträgt 6 % pro Jahr, während der Gesamtzinssatz für die 190 Tage vom Verkauf bis zum Ende des Treasury Bill (t bis T+90) 6.5 % lautet. Die Forward rate für den Treasury Bill beträgt:

$$(1 + r_{T, T+90})^{90/360} = \frac{(1 + 0.065)^{190/360}}{(1 + 0.6)^{100/360}} \Rightarrow r_{T, T+90} = 7.06\%$$

Der 90tägige Treasury Bill ergibt einen Zinsertrag von 7.06 %, was einen Kassakurs von 92.94 zur Folge hat. Der Kontraktpreis für den Januar Treasury Bill Future errechnet sich folgendermassen:

$$\text{Future Preis} = 100 - \frac{360}{90} \times (100 - 92.94) = 71.76$$

Mittel- und langfristige Zins Futures

Aufgrund der unzähligen möglichen Kombinationen von Titeln, Coupons und Laufzeiten hat man sich bei den Basiswerten von mittel- und langfristigen Zins Futures auf einige wenige Zinspapiere beschränkt. Zu den populärsten gehören, wie im Kapitel Zins Futures beschrieben, unter anderem US Treasury Notes, US Treasury Bonds, deutsche Bundesanleihen und einige weitere Staatspapiere.

Europäische Anleihen sowie darauf lautende Futures Kontrakte werden in Prozentpunkten vom Nominalwert des Wertpapiers und im Gegensatz zu US Titeln bis auf zwei Dezimalstellen genau quotiert. Die Grösse von 0.01 % wird als sogenannter Basispunkt bezeichnet.

Der Kassapreis einer Obligation setzt sich aus seinem quotierten Preis und dem Marchzins (aufgelaufener Zins seit letztem Ausschüttungstermin) zusammen. Innerhalb der gehandelten Titelkategorie gibt es wiederum zahlreiche Kombinationsmöglichkeiten aus Couponhöhe und Laufzeit, wodurch die Preisbildung für Futures erheblich erschwert wird. Die Lieferwahl des Verkäufers bezüglich Anleihen mit verschiedenen Marktwerten würde zu unklaren finanziellen Ergebnissen führen. Deshalb wird an den Börsen ein Referenztitel gewählt, der für jeden Bond mittels eines Konversionsfaktors die Bestimmung des äquivalenten Preises ermöglicht. Der äquivalente Preis sorgt für perfekte Wertgleichheit zwischen Referenzbond und angedienter Anleihe. Die Referenzanleihe für den US Treasury Bond-Future weist beispielsweise einen Couponzins von 6 % auf und jede Anleihe der US Staatsanleihe mit einer Restlaufzeit von mehr als 15 Jahren kann zur Erfüllung des Future Kontraktes geliefert werden. Für den Conf Future und den Bund Future der EUREX wurde ein Standardtitel mit einem Coupon von 6 % festgelegt und als lieferbare Anleihen sind staatlich emittierte Festverzinsliche mit einer Restlaufzeit zwischen 8 und 13 Jahren respektive 8.5 bis 10.5 Jahren zugelassen.

Der Konversionsfaktor für eine Anleihe kann mittels der Bewertungsformel für Obligationen errechnet werden:

$$\text{Bond-Preis} = \text{Barwert} = \sum_{t=0}^{n} \frac{C}{(1+r)^t} + \frac{100}{(1+r)^n} \qquad \text{Konversionsfaktor} = \frac{\text{Barwert}}{100}$$

C = Couponzahlung in Prozent, r = Effektive Verzinsung, n = Restlaufzeit in ganzen Jahren

Um ein exaktes Ergebnis mit Einbezug der Monate bis zum Zinstermin zu erhalten, kann obige Barwertformel derart umgeformt werden, dass auch Bruchteile eines Jahres berücksichtigt werden können:

$$\text{Konversionsfaktor} = \frac{1}{(1+r)^m} x \left(\frac{C}{r} x \left((1+r) - \frac{1}{(1+r)^n} \right) + \frac{1}{(1+r)^n} \right) - \frac{C \, x \, (1-m)}{100}$$

m = abgerundete Monate bis zum nächsten Zinstermin dividiert durch 12

Die Konversionsfaktoren der gängigsten Titel mit unterschiedlichen Coupons und Restlaufzeiten liegen an allen Börsen, an denen Zins Futures gehandelt werden, in tabellarischer Form vor.

Cheapest-to-deliver

Verzerrungsfreie Konversionsfaktoren existieren in der Praxis nur selten. Abweichungen zum Zinsniveau des Referenztitels, volatile Preise oder geringe Arbitrageaktivitäten können zu relativ günstigeren Titeln führen. Da langfristige Zinsterminkontrakte die Eigenheit aufweisen, dem Verkäufer das Wahlrecht des zu liefernden Titels zuzusprechen, wird er dem Käufer stets die für ihn billigste Anleihe überlassen. Der Preis eines Treasury Bond Future wird sich demnach auf den Preis des Cheapest-to-deliver Bonds belaufen. Der Verkäufer eines langfristigen Zins Future erhält

(Quotierter Future Preis x Konversionsfaktor) + Marchzinsen,

während der Käufer eines Bonds den Kassapreis, d. h. den quotierten Preis plus Marchzinsen bezahlt. Der Cheapest-to-deliver Bond ist somit derjenige mit der kleinsten Differenz zwischen dem Kassakurs des Bonds und dem Betrag, welcher der Future Verkäufer erhält:

Differenz = Quotierter Bond Preis – (Quotierter Future Preis x Konversionsfaktor) – Marchzinsen

Die einfachere Methode zur Bestimmung des Cheapest-to-deliver Bonds ist der Vergleich der Quotienten von Marktpreis und zugehörigem Konversionsfaktor. Der kleinste Wert bestimmt den relativ günstigsten Titel. Der Future Preis wird somit aufgrund des Cheapest-to-deliver Bonds errechnet:

$$\text{Future Preis} = \frac{CTD}{KF}$$

CTD = Kassakurs des Cheapest-to-deliver Bonds (unter Berücksichtigung der Marchzinsen), KF = Konversionsfaktor

Beispiel anhand des Conf Future

Ein Future Verkäufer muss sich gegen Ende der Kontraktlaufzeit entscheiden, welche festverzinsliche Anleihe er seiner Gegenpartei liefern soll. Zur Wahl stehen zwei Bundesanleihen, die eine mit 9 % Couponzins, 13jähriger Restlaufzeit und einem quotierten Preis von 98 % und die andere mit 7 % Couponzins, 9jähriger Restlaufzeit und einem Kurs von 99.25 %. Die Referenzanleihe für den Conf Future weist einen Zins von 6 % auf. Die Konversionsfaktoren betragen:

$$\text{KF Anleihe 1} = \left(\sum_{t=0}^{13} \frac{9}{(1.06)^t} + \frac{100}{(1.06)^{13}} \right) \times \frac{1}{100} = 1.2658$$

$$\text{KF Anleihe 2} = \left(\sum_{t=0}^{9} \frac{7}{(1.06)^t} + \frac{100}{(1.06)^{9}} \right) \times \frac{1}{100} = 1.0681$$

Aus der Formel für den Future Preis ergibt sich die relativ billigste Anleihe:

$$\text{Future Preis Anleihe 1} = \frac{98}{1.2658} = 77.42$$

$$\text{Future Preis Anleihe 2} = \frac{99.25}{1.0681} = 92.92$$

Der Anleger wählt vernünftigerweise Anleihe 1 zur Lieferung an seine Vertragspartei, wobei zu beachten ist, dass diese Anleihe lediglich momentan den geringsten Verlust darstellt.

Preisbildung von Index Futures

Die Festlegung von Index Future Preisen baut auf dem bereits beschriebenen Cost-of-carry-Modell auf. Zwei speziell bei Aktien Index Futures auftretende Faktoren erschweren allerdings die theoretische Bewertung. Einerseits wird der Preismechanismus durch die Tatsache kompliziert, dass eine exakte Arbitrage zwischen Index und Kassamarkt aufgrund der Transaktionskosten des stark diversifizierten Portefeuilles, welches durch den Index dargestellt wird, für den privaten Anleger nahezu unmöglich ist. Andererseits sind Dividendenzahlungen in die Indexbildung nicht miteinbezogen, da deren Höhe nicht voraussehbar ist. Die Formel des einfachen Cost-of-carry-Modells wird dementsprechend erweitert, so dass der aktuelle Future Preis dem aufgezinsten Wert des Index-Portefeuilles abzüglich Dividenden und Zinserträgen entspricht.

$$\text{Future Preis} = H \times (1 + r_{t, T1})^{T1-t} - D \qquad D = A \times (1 + r_{T, T1})^{T1-T}$$

H = Indexstand
r = Zinssatz
T = Ausschüttungstermin

A = Ausschüttungen
D = Dividenden
T1 = Fälligkeitstermin

Steht beispielsweise Mitte August der Swiss Market Index bei 7950 Punkten, der 7monatige Zinssatz bei 2% und wirft der Aktienkorb eine gleichmässig verteilte Jahresdividende von 2.5% ab, errechnet sich der Future Preis eines März SMI-Future an der EUREX wie folgt:

$$\text{Future Preis} = 7950 \times (1+0.02)^{\frac{7}{12}} - D$$
$$= 7950 \times (1+0.02)^{\frac{7}{12}} - 7950 \times (0.025 \times \frac{7}{12}) \times (1+0.02)^{\frac{7}{12}}$$
$$= 7925.08$$

In diesem Modell wird davon ausgegangen, dass die Dividenden der im Index enthaltenen Aktien regelmässig über das ganze Jahr verteilt fällig werden. In der Praxis trifft das natürlich nicht zu, weshalb bei einem Index Future für die exakte Berechnung der geschätzte Betrag der Dividende sowie deren voraussichtliche Fälligkeit berücksichtigt werden und der jeweilige Periodenzinssatz zwischen dem Ausschüttungstermin und dem Verfalltag des Future zur Aufzinsung der Dividenden verwendet wird.

Die negative Preisdifferenz im obigen Beispiel von 24.92 Indexpunkten entspricht der Differenz zwischen den entgangenen Zinserträgen und den Dividendenzahlungen, welche der Besitzer der Basiswerte voraussichtlich erhalten wird.

Zusammenfassung

Die arbitragefreie Preisbeziehung zwischen Kassa- und Futuremarkt führt gegen Ende der Kontraktlaufzeit zu einer Konvergenz von Kassa- und Future Preis. Zu jedem Zeitpunkt lässt sich aufgrund dieser Beziehung ein Fair value berechnen, der den korrekten Preis eines Future widerspiegelt.

Der Fair value kann mittels zweier Bewertungsansätze ermittelt werden. Der Cost-of-carry-Ansatz leitet den Future Preis aus dem Kassapreis unter Berücksichtigung der Finanzierungskosten und allfälliger Zahlungseingänge ab. Die Relation zwischen Future Preis und erwartetem Kassapreis kann anhand der Unbiased-future-pricing-Hypothese erklärt werden, welche den Erklärungsansatz des systematischen Risikos und des Absicherungsmotivs einbezieht. Beide Ansätze führen zum gleichen theoretischen Gleichgewichtspreis, welcher als Basis für die Bewertung von Devisen, Zins und Aktienindex Futures beigezogen werden kann.

DIE BEWERTUNG VON OPTIONEN

Die theoretisch richtige Bewertung von Optionen ist ein wichtiges Hilfsmittel im Optionsgeschäft. Mittels Bewertungsmodellen können am Markt unter- oder überbewertete Optionen identifiziert werden. Trotzdem sollte man aber den theoretischen Preis einer Option nicht als ausschliessliches Kriterium für den Kauf oder Verkauf einer Option heranziehen, denn eine unterbewertete Option wird unter Umständen unterbewertet bleiben, was zu einer tiefen Rendite des investierten Kapitals führen kann. Jede theoretische Bewertung ist zudem mit Vorsicht zu geniessen, da es das vollkommene Modell schlicht nicht gibt und die Modellfehler sich ganz unterschiedlich auf das Resultat auswirken können.

Optionspreise, welche aus der Sicht des einen Modelles auf eine Ineffizenz hindeuten, können durch ein anderes gerechtfertigt sein, denn die Modellrechnungen basieren stets auf Annahmen, die der Anwender individuell trifft. Ausserdem hat eine negative Veränderung des Basiswertes trotz günstigem Preis der Option meist einen wertlosen Verfall der Option zur Folge. Auch innerhalb der gleichen Optionsklasse kann die Wahl eines im Vergleich zur theoretischen Bewertung teureren Kontraktes besser sein. Eine teure at-the-money Option kann sich im Vergleich zum billigeren out-of-the-money Kontrakt schlussendlich als wertvoller erweisen. Wenn sich der zugrundeliegende Basiswert nämlich nur gerade so weit positiv entwickelt, dass die at-the-money Option die Gewinnschwelle knapp überschreitet, weist die out-of-the-money Option am Verfalltag keinen inneren Wert auf und verfällt wertlos.

Wie auch bei Futures weicht der Marktpreis von Optionen oft vom theoretisch berechneten Wert ab, was auf Ineffizienzen und unterschiedliche Erwartungen im Markt zurückzuführen ist. In einem gut funktionierenden Optionenmarkt mit verschiedenen Transaktions- und Optionstypen sowie zahlreichen Marktteilnehmern stimmt der theoretische Preis mit dem Marktpreis meist überein. Ein effizienter Markt ist die mindeste Voraussetzung für die Gültigkeit theoretischer Bewertungsmodelle.

Als Beispiel einer häufigen Abweichung von theoretischen Überlegungen kann der Fall von Optionen, welche stark out-of-the-money sind, angeführt werden. Nach der Theorie müsste ihr Wert in der Nähe von Null liegen und nur schwach auf Veränderungen des Preises des Basisinstruments reagieren (kleines Delta und Gamma). Tatsächlich stellt man jedoch eine extrem hohe Volatilität solcher Optionen auf dem Markt fest.

Eine allgemein gültige Regel im Optionenhandel besagt, dass stark überbewertete Optionen nicht gekauft werden sollten. Eine positive Preisentwicklung des Basiswertes führt bei überbewerteten Optionen in der Regel zu einer Anpassung des Optionspreises in Richtung seines theoretischen Preisniveaus, womit oft eine enttäuschende Performance verbunden ist. Überbewerteten Optionen sind Terminkontrakte oder Kassageschäfte deshalb meist vorzuziehen.

Ein weiteres Anwendungsgebiet der theoretischen Optionsbewertung eröffnet sich in der Beobachtung von Preisveränderung des Basiswertes. Eine Option die beispielsweise während einer gewissen Zeit unterbewertet und danach überbewertet ist, kann als Signal für bestimmte vom Markt erwartete Bewegungen des Basiswertes interpretiert werden.

Die Bewertungsmethoden

In den frühen Jahren des Optionenhandels wurde der Preis einer Option intuitiv bestimmt, indem der individuelle Wert für die Gegenpartei abgeschätzt wurde. Dadurch kam selbst für vergleichbare Optionen kein einheitliches Preisniveau zustande, weshalb sich diese Art von Optionsmarkt nicht durchsetzen konnte.

Die ersten bedeutenden Anstrengungen zur theoretischen Bestimmung von Optionspreisen wurden von Akademikern in den USA unternommen. Die ursprüngliche Generation von Modellen baute auf Regressionsanalysen auf und war nichts anderes als der Versuch, aus historischen Daten Rückschlüsse auf die zukünftige Entwicklung der zugrundeliegenden Basiswerte und damit auf die Höhe der Optionspreise zu ziehen. Zur zweiten Generation gehören partielle und vollkommene Gleichgewichtsmodelle, denen die Kapitalmarkttheorie effizienter Märkte zugrundeliegt. Partielle Gleichgewichtsmodelle beziehen die individuellen Risikoprämissen der Anleger mit ein, während vollkommene Modelle diesem Nachteil mit der Methode des Vergleichs risikoloser Anlagen und damit einer Verallgemeinerung der Bewertungsmethoden begegneten. Die bekannteste dieser Be-

Entwicklung der theoretischen Bewertungsmethoden

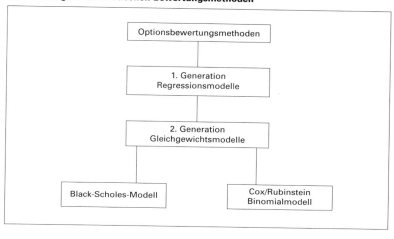

wertungsmethoden ist das Black-Scholes-Modell, welches 1973 von F. Black und M. Scholes publiziert wurde, nachdem Bob Merton dafür die analytische Grundlage geliefert hatte. Es fand ursprünglich seine Anwendung in der Bewertung von Aktienoptionen, wurde aber später in mehreren Arbeiten erweitert und verbessert.

Neben den häufigsten und weitverbreitetsten analytischen Modellen wie dem Black-Scholes-Modell oder dem binomialen Ansatz von Cox/Rubinstein existieren heute auch Simulationsmethoden und numerische Modelle. Die Unterschiede in den Ergebnissen der verschiedenen theoretischen Methoden sind gering. Solange die spezifischen Annahmen und Grenzen verstanden und beachtet werden, spielt die Wahl der einzelnen Ansätze bei der praktischen Anwendung keine entscheidende Rolle. Wichtig ist lediglich, dass eine Methode angewendet wird, welche dem untersuchten Optionstyp entspricht, und dass diese während einer gewissen Zeitspanne konsequent eingesetzt wird. Während einer längeren Anwendungsdauer können Erkenntisse über die Korrelation zwischen berechneten und effektiven Optionspreisen gewonnen werden. Konstante Abweichungen sind dadurch eliminierbar. Der Schwerpunkt der Analyse kann damit auf die bedeutenden relativen Preisveränderungen gelegt werden.

Analytische Modelle reduzieren das komplexe Problem der theoretischen Optionspreisberechnung auf eine mathematische Formel und sind deshalb mit Hilfe programmierbarer Rechner einfach zu handhaben. Numerische Modelle und Simulationen bedürfen hingegen eines weit höheren Aufwands und sind für den Anleger weniger leicht anwendbar. Da viele Optionskontrakte sich jedoch nicht als geschlossene Formel ausdrücken lassen, sind numerische Methoden sowie Simulationsmodelle für den Market Maker unabdingbar. Dieser ist bekanntlich gezwungen, jederzeit Preise in den gehandelten Optionskontrakten zu stellen. Die Rechenkapazität der neuesten Computer sowie der Entwicklungsgrad der Simulationsmodelle erlauben es heute, diese Aufgabe praktisch in Echtzeit zu erfüllen.

Einer der wichtigsten Simulationsansätze ist die Monte Carlo Methode. Bei dieser Methode wird eine sehr grosse Anzahl möglicher, zufälliger Optionspreisentwicklungen berechnet, der Preis entsteht durch Bildung eines Mittelwerts. Die aktuelle Forschung in diesem Gebiet ist sehr intensiv und konzentriert sich auf die Steigerung der Genauigkeit und die Verminderung der benötigten Rechenzeit.

Relevante Faktoren für die Methodenwahl

Analytische Preismodelle können für die meisten Optionsarten herangezogen werden. Von grosser Bedeutung für die Auswahl einzelner analytischer Methoden sind die Konstruktionsart des Kontraktes und die Eigenschaften des Basiswertes.

Die Konstruktion der Option

Die amerikanische Option, welche dem Inhaber das Ausübungsrecht während der gesamten Laufzeit der Option einräumt, lässt dem Optionsbesitzer mehr Möglichkeiten offen als die europäische Option, welche nur am Verfalltag ausgeübt werden kann und daher einen niedrigeren Preis hat. Im Modell der theoretischen Bewertung sollte deshalb die Optionskonstruktion berücksichtigt werden.

Die Eigenschaften des Basiswertes

Die Aktie wird im Gegensatz zur Obligation als eine ewig andauernde Anlage betrachtet. Die Obligation wird an einem festgelegten Verfalltag ungeachtet des Tageskurses zu einem im voraus bestimmten Preis zurückbezahlt. Die zeitliche Begrenzung verlangt für die Bewertung der Aktien- und Obligationenoption unterschiedliche Methoden.

Auch Devisenoptionen können nur mit entsprechend modifizierten Preisbildungsmodellen bewertet werden. Aufgrund des Zinsgefälles zwischen Ländern erhält man abhängig vom Verfalltag andere theoretische zukünftige Wechselkurse.

Angenommen der Zinssatz für 12 Monate ist in der Schweiz 2%, während der Zins in den USA für die gleiche Laufzeit 5.75% beträgt. Ein schweizerisches Unternehmen geht mit einem amerikanischen Geschäftspartner einen Vertrag über US$ 1 000 000 ein, deren Begleichung in einem Jahr erfolgen soll. Um kein Währungsrisiko einzugehen, stehen dem Unternehmen zwei Möglichkeiten offen.

Alternative Eins besteht im Kassakauf von US$ 945 626.5 zu einem Kurs von Fr./US$ 1.49. Bei einer Dollarverzinsung von 5.75 % beläuft sich der Betrag in einem Jahr auf die benötigten US$ 1 000 000. Die Kosten der Transaktion würden heute Fr. 1 408 983.5 (945 626.5 x 1.49) betragen.

Die zweite Möglichkeit beinhaltet den Abschluss eines Terminkontraktes im Wert von US$ 1 000 000 mit einer Laufzeit von 12 Monaten. Die Anlage in Schweizerfranken wird bis dahin zu 2 % verzinst. Der von der Bank angebotene Terminkurs beträgt 1.4372, womit sich der Preis für die in 12 Monaten zu kaufenden US$ 1 000 000 auf Fr. 1 437 163 belaufen wird. Dieser Betrag entspricht dem obigen für 12 Monate zu 2 % verzinsten Kassabetrag (1 408 983.5 x 1.02). Hätte die Bank den Kontrakt tiefer notiert als 1.4372, wäre mit dem Kauf des Terminkontraktes und Anlage des Kapitals zu 2 % ein risikoloser Arbitragegewinn erzielbar gewesen. Auch eine höhere Kursnotierung als 1.4372 würde von Arbitrageuren innert kurzer Zeit für Gewinne genutzt werden, bis sich wieder ein Gleichgewichtskurs von 1.4372 für den 12 Monats Terminkontrakt gebildet hätte.

Aus dem Beispiel wird ersichtlich, dass unterschiedliche Marktzinsen je nach Zahlungstermin in verschiedenen Ländern voneinander abweichende Devisenkurse zur Folge haben. Der Terminkurs einer Fremdwährung mit höherem Zinsniveau als dem heimischen ist, wie im Kapitel über die Bewertung von Devisen Futures erklärt wird, tiefer als der Kassakurs der entsprechenden Währung.

Bei der Berechnung des Optionspreises ist stets die Art des Basiswertes zu beachten. Des weiteren ist zu berücksichtigen, ob die Ausübung einer Option unmittelbar zu einer Transaktion im Basiswert führt oder nicht. In ersterem Fall handelt es sich um eine Komptantoption, während Optionen mit zeitverschobener Transaktion Terminoptionen genannt werden. Der Unterschied kann anhand des obigen Beispiels verdeutlicht werden. Eine Option amerikanischen Typs mit einer Restlaufzeit von einem Jahr gibt dem Inhaber beispielsweise das Recht, Dollar zum Kurs von Fr./US$ 1.53 zu verkaufen. Bei der Ausübung der Option hängt das Resultat davon ab, ob es sich um eine Komptant- oder Terminoption handelt. Im Falle einer Komptantoption würde die sofortige Ausübung dazu führen, dass der Inhaber der Option die Dollar zum Kurs von 1.53 verkaufen kann und sie gleichzeitig am Kassamarkt wieder zu 1.49 zurückkaufen könnte. Diese Transaktion hätte einen Gewinn von Fr. 0.04 pro Dollar zur Folge. Hätte es sich um eine Terminoption gehandelt, würde das Resultat folgendermassen aussehen: Der Optionsinhaber hat das Recht, den

Verkauf der US$ zu einem Kurs von 1.53 zu realisieren. Da die Abrechnung jedoch erst in 12 Monaten stattfindet, kann er US$ zu 1.4372 auf Termin kaufen und realisiert bei Verfall einen Gewinn von Fr. 0.0928 pro US$. Um die Gewinne der beiden Alternativen vergleichen zu können, müssen die Fr. 0.0928 zum Gegenwartswert abdiskontiert werden.

Obwohl die beiden Optionen zum Ausübungszeitpunkt einen unterschiedlichen inneren Wert besitzen, kann ihr Marktpreis ähnlich sein. Trotzdem muss bei der Wahl des Bewertungsmodells immer berücksichtigt werden, ob es sich um eine Komptant- oder Terminoption handelt.

Das Prinzip der risikofreien Portefeuilletechnik

Die theoretische Bewertung von Optionen geht davon aus, dass risikofreie Investitionen weder mehr noch weniger rentieren können als risikolose festverzinsliche Anlagen. Wäre dies nicht der Fall, würden Arbitragetransaktionen Gewinne abwerfen und die Renditen wieder auf das Niveau des risikofreien Zinssatzes zurückführen. Anhand der Kombination eines risikofreien Basiswertes mit einer darauf lautenden Option kann der Preis der Option einfach berechnet werden. Die Voraussetzungen hierfür sind, dass

- der Preis des Basiswertes bekannt ist
- die Preisveränderung des Basiswertes in einer statistischen Wahrscheinlichkeitsverteilung formalisiert werden kann
- der risikofreie Zinssatz während der Laufzeit der Option vorliegt.

Die risikofreie Portefeuilletechnik soll am Beispiel einer europäischen Aktienoption erläutert werden. Der Einfachheit halber wird angenommen, dass der momentane Preis des gewählten Basistitels von Euro 200 während der untersuchten Zeitperiode mit +/- Euro 50 variiert. Es ist zu beachten, dass die zu untersuchende Technik auch wesentlich kompliziertere Preisveränderungsannahmen erlauben würde. Im Beispiel kann sich der Aktienkurs vom Zeitpunkt t bis T entweder auf Euro 150 oder Euro 250 bewegen. Weiter wird angenommen, dass während dieser Zeitperiode keine Dividendenausschüttung erfolgt und die Periodenlänge (T-t) einen Monat beträgt. Der Call, dessen Preis zum Zeitpunkt t bewertet werden soll, gibt dem Inhaber das Recht, 5 Aktien zum Kurs von Euro 210 zu erwerben. Die Option verfällt am Zeitpunkt T und kann dann folgenden Wert beinhalten: Befindet sich der Aktienkurs auf Euro 150, hat die Option den Wert Euro 0, liegt der Kurs jedoch bei Euro 250, ergibt sich ein Kontraktwert von Euro 200 ((250-210) x 5).

Das risikolose Portefeuille, welches zum Zeitpunkt t konstruiert wurde, besteht einerseits aus 5 Aktien zu Euro 200 und X geschriebenen Optionen mit einem Stückpreis von Euro Y. Befindet sich der Preis pro Kontrakt zum Zeitpunkt t bei Euro 1, beträgt der Portefeuillewert nur noch Euro 999 nach Erhalten der Optionsprämie. Der Eingangswert des Portefeuilles hat immer weniger Wert als Euro 1 000, da die Option ein Recht und damit für den Inhaber einen Wert beinhaltet. Während der Laufzeit der Option führt der risikofreie Zinssatz zu einer Kapitalzunahme von 0.5 %.

4.1 Tabelle
Beschreibung der risikofreien Portefeuilletechnik (Anfangswerte)

Anfangswert des Anlageportefeuilles	Wert in Euro	Zeitpunkt 1	Zeitpunkt 2	Endwert des Anlageportefeuilles	Wert in Euro
		1/2 % Zins in 1 Monat			
				+ 5 Aktien à Euro 250	+1 250
				− X Stück ausgestellte Calls (Strikepreis Euro 210) à Wiederanschaffungswert Euro 200/Stck.	-X x 200
+ 5 Aktien à Euro 200	+1 000		Aktienkurs Euro 250	= Endwert des Portefeuilles	=?
− X Stück ausgestellte Calls (Strikepreis Euro 210) à Verkaufspreis Euro Y/Stck.	-X x Y.-	Aktienkurs Euro 200		+ 5 Aktien à Euro 150	+750
= Anfangswert des Portefeuilles	=?		Aktienkurs Euro 150	− X Stück ausgestellte Calls (Strikepreis Euro 210) à Wiederanschaffungswert Euro 0/Stck.	-X x 0
				= Endwert des Portefeuilles	=750

Es gilt zu zeigen, dass sich der Eingangswert des Portefeuilles ohne Rücksicht auf die Entwicklung des Aktienkurses gleich entwickelt wie das zum risikofreien Zinssatz angelegte Kapital. Zum Zeitpunkt T weist das Portefeuille bei einem Aktienkurs von Euro 150 den Wert von Euro 750 auf, was einen wertlosen Verfall der Optionen zur Folge hat. Steigt die Aktie bis zum Zeitpunkt T auf Euro 250, muss der totale Wert des Portefeuilles ebenfalls Euro 750 erreichen, denn der Portefeuillewert soll unabhängig von der Aktienkursentwicklung sein.

Der Unterschied zwischen dem Gesamtwert der Aktien von Euro 1 250 und dem theoretischen Wert des Portefeuilles von Euro 750 beträgt Euro 500. Dieser Betrag entspricht den Kosten für den Rückkauf der Optionen.

Nun kann die Anzahl der zu schreibenden Call Kontrakte berechnet werden. Bei einem Schlusskurs von Euro 250 beträgt der Verlust bei Ausübung der Option für jeden Kontrakt Euro 200. Um den totalen Verlust von Euro 500 zu erhalten, damit ein Portefeuillewert von Euro 750 resultiert, müssen 2.5 Kontrakte verschrieben werden.

4.2   Tabelle
Beschreibung der risikofreien Portefeuilletechnik (Endwerte)

Anfangswert des Anlage-portefeuilles	Wert in Euro	Zeitpunkt 1	Zeitpunkt 2	Endwert des Anlage-portefeuilles	Wert in Euro
		1/2% Zins in 1 Monat			
				+ 5 Aktien à Euro 250	1 250
				− 2.5 aus-gestellte Calls (Strikepreis Euro 210) à Wiederan-schaffungswert Euro 200/Stck.	-500
+ 5 Aktien à Euro 200	+1 000		Aktien-kurs Euro 250	= Endwert des Portefeuilles	750
− 2.5 aus-gestellte Calls (Strikepreis Euro 210) à Wiederan-schaffungspreis Euro 101.4 Euro/Stck.	−253.5	Aktien-kurs Euro 200		+ 5 Aktien à Euro 150	750
= Anfangswert des Portefeuilles	=746.5		Aktien-kurs Euro 150	− 2.5 aus-gestellte Calls (Strikepreis Euro 210) à Wiederan-schaffungswert Euro 0/Stck.	0
				= Endwert des Portefeuilles	750

Aus dem Wert des Portefeuilles von Euro 750 zum Zeitpunkt T kann mittels Abdiskontierung mit dem risikofreien Zinssatz der Anfangswert des Portefeuilles berechnet werden (750/1.005 = 746.50). Die Differenz zwischen dem Anfangswert des Portefeuilles und dem Eingangswert der Aktien von Euro 1 000 entspricht dem Preis der ausgegebenen Optionen (Euro 253.50/2.5 = Euro 101.40).

94

Der Preis einer Put Option kann analog demjenigen des Call Kontraktes ermittelt werden. Meist genügt jedoch die Berechnung eines Optionstyps, da aus dem Arbitrageverhältnis der entgegengesetzte Optionstyp abgeleitet werden kann. Diese Beziehung, genannt Call-Put-Parität, wird in einem späteren Kapitel genauer behandelt.

Bestimmungsfaktoren des Optionspreises

Eine Untersuchung des Preisverhaltens von Optionen bedarf einer Analyse der Zusammensetzung und des Zustandekommens des Optionspreises bzw. der Prämie.

In der Literatur herrscht oft Verwirrung über die Terminologien Optionspreis, -kurs und -prämie. Meist werden diese Begriffe synonym verwendet, solange nicht von Teilwerten von Optionen wie der reinen Prämie, dem Zeitwert oder dem effektiven intrinsischen Wert gesprochen wird. Abbildung 4.4 verdeutlicht bei Annahme eines konstanten Aktienkurses, dass der effektive Wert (intrinsischer, innerer oder auch realer Wert) und der Zeitwert (Prämienanteil) zusammen den Preis der Option bestimmen (Kurswert). Liegt der Aktienkurs unterhalb des Ausübungspreises ist der Optionspreis gleich dem Zeitwert, welcher gegen Ende der Laufzeit gegen Null tendiert.

4.4   Abbildung
Teilwerte einer Option bei unverändertem Aktienkurs

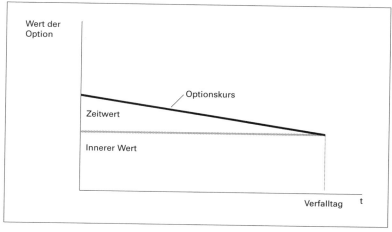

Die Bestimmungsfaktoren des Optionspreises sind ungleich gewichtet und unterschiedlich korreliert. Der Wert einer Option wird durch folgende Faktoren bestimmt:
• Preis des Basiswertes
• Strikepreis

95

- Volatilität des Basiswertes
- Laufzeit der Option
- Risikofreier Zins
- Dividendenausschüttung

Die Beschreibung dieser Faktoren soll anhand des folgenden Beispiels erfolgen. Abbildung 4.5 zeigt das Diagramm eines Aktien Calls und eines Puts ohne Dividendenausschüttung. Für alle Überlegungen werden Komptantoptionen amerikanischen Typs benutzt.

4.5   Abbildung
Gewinn-/Verlustdiagramm am Verfalltag der Option

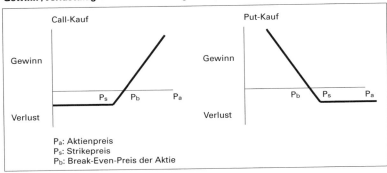

Liegt bei einem Call auf eine Aktie der Aktienkurs am Verfalltag tiefer als der Strikepreis, so verfällt die Option wertlos und der Verlust für den Inhaber der Option entspricht dem bezahlten Optionspreis. Der Verlust kann daher nie grösser sein als die für die Option entrichtete Prämie. Um den Break-Even-Preis zu erreichen, muss die Differenz zwischen Aktienpreis und Strikepreis den Kosten des Optionskaufs entsprechen. Steigt der Aktienpreis über den Break-Even-Punkt, kann der Optionsinhaber einen Gewinn erzielen, nämlich die Differenz zwischen Aktien- und Strikepreis abzüglich des Optionspreises. Der Gewinn aus einem Putkauf kann mit gleicher Rechnung aber umgekehrten Vorzeichen ermittelt werden. Liegt der Aktienpreis über dem Strikepreis der Option, verfällt der Put wertlos, und der eingesetzte Betrag geht verloren. Der Erlös steigt, je tiefer der Aktienkurs unter den Strikepreis der Option fällt.

Der Preis des Basiswerts
Der Wert eines Calls nimmt bei steigendem Preis des zugrundeliegenden Basiswerts zu. Der Put hingegen verliert bei steigenden und gewinnt bei sinkenden Aktienkursen an Wert. Die Sensitivität, mit

welcher der Optionspreis auf Preisveränderungen des Basiswertes reagiert, wird Delta genannt und später eingehender beschrieben.

Der Strikepreis

Ein tieferer Strikepreis als der Aktienkurs führt zu einem hohen Call Preis, während ein höherer Strikepreis den Wert des Puts positiv beeinflusst. Ein Put, welcher dem Besitzer das Recht einräumt, eine Aktie zu einem hohen Preis zu verkaufen, besitzt somit ceteris paribus einen höheren Wert als ein Put mit tieferem Strikepreis. Ausübungs- und Aktienpreis setzen wichtige Grenzen für den möglichen Marktwert einer Option. Liegt der Strikepreis eines Calls tiefer als der aktuelle Aktienkurs, stellt die Differenz den absolut tiefsten Preis dar, zu welchem die Option gehandelt werden sollte. Angenommen, eine Aktie wird zu Fr. 200 gehandelt und der entsprechende Call räumt dem Besitzer das Recht ein, diese Aktie zu einem Preis von Fr. 150 zu kaufen. Der Mindestpreis für eine solche Option beträgt demnach Fr. 50. Könnte jemand die Option für Fr. 40 kaufen, wäre bei sofortiger Ausübung der Option der Erwerb der Aktie zu den Gesamtkosten von Fr. 190 möglich. Durch den Verkauf der Aktie zum Preis von Fr. 200 würde ein risikofreier Gewinn von Fr. 10 anfallen. Diese Arbitragemöglichkeit würde sofort die Marktnachfrage nach diesen Calls erhöhen und dadurch ihren Preis auf das Gleichgewichtsniveau von mindestens Fr. 50 pro Option erhöhen.

Preisvolatilität

Die Volatilität eines Wertpapiers beschreibt die Unsicherheit über künftige Kursentwicklungen. Je grösser diese Ungewissheit, desto höher ist die Wahrscheinlichkeit, dass sich der Preis der Anlage in die vom Käufer gewünschte Richtung bewegt. Der Verkäufer einer Option geht mit einem volatilen Basiswert ein höheres Risiko ein und verlangt dafür eine entsprechende Entschädigung in Form einer höheren Optionsprämie. Die Volatilität des zugrundeliegenden Aktivums schlägt sich im Zeitwert der Option nieder. Dieser wird umso geringer, je näher das Verfalldatum der Option rückt. Der Grund für diese sogenannte Wasting-asset-Eigenschaft ist die abnehmende Wahrscheinlichkeit grösserer Kursausschläge innerhalb kurzer Zeitabschnitte. Ist die Preisvolatilität eines Basiswertes null, verliert das Finanzinstrument Option seine Bedeutung, da ihr Wert am Ende der Laufzeit bereits bekannt ist. Die Funktion der Eingrenzung des Verlusts bei gleichzeitiger Aufrechterhaltung eines unbegrenzten Gewinnpotentials fällt somit dahin.

Die Volatilität von Wertpapieren lässt sich graphisch mittels statistischer Verteilungen darstellen. Wie Abbildung 4.6 zeigt, drückt eine flache Verteilungskurve häufigere und stärkere Abweichungen vom Mittelwert aus als die steilere Kurve mit geringerem Streuungsmass. Die möglichen Preisschwankungen und somit das Risiko einer Anlage werden in der Normalverteilung mittels der Standardabweichung gemessen.

4.6   Abbildung
Unterschiedliche Preisvolatilitäten

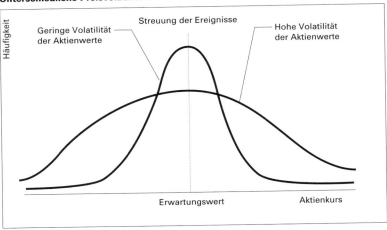

Die Asymmetrie der Risiko-/Ertragsstruktur einer Option beschränkt den maximalen Verlust für den Optionsinhaber auf die bezahlte Prämie. Die Gewinnmöglichkeiten sind hingegen beim Call theoretisch unbegrenzt und beim Put meist ein Vielfaches des Einsatzes aber maximal Ausübungspreis minus bezahlte Prämie. Unabhängig von der Preisvolatilität ist der mögliche Verlust gleich hoch, während das Gewinnpotential mit steigender Volatilität zunimmt.

Laufzeit
Kurzfristige Optionen bieten dem Inhaber weniger Möglichkeiten zur Ausübung seines Optionsrechts als Optionen mit längerer Laufzeit. Innert kurzer Frist besteht auch eine geringere Wahrscheinlichkeit höherer Kursausschläge des Basiswertes und somit eine kleinere Gewinnchance. Aus diesen Gründen erhöhen sich die Optionsprämien für Calls und Puts mit zunehmender Laufzeit.

Bei Optionen europäischen Typs ist dieser Zusammenhang jedoch nicht zwingend. Da sich die Ausübungsmöglichkeiten des Optionsinhabers auf den Verfalltermin beschränken, ist eine längerfristige Option einer kurzfristigen nicht in allen Fällen vorzuziehen.

98

Risikofreier Zins

Beim Kauf eines Finanzaktivums sind sowohl Risiko- als auch Renditeabwägungen zu berücksichtigen. Wird ein Titel auf Termin gekauft oder verkauft, wie dies bei Optionen der Fall ist, sind die Renditen alternativer Anlagen für den Preis von Bedeutung. Der Käufer eines Calls kann bis zum Verfalltag bzw. Ausübungstag sein Geld in risikolosen Papieren anlegen, während der Verkäufer in dieser Zeit den Vertragsgegenstand finanziert. Steigt nun der risikofreie Zinssatz, erhöhen sich die Opportunitätskosten des Verkäufers, weshalb er eine höhere Prämie fordern wird. Umgekehrt kann derjenige, der seine Aktie sofort verkauft, bei höherem Zinsniveau das freigesetzte Kapital gewinnbringender anlegen. Die Put Option, welche ein Verkaufsrecht auf Termin darstellt, verliert somit an Attraktivität, weshalb der Optionspreis sinken wird.

Als Voraussetzung für die obigen Relationen gilt, dass der Preis des Basiswertes selbst nicht durch die Zinsveränderung beeinflusst wird. In der Praxis findet allerdings, je nach Basiswert, eine solche Beeinflussung statt. Der Terminpreis von Gold beispielsweise wird, wie die Vergangenheit gezeigt hat, nicht ausschliesslich von der Zinsveränderung beeinflusst. Hingegen ändert sich der Preis eines Währungs- oder Obligationenterminkontraktes kongruent.

Dividendenausschüttung

Dividendenzahlungen von Aktien haben eine Korrektur des Aktienkurses in Höhe der ausgeschütteten Dividende zur Folge. Da die Dividende grundsätzlich dem Aktieninhaber und nicht dem Optionsbesitzer zusteht, findet eine entsprechende Preisanpassung der Option statt. Für den Besitzer eines Calls bedeutet dies eine Wertverminderung und für einen Put Inhaber eine Wertsteigerung. Es kann vorteilhaft sein, einen Call kurz vor Dividendenausschüttung auszuüben. Das ist jedoch nur dann der Fall, wenn die durch die Ausübung gesicherte Dividende den Zeitwert des Calls übersteigt.

Bestimmung der Preiskurve

Die Beeinflussungsfaktoren von Optionspreisen sollen anhand der Abhängigkeit des Callpreises vom Aktienkurs zusammenfassend erläutert werden. Der innere Wert einer Option, die sich in-the-money befindet, bewegt sich linear zum Aktienkurs und damit in einem 45° Winkel zur Abszisse. Die Optionsprämie besteht allerdings zusätzlich aus dem konvex verlaufenden Zeitwert, welcher bei steigendem Aktienkurs mit dem inneren Wert konvergiert. Beim Aktienkurs Px besitzt der entsprechende Call einen inneren Wert, da der Aktienkurs über dem Strikepreis liegt. Die fettgedruckte Linie stellt den Minimalpreis der Option dar. Die bereits beschriebenen Faktoren Preisvolatilität, Zins, Laufzeit, Basiswert und Strikepreis bestimmen die Form und Lage der Kurve. Eine höhere Volatilität des zugrundeliegenden Wertes hat beispielsweise zur Folge, dass sich die Kurve nach oben verschiebt, während bei tieferer Volatilität die Kurve näher an die Minimalpreislinie zu liegen kommt.

4.7 Abbildung
Abhängigkeit des Callpreises vom Aktienpreis

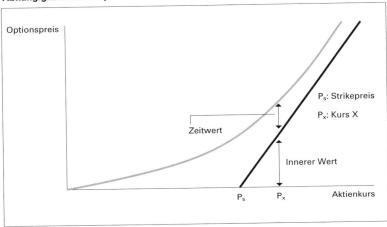

Wie aus dem linken Teil der Preiskurve ersichtlich ist, ist der Optionspreis Null oder beinahe Null für einen Call mit einem Strikepreis, der weit über dem Aktienkurs liegt. Befindet sich der Aktienpreis wesentlich über dem Strikepreis, bewegt sich der Preis des Calls in absoluten Zahlen nahezu parallel zum Aktienpreis und die Schutzeigenschaft der Option verliert an Bedeutung. Stimmen Aktienpreis und Strikepreis überein, ist der Abstand zwischen der Optionspreiskurve und der Minimalpreislinie am grössten, d. h. die Option befindet sich at-the-money (Ps) und die Schutzfunktion der Option ist maximal. Das gleiche gilt für den Zeitwert der Option, welcher ebenfalls dann den grössten Wert aufweist, wenn der Aktienkurs dem Strikepreis entspricht. Letzteres gilt ebenso für Put-Optionen.

4.8 Abbildung
Einflussfaktoren auf den Optionspreis

Preisfaktoren	Richtung der Änderung	Änderung des Call-Preises	Änderung des Put-Preises
Preis des Basiswertes	↑ ↓	↑ ↓	↓ ↑
Strikepreis	↑ ↓	↓ ↑	↑ ↓
Volatilität des Basiswertes	↑ ↓	↑ ↓	↑ ↓
Laufzeit	↑ ↓	↑ ↓	↑ ↓
Risikofreier Zins	↑ ↓	↑ ↓ (↓ ↑)*	↓ ↑
Dividenden	↑ ↓	↓ ↑	↑ ↓
*gilt bei Terminoptionen			

Call-Put-Parität

Die Herleitung der Call-Put-Parität kann am einfachsten anhand der Insurance-Strategie erfolgen. Aktienbesitzer A beschränkt durch den Kauf einer Put Option den potentiellen Verlust seines Portefeuilles unter Aufrechterhaltung eines unbegrenzten Gewinnpotentials. Wie Abbildung 4.9 zeigt, entspricht der Minimalwert des Aktienpakets dem Ausübungspreis der Put Option, wobei in den folgenden Beispielen der Optionspreis vernachlässigt werden soll. Anleger A geht mit dem Aktienpaket ein unbegrenztes Gewinnpotential ein und sichert sich mit dem Put gegen sinkende Kurse ab. Investor B kann das gleiche Ergebnis in Form einer festverzinslichen Anlage und dem Kauf einer unbegrenzten Gewinnmöglichkeit mit einer Call Option erreichen (Abbildung 4.9).

4.9 Abbildung
Gewinn-/Verlustdiagramm zweier Anlagen

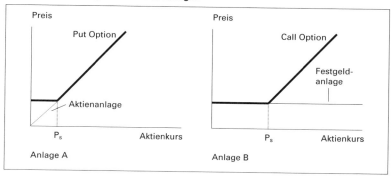

101

Das Gesetz der Arbitragefreiheit besagt, dass zwei Anlagen mit identischem Cash-flow und Risiko zu jedem Zeitpunkt denselben Preis aufweisen müssen, d. h. der Wert einer Aktie kombiniert mit einer Put Option entspricht dem Barwert einer festverzinslichen Anlage mit einer Calloption.

$$A + P(x) = BW(x) + C(x) \qquad BW = x(1+i)^{-n}$$

A = Aktie   BW = Barwert
P = Put Option   i   = Zinssatz
C = Call Option   n   = Laufzeit
x = Ausübungspreis

Diese Formel zeigt eine feste Relation zwischen Kauf- und Verkaufsoptionen und ermöglicht stets die Ableitung des Call Preises aus dem Put Preis und umgekehrt. Die Call-Put-Parität liegt allen Preisbildungsmodellen zugrunde, weshalb diese sich auf die Berechnung eines Optionstyps beschränken.

Angenommen, der Kurs einer Aktie liegt bei Fr. 2 000, ein darauf lautender einjähriger Call mit Strikepreis Fr. 1 890 besitzt den Wert Fr. 220 und ein entsprechender Put Fr. 40. Der heutige Wert einer risikolosen Anlage mit dem Zinssatz 5.0 % und einjähriger Laufzeit muss zusammen mit dem Call Preis den Wert der Aktie mit dem zugehörigen Put ergeben. Das Einsetzen der Daten in obige Gleichung zeigt jedoch, dass die Call-Put-Parität verletzt ist. Ein Arbitrageur kann nun durch den Kauf einer festverzinslichen Anleihe zusammen mit einem Call und dem gleichzeitigen Verkauf der Aktie mit einem Put einen risikolosen Gewinn von Fr. 20 erzielen.

$$-1\,890/1.05 - 220 + 2\,000 + 40 = 20$$

Diese Arbitragetätigkeit wird solange stattfinden, bis die Call-Put-Parität erfüllt ist und somit ein arbitragefreier Zustand herrscht. In der Regel hat ein überbewerteter Call einen überbewerteten Put zur Folge wie auch ein unterbewerteter Call einen relativ billigen Put und umgekehrt. In der Realität wird diese Beziehung jedoch häufig verletzt, wofür folgende Faktoren verantwortlich sind:

- Unterschiedliche Liquidität
- Transaktionskosten
- Inäquivalenz zugrundeliegender Kassapositionen
- Spread (Geld-/Briefkurs)

Es ist zu beachten, dass die Call-Put-Parität nur für Optionskontrakte mit stichtagsbezogener Endfälligkeit, welche nicht vorzeitig ausgeübt werden können, also nur für Optionen europäischen Typs gilt.

Das Binominalmodell

Bevor eingehender auf das am meisten verbreitete Optionspreismodell von Black/Scholes eingegangen wird, soll der einfachere numerische Ansatz des Binominalmodells besprochen werden. Das Binominalmodell wurde erstmals 1978 von William Sharpe erwähnt, erzielte seinen Durchbruch jedoch erst ein Jahr später nach seiner Weiterentwicklung von John Cox, Stephen Ross und Mark Rubinstein. Das Modell baut auf einfachsten Annahmen auf, kann jedoch mit erweiterten Rechenvorgängen höchste Präzision erreichen. Der Grundgedanke, auf dem auch das berühmte Black-Scholes-Modell aufbaut, ist das Prinzip der Arbitrage, welches letztlich der wichtigste Bestimmungsfaktor für den korrekten Preis darstellt.

Aus der Gleichung der Call-Put-Parität kann die synthetische Nachbildung einer Anlage bzw. einer Option abgeleitet werden. Ein synthetischer Call entspricht beispielsweise einem Aktienkauf auf Kredit, kombiniert mit einer Put Langposition.

Das Binominalmodell geht von der Annahme aus, dass ein Wertpapier nach einer bestimmten Periode genau zwei Zustände innehaben kann. Angenommen, eine Aktie mit heutigem Wert Fr. 1 500 kann innerhalb eines Jahres entweder den Wert Fr. 1 800 oder 1 250 annehmen. Die Wahrscheinlichkeit für ein Ansteigen oder Fallen des Aktienkurses beträgt 50 %.

Die beiden Zustände werden so berechnet, dass die Eintrittswahrscheinlichkeit 50 % beträgt. Dies erfolgt aufgrund einer einfachen Rechnung:

$$\text{Preis heute} = [50\,\% \ (\text{Zustand 1}) + 50\,\% \ (\text{Zustand 2})] \ \text{x} \ \frac{1}{1 + \pi}$$

π ist der risikolose Zinssatz. Man gibt nun einen Zustand vor (Zustand 1) und berechnet den Zustand 2.

4.10   Abbildung
Einperiodige Binominalverzweigung

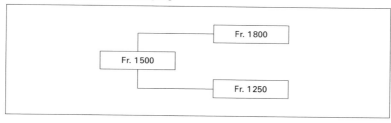

Eine Call Option auf diese Aktie hat den Ausübungspreis Fr. 1 350 und verfällt in einem Jahr. Es gilt nun, den arbitragefreien Preis dieser Option zum heutigen Zeitpunkt zu bestimmen. Dafür kann ein Portfolio mit einer gewissen Anzahl Aktien und einem Kredit konstruiert werden, welches in der nächsten Periode exakt denselben Cash-flow wie eine Call Option aufweist und deshalb zum heutigen Zeitpunkt denselben Wert besitzen muss. Der Zinssatz des einjährigen Kredites beträgt 5%.

4.3 Tabelle
Arbitragetableau

	heutiger Wert		Wert in 1 Jahr	
Aktie	Fr.	1 500	Fr. 1 250	Fr. 1 800
1 Call	?		Fr. 0	Fr. + 450
0.8181 Aktien	Fr. + 1 227.3		Fr. + 1 022.7	Fr. + 1 472.7
Kredit von Fr. 974 zu 5%	Fr. − 974		Fr. − 1 022.7	Fr. − 1 022.7
Wert der Option	Fr. + 253.3		Fr. 0	Fr. + 450

Wie aus der Tabelle 4.3 ersichtlich ist, muss der heutige Preis der Call Option den selben Wert betragen wie die cash-flow-äquivalente Transaktion mit den fremdfinanzierten Aktien. Der Call Preis muss demnach heute Fr. 253.3 betragen. Wäre dies nicht der Fall, könnten solange Arbitragegewinne realisiert werden, bis der Call Preis seinen Gleichgewichtspreis von Fr. 253.3 erreicht hätte. Der Wert 0.8181 für die Anzahl nötiger Aktien entspricht dem Delta der Option, welches sich mit jeder Bewegung des Aktienkurses verändert, womit in unserer Berechnung auch der Wert der Option ändert. Die Berechnung des Deltas wird in einem späteren Kapitel erklärt.

Erstaunlich ist die Annahme, dass in die Preisbildung der Option keine Erwartungen über die Wertentwicklung der Aktie einfliessen, d. h. beide Werte treten mit 50% Wahrscheinlichkeit auf. Der einfache Beweis dafür ist in der Gleichung für die Call-Put-Parität zu suchen. Würde eine Kurssteigerung der Aktie mit höherer Wahrscheinlichkeit erwartet als ein Kurszerfall, müsste der Call höher bewertet sein und der Put an Wert verlieren. In der Formel würde dies ceteris paribus eine Erhöhung der rechten Seite und eine gleichzeitige Reduktion der linken Seite bedeuten, was die Gleichung verletzen würde.

$$A + P(x) \downarrow \neq BW(x) + C(x) \uparrow$$

Das Binominalmodell kann allgemein folgendermassen formuliert werden, wobei der erste Summand das Aktienpaket und der zweite die Anlage bzw. den Kredit des Replikationsportefeuilles widerspiegelt:

$$C(u) = \Delta \times S \times u + B \times (1 + r)$$
$$C(d) = \Delta \times S \times d + B \times (1 + r)$$

C = Call Option	u = Upfaktor, Rendite bei Kurs-
Δ = Optionendelta	steigerung
S = Aktienkurs	d = Downfaktor, u^{-1}
B = Festverzinsliche Anleihe	r = Zinssatz

Aus obigem Gleichungssystem lassen sich die Anzahl nötiger Aktien und die Höhe der Anlage bzw. des Kredites errechnen:

$$\Delta = \frac{C(u) - C(d)}{S \times u - S \times d}$$

$$B = \frac{d \times C(u) - u \times C(d)}{(u + d) \times (1 + r)}$$

Der Up- und der Downfaktor werden aufgrund der Volatilität der Aktienkurse und der Laufzeit der Option berechnet:

$$u = e^{\sigma\sqrt{T-t}} \qquad\qquad d = \frac{1}{u}$$

Das einperiodige Binominalmodell kann um beliebige Perioden und Zustände zu einer Baumstruktur erweitert werden. Je zahlreicher und kürzer die Verzweigungsschritte, desto exakter lassen sich reale Aktienkursbewegungen approximieren.

Am Fälligkeitstermin der Option ist der Zeitwert gleich Null. Aus je zwei Aktienpreisen am Verfalltag (z. B. P1(n) und P2(n) in Abbildung 4.11) kann der Optionspreis im vorhergehenden Knotenpunkt (P1 (n-1)) berechnet werden. Das iterative Vorgehen vom Verfalltag der Option nach links führt schliesslich zum Optionspreis im Bewertungszeitpunkt P_0.

Liegt der berechnete Optionspreis in einem Knotenpunkt tiefer als der innere Wert der Option, wird die Option zu diesem Zeitpunkt ausgeübt. Die amerikanische Option ist analytisch besonders schwierig zu bewerten, da sie dem Inhaber das Recht gibt, die Option jederzeit auszuüben. Durch das Weiterschreiben des jeweils höheren Wertes in jedem Knoten kann der Effekt der vorzeitigen Ausübung und jegliche Art von Sonderereignissen (z. B. Dividendenausschüttung) berücksichtigt werden. Die Binominalmethode lässt sich einfach darstellen, bedingt jedoch einen sehr hohen Rechenaufwand.

4.11 Abbildung
Das Prinzip der Binominalverteilungsmethode

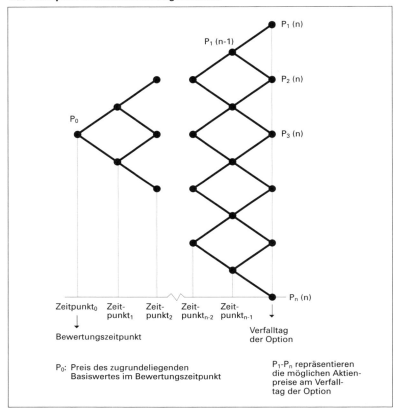

Das Black-Scholes-Modell

Von den analytischen Preisbewertungsmodellen für Optionen ist heute das Black-Scholes-Modell die verbreitetste und anerkannteste Methode. Sie ist jedoch lediglich für gewisse Optionskontrakte und bestimmte Basiswerte gültig anwendbar. Optionen auf Termingeschäfte sollten beispielsweise nach der Black-Methode von 1976 berechnet werden.

Zahlreiche weitere Methoden weisen andere Finessen auf und können leichter Spezialfälle berücksichtigen. Die numerische Binomi-

106

nalverteilungsmethode scheint von diesen die flexibelste und heute am besten entwickelte zu sein und erzielt mit wenigen Ausnahmen beinahe identische Resultate wie das Black-Scholes-Modell. Ursprünglich wurde das Black-Scholes-Modell für die Bewertung europäischer Komptantoptionen auf Aktien ohne Dividendenausschüttung entwickelt. Trotz Anpassung der Formel kann für Dividendenpapiere nur ein annähernd richtiges Resultat errechnet werden. Unter der Annahme, dass:

- der Zins und die Standardabweichung (Preisvolatilität) während der Laufzeit der Option konstant sind
- der Aktienkurs lognormal verteilt ist
- keine Dividendenausschüttungen erfolgen
- die Ausübung nur am Fälligkeitstag möglich ist
- Leerverkäufe erlaubt sind
- Aktien- wie auch Optionsstückelungen beliebig gross sind
- weder steuerliche Belastungen noch Transaktionskosten im Optionenhandel vorhanden sind

gelten folgende Formeln:

$$P_C = P_a \times N(d_1) - P_S \times r^{-t} \times N(d_2) \qquad P_P = P_S \times r^{-t} \times N(-d_2) - P_a \times N(-d_1)$$

$$d_1 = \frac{\ln(P_a / (P_S \times r^{-t}))}{\sigma^{\times} \sqrt{t}} + \frac{\sigma^{\times} \sqrt{t}}{2} \qquad d_2 = \frac{\ln(P_a / (P_S \times r^{-t}))}{\sigma^{\times} \sqrt{t}} - \frac{\sigma^{\times} \sqrt{t}}{2}$$

P_C = Preis des Calls
P_P = Preis des Puts
P_a = Aktienpreis
P_S = Strikepreis
R = Risikofreier Zinssatz

r = Zinsfaktor $(1 + R)$
t = Laufzeit der Option in Jahren
σ = Standardabweichung
$N(\ )$ = Kumulative Normalverteilung

Die Variable d_1 stellt den elementaren Wert der Black-Scholes-Formel dar, indem sie die Wahrscheinlichkeit beschreibt, dass die Option am Ende der Laufzeit in-the-money liegt und somit einen inneren Wert besitzt. P_a x $N(d_1)$ entspricht dem mit dieser Wahrscheinlichkeit gewichteten Aktienkurs. Der zweite Teil der Formel gibt den Barwert des am Verfalltag zu zahlenden Ausübungspreises wieder.

Das Black-Scholes-Modell ist mathematisch analog zur Beschreibung der Ausbreitung von Wärme in einem Körper. Die Legende will, dass ein befreundeter Physiker den Herren Black und Scholes bei der Herleitung der Formel behilflich war, da die Lösung des Wärmeleitungsproblems schon seit längerer Zeit bekannt war.

Wie die Binominalmethode beruht das Black-Scholes-Modell auf dem Arbitrageprinzip, d. h. der Annahme, dass durch dynamische Umverteilung von Aktien und risikolosen festverzinslichen Wertpapieren derselbe Absicherungseffekt erzielt werden kann wie mit einer Option und diese daher den gleichen Preis aufweisen muss. Die Herleitung des Black-Scholes-Modells ist mathematisch komplex, das Prinzip der Formel kann jedoch graphisch in vereinfachter Form wie in Abbildung 4.12 erklärt werden. Die Formel untersucht die Wahrscheinlichkeit, mit der ein Call am Ende der Laufzeit in-the-money liegt. Hierfür wird die Glocke der Normalverteilung in Flächen zerlegt und innerhalb dieser Flächen der mittlere Optionspreis bestimmt. Die Fläche drückt die Wahrscheinlichkeit aus, mit welcher die Aktie bestimmte Werte annimmt und folgedessen der Optionspreis diesen mittleren Wert besitzt. Je kleiner diese Fläche gewählt wird und je mehr davon berechnet werden, desto genauer kann der Verlauf des effektiven Optionspreises approximiert werden.

4.12   Abbildung
Grafische Darstellung des Black-Scholes-Modells

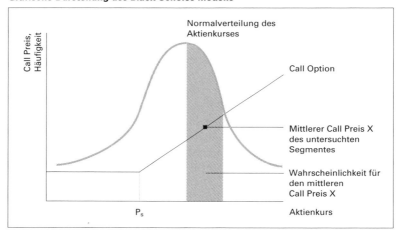

Anhand eines Beispiels soll im folgenden erläutert werden, welche Variablen und Daten zur Auflösung der Formel gebraucht werden. Der Aktienpreis P_a beträgt Fr. 2 000 und der Strikepreis P_s Fr. 1 800. Der risikofreie Zins R beträgt 4.5 % und die Restlaufzeit des Calls 90 Tage. Der Barwertfaktor r^{-t} beläuft sich somit auf 0.989. Die Standardabweichung, welche die zukünftige Preisvolatilität ausdrückt, muss für die Anwendung der Black-Scholes-Formel hergeleitet werden. Unter der Bedingung, dass historische Preisdaten zur

Bestimmung zukünftiger Preisvariationen herangezogen werden können, lässt sich die Standardabweichung wie folgt berechnen.

Das Black-Scholes-Modell basiert auf der Annahme, dass der Preis des Basiswertes lognormal verteilt ist. Die Bildung der Quotienten erfolgt beispielsweise durch Division des Preises des 2. Tages durch denjenigen des 1. Tages und des Preises des Tages 3 durch den des Tages 2. Wird danach der natürliche Logarithmus dieser Quotienten berechnet, sind diese Werte lognormal verteilt. Sie dienen wiederum zur Bestimmung der Standardabweichung, welche als Volatilitätsmass des Basiswertes gilt.

4.4 Tabelle
Berechnungsgrundlage der Standardabweichung

Tägliche Preise in Fr. P_a	Quotient $K_{(i)} = P_{a(i)}/P_{a(i-1)}$	Natürlicher Logarithmus der Quotienten $\ln K_{(i)}$	Abweichung Mittelwert $\ln K_{(i)} - \mu$	Quadrierte Abweichung Mittelwert $(\ln K_{(i)} - \mu)^2$
2 000				
2 100	1.05000	0.04879	0.04050	0.00164
2 100	1.00000	0.00000	−0.00829	0.00007
2 200	1.04762	0.04652	0.03823	0.00146
2 400	1.09091	0.08701	0.07872	0.00620
2 300	0.95833	−0.04256	−0.05085	0.00258
2 200	0.95652	0.04445	−0.05274	0.00278
2 100	0.95455	−0.04652	−0.05481	0.00300
−				
−				
2 000	1.05263	0.05129	0.04300	0.00185
Anzahl 100 Stück	Anzahl 99 Stück	Summe 0.15756		Summe 0.02135

Obwohl diese Berechnungsmethode relativ kompliziert erscheint, haben sich deren Ergebnisse in der Realität weitgehend bestätigt. Tabelle 4.4 erläutert anhand obigen Beispiels die Ermittlung der Standardabweichung. Die Formel zur Berechnung der Standardabweichung lautet folgendermassen:

$$\sigma = \sqrt{\frac{\sum_{i=1}^{n}(\ln K_i - \mu)^2}{n - 1}}$$

σ = Periodenstandardabweichung

n = Anzahl Quotienten (Anzahl Kurse −1)

$\ln K_i$ = logarithmierte Quotienten

μ = Durchschnitt der Quotienten ($\ln K_i$)

109

Der Durchschnittswert der Quotienten nach logarithmischer Umwandlung, μ, beträgt 0.15756/19 = 0.00829. Daraus können die Abweichungen einzelner Quotienten vom Durchschnittswert und weiter deren quadrierte Werte errechnet werden. Die Summe der quadrierten Abweichungen ergibt 0.02135. Das Einsetzen der Werte in die Formel der Standardabweichung ergibt:

$$\sigma_T = \sqrt{\frac{0.02135}{99 - 1}} = 0.01476$$

σ_T = Tagesstandardabweichung

Die Standardabweichung muss das gleiche Zeitmass aufweisen wie das in der Black-Scholes-Formel verwendete Mass t, weshalb eine Angleichung des obigen Wertes notwendig ist. Die berechnete Standardabweichung bezieht sich auf die täglichen Preise P_a. Die Umrechnung erfolgt durch Multiplikation der erhaltenen Abweichung mit der Quadratwurzel der Anzahl Perioden pro Jahr. Genauigkeitshalber sind nur die effektiven Handelstage pro Jahr zu berücksichtigen. Dies bedeutet, dass von den 365 Tagen eines Jahres sämtliche Samstage, Sonntage und Feiertage subtrahiert werden müssen, welche 30% aller Tage entsprechen. Die Standardabweichung muss deshalb lauten:

$$\sigma = \sqrt{0.7 \times 365} \times 0.01476 = 0.236$$

Da nun alle benötigten Werte für die Black-Scholes-Formel zur Verfügung stehen, können die Teile d_1 und d_2 der Black-Scholes-Formel errechnet werden:

$$d_1 = \frac{\ln(2\,000/(1\,800 \times 0.989))}{0.236 \times \sqrt{0.25}} + \frac{0.236 \times \sqrt{0.25}}{2} = 1.046$$

$$d_2 = \frac{\ln(2\,000/(1\,800 \times 0.989))}{0.236 \times \sqrt{0.25}} - \frac{0.236 \times \sqrt{0.25}}{2} = 0.928$$

Gemäss Tabelle 4.5 ergeben sich folgende Werte für N (d_1) und N (d_2), wobei die exakten Werte durch Interpolation ermittelt werden können:

N(d_1) = 0.8519   N(d_2) = 0.8237

Der theoretische Preis eines Calls (P_C) wird wie folgt berechnet:

$$P_C = P_a \times N(d1) - P_S \times r^{-t} \times N(d_2) = 2\,000 \times 0.8519 - 1\,800 \times 0.989 \times 0.8237$$
$$= 237.4$$

Der Wert eines Puts (P_p) kann unter Verwendung der Call-Put-Parität oder durch Modifikation der Vorzeichen in der Black-Scholes-Formel ermittelt werden.

4.5 Tabelle

Werte von N(d) für ausgewählte Werte von d

d	N(d)	d	N(d)	d	N(d)	d	N(d)
-2.95	0.0016	-1.55	0.0606	-0.15	0.4404	1.25	0.8944
-2.90	0.0019	-1.50	0.0668	-0.10	0.4602	1.30	0.9032
-2.85	0.0022	-1.45	0.0735	-0.05	0.4801	1.35	0.9115
-2.80	0.0026	-1.40	0.0808	0.00	0.5000	1.40	0.9192
-2.75	0.0030	-1.35	0.0885	0.05	0.5199	1.45	0.9265
-2.70	0.0035	-1.30	0.0968	0.10	0.5398	1.50	0.9332
-2.65	0.0040	-1.25	0.1057	0.15	0.5596	1.55	0.9394
-2.60	0.0047	-1.20	0.1151	0.20	0.5793	1.60	0.9452
-2.55	0.0054	-1.15	0.1251	0.25	0.5987	1.65	0.9505
-2.50	0.0062	-1.10	0.1357	0.30	0.6179	1.70	0.9554
-2.45	0.0071	-1.05	0.1469	0.35	0.6368	1.75	0.9599
-2.40	0.0082	-1.00	0.1587	0.40	0.6554	1.80	0.9641
-2.35	0.0094	-0.95	0.1711	0.45	0.6736	1.85	0.9678
-2.30	0.0107	-0.90	0.1841	0.50	0.6915	1.90	0.9713
-2.25	0.0122	-0.85	0.1977	0.55	0.7088	1.95	0.9744
-2.20	0.0139	-0.80	0.2119	0.60	0.7257	2.00	0.9773
-2.15	0.0158	-0.75	0.2266	0.65	0.7422	2.05	0.9798
-2.10	0.0179	-0.70	0.2420	0.70	0.7580	2.10	0.9821
-2.05	0.0202	-0.65	0.2578	0.75	0.7734	2.15	0.9842
-2.00	0.0228	-0.60	0.2743	0.80	0.7881	2.20	0.9861
-1.95	0.0256	-0.55	0.2912	0.85	0.8023	2.25	0.9878
-1.90	0.0287	-0.50	0.3085	0.90	0.8159	2.30	0.9893
-1.85	0.0322	-0.45	0.3264	0.95	0.8289	2.35	0.9906
-1.80	0.0359	-0.40	0.3446	1.00	0.8413	2.40	0.9918
-1.75	0.0401	-0.35	0.3632	1.05	0.8531	2.45	0.9929
-1.70	0.0446	-0.30	0.3821	1.10	0.8643	2.50	0.9938
-1.65	0.0495	-0.25	0.4013	1.15	0.8749	2.55	0.9946
-1.60	0.0548	-0.20	0.4207	1.20	0.8849	2.60	0.9953

Berücksichtigung der Dividendenausschüttung

Der Besitzer einer Option hat in der Regel kein Anrecht auf Dividendenzahlungen, weshalb er nach der Ausschüttung durch die Kurskorrektur der Aktie einen Wertverlust des Calls hinnehmen muss. Ein Put hingegen gewinnt aufgrund des Kursabfalls an Wert.

Die Korrektur für die Ausschüttung findet, falls die Ausschüttung während der Optionslaufzeit erfolgt, durch Subtraktion des Gegenwartswertes vom aktuellen Aktienkurs statt.

Bei jährlichen Dividendenausschüttungen wird die Berechnung des theoretischen Optionspreises derart vorgenommen, dass die Option ohne Dividendenkorrektur mit auf den Ausschüttungstag verkürzter Laufzeit bewertet wird. Verglichen mit dem um die Ausschüttung adjustierten Preis mit ursprünglicher Laufzeit, wird jeweils der höhere Wert verwendet. Der Preis mit verkürzter Laufzeit kann allerdings nur beim Call höher liegen als der um den Dividendenverlust adjustierte Wert, wobei in diesem Fall eine Ausübung erfolgt.

Ist die Höhe der Ausschüttung oder der exakte Zeitpunkt unbekannt, werden die Werte aufgrund von Bilanzprognosen und früheren Ausschüttungen geschätzt.

Implizite Standardabweichung

Im vorhergehenen Abschnitt wurde die Optionspreisbildung mittels der Komponente Standardabweichung dargestellt. Dabei wurde vorausgesetzt, dass der Investor eine Prognose über die Volatilität des Basiswertes bilden kann, was etwa dieselbe Schwierigkeit beinhaltet, wie eine Schätzung der zukünftigen Preisentwicklung. Nun lässt sich aber auch umgekehrt aus dem Marktpreis einer Option die implizite Volatilität ermitteln. Widerspiegelt dieser die effektiven Markterwartungen, kann anhand der Formel die entsprechende Standardabweichung des Basiswertes aufgrund der Preissetzung des Marktes errechnet werden. Die Methode ist weiter verfeinerbar, indem für eine ganze Optionsklasse, d.h. für alle Optionen auf einen Basiswert, die individuelle implizite Standardabweichung berechnet wird. Davon wird auf zwei mögliche Arten das gewogene Mittel errechnet. Ist die Anzahl der umgesetzten Kontrakte bekannt, werden die einzelnen Werte mit dem Umsatz gewichtet. Fehlen diese Daten, erhalten die at-the-money Optionen eine grössere Gewichtung, da im Normalfall at-the-money Optionen einen höheren Umschlagsfaktor aufweisen als out-of-the-money oder in-the-money Optionen.

Sensitivitätsanalyse des Optionspreises

Nebst der stichtagsbezogenen Bestimmung des Fair values kann mit Hilfe des Black-Scholes-Modells die Preisdynamik hinsichtlich zukünftiger Parameterschwankungen analysiert werden. Diese dynamische Risikobewertung benutzt Sensitivitätsmasse, um den kontinuierlichen Parametereinfluss exakt zu bestimmen, welche die Auswirkungen von Variablen unter Beibehalt der übrigen Werte auf den Optionspreis beschreiben. Die Standardbezeichnung dieser partiellen mathematischen Ableitungen der Optionspreisformel erfolgt in griechischen Buchstaben.

Die Sensitivität des Optionspreises auf Preisveränderungen des Basiswertes – Delta

Die Messgrösse Delta, D, zeigt den Zusammenhang zwischen dem Kassakurs des zugrundeliegenden Aktivums und dem Optionspreis auf. Mathematisch betrachtet ist der Deltawert die erste Ableitung der Optionspreisfunktion nach dem Basiswert. In der Black-Scholes-Formel entspricht dies dem Wert $N(d_1)$. Der Preis eines Calls ist bekanntlich mit dem Preis des Basiswertes positiv korreliert, d. h. ein ansteigender Basiskurs bewirkt eine Erhöhung des Call Preises. Sein Deltawert ist daher immer positiv, während das Delta eines Puts mit einem negativen Vorzeichen versehen ist.

Der Deltawert eines Calls kann Werte zwischen 0 und 1 annehmen. Ein Call mit einem Delta von 1 steigt im Wert um 1 Geldeinheit, wenn sich der Aktienkurs um 1 Einheit erhöht und fällt um den selben Betrag bei einem Kursrückgang. Ein Deltawert in der Nähe von 1 bedeutet für einen Call, dass der Strikepreis weit unter dem Tageskurs der Aktie liegt, d. h. der Call beinhaltet einen hohen inneren Wert. Nimmt Delta den Wert 0 an, findet keinerlei Reaktion auf Preisveränderungen des Basiswertes statt. Out-of-the-money Optionen mit kurzen Restlaufzeiten weisen Deltawerte nahe 0 auf, da sie keinen inneren Wert aufweisen. Befindet sich die Call Option at-the-money, bewegt sich der Deltawert um 0.5.

Der Deltawert eines Puts kann zwischen 0 und –1 liegen. Entsprechend dem Call besitzen in-the-money Puts einen hohen und out-of-the money Puts einen geringen Deltawert. At-the-money Puts weisen ein Delta von etwa –0.5 auf.

4.13   Abbildung
Delta im Verhältnis zum Basiswert und zur Restlaufzeit (call)

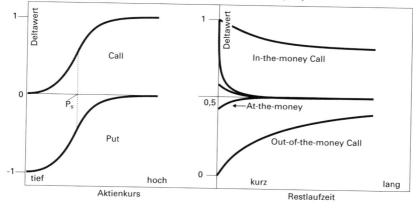

Dass der Deltawert ein umfassendes Risikomass einer Option darstellt, kann am Beispiel eines deltaäquivalenten Portefeuilles veranschaulicht werden. Der Besitz von 20 Call Kontrakten auf je 5 Aktien mit einem Deltawert von 1 weist dasselbe Risiko auf wie der

Besitz von 100 entsprechenden Aktien. Das Schreiben von 40 Putkontrakten auf je 5 Aktien mit einem Deltawert von –0,5 entspricht ebenfalls diesem Risiko (–0,5 x –40 x 5 = 100). Folgende Tabelle zeigt drei verschiedene Portefeuilles mit äquivalentem Risiko, welches jedoch nur für geringe Veränderungen des Basispreises gleich bleibt.

4.6 Tabelle
Deltaäquivalente Portefeuilles

Tageskurs der XYZ-Aktie: Fr. 100	Portefeuille 1	Portefeuille 2	Portefeuille 3
Gewinn/Verlust	Kauf 100 XYZ-Aktien	Kauf 20 Calls auf je 5 XYZ-Aktien Strikepreis Fr. 20 Delta 1.00	Verkauf 40 Puts auf je 5 XYZ-Aktien Strikepreis Fr. 100 Delta –0.50
Wenn die Aktie um Fr. 1 steigt	100 Stück x Fr. 1 = Fr. 100 Gewinn = Fr. 100	100 Stück x Fr. 1 x 1.00 = Fr. 100 Gewinn = Fr. 100	–200 Stück x Fr. 1 x –0.50 = Fr. 100 Gewinn = Fr. 100
Wenn die Aktie um Fr. 1 fällt	100 Stück x Fr. –1 = Fr. –100 Verlust = Fr. 100	100 Stück x Fr. –1 x 1.00 = Fr. –100 Verlust = Fr. 100	–200 Stück x Fr. –1 x –0.50 = Fr. –100 Verlust = Fr. 100

Das totale Risiko eines Optionenportefeuilles wird berechnet, indem für jeden Aktientyp die Deltawerte nach Multiplikation mit der totalen Preisveränderung der zugrundeliegenden Werte (Anzahl Aktien/Optionen x Preisveränderung des Basiswerts x Delta) summiert werden.

Wie in Abbildung 4.13 dargestellt, ist der Deltawert keine Konstante, sondern verändert sich mit der Preisbewegung des Basiswertes und im Laufe der Zeit. Die Charakteristik der Deltaveränderung ist für das Verständnis im Zusammenhang von Optionsrisiken von grosser Bedeutung.

Die Sensitivität des Deltawertes in Abhängigkeit vom Preis des Basiswertes – Gamma

Der Gammawert, G, einer Option misst die Sensitivität des Optionsdeltas bezüglich Preisveränderungen des zugrundeliegenden Basiswertes. Mathematisch betrachtet, ist der Gammawert die zweite Ableitung der Optionspreisfunktion nach dem Preis des Basiswertes, d. h. die Steigungsfunktion des Deltawertes. Das Gamma einer Option nimmt vom Nullpunkt im out-of-the-money Zustand solange exponentiell zu, bis es seinen maximalen Wert im at-the-money Punkt der Option erreicht und danach in Richtung in-the-money wieder auf Null abfällt. Der Gammawert eines Calls und eines Puts kann folglich

114

Werte grösser oder gleich Null annehmen. Letzteres ist dann der Fall, wenn der Deltawert einer Option bei einer Preisänderung des Basiswertes keinerlei Veränderung erfährt. Sowohl Call als auch Put Optionen befinden sich bei einem Gammawert von Null stark in- oder out-of-the-money.

4.14   Abbildung
Gamma im Verhältnis zum Basiswert und zur Restlaufzeit

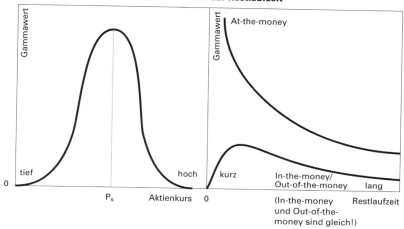

Während Delta lediglich die momentane Risikoneutralität zu zeigen vermag, kann durch Gamma die Veränderbarkeit der Risikoneigung berechnet werden und es kann bestimmt werden, ob Veränderungen in der Absicherung stattfinden müssen. Dabei spielen die Überwachungs- und Transaktionskosten für die Portefeuilleumschichtung eine wichtige Rolle. Im Kapitel Hedging wird Gamma als Mass des Hedgerisikos näher erläutert.

Allgemein kann gesagt werden, dass hohe Gammawerte für Marktteilnehmer problematisch sind, die konstante Deltawerte suchen. Sie führen beispielsweise für Optionsschreiber zu hohen Risiken, da bereits geringe Preisbewegungen im Basiswert den Deltawert beachtlich verändern können. Gerät beispielsweise eine Option über die Zeit in-the-money, erfährt sie aufgrund eines rasch ansteigenden Deltas eine sehr viel stärkere Preisveränderung als eine Option mit kleinerem Gammawert. Andererseits können gerade hohe Gammawerte für Optionskäufer sehr attraktiv sein.

Die Variation des Optionspreises
bei sich verändernder Laufzeit – Theta

Theta, Q, oder auch Time-Delta genannt, erklärt die prozentuale Veränderung des Optionspreises in Bezug zur abnehmenden Restlaufzeit und ist somit die erste partielle Ableitung des Optionspreises nach der Restlaufzeit. Eine Verkürzung der Laufzeit, unter Voraussetzung der Konstanz aller übrigen Faktoren, führt zu einer Reduktion des Optionspreises. Der Thetawert ist normalerweise negativ, da eine Laufzeitverkürzung einen Wertabschlag bewirkt. Abbildung 4.15 zeigt die verschiedenen Theta-Kurven, wenn sich Optionen in-the-money,

4.15   Abbildung
Theta als Reagibilitätsmass des Optionspreises auf die Laufzeit

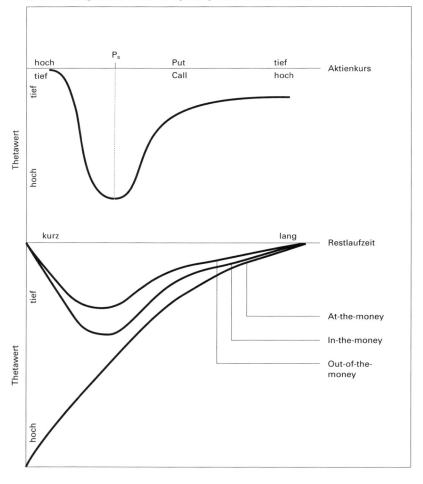

at-the-money oder out-of-the-money befinden. Mit näherrückendem Verfalltag nimmt der Zeitwert der Option überproportional ab.

Die Sensitivität des Optionspreises in Abhängigkeit von der Standardabweichung (Volatilität) – Vega

Verschiedene Optionen reagieren, sowohl prozentual als auch absolut, mit unterschiedlicher Empfindlichkeit auf Veränderungen der Standardabweichung (Volatilität der Aktie). Vega, auch Kappa genannt, zeigt an, um wieviel sich der Optionswert bei Veränderung der impliziten Volatilität erhöht bzw. reduziert. Ein hoher Vegawert bedeutet eine hohe Optionspreisabhängigkeit von der Standardabweichung des Basiswertes. Für einen Investor, der eine Optionsposition in der Hoffnung eingeht, dass sich die zukünftige Volatilität des zugrundeliegenden Basiswertes ändern wird, ist die Kenntnis des Vegawertes einer Option von Vorteil. Vega hat stets einen positiven Wert und verhält sich wie in Abbildung 4.16 dargestellt. Die Volatilität bestimmt den Zeitwert einer Option massgeblich. Da der Zeitwert um den Ausübungspreis am höchsten ist, ist auch das Vega als Mass der absoluten Preisänderung einer Option dort am grössten.

4.16 Abbildung
Vega als Reagibilitätsmass des Optionspreises auf die Volatilität

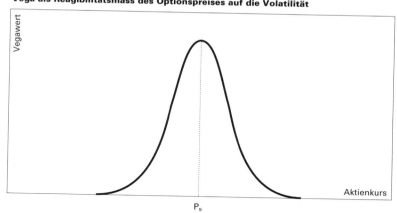

Die Sensitivität des Optionspreises in Abhängigkeit vom risikofreien Zinssatz – Rho

Wie bereits erwähnt, beeinflusst der risikofreie Zinssatz den Optionspreis. Höhere Zinsen sind wegen der Opportunitätskosten des Verkäufers positiv mit dem Preis eines Calls korreliert, mit Put Optionen hingegen negativ. Rho, R, drückt die Änderungsrate des Optionspreises hinsichtlich des risikofreien Zinssatzes aus. Der Veränderungsef-

117

fekt des Zinssatzes auf den Optionswert nimmt mit längerer Laufzeit für Calls und Puts gleichermassen zu. Da in-the-money Optionen mit einer grossen Wahrscheinlichkeit zu einer Ausübung führen, spielt der abdiskontierte Verfallswert und somit das Rho bei Optionen mit innerem Wert eine wichtige Rolle.

Der Leverage von Optionen

Eine weitere im Zusammenhang mit der Optionsbewertung verbreitete Kennzahl ist der Leverage Faktor, auch Gearing genannt. Der Leverage oder Hebel einer Option beschreibt, wie der Deltawert, die Veränderung des Optionspreises bei einer Bewegung des Basiswertkurses. Im Gegensatz zum Delta stellt der Leverage jedoch die prozentuale Kursänderung der Option derjenigen des Basiswertes gegenüber und nicht die absolute. Diese Elastizität (Omega) ist allerdings nur im nachhinein bestimmbar, weshalb auf Schätzungen des Leverages mit dem sogenannten Leverage Faktor zurückgegriffen werden muss. Der Leverage Faktor drückt im Grunde das Vielfache des Gewinnpotentials des Basiswertes aus, an welchem der Optionsinhaber mit dem gleichen Kapitaleinsatz teilnehmen könnte und spiegelt somit die Attraktivität aber auch das Risiko einer Option wieder. Die Berechnung des Leverage Faktors erfolgt folgendermassen:

$$\text{Leverage Faktor} = \frac{\text{Aktienkurs}}{\text{Optionspreis}} \text{ x Deltawert}$$

Es ist zu beachten, dass der im Laufe der Zeit abnehmende Zeitwert der Option das Ergebnis beeinflusst, weshalb Kontrakte mit kurzer Restlaufzeit einen verhältnismässig höheren Leverage Faktor aufweisen als länger laufende. Durch die Multiplikation mit dem Deltawert der Option wird dem unterschiedlichen Kursverhalten der relativ günstigen out-of-the-money und der relativ teuren in-the-money Optionen Rechnung getragen. Es ist zu beachten, dass der Leveragefaktor immer eine Momentaufnahme ist. Er verändert sich mit jeder Änderung des Basiswertpreises oder eines anderen Bewertungsfaktors. Er ist um den Ausübungspreis am höchsten. Eine andere, viel einfachere Methode, den Hebeleffekt zu berechnen, stellt nämlich die folgende Formel dar.

$$\text{Leverage Faktor} = \frac{\text{Aktienkurs}}{\text{Optionspreis}} = \text{Gearing}$$

Diese Berechnungsart wird auch Gearing genannt und ist insofern ungenau, als sie out-of-the-money Optionen einen höheren Gearingfaktor als in der Realität vorhanden zukommen lässt.

Grenzen des Black-Scholes-Modells und weitere Optionspreismodelle

Seit der grundlegenden Arbeit von Black und Scholes sind einige Weiterentwicklungen entstanden, welche hauptsächlich durch die relativ einschränkenden Voraussetzungen des Black-Scholes-Modells motiviert waren.

Besonders die Annahmen eines fixen risikolosen Zinssatzes, einer fixen Volatilität und einer Lognormalverteilung des Basispreises können empirisch leicht in Frage gestellt werden.

Die Verteilung des Basiswertes weist oft starke Abweichungen von der Lognormalverteilung auf, welche zu Überbewertung respektive Unterbewertung von Optionen führt. Hier kann man vier Fälle unterscheiden, welche in der folgenden Abbildung illustriert werden.

Die Abweichungen von der Lognormalverteilung haben verschiedene Ursachen: Zum einen kann ein Aktienkurs nie tiefer als Null fallen, was prinzipiell eine einseitige Verteilung zur Folge hat. Zum anderen bewirken beispielsweise die allgemeine Teuerung, sporadische Dividendenabgänge oder Kapitalrückzahlungen immer wieder Abweichungen. Die Wahl des Beobachtungszeitraumes spielt dabei eine wichtige Rolle.

Es wurden Modelle entwickelt, welche diese Verteilungseigenschaften berücksichtigen und so zu theoretisch exakteren Preisen führen (Compound Option Model, Jump Diffusion Model etc.)

Ein weiterer Kritikpunkt an der Black-Scholes-Modellierung ist die Annahme einer konstanten Volatilität. Da diese nicht beobachtbar ist, berechnet man sie aufgrund historischer Daten oder als implizite Volatilität, wie bereits vorher beschrieben. Hull und White schlagen ein Modell vor, welches eine zufällige Volatilität über die Laufzeit der Option zulässt. Eine exakte Formel für Optionspreise ist nicht bestimmbar, mit Hilfe der Monte-Carlo Simulationsmethode können jedoch Preise berechnet werden. In der Praxis benutzt man die sogenannte Volatilitätsmatrix, welche implizite Volatilitäten für verschiedene Restlaufzeiten und verschiedene Strikes enthält. Bei der täglichen Bewertung von Optionenserien benutzt man nun diese Volatilitäten, obwohl das Modell eine feste Volatilität vorschreibt. Die dadurch entstehende Inkonsistenz ist jedoch weniger kritisch als die Preisunterschiede, die sich bei korrekter Anwendung der Black-Scholes Formel im Vergleich zu den tatsächlichen Marktpreisen ergeben.

Die wichtigste Einschränkung des Black-Scholes-Modells ist die Annahme eines einzigen konstanten risikolosen Zinssatzes. Dies eignet sich offensichtlich nicht für die Bewertung von Zinsderivaten, da das Basisinstrument zinsabhängig ist. Dazu kommt, dass das Basisinstrument nicht nur von einer Variablen abhängt, sondern von der

**Auswirkungen von Abweichungen
von der Lognormalverteilung auf den Optionspreis**

.... Lognormalverteilung

──────── Tatsächliche Verteilung

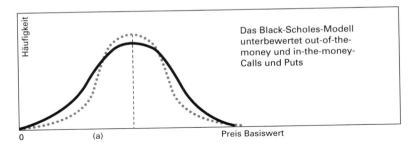

Das Black-Scholes-Modell
unterbewertet out-of-the-
money und in-the-money-
Calls und Puts

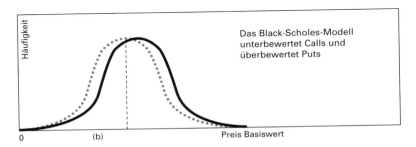

Das Black-Scholes-Modell
unterbewertet Calls und
überbewertet Puts

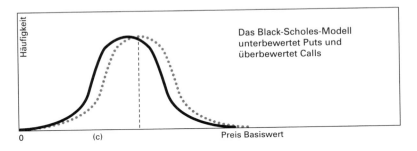

Das Black-Scholes-Modell
unterbewertet Puts und
überbewertet Calls

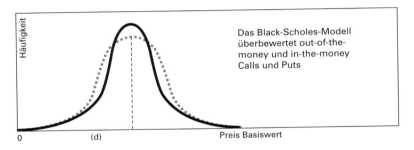

Das Black-Scholes-Modell
überbewertet out-of-the-
money und in-the-money
Calls und Puts

gesamten Zinsstruktur. Dies hat zur Entwicklung der Zinsstrukturmodelle geführt, welchen völlig andere Überlegungen zugrunde liegen als dies beim Black-Scholes-Modell der Fall ist. Man unterscheidet zwischen Modellen, welche die Veränderung der Zinsstruktur mit einer Variablen erklären (Vasicek, Cox-Ingersoll-Ross) und solchen, die mehrere Variablen benutzen. (Hull-White, Heath-Jarrow-Morton). Für einige Optionstypen können exakte Preisformeln hergeleitet werden, ansonsten müssen numerische Verfahren oder Simulationstechniken herangezogen werden.

Die hier angedeuteten Modelle (abgesehen von den Zinsstrukturmodellen) führen zu Preisunterschieden im Vergleich zur Black-Scholes-Modellierung. Diese sind jedoch wesentlich kleiner als die Abweichungen, welche durch Transaktionskosten entstehen. Heute wird intensiv an Modellen gearbeitet, welche Transaktionskosten berücksichtigen. Bis auf weiteres wird jedoch die Black-Scholes-Methode als Standard gelten.

Im Gegensatz zu den oben beschriebenen Ansätzen werden Zinsstrukturmodelle in Investmentbanken und Brokerhäusern zur Bewertung von Zinsderivativa herangezogen, da sie zu signifikanten Verbesserungen gegenüber dem Black-Scholes-Modell führen.

Zusammenfassung

Verschiedene Faktoren wie der Preis des Basiswertes, der Strikepreis, die Volatilität des Basiswertes, die Laufzeit der Option und der risikofreie Zinssatz beeinflussen den Optionspreis. Bewertungsmodelle sind im Optionenhandel von grösster Bedeutung. Als Grundlage zur Herleitung des theoretischen Optionspreises kann die risikofreie Portefeuilletechnik verwendet werden. Allen Optionsbewertungsmodellen liegt das Prinzip der Arbitragefreiheit zugrunde. Stimmen die beschriebenen Preisrelationen im Markt nicht überein, werden solange risikofreie Portefeuilles konstruiert, bis die Arbitragetätigkeit den Gleichgewichtspreis wieder hergestellt hat.

Für die theoretische Bewertung von Calls und Puts genügt die Berechnung eines der beiden Preise. Die Call-Put-Parität erlaubt die Replikation eines Optionstyps durch ein Portefeuille. Der andere Optionstyp kann daraus einfach hergeleitet werden. Diese Beziehung bildet die Grundlage für die meisten Optionspreismodelle.

Die Binominalverteilungsmethode, eine numerische Methode zur Berechnung des theoretischen Optionspreises, geht davon aus, dass ein Basiswert in einem Zeitabschnitt genau zwei Werte annehmen kann. Die Erweiterung des Modells durch die Verkürzung der Perioden kann Kursentwicklungen mit hoher Präzision beschreiben und ermöglicht nahezu exakte Resultate insbesondere dort, wo analytische

Modelle überfordert sind. Da die Methode jedoch mehr Datenkapazität und Programmieraufwand verlangt, wird sie weniger häufig verwendet.

Die analytische Bewertungsformel von Black/Scholes stellt die am häufigsten angewandte Methode zur Optionspreisbewertung dar. Sie wurde ursprünglich zur Preisbestimmung europäischer Aktienoptionen ohne Berücksichtigung von Dividenden entwickelt. Durch Modifikation kann sie jedoch approximativ für jegliche Arten von Optionen verwendet werden.

Die Sensitivität des Optionspreises bezüglich verschiedener Einflussfaktoren kann anhand der Black-Scholes-Formel analysiert werden. Die Ableitungen des Optionspreises nach dem Aktienkurs, dessen Preisveränderung, der Volatilität, der Laufzeit und dem risikofreien Zinssatz werden durch Delta, Gamma, Vega, Theta und Rho ausgedrückt. Der Leverage drückt aus, um wieviel sich der Optionspreis prozentual stärker bewegt als der Kurs des Basiswertes und gilt als Mass für das Gewinn- und Verlustpotential einer Option.

Schliesslich bleibt festzuhalten, dass jede Modellbewertung nur so genau sein kann wie die eingegebenen Faktordaten. Speziell die für die Preisbildung wichtige Volatilitätsannahme ist eine latente Fehlerquelle, aber auch die Zinsannahme und die Dividendenschätzungen verursachen oft genug Abweichungen.

Arbitrage

Eine Möglichkeit der Analyse des Marktes für Derivate besteht darin, die Bedürfnisse der Marktteilnehmer zu bestimmen, und zu eruieren, wie diese zufriedengestellt werden können. Es werden drei Arten von Marktteilnehmern unterschieden: der Arbitrageur, der Hedger und der Trader.

5.1   Abbildung
Die Marktteilnehmer

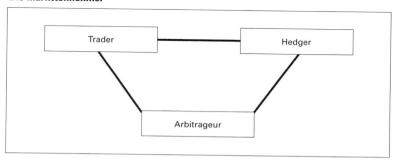

Während alle drei Parteien denselben Preisschwankungen ausgesetzt sind, haben sie unterschiedliche Interessen und Perspektiven und setzen dementsprechend andere Strategien zur Zielerreichung ein. Der Hedger beschäftigt sich mit der Absicherung von Preisschwankungen und der Trader versucht, aus den ständigen Kursbewegungen am Markt Profite zu erwirtschaften.

DER ARBITRAGEUR

Der Arbitrageur bemüht sich, Kursunterschiede des gleichen Basiswertes an einem oder auch unterschiedlichen Handelsplätzen auszunützen und damit risikolose Gewinne zu erzielen. Kursunterschiede oder auch Differenzen zwischen effektivem Wert und Marktpreis desselben Basiswertes sind nur in unvollkommenen Märkten zu finden, da sie dem Arbitrageur für seine Investitionen eine höhere Rendite als den risikofreien Zinssatz ermöglichen. Der Arbitrageur erfüllt eine wichtige Funktion, indem er durch seine Aktivitäten solange Gewinnmöglichkeiten nutzt, bis die Preisunterschiede gleichwertiger Objekte beseitigt sind und ein adäquates Preisbild entsteht. Da gut funktionierende Märkte die Tendenz haben, Ungleichgewichte auszugleichen, und nur relativ kleine Preisabweichungen zuzulassen, sind die potentiellen Gewinne eines Arbitrageurs im Verhältnis zum eingesetzten Handelsvolumen meist gering. Deshalb bilden niedrige Transaktionskosten und ein hohes Transaktionsvolumen die Voraussetzungen für den erfolgreichen Arbitragehandel. Diese Vorteile stehen fast ausschliesslich Market Makern offen, da sie tiefere Börsengebühren zu entrichten haben und direkt am Markt Positionen eingehen können.

DAS ARBITRAGEGESCHÄFT

Unter dem Begriff Arbitrage wird eine Strategie verstanden, deren Rendite trotz risikoloser Transaktionen über dem risikofreien Zinssatz liegt. Der gleichzeitige Kauf und Verkauf des gleichen Basiswertes zu unterschiedlichen Preisen beinhaltet ausserhalb des Erfüllungsrisikos keinerlei Risiken, hat aber einen Ertrag in der Höhe der Kursdifferenz zur Folge.

5.2   Abbildung
Arbitrage

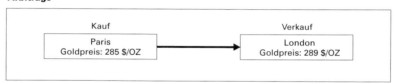

Wie bereits im Kapitel Theoretische Bewertung gezeigt, kann das gleiche Profil von Rechten und Pflichten wie auch ein identischer Cash-flow von Wertpapieren synthetisch nachgebildet werden. Dadurch sind Differenzen zwischen Marktpreis des Titels und Wert der synthetischen Position möglich, welche Arbitragegeschäfte erlauben. Solche Replikationen können mit Hilfe derivativer Finanzinstrumente erzeugt werden. In den folgenden Ausführungen werden Dividenden, Zinsen, Transaktionskosten und Risiken der Erfüllung vorerst vernachlässigt. Diese Faktoren können jedoch entscheidend für die Durchführung einer risikolosen Arbitrage sein und werden deshalb nachfolgend erläutert.

Replikation eines Basiswertes
Der gleichzeitige Kauf eines Calls und Verkauf eines Puts entspricht dem Kauf des zugrundeliegenden Basiswertes. Dies lässt sich dadurch erklären, dass der Kauf des Calls, wie beim Kauf der Aktie, einen Gewinn bei steigenden Aktienkursen einbringt, da er dem Besit-

zer das Recht einräumt, die Aktie zu einem bestimmten Kurs zu kaufen. Das Verlustrisiko eines Calls ist dabei, wie beim Kauf eines Puts, auf die Höhe der Optionsprämie beschränkt. Das Schreiben eines Puts führt hingegen beim Kurszerfall der Aktie zu einem Verlust, da der Käufer des Puts zu einer jederzeitigen Andienung des Titels zum festgelegten Ausübungspreis berechtigt ist. Das Verlustrisiko entspricht maximal dem Ausübungspreis minus einkassierte Prämie, nämlich dann, wenn der Basiswert zum Nonvalenz wird.

5.3   Abbildung
Synthetischer Kauf des Basiswertes

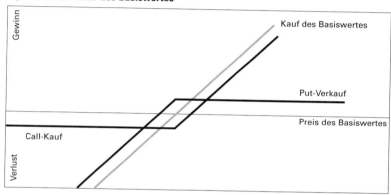

5.4   Abbildung
Synthetischer Leerverkauf des Basiswertes

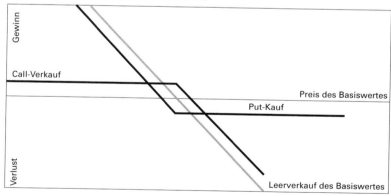

Auf die gleiche Weise kann der Leerverkauf eines Basiswertes, d.h. der Verkauf ohne dessen Besitz, durch den Erwerb eines Puts und den Verkauf eines entsprechenden Calls synthetisch repliziert werden. Mit fallendem Kurs des zugrundeliegenden Basiswertes steigt der Wert des Puts, während das Schreiben des Calls bei steigenden Aktienkursen einen theoretisch unbegrenzten Verlust mit sich bringen kann.

Vereinfacht kann gesagt werden, dass der Call die Charakteristika eines Basiswertkaufs, der Put diejenigen eines Verkaufs des Basiswertes aufweist, letzterer allerdings ohne das unlimitierte Verlustrisiko des Basiswertverkaufs. Das Schreiben von Optionen beinhaltet hingegen nur ein begrenztes Gewinnpotential in Höhe der Optionsprämie, verkörpert jedoch ein hohes Verlustrisiko.

Replikation von Optionen

Entsprechend der Bildung synthetischer Aktienpositionen mit Optionen können Portefeuilles geschaffen werden, deren Wert sich während einer gewissen Zeitspanne identisch zu demjenigen von Optionen verhält.

Die Charakteristika eines Calls können durch die Kombination des Kaufs eines Basiswertes und eines entsprechenden Puts generiert werden. Der Basiswert erfährt bei einer Kurssteigerung eine ebenso hohe absolute Gewinnsteigerung wie der darauf lautende Call. Der Put garantiert einen Mindestpreis für den Verkauf des Basiswertes in der Höhe des Strikepreises. Eine Basiswert-Put-Kombination beinhaltet somit analog zum Call einerseits unbegrenzte Gewinnchancen bei Anstieg des Basiswertes und andererseits einen Schutz gegen dessen Preiszerfall.

5.5   Abbildung
Synthetischer Kauf des Calls

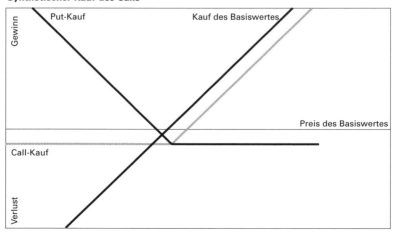

126

Die Eigenschaften eines geschriebenen Calls können auf die gleiche Weise durch den Leerverkauf des Basiswertes und den Verkauf eines Puts repliziert werden. Bei einem Kursanstieg des Basistitels bedeutet der Leerverkauf stets einen Verlust. Der geschriebene Put verfällt wertlos und die dafür erhaltene Prämie entspricht derjenigen eines geschriebenen Calls; dies bei Berücksichtigung der damit verbundenen Zinserträge bzw. Zinskosten. Die Kombination mit dem Leerverkauf verursacht jedoch mit steigendem Basiswert einen unbegrenzten Verlust, entsprechend demjenigen eines geschriebenen Calls.

5.6   Abbildung
Synthetisch geschriebener Call (Call-Verkauf)

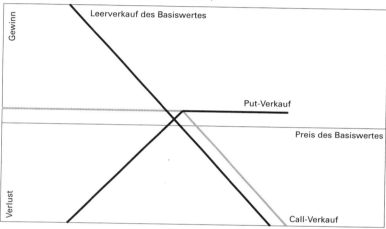

5.7   Abbildung
Synthetischer Kauf des Puts

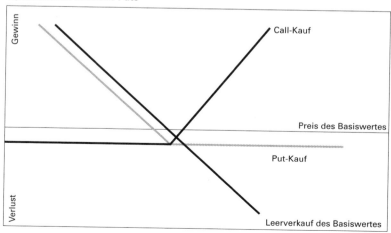

Die Eigenschaften eines Puts gleichen einer synthetischen Position bestehend aus dem Leerverkauf eines Basiswertes und dem Kauf eines Calls. Der Kauf eines Puts führt bei sinkenden Basiswertkursen, gleich wie der Leerverkauf des Basiswertes, zu einem Gewinn. Steigende Börsenkurse haben einen Verlust des Leerverkaufs und einen gleichzeitigen Gewinn aus dem Call Kauf zur Folge, was einem Nettoverlust in der Höhe der bezahlten Optionsprämie am Verfalltag gleichkommt.

Der geschriebene Put entspricht analog zum Call der inversen Transaktion des synthetischen Put Kaufs. Er setzt sich aus dem Kauf eines Basiswertes und dem Verkauf eines Calls zusammen und bedeutet für den Verkäufer bei einem Preiszerfall des Basistitels den gleichen Verlust wie für den Verkäufer eines Puts. Das Portefeuille behält jedoch bei steigenden Kursen seinen Wert in der Höhe der erhaltenen Prämie bei.

5.8   Abbildung
Synthetisch geschriebener Put (Put-Verkauf)

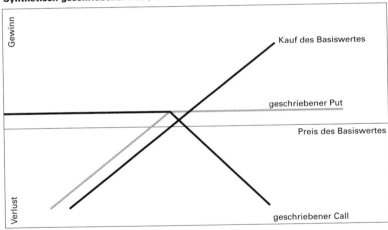

Zusammenfassend gilt:

Kauf des Basiswertes	= Kauf eines Calls und Schreiben eines Puts
Leerverkauf des Basiswertes	= Schreiben eines Calls und Kauf eines Puts
Kauf eines Calls	= Kauf des Basiswertes und eines Puts

128

Geschriebener Call	=	Leerverkauf des Basiswertes und Schreiben eines Puts
Kauf eines Puts	=	Leerverkauf des Basiswertes und Kauf eines Calls
Geschriebener Put	=	Kauf des Basiswertes und Schreiben eines Calls

oder die beliebige Umformung der Gleichung:

$A \equiv C - P$
A = Basiswert, C = Call, P = Put

Diese Formel gilt allerdings nur für das Gewinn-/Verlustverhalten am Verfall eines Instrumentes. Für die genauen Berechnungen über die Zeit muss die Zinskomponente berücksichtigt werden.

Conversion – Teure Calls und billige Puts

Wie oben dargestellt, entspricht ein Call dem Kauf des Basistitels in Kombination mit einer Put Langposition. Wenn nun ein Call zu einem höheren Preis verkauft werden kann als der Kaufpreis für das Portefeuille bestehend aus Basiswert und Put beträgt, kann ein von

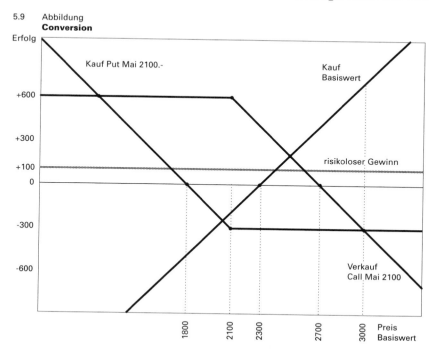

5.9 Abbildung
Conversion

129

der Kursentwicklung des Basiswertes unabhängiger risikofreier Gewinn erzielt werden.

Angenommen, ein Call mit einem Strikepreis von Fr. 2100 kann zu einem Preis von Fr. 600 verkauft werden. Ist es gleichzeitig möglich, einen Put mit gleichem Verfalldatum und Strikepreis für Fr. 300 und den Basistitel für Fr. 2300 zu erwerben, kann in Zukunft ein risikofreier Gewinn von Fr. 100 erzielt werden. Übersteigt der Marktpreis des Basiswertes bis zum Optionsverfalltag Fr. 2100, wird der geschriebene Call vom Käufer ausgeübt und der Basistitel muss geliefert werden. Fällt der Kurs des Basiswertes jedoch unter Fr. 2100, kann der Put ausgeübt und der Verkauf zu Fr. 2100 erzwungen werden. In beiden Fällen wird der Basiswert zu Fr. 2100 abgestossen und es verbleibt eine wertlose Option. Somit stellt die Differenz zwischen dem Call Verkauf zu Fr. 600 und dem Put Kauf zu Fr. 300 einen Erlös von Fr. 300 dar. Der Einfluss von Zinsaufwand und Ausschüttungen auf das Ergebnis dieser Berechnung wird später in diesem Kapitel erläutert. Wie nachfolgend auch gezeigt wird, müssen die Strikepreise der Optionen nicht übereinstimmen, damit relativ überbewertete Calls und unterbewertete Puts für Gewinne genutzt werden können.

5.1   Tabelle
Conversion

Preise in Fr.	Heute	Am Verfalldatum Alternative 1	Am Verfalldatum Alternative 2
Aktienkurs	2300	2500	1800
Call (Ps = 2100)	600	400	0
Put (Ps = 2100)	300	0	300
Arbitrageaktivität:			
Kauf der Aktie	-2300	Der geschriebene Call wird vom Käufer ausgeübt und die Aktie verkauft, was Fr. 2100 (Strikepreis) ergibt.	Der Put wird ausgeübt und die Aktie verkauft, was Fr. 2100 (Strikepreis) ergibt.
Verkauf des Calls	+600		
Kauf des Puts	-300		
Nettoinvestition	-2000	-2000 + 2100 = 100	-2000 + 2100 = 100

In der oben beschriebenen Strategie werden relativ teurere Calls verkauft und billigere Puts gekauft. Da diese Transaktionen mit keinerlei Risiko verbunden sind, werden sie so lange durchgeführt, bis sich am Markt ein Gleichgewicht zwischen den Call und Put Preisen eingestellt hat.

Reversal – Billige Calls und teure Puts

Die entgegengesetzte Arbitragemöglichkeit zur Conversion wird Reversal genannt. Sie basiert auf der Strategie, relativ billige Calls zu erwerben und gleichzeitig ein Portefeuille bestehend aus Basiswerten und relativ teuren Puts zu verkaufen.

Ein Call mit Strikepreis Fr. 3100 wird zum Preis von Fr. 200 gekauft. Gleichzeitig erfolgt der Verkauf eines Puts mit gleichem Verfalltag und Strikepreis zu Fr. 400 zusammen mit einem Leerverkauf des Basiswertes zu Fr. 3100. Der Call und Put garantieren den notwendigen Rückkauf des leerverkauften Basistitels am Ende der Optionslaufzeit und machen die Transaktion risikofrei. Sollte der Preis des Basiswertes unter Fr. 3100 fallen, wird der geschriebene Put vom Käufer ausgeübt, woraus der zwingende Kauf des Basiswertes zu Fr. 3100 folgt. Übersteigt der Kurs des Basistitels die Fr. 3100 Schwelle, wird der Call ausgeübt und der Basistitel zum Preis von Fr. 3100 gekauft.

5.10   Abbildung
Reversal

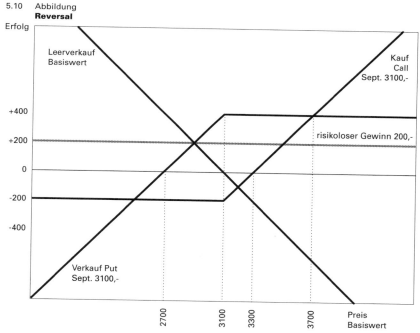

Der Preisunterschied zwischen dem geschriebenen Put und dem gekauften Call ergibt ein risikofreien Gewinn von Fr. 200. Diese Gelegenheit wird solange Arbitrageure mobilisieren, bis das Ungleichgewicht eliminiert ist.

Das folgende Beispiel zeigt ein Reversal, bei dem risikofrei durch den Verkauf einer Aktie zu Fr. 2700 und eines Puts zu Fr. 700 und dem gleichzeitigen Kauf eines Calls zu Fr. 200 ein Gewinn von Fr. 100 erzielt werden kann.

Reversal

Preise in Fr.	Heute	Am Verfalldatum Alternative 1	Am Verfalldatum Alternative 2
Aktienkurs	2 700	3 400	2 700
Call (Ps = 3 100)	200	300	0
Put (Ps = 3 100)	700	0	400
Arbitrageaktivität:			
Verkauf der Aktie	+2 700	Der Call wird ausgeübt, was Fr. 3 100 kostet.	Der geschriebene Put wird vom Käufer ausgeübt, der Kauf der Aktie zum Preis von Fr. 3 100 (Strikepreis) wird nötig.
Kauf des Calls	-200		
Verkauf des Puts	+700		
Nettoerlös	3 200	+3 200 - 3 100 = 100	+3 200 - 3 100 = 100

Zur Feststellung, ob eine Option über- oder unterbewertet ist, kann folgende Formel herangezogen werden:

$$Pc = Pa - Ps + Pp$$

Pc = Call Preis $\qquad$ Pa = Preis des Basiswertes

Pp = Put Preis $\qquad$ Ps = Strikepreis

Ist der Marktpreis eines Calls höher als der theoretische Wert Pc, kann eine Conversion durchgeführt werden, ist er kleiner, lohnt sich ein Reversal.

Ausschüttungseffekt, Kapitaleffekt und Transaktionskosten

In den vorhergehenden Ausführungen wurden weder Dividendenzahlungen noch Zinsen und Transaktionskosten berücksichtigt. Für die erfolgreiche Durchführung einer risikolosen Arbitrage können diese Faktoren jedoch entscheidend sein.

Ausschüttung

Der Aktienbesitzer hat das Anrecht auf Dividendenzahlungen, während der Optionsinhaber die Optionspreiskorrektur aufgrund des gesunkenen Aktienwertes hinnehmen muss. Um ein arbitragefreies Verhältnis zwischen Call und Put beizubehalten, muss deshalb im Falle einer Conversion der Call Preis um den Ausschüttungsbetrag berichtigt werden.

Call Preis = Preis des Basiswertes – Strikepreis + Put Preis – Ausschüttung

Da bei einer Conversion eine Aktie erworben wird, erhält der Investor die Ausschüttung vor dem Verfalltag der Option. Dies senkt den zu fordernden Call Preis, der für die Erzielung eines Gewinns aus der Transaktion notwendig ist.

Bei einem Reversal wird die Aktie leer verkauft und der Arbitrageur ist verpflichtet, die Ausschüttung zu bezahlen. Entsprechend sollte der Preis für den gekauften Call um den Ausschüttungsbetrag tiefer liegen.

Die obige Gleichung gilt für alle Instrumente mit Couponausschüttungen wie beispielsweise Obligationen. Im Rohwaren-, Devisen- und Zinsoptionenmarkt sind Ausschüttungen jedoch irrelevant.

Zinseffekt

Von Bedeutung bei Arbitrage mit synthetischen Positionen sind ebenfalls die anfallenden Zinskosten bzw. -einnahmen. Bei der Conversion wird der Basiswert vom Arbitrageur gekauft und muss finanziert werden, wodurch Nettofinanzierungskosten entstehen.

Beim Reversal wird der Basiswert leer verkauft und setzt beim Arbitrageur Kapital frei, welches zinsbringend angelegt werden kann. Obige Gleichung muss unter Berücksichtigung des Kapitaleffektes wie folgt abgeändert werden:

Call Preis = Preis des Basiswertes – Strikepreis + Put Preis – Ausschüttung + Zinseffekt

Die Formel ist sowohl für Conversions anwendbar, bei welchen Finanzierungskosten entstehen, als auch für Reversals, bei welchen ein Zinseinkommen resultiert. Der Kapitaleffekt erhöht demnach die Call Preise und senkt die Put Preise.

Transaktionskosten

In den bisherigen Ausführungen wurden Transaktionskosten stets vernachlässigt. Sie spielen jedoch besonders bei der Arbitrage eine entscheidende Rolle. Wie bereits angesprochen, besitzen Market Maker und Broker das Privileg tieferer Transaktionskosten, weshalb sie in den Märkten vielfach die einzigen Akteure sind, welche gewinnbringend Arbitragegeschäfte durchführen können.

Werden im Call Preis die Transaktionskosten berücksichtigt, sieht die erweiterte Gleichung folgendermassen aus:

Call Preis = Preis des Basiswertes – Strikepreis + Put Preis – Ausschüttung + Zinseffekt ± Transaktionskosten

Die Conversion bedingt mit steigenden Transaktionskosten einen höheren Call Preis, während bei einem Reversal der Call Preis tiefer zu liegen kommt. Im Gegensatz zu Ausschüttungen und Zinszahlungen verteilen sich die Kosten einer Transaktion nicht symmetrisch, sondern einseitig zum Nachteil des Arbitrageurs. Um die Effizienz eines Marktes zu fördern, ist es deshalb von grösster Wichtigkeit, gewisse Marktteilnehmer mit tiefen Transaktionskosten zu versehen. Sie reduzieren mittels Arbitrage die Spannweite, innerhalb welcher sich die Abweichung der Optionspreise von den Gleichgewichtspreisen bewegt.

Abschliessend ist betreffend Conversion und Reversal zu bemerken, dass die beschriebenen Arbitragezusammenhänge für die Preisfindung am Markt bedeutend wichtiger sind als die im Kapitel Theoretische Bewertung erwähnten Formeln. Die Erkenntnis, dass ein Call anhand des Black-Scholes-Modells theoretisch überbewertet ist, hat wesentlich geringere Bedeutung als dieselbe im realen Markt durch Arbitragekonstruktionen gewonnene Feststellung, da der theoretische Preis auf Annahmen basiert, welche die Marktbedingungen nie vollständig abbilden.

Arbitrage mit Spreads

Ein Spread ist der gleichzeitige Kauf und Verkauf einer Option innerhalb derselben Optionsklasse. Dabei wird differenziert zwischen horizontalen Spreads (Time Spread) mit unterschiedlichen Laufzeiten, vertikalen Spreads (Price Spread) mit ungleichen Ausübungspreisen und diagonalen Spreads, bei welchen sich beide Merkmale unterscheiden. Auf die Besonderheiten von Spreads wird in den Kapiteln Hedging und Trading vertiefter eingegangen.

5.3 Tabelle
Spreadtabelle

Aktienpreis	Januar Optionspreis	Februar Optionspreis
1800	340	340
1900	280	300
2000	120	220
2100	80	110
2200	40	40

Charakteristisch für Spreads ist das reduzierte Risiko und die maximalen Gewinne und Verluste. Wie das nachfolgende Beispiel zeigt, kann ein Arbitrageur bei Preisungleichgewichten durch die Berechnung maximaler zukünftiger Verluste risikolose Gewinnmöglichkeiten berechnen und ausnützen.

Der Aktienkurs einer darauf lautenden Optionsklasse befindet sich bei Fr. 2000, der risikofreie Zinssatz R beträgt 5% und die Restlaufzeit beträgt 1 Jahr. Ein geübter Arbitrageur kann aus obiger Tabelle sofort erkennen, dass die Optionsklasse Preisungleichgewichte aufweist und risikolose Gewinne zu erzielen sind. Wie in folgendem Arbitragetableau gezeigt wird, ist der Preis des Januar 1800 Calls von Fr. 340 im Verhältnis zum Preis des Januar 2000 Calls zu teuer und mittels eines Price Spread (Vertical Spread) ein Arbitragegewinn möglich.

5.4 Tabelle
Arbitragetableau

Arbitrage-portefeuille Aktie	Wert heute 2000	Wert bei Verfall 1800	1900	2000	2100	2200	2300
Short Call (Ps1 = 1800)	340	0	−100	−200	−300	−400	−500
Long Call (Ps2 = 2000)	−120	0	0	0	100	200	300
Prämien-einnahmen	220	220	220	220	220	220	220
Gewinn		220	120	20	20	20	20

Der mit diesem Spread verbundene maximale Verlust beläuft sich auf Fr. 200. Da durch die Transaktion jedoch Fr. 220 eingenommen werden, beträgt der Mindestgewinn Fr. 20 pro Spread. Bei weniger stark ansteigenden Aktienkursen kann sich der Gewinn auf bis zu Fr. 220 erhöhen.

Allgemein kann die Beziehung zwischen zwei Optionspreisen sowohl für Calls als auch für Puts, bei denen keine Arbitragemöglichkeit auftritt, folgendermassen formuliert werden:

$$BW(Ps_2 - Ps_1) > = O(Ps_1) - O(Ps_2) \qquad BW(Ps) = (1 + R)^{-t} \times Ps$$

BW = Barwert, O = Optionspreis, Ps = Strikepreis, t = Laufzeit der Option in Jahren

Dabei ist zu beachten, dass in der obigen Tabelle kein Zinseffekt berücksichtigt wurde, welcher das Resultat noch verbessert hätte. Die eingenommene Prämie kann zinstragend angelegt werden.

Arbitrage mit Butterfly Spreads

Ein Butterfly Spread setzt sich aus vier Optionen mit drei verschiedenen Strikepreisen und gleicher Laufzeit zusammen. Dabei wird jeweils eine Option mit dem tiefsten und eine mit dem höchsten der drei Strikepreise gekauft und zwei Optionen mit dem mittleren

Strikepreis verkauft. Der mittlere Strikepreis muss genau in der Mitte zwischen den anderen Strikepreisen liegen. Diese Strategie erreicht mit geringem finanziellem Einsatz ein höheres Gewinnpotential als das eingegangene Risiko. Butterfly Spreads werden eingehender im Kapitel Trading behandelt. Selbst wenn das Verhältnis zweier Optionpreise obiger Formel genügt, kann einer dieser Optionspreise im Vergleich zu zwei anderen unter- oder überbewertet sein. Der Einsatz eines Butterfly Spread kann in diesem Fall risikolose Arbitragegewinne einbringen. Wiederum soll Tabelle 5.3 als Grundlage für folgendes Beispiel dienen. Der Preis des Februar 2000 Calls von Fr. 220 stellt gegenüber dem Februar 1800 und dem Februar 2200 Call keinen arbitragefreien Preis dar, wie anhand einer Arbitragetabelle bewiesen werden kann.

5.5 Tabelle
Arbitragetableau eines Butterfly Spreads

Strategie portefeuille Aktie	Wert heute 2000	Wert bei Verfall					
		1800	1900	2000	2100	2200	2300
Long Call (Ps1 = 1800)	– 340	0	100	200	300	400	500
2 Short Calls (Ps2 = 2000)	440	0	0	0	– 200	– 400	– 600
Long Call (Ps3 = 2200)	– 40	0	0	0	0	0	100
Prämien- einnahmen	60	60	60	60	60	60	60
Gewinn		60	160	260	160	60	60

Dieser Butterfly Spread enthält nicht nur eine, sondern sogar eine doppelte Arbitragemöglichkeit. Ein Verlustrisiko besteht nicht, während durch die Transaktion ein sicherer Ertrag von Fr. 60 erzielt wird und der potentielle Gewinn je nach Aktienkursentwicklung bis zu Fr. 260 betragen kann. Es werden folglich solange Arbitragetätigkeiten stattfinden, bis der Preis für einen Februar 2000 Call auf mindestens Fr. 190 gesunken ist. Danach ist zwar bei einer Kursentwicklung auf Fr. 2000 immer noch ein Gewinn von Fr. 200 möglich, jedoch nicht mit absoluter Sicherheit, welche die Voraussetzung für die Arbitrage bildet. Allgemein formuliert gilt als Arbitragebedingung:

$$BW(Ps1 + Ps3 - 2Ps2) >= 2O(Ps2) - O(Ps1) - O(Ps3)$$

BW = Barwert, O = Optionspreis, Ps = Strikepreis

Wiederum wurde der Einfachheit halber dem Zinseffekt nicht Rechnung getragen. Dieser hätte das Resultat weiter verbessert.

136

Die Box

Die Conversion und der Reversal sind Arbitragetechniken zwischen Calls und Puts mit demselben Strikepreis und gleichem Basistitel. Wie beim eben beschriebenen Spread kann Arbitrage auch mittels Optionen auf denselben Basiswert aber unterschiedlicher Strikepreise und ohne direkten Einbezug des Basistitels durchgeführt werden. Eine weitere Technik wird als Box bezeichnet und besteht aus dem Kauf und Verkauf von vier Optionen, wobei jeweils zwei Calls und zwei Puts mit zwei verschiedenen Strikepreisen und gleichem Verfalldatum gekauft bzw. verkauft werden. Die Strikepreise für Calls und Puts müssen aber identisch sein. Die Box stellt im Grunde nichts anderes als die Kombination eines Call und eines Put Price Spreads dar.

Die gekaufte Box

Der Kauf der Box wird durch den Erwerb eines Calls mit tiefem Strikepreis und dem Schreiben eines Calls mit hohem Strikepreis erreicht. Gleichzeitig wird ein Put mit höherem Strikepreis erworben und ein Put mit tieferem Strikepreis geschrieben. Beide Transaktionen führen zu Nettoausgaben, da die geschriebenen Optionen billiger sind als die gekauften.

5.11   Abbildung
Kauf einer Box

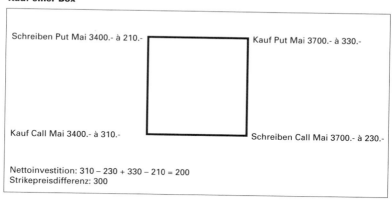

Schreiben Put Mai 3400.- à 210.-   Kauf Put Mai 3700.- à 330.-

Kauf Call Mai 3400.- à 310.-   Schreiben Call Mai 3700.- à 230.-

Nettoinvestition: 310 – 230 + 330 – 210 = 200
Strikepreisdifferenz: 300

Ungeachtet der Kursentwicklung des Basiswertes ermöglichen die vier Optionen am Verfalltermin die Realisierung der Differenz zwischen den Strikepreisen. Übersteigt der Basiswert beide gewählten Strikepreise, werden beide Calls ausgeübt, was bedeutet, dass der Arbitrageur den Basiswert zu einem tieferen Strikepreis erhält, aber durch den geschriebenen Call gezwungen ist, den Basiswert zu einem höheren Strikepreis wieder zu veräussern. Es resultiert ein Nettoertrag in Höhe der Strikepreisdifferenz. Die Puts besitzen aufgrund des zu hohen Basiswertkurses keinen inneren Wert und werden folglich nicht ausgeübt.

5.6   Tabelle
Kauf einer Box mit alternativen Bewertungen am Verfalltermin

Preise in Fr., 5 Aktien pro Optionskontrakt

	Heute	Alternative 1	Alternative 2	Alternative 3
Aktie	3 500	3 100	3 500	3 800
Call Mai 3 400	310	0	100	400
Call Mai 3 700	230	0	0	100
Put Mai 3 700	330	600	200	0
Put Mai 3 400	210	300	0	0
Kauf von 20 Calls Mai 3 400	-31 000			
Verkauf von 20 Calls Mai 3 700	+23 000			
Kauf von 20 Puts Mai 3 700	-33 000			
Verkauf von 20 Puts Mai 3 400	+21 000			
Nettoinvestition	-20 000			
Bewertung bei Verfall:				
Kauf von 20 Calls Mai 3 400			+10 000	+40 000
Verkauf von 20 Calls Mai 3 700				-10 000
Kauf von 20 Puts Mai 3 700		+60 000	+20 000	
Verkauf von 20 Puts Mai 3 400		-30 000		
Nettoeinnahmen (Strikepreisdifferenz)		+30 000	+30 000	+30 000
Nettoinvestition		-20 000	-20 000	-20 000
Resultat (Gewinn)		+10 000	+10 000	+10 000

Sollte hingegen am Verfalltermin der Optionen der Marktpreis des Basiswertes tiefer liegen als die beiden Strikepreise, erfolgt die Ausübung der beiden Puts, während die Calls wertlos verfallen. Dabei kann der Arbitrageur einen Gewinn in Höhe der Differenz zwischen den Put Strikepreisen realisieren.

Sollte am Verfalltermin der Option der Marktpreis zwischen den beiden Strikepreisen liegen, wird der Arbitrageur lediglich die beiden gekauften Optionen ausüben, d. h. der Call mit höherem und der Put mit tieferem Strikepreis verfallen wertlos. Wiederum erhält der Arbitrageur durch Ausübung der Optionen die Differenz zwischen den Strikepreisen. Übertrifft diese Differenz die Nettoausgaben für den Erwerb dieser Optionspositionen, steht die Möglichkeit für eine lohnende Arbitrage offen, wobei sowohl Transaktionskosten wie auch Kapitalbindungskosten zu berücksichtigen sind. Ein positiver Ertrag wird solange zu Arbitragetätigkeiten führen, bis sich die Optionspreise auf einem Gleichgewichtsniveau befinden.

Die verkaufte Box

Wird auf die gleiche Weise eine spiegelbildliche Transaktion durchgeführt und die Box verkauft, entsteht ein Arbitragegewinn, sobald der erzielte Nettobetrag grösser als die Differenz zwischen den Strikepreisen ist. Der Verkauf einer Box besteht im Verkauf eines Calls mit tiefem Strikepreis, dem Kauf eines Calls mit hohem Strikepreis sowie der Veräusserung des Puts mit hohem Strikepreis und dem Erwerb des Puts mit tiefem Strikepreis. Beide Transaktionen eines Optionstyps führen zu Nettoprämieneinnahmen.

5.12   Abbildung
Verkauf einer Box

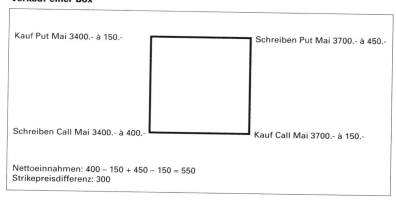

Kauf Put Mai 3400.- à 150.-

Schreiben Put Mai 3700.- à 450.-

Schreiben Call Mai 3400.- à 400.-

Kauf Call Mai 3700.- à 150.-

Nettoeinnahmen: 400 – 150 + 450 – 150 = 550
Strikepreisdifferenz: 300

Unabhängig vom Marktpreis des Basiswertes am Verfalltag der Option wird der Verkäufer der Box die Differenz zwischen den Strikepreisen zu bezahlen haben. Voraussetzung für eine gewinnbringende Arbitrage ist daher, dass die Summe der ursprünglichen Nettoerträge nach Berücksichtigung der Transaktionskosten und des Zinseffektes diese Strikepreisdifferenz übersteigt. Wird die Boxarbitrage mit Optionen amerikanischen Typs durchgeführt, muss zusätzlich das Risiko der vorzeitigen Ausübung einkalkuliert werden.

Tabelle 5.7 veranschaulicht die rechnerischen Zusammenhänge bei der verkauften Box:

5.7 Tabelle
Verkauf einer Box mit alternativen Bewertungen am Verfalltermin

Preise in Fr., 5 Aktien pro Optionskontrakt

	Heute	Alternative 1	Alternative 2	Alternative 3
Aktie	3500	3100	3500	3800
Call Mai 3400	400	0	100	400
Call Mai 3700	150	0	0	100
Put Mai 3700	450	600	200	0
Put Mai 3400	150	300	0	0
Verkauf von 20 Calls Mai 3400	+40000			
Kauf von 20 Calls Mai 3700	−15000			
Verkauf von 20 Puts Mai 3700	+45000			
Kauf von 20 Puts Mai 3400	−15000			
Nettoeinnahmen	+55000			

Bewertung bei Verfall:

		Alternative 1	Alternative 2	Alternative 3
Verkauf von 20 Calls Mai 3400			−10000	−40000
Kauf von 20 Calls Mai 3700				+10000
Verkauf von 20 Puts Mai 3700		−60000	−20000	
Kauf von 20 Puts Mai 3400		+30000		
Nettoinvestition (Strikepreisdifferenz)		−30000	−30000	−30000
Nettoeinnahmen		+55000	+55000	+55000
Resultat (Gewinn)		+25000	+25000	+25000

Einfache Arbitrage

Bei der Mehrheit der offenen Optionspositionen wird die Glattstellung der Ausübung vorgezogen. Da der Zeitwert einer Option mit
näher rückendem Verfalltag kleiner wird, kann in gewissen Fällen
eine Arbitragemöglichkeit vorhanden sein. Bei Calls besteht diese
darin, dass der Marktpreis des Basiswertes die Summe des Strikepreises und des Optionspreises übersteigt. Ein Marktteilnehmer mit
tiefen Transaktionskosten kann derartige Calls erwerben, ausüben
und gleichzeitig den erworbenen Basiswert am Markt wieder veräussern, womit er einen risikolosen Gewinn erzielt. Es ist zu beachten,
dass Arbitragegeschäfte mit gewissen Basiswerten selbst für Market
Maker kaum risikolos durchführbar sind. Bei Indexoptionen ist die
konkrete Nachbildung des Index nur sehr schwer möglich und aufgrund der grossen Zahl von Titeln mit hohen Transaktionskosten verbunden.

Einfache Call Arbitrage

Preise in Fr.

Annahmen:	
Aktienkurs	2 600
Call Strikepreis 2 100	400

Arbitrageaktivität (10 Aktien = 2 Kontrakte):	
Kauf der Calls	−4 000
Ausüben des Calls	−21 000
Verkauf der Aktien	+26 000
Resultat	+1 000

Dementsprechend kann Arbitrage durchgeführt werden, wenn ein Put zu einem günstigeren Preis erworben werden kann als die Differenz zwischen Ausübungs- und Marktpreis des Basiswertes. Der Arbitrageur kann in diesem Fall den Basistitel zusammen mit dem Put erwerben, diesen gleichzeitig ausüben und für den Basiswert den Strikepreis einlösen, womit er einen Gewinn erzielt. Da die einfache Arbitrage unmittelbar ausgeführt werden kann, entsteht kein eigentlicher Investitionsbedarf und die Kapitalbindungskosten entfallen. Von grosser Bedeutung sind hingegen die Transaktionskosten, welche die einfache Arbitrage rasch unrentabel werden lassen.

5.9   Tabelle
Einfache Put Arbitrage

Preise in Fr.

Annahmen:	
Aktienkurs	1 700
Put Strikepreis 2 100	300

Arbitrageaktivität (10 Aktien = 2 Kontrakte):	
Kauf der Aktien	−17 000
Kauf der Puts	−3 000
Ausüben der Puts	+21 000
Resultat	+1 000

Cash-and-carry-Arbitrage

Entsprechend der einfachen Arbitrage bei Optionen ist auch bei Futures die Nutzung von Preisungleichgewichten zwischen Derivat und Basiswert möglich. Liegt ein Future Preis verglichen mit dem entsprechenden Basiswert über seinem Fair value, so kann der relativ billigere Basiswert erworben werden und gleichzeitig ein Future Kontrakt verkauft werden. Diese Strategie wird als Cash-and-carry Arbitrage bezeichnet. Umgekehrt kann das Preisungleichgewicht zwischen einem relativ billigeren Future und dem Basiswert durch die Reverse-cash-and-carry Arbitrage für risikolose Gewinne genutzt werden. Dabei wird ein Future Kontrakt erworben, womit der künftige Kaufpreis des Basiswertes festgelegt ist, und gleichzeitig der Basiswert leer verkauft.

Bei der Cash-and-carry Arbitrage ist zu beachten, dass im Gegensatz zur einfachen Arbitrage mit Optionen Kapitalbindungskosten entstehen, da der Basiswert bis zum Verfall des Futures gehalten werden muss. Deutlicher wird dies, wenn die Strategie ohne Eigenmittel durchgeführt wird und der Kauf des Basiswertes durch einen Kredit finanziert wird. Bei der Reverse-cash-and-carry Arbitrage müssen für eine perfekte Arbitrage die aus dem Leerverkauf des Basiswertes erhaltenen Mittel zum risikofreien Zinssatz angelegt und die Kosten für die Titelleihe berücksichtigt werden.

Ausschüttungsarbitrage

Weist ein amerikanischer in-the-money Put einen geringeren Zeitwert als der erwartete Ausschüttungsbetrag auf, besteht eine Arbitragemöglichkeit. Der Preis eines Puts setzt sich aus dem Zeitwert und dem inneren Wert zusammen. Die Arbitragetransaktion besteht nun darin, dass ein Put zusammen mit einem Basistitel vor dem Ausschüttungszeitpunkt erworben wird. Kurz nach der Dividendenzahlung wird der Put ausgeübt, d.h. die Aktie zum Strikepreis veräussert.

5.10 Tabelle
Ausschüttungsarbitrage

Preise in Fr.

Annahmen:	
Aktienkurs	3 500
Put Strikepreis 4 000	500
Ausschüttung	100

Arbitrageaktivität (10 Aktien = 2 Kontrakte):	
Kauf der Aktien	−35 000
Kauf der Puts	−5 000
Ausschüttung für 10 Aktien	+1 000
Ausüben der Puts	+40 000
Resultat	+1 000

Der Gewinn aus dieser Transaktion entspricht dem Ausschüttungsbetrag abzüglich des Zeitwertes der Option. Auch hier spielen Transaktions- wie auch Kapitalbindungskosten eine bedeutende Rolle.

Im Gegensatz zum Aktienkäufer erhält der Call Optionsinhaber keine Ausschüttung, weshalb es in gewissen Fällen, vor allem bei geringem Zeitwert der Option, sinnvoll sein kann, den Call vor der Dividendenzahlung glattzustellen. Ist der Zeitwertverlust, welcher durch das Ausüben der Option verloren geht, tiefer als die dadurch erhaltene Ausschüttung, ist eine Ausübung kurz vor der Dividendenzahlung vorteilhaft. Vorgängig ist jedoch abzuklären, bis zu welchem Zeitpunkt eine Aktie mit Ausschüttungsanspruch bezogen werden kann. Dies gilt insbesondere für Optionen traditioneller Optionsanleihen, Gratisoptionen und Covered Options.

Zusammenfassung

Der Arbitrageur trägt einen wesentlichen Teil zur Effizienz des Marktes bei, indem er Ungleichgewichte im Preisbild für eigene Gewinne nutzt und diese damit zum Verschwinden bringt. Gleichzeitig wird durch die zahlreichen Transaktionen die Marktliquidität verbessert. Der Arbitrageur kauft und verkauft gleichzeitig Positionen zu unterschiedlichen Preisen, die schlussendlich einen risikolosen Gewinn in Form der Differenz zwischen Ertrag und Investition aufweisen.

Zum einen können durch Kombination von Optionen und Basiswerten Positionen mit identischem Cash-flow-Profil nachgebildet werden, welche als synthetische Positionen bezeichnet werden. Dabei gelten folgende Zusammenhänge:

Kauf des Basiswertes	= Kauf eines Calls und Schreiben eines Puts
Leerverkauf des Basiswertes	= Schreiben eines Calls und Kauf eines Puts
Kauf eines Calls	= Kauf des Basiswertes und eines Puts
Geschriebener Call	= Leerverkauf des Basiswertes und Schreiben eines Puts
Kauf eines Puts	= Leerverkauf des Basiswertes und Kauf eines Calls
Geschriebener Put	= Kauf des Basiswertes und Schreiben eines Calls

Die Conversion und das Reversal sind zwei Techniken, welche auf dem Kauf bzw. Verkauf von Optionen und einer inversen Transaktion der entsprechenden synthetischen Position beruhen. Die Conversion wird angewendet, wenn ein Call relativ über- und ein Put relativ unterbewertet ist, ein Reversal erfolgt in der umgekehrten Situation. Folgende Zusammenhänge müssen gelten, damit auf dem Markt ein arbitragefreier Zustand herrscht:

Callpreis = Preis des Basiswertes – Strikepreis + Putpreis – Ausschüttung + Zinseffekt ± Transaktionskosten

Eine weitere Technik zur Erzielung risikoloser Arbitragegewinne ist der gleichzeitige Kauf und Verkauf von Optionen innerhalb einer Klasse, genannt Spreads. Dabei werden Optionen unterschiedlicher Laufzeiten und/oder verschiedener Strikepreise verwendet und relative Preisunterschiede für Gewinne genutzt.

Die dritte beschriebene Arbitragetechnik, die Box, besteht darin, dass gleichzeitig zwei Optionen gleichen Verfalldatums aber unterschiedlicher Strikepreise gekauft und zwei verkauft werden. Die folgende Gleichung zeigt eine arbitragefreie Gleichgewichtssituation:

Strikepreisdifferenz = Call Preis (T) – Call Preis (H) + Put Preis (H) – Put Preis (T) + Kapitaleffekt ± Transaktionskosten

T = (tiefer Strikepreis), H = (hoher Strikepreis)

Ist die Differenz zwischen den Strikepreisen grösser als der rechte Teil der obigen Gleichung, sollte die Box gekauft werden, ist die Differenz kleiner, sollte ein Verkauf erfolgen.

5.11 Tabelle
Transaktion einer Box

	Kauf	Verkauf
Gekaufte Box	Call (T) Put (H)	Call (H) Put (T)
Verkaufte Box	Call (H) Put (T)	Call (T) Put (H)

Zuletzt existiert auch die Möglichkeit der einfachen Arbitrage zwischen Option und Basiswert. Liegt der Optionspreis unter der Differenz zwischen dem Kurs des Basiswertes und dem Ausübungspreis, können risikolose Gewinne erzielt werden. Ein Spezialfall stellt die Ausschüttungsarbitrage dar. Ist der Zeitwert geringer als die erwartete Dividendenausschüttung der zugrundeliegenden Aktie, lohnt sich der Kauf einer Put Option zusammen mit dem Basiswert und deren Ausübung nach dem Auschüttungstermin.

Hedging

Im vorhergehenden Kapitel wurden die Strategien des Arbitrageurs und sein Streben nach risikofreien Gewinnen beschrieben. Eine weitere Kategorie von Markttransaktionen stellt das Hedging dar. Hedging sind Absicherungsgeschäfte, bei denen unerwünschte Preisbewegungen mit Hilfe derivativer Finanzinstrumente kompensiert werden und damit der Wertverlust der gehaltenen Kapitalanlagen begrenzt wird.

DER HEDGER

Das Hauptanliegen eines Hedgers ist die Neutralisierung von Kursschwankungen, welche ein Portefeuille beeinflussen. Dies kann durch das Eingehen einer Gegenposition erreicht werden, d. h. durch eine Anlage mit inverser Korrelation zum Basiswert. Ein Hedger ist oft ein Portefeuilleverwalter, der das Risiko seiner Anlagen gegenüber dem Markt zeitweise reduzieren will, ohne die Positionen verkaufen zu müssen.

Als typischer Hedger gelten jedoch auch Investoren, welche einem unerwarteten Preisschwankungsrisiko ausgesetzt sind und dieses reduzieren möchten. Beispielsweise kann ein Unternehmen bedingt durch seine Geschäftsaktivitäten einem hohen Devisen- oder Zinsrisiko ausgesetzt sein. Mittels Optionen und Terminkontrakten können derartige Risiken abgesichert und die Risikoexponierung auf den Markt abgewälzt werden.

Der Market Maker als weiteres Beispiel eines Hedgers ist verpflichtet, ständig einen Geld- und einen Briefkurs am Markt zu stellen und trägt damit zur Liquidität des Marktes bei. Er muss Positionen eingehen, die vom Markt abgestossen werden und Positionen liefern, auch wenn er sie nicht besitzt. Der Market Maker will sich im allgemeinen nicht exponieren, weshalb er in der Regel entsprechende Gegenpositionen mit inversem Risiko eingeht.

DAS HEDGINGGESCHÄFT

Grundsätzlich können sich Hedgingstrategien gegen steigende oder fallende Basiswertkurse richten. Um eine effektive Absicherung zu erreichen, bedarf es einer genauen Analyse der Anlageobjekte und die Eruierung geeigneter Absicherungsinstrumente. Zur Anwendung gelangen dabei hauptsächlich Optionen und Terminkontrakte. Derivative Finanzinstrumente entwickelten und verbreiteten sich vorwiegend aufgrund des Marktbedürfnisses zur Absicherung eingegangener Positionen.

Die meisten in diesem Buch verwendeten Beispiele zu Futures und Optionen befassten sich bisher mit der Absicherung von künftigen Geschäften gegen Preisänderungsrisiken. Solche Risiken können entweder durch Wechselkurs-, Zins-, Aktienkurs- oder Rohstoffpreisschwankungen hervorgerufen werden. Zu beachten ist dabei, dass das Hedging eine Absicherung über einen bestimmten Zeitraum darstellt und deshalb Optionen europäischen Typs den relativ teureren, amerikanischen Optionen meist vorgezogen werden, um damit auch die Planbarkeit der Cash Flow Ströme zu erhöhen.

Eine Absicherung gegen den Wertzerfall von Anlagen oder künftigen Geschäften wird als Short Hedge bezeichnet. Dabei werden die eingetretenen Verluste durch die eingegangene Short Position eines Terminkontraktes ausgeglichen. Dieselbe Wirkung kann mit dem Kauf einer Put Option erreicht werden, wobei allerdings feste Kosten in Höhe der Prämie hingenommen werden müssen. Ein Short Call erzielt ebenfalls eine Absicherung gegen einen Wertzerfall, jedoch nur in der Höhe des erhaltenen Optionspreises.

Ein Long Hedge sichert den Investor gegen Preissteigerungen eines künftig zu erwerbenden Wertes oder Gutes durch Eingehen eines Terminkontraktes ab. Hierzu können auch Long Calls eingesetzt werden.

Gründe, weshalb Hedging mit Futures Kontrakten in der Praxis oft nicht problemlos abläuft sind unter anderem, dass der abzusichernde Gegenstand nicht exakt dem Basiswert des Instrumentes entspricht und die Unsicherheit, welche über den genauen Abwicklungstermin des künftigen Geschäftes besteht.

Während beim Hedging mit Futures ein abgesichertes Portefeuille beibelassen werden kann (Hedge and forget), gestaltet sich die Absicherung mittels Optionen bedeutend schwieriger. Bei einer fixen Absicherungsstrategie errechnet sich die Anzahl notwendiger Optionen einfach mittels Division des Portefeuillewertes durch den Kontraktwert. Da Veränderungen des Basiswertes bezüglich Preis und Volatilität die Optionspreise jedoch unterschiedlich beeinflussen, sind laufende Korrekturen der Hedgepositionen notwendig, was als dynamisches Hedging bezeichnet wird.

Delta Hedging

Wie im Kapitel Theoretische Bewertung gezeigt wurde, verändern sich Preise von Optionen mit unterschiedlichen Strikepreisen und Laufzeiten bei Kursschwankungen des Basiswertes unterschiedlich stark. Soll eine gegenüber der Preisentwicklung des Basiswertes neutrale Position eingegangen werden, muss die Sensitivität «Delta» berücksichtigt werden. Sie ist, mathematisch ausgedrückt, die erste Ableitung der Optionspreisfunktion nach dem Basiswert und kann für den Call absolute Werte zwischen 0 und 1 annehmen. Das Delta gibt an, wie gross die nominale Veränderung des Optionspreises bei einer Veränderung des Preises des Basistitels ist. Steigt eine Aktie von EURO 100 auf EURO 101 und erhöht sich der Optionspreis infolgedessen von EURO 5 auf EURO 5.50, hat die Aktienkursveränderung von EURO 1 eine Optionspreiserhöhung von EURO 0.5 bewirkt. Der Deltawert dieses Calls beträgt 0.5. Der Deltawert einer Option mit Strikepreis Ps kann graphisch in Abhängigkeit vom Preis des Basiswertes folgendermassen dargestellt werden.

6.1   Abbildung
Delta

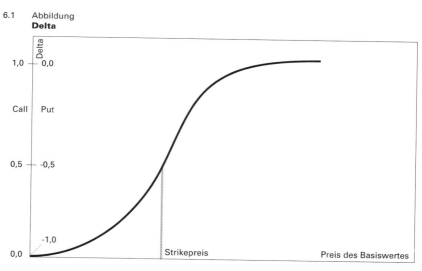

Der Preis eines Calls (Puts) mit einem im Verhältnis zum Marktpreis hohen (tiefen) Strikepreis wird von einer Preisveränderung des Basistitels nur schwach beeinflusst. Die Wahrscheinlichkeit, dass diese out-of-the-money Option bis zum Verfall einen inneren Wert aufweisen wird, ist ziemlich gering, d.h. der Deltawert liegt nahe 0. Bei in-the-money Optionen ist das Gegenteil der Fall, ihre Preissensitivität beträgt gegen 1 bzw. -1. Calls (Puts) mit einem Strikepreis in der Nähe des Marktpreises haben einen Deltawert von 0.5 (-0.5).

Near-the-money Delta

Eine Veränderung des Deltawertes kann zu unvollkommener Absicherung führen. Angenommen, der Besitzer von 200 BMW Aktien möchte die Auswirkungen einer Kursveränderung mittels Optionen vorübergehend neutralisieren. Eine mögliche Lösung besteht im Kauf von Put Optionen, da diese bei fallendem Aktienkurs steigen und bei einem Kursanstieg im Wert sinken, wodurch die Wertveränderung der Aktien wettgemacht werden kann.

Um das Hedge ratio und damit die richtige Anzahl Puts bestimmen zu können, ist die Kenntnis ihres Deltawertes notwendig. Unter der Annahme, dass der Aktienkurs der BMW Aktie mit dem Strikepreis der gewählten Option übereinstimmt, beträgt der Deltawert des Puts -0.5. Da die Wertveränderung des Puts nur die Hälfte derjenigen der Aktie ausmacht, müssen zur Absicherung doppelt so viele Puts wie Aktien erworben werden, d. h. konkret 400 Stück. Fällt nun der Kurs der BMW Aktien, entwickelt sich der at-the-money Put zu einer in-the-money Option. Da in-the-money Optionen in absoluten Zahlen höhere Deltawerte aufweisen als at-the-money Optionen, ist das einst deltaneutrale Portefeuille durch den Preisrückgang der BMW Titel erneut einem Marktrisiko ausgesetzt. Die Beibehaltung der Deltaneutralität des Aktienportefeuilles erfordert den Verkauf einiger Puts. Steigt der absolute Deltawert von 0.5 auf 0.67, beläuft sich die neu zu haltende Anzahl Puts auf 300 Stück (200 Aktien dividiert durch den Deltawert = 200 / 0.67 = 300). Eine korrekte Absicherung fordert deshalb eine Reduktion des Optionenbestands um 100 Stück.

6.2   Abbildung
Die Veränderung des Deltawertes

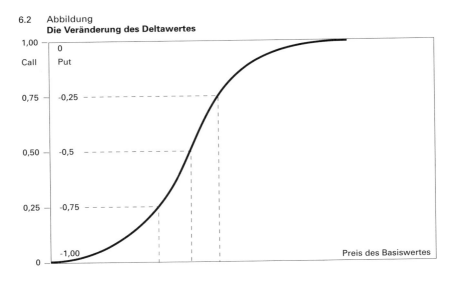

Besonders bei at-the-money Optionen können bereits kleine Preisänderungen des Basistitels grossen Einfluss auf deren Deltawert haben, was als Gamma Sensitivität bezeichnet wird (Abbildung 6.2). Ein Optionenhedge erfordert eine ständige Überwachung und Anpassung an neue Gegebenheiten und wird deshalb auch dynamisches Hedging genannt. Hohe Transaktionskosten und Marktilliquidität bei Kursrückgängen erschweren jedoch eine kontinuierliche Adjustierung bei volatilen Basiswerten.

Der Price Ratio Spread

Deltaneutrale Positionen können auch nur mit Optionen gebildet werden. Ein at-the-money Put mit Deltawert −0.5 kann beispielsweise durch das Schreiben von zwei out-of-the-money Puts mit Delta −0.25 neutralisiert werden (−0.5 + (−2 x −0.25) = 0).

Graphisch sieht ein Gewinn/Verlustdiagramm einer derartigen Kombination wie folgt aus:

6.3 Abbildung
Ratio-Spread mit Puts

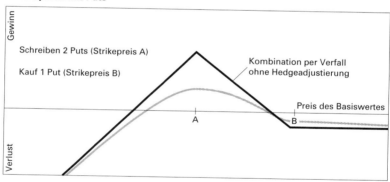

Die Optionen beinhalten zwei unterschiedliche Strikepreise, die so gewählt werden, dass der höhere Strikepreis nahe dem Marktpreis des Basiswertes liegt. Der Marktteilnehmer will sich weder bei Kursanstieg noch bei -verfall des zugrundeliegenden Wertes einem Risiko aussetzen. Wie aus Abbildung 6.4 ersichtlich, führt ein geringer Kurszerfall bis zum tieferen Strikepreis A zu einem Gewinn, während ein starker Kursabfall ein fast unbegrenztes Risiko mit sich bringt. Dadurch steigt das Delta der out-of-the-money Optionen prozentual stärker als das Delta der in-the-money Option. Dies bewirkt bei einem sehr starken Kursverfall, dass lediglich einer der beiden geschriebenen Puts durch den Kauf eines anderen Puts gedeckt ist.

149

Die hellere Kurve zeigt die Wertentwicklung der Position bei einer verbleibenden Restlaufzeit der Optionen und die durchgezogene schwarze Linie den Wert am Verfalltag. Erstere bleibt aufgrund der Deltaneutralität bei geringen Kursbewegungen des Basiswertes nahezu unverändert.

Ist mit einem Kursanstieg des Basiswertes zu rechnen und besteht gleichzeitig das Bedürfnis einer Absicherung, kann sich ein Investor die beschriebene Position ebenfalls mit Calls bilden.

6.4   Abbildung
Ratio-Spread mit Calls

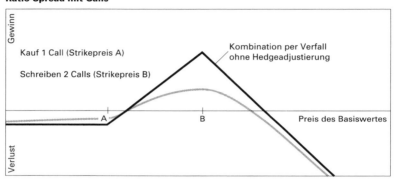

In diesem Fall sollte der Call mit tieferem Strikepreis at-the-money gekauft werden und zwei Calls mit höherem Strikepreis B und daher tieferem Deltawert geschrieben werden. Diese Position ist ebenfalls deltaneutral und kann bei geringen Kursveränderungen jederzeit mit geringem Kursverlust geschlossen werden.

Der Back Spread

Eine weitere, bedeutend weniger risikobehaftete Technik, welche unter Beibehaltung der Deltaneutralität von einer erwarteten Kursentwicklung profitiert, ist der sogenannte Back Spread. Der Back Spread kann mittels Calls und Puts durchgeführt werden, ist allerdings nur bei starker Kursveränderung des Basiswertes gewinnbringend.

Ein Back Spread mit Puts eröffnet bei einem starken Kursabfall des Basistitels nahezu unbeschränkte Gewinnmöglichkeiten. Die Position setzt sich aus zwei out-of-the-money Puts mit Strikepreis A und einem Deltawert von beispielsweise –0.25 sowie einem geschriebenen at-the-money Put mit Strikepreis B und Deltawert –0.5 zusammen. Die Position wird bei einem erwarteten Kursrückgang eingegangen und zeichnet sich durch ihre anfängliche Deltaneutralität aus.

Back-Spread mit Puts

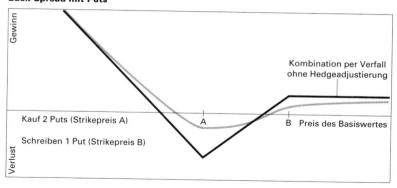

Kombination per Verfall
ohne Hedgeadjustierung

Kauf 2 Puts (Strikepreis A)

Schreiben 1 Put (Strikepreis B)

Dieselbe Konstruktion kann bei erwartetem Kursanstieg mit Call
Optionen gebildet werden. Ein Call Back Spread wird beispielsweise
durch das Schreiben eines at-the-money Calls mit Strikepreis A und
dem Kauf zweier out-of-the-money Calls mit Strikepreis B durchgeführt. Bei hoher Volatilität des Basiswertes stehen dem Back Spread
Käufer unbegrenzte Gewinnmöglichkeiten bei begrenztem Verlustrisiko offen.

Back-Spread mit Calls

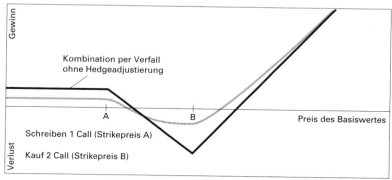

Kombination per Verfall
ohne Hedgeadjustierung

Schreiben 1 Call (Strikepreis A)

Kauf 2 Call (Strikepreis B)

Der Time Ratio Spread

Eine deltaneutrale Position kann auch durch den Kauf einer
Option mit langer Laufzeit und das gleichzeitige Schreiben mehrerer
kurzläufiger Optionen geschaffen werden. Out-of-the-money Optionen
mit kurzer Laufzeit weisen tiefere Deltawerte auf als out-of-the-
money Optionen mit längerer Laufzeit. Bleiben die geschriebenen
Optionen bis zum Verfalltag out-of-the-money, bringt das Schreiben

einen Ertrag ein und die langfristige Option kann danach wieder verkauft werden.

Gamma Hedging

Die Deltakurve, welche das Verhältnis von Preisänderungen der Option und des Basiswertes darstellt, weist einen konvexen Verlauf auf. Ihre Steigung Gamma, mathematisch ausgedrückt die Ableitung der Deltakurve, besitzt deshalb keinen konstanten Wert. Die Veränderung der Deltawerte führt zu Problemen in der Portefeuilleabsicherung, da Positionen bei Preisbewegungen des Basiswertes ständig durch Käufe oder Verkäufe deltaneutral gehalten werden müssen.

Wie im Kapitel Theoretische Bewertung erläutert, verändert sich der Deltawert von at-the-money Optionen am stärksten, während die Veränderung bei stark in- und out-of-the-money Optionen gegen Null tendiert. Gamma, d.h. die zweite Ableitung des Optionspreises nach dem Basiswertkurs, verläuft demnach wie in Abbildung 6.8 dargestellt.

6.7   Abbildung
Delta

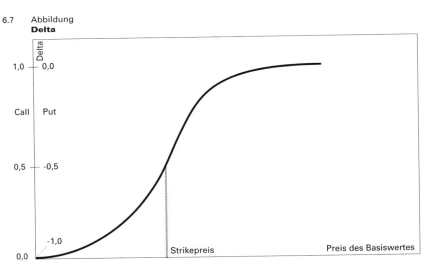

Während Gammawerte von gekauften Optionen stets positiv sind, weisen geschriebene Optionen ein negatives Gamma auf. Durch die Konstruktion einer Position mit einer Gammawertsumme von Null wird erreicht, dass Preisbewegungen des Basiswertes auf den Deltawert der Position ohne Einfluss sind. Zwar verändern sich die Deltawerte der einzelnen Optionen bei Preisänderungen des Basistitels, die Gesamtposition ist aber stets deltaneutral und sichert somit ein Portefeuille mit einem konstanten Faktor vor Basiswertschwankungen.

Gammaneutrale Optionspositionen sind meist anders zusammengesetzt als deltaneutrale Positionen. Soll eine Position sowohl delta- als auch gammaneutral sein, kann dies nur in Kombination mit einem Basiswert bzw. einem Terminkontrakt auf den Basiswert erreicht werden. Da der Gammawert eines Basiswertes immer Null und sein Deltawert immer Eins ist, erlaubt die Kombination des Optionenportefeuilles mit dem Basiswert eine gammaneutrale Position, welche gleichzeitig deltaneutral ist.

6.8 Abbildung
Gamma

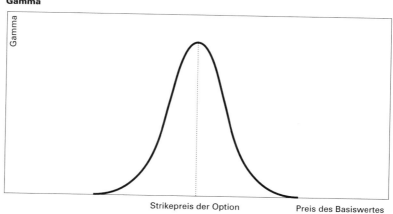

Strikepreis der Option   Preis des Basiswertes

Neben dem Delta- und Gammarisiko sind auch die übrigen Sensitivitätskennzahlen zu beachten. Ananlog zum Delta- und Gammahedging können Positionen bezüglich der Laufzeit-, Volatilitäts- und Zinssensitivität, Theta, Vega und Rho oder gar bezüglich mehrerer Faktoren gleichzeitig neutralisiert werden. Für jede Kennzahl wird dabei eine Gleichung aufgestellt. Möchte beispielsweise ein Hedger sein Optionenportefeuille mit einem gesamten Gamma von –2 050 und einem Vega von –1 300 mittels zwei Call Optionen mit Gamma 0.7 und 0.9 und Vega 0.4 bzw. 0.6 absichern, lauten die Gleichungen folgendermassen:

$$-2\,050 + 0.7x + 0.9y = 0$$
$$-1\,300 + 0.4x + 0.6y = 0$$

x und y stellen die unbekannte Anzahl zu erwerbender Call Optionen der jeweiligen Option dar. Die Lösung der Gleichung ergibt, dass 1 000 Optionen des ersten Typs und 1 500 des zweiten gekauft werden müssen, um das Portefeuille gleichzeitig gamma- und veganeutral zu halten. Auf diese Weise kann für alle Sensitivitätskennziffern eine

Gleichung erstellt werden, wobei zu beachten ist, dass soviele unterschiedliche geeignete Optionen zur Absicherung verwendet werden müssen wie Gleichungen verwendet werden. Der aufgrund der Absicherungsinstrumente veränderte Deltawert kann mittels Future Kontrakten oder Basiswerten wieder neutralisiert werden.

6.9 Abbildung
Gammahedge

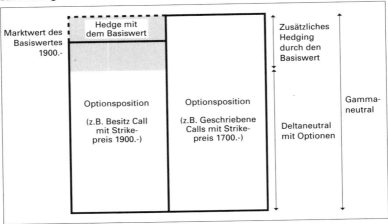

Ratio Ausführung

In diesem Kapitel wurde beschrieben, wie eine Position von 200 BMW Aktien durch den Kauf von 400 at-the-money Puts deltaneutral wird. Alternativ könnten jedoch auch 400 Calls mit einem Strikepreis in der Nähe des Marktpreises geschrieben werden. Ein steigender Aktienkurs bedeutet für den Aussteller der Calls eine zunehmende Belastung, während ein sinkender Aktienkurs den Call wertlos verfallen lässt und dem Schreiber einen bestimmten Ertrag einbringt. Auf diese Weise kann das Schreiben von Calls analog dem Put Kauf eine Portefeuilleabsicherung in Höhe der eingenommenen Prämie darstellen.

Da der Optionskäufer das Ausübungsrecht innehat, liegt der Unterschied bei diesen beiden vergleichbaren Transaktionen vor allem im geringeren Risiko des Put Kaufs. Nach einem kräftigen Kursanstieg des Basiswertes kann er schlimmstenfalls wertlos verfallen. Das Schreiben eines Calls beinhaltet hingegen ein unbegrenztes Risiko. Die Hälfte der verkauften Optionen sind zwar durch den Besitz von 200 BMW Aktien gesichert, bei einem starken Kursanstieg des Basiswertes kann die zwingende Lieferung der restlichen Aktien den Schreiber jedoch teuer zu stehen kommen. Zu beachten ist allerdings, dass das Schreiben eines Calls eine Einnahme und der Kauf eines Puts eine Ausgabe bedeutet.

Werden lediglich kleine Kursänderungen des Basistitels erwartet, ist deshalb der Call Verkauf dem Put Kauf als Absicherungsmassnahme vorzuziehen, während bei starken Kursschwankungen der Erwerb von Puts sinnvoller ist. Gleiches gilt für den Kauf von Calls im Vergleich zum Schreiben eines Puts.

Partielles Hedging

Den Vorteilen eines vollständig gehedgten Portefeuilles steht der Nachteil der teilweise hohen Absicherungskosten gegenüber. Obwohl die Anlage dadurch nicht mehr deltaneutral und damit einem Marktrisiko ausgesetzt ist, kann ein partielles Hedging zu besseren Resultaten führen. Es werden beispielsweise doppelt so viele at-the-money Optionen mit Deltawert 0.5 wie Aktien benötigt, um einen vollständig neutralen Hedge zu bilden. Steigt der Aktienkurs, belastet die Versicherungsprämie in Form des Optionspreises die Rendite bei partiellem Hedging weniger als bei einem deltaneutralen Portefeuille. Im Falle eines Kursrückgangs weist ein teilweise abgesichertes Portefeuille allerdings bessere Resultate auf als ein ungehedgtes.

6.1   Tabelle
Partielles Hedging

	Heute	Marktpreis-entwicklung bis zum Verfall (Aktie fällt)	Marktpreis entwicklung bis zum Verfall (Aktie steigt)
Annahmen:			
Aktienkurs	400	300	500
Put Strikepreis 400	40	100	0
Hedgingaktivität:			
Aktienkauf	−400	Ausüben des Puts und Verkauf der Aktie, was einen Erlös von 400 ergibt	Die Option verfällt, Aktien werden verkauft, was einen Erlös von 500 abwirft
Putkauf	−40		
Nettoinvestition	−440	−440+400 = −40	−440+500 = +60
Ohne Hedgingaktivität:		−400+300 = −100	−400+500 = +100

Zusammenfassung

Der Hedger versucht, das Marktrisiko seines Portefeuilles mittels derivativer Finanzinstrumente gegen Kursschwankungen abzusichern. Ein Short Hedge mit einem Future Kontrakt sichert eine Anlage vor Preisrückgängen, während ein Long Hedge den zukünftigen Kaufpreis einer Anlage fixiert. Der gleiche Effekt kann mit dem Kauf einer Put Option oder dem Schreiben eines Calls respektive dem Kauf eines Calls oder dem Schreiben eines Puts erreicht werden. Beim Schreiben von Optionen besteht eine Absicherung jedoch maximal bis zu der Höhe der vereinnahmten Prämie.

Das Hedging mit Optionen verlangt im Gegensatz zur Absicherung mit Futures eine ständige Überwachung und Korrektur der Absicherungsinstrumente, da sich das Optionendelta mit dem Basiswertkurs verändert. Der Deltawert drückt die Preisveränderung einer Option bei einer Kursveränderung des Basiswertes um eine Einheit aus. Die Anzahl notwendiger Kontrakte zur Bildung eines deltaneutralen Portefeuilles (Hedge ratio) wird mit der Division der Anzahl Basiswerte durch den absoluten Deltawert der Option erhalten.

Die ständige Anpassung des Portefeuilles beim dynamischen Hedging, welches mit hohen Transaktionskosten verbunden ist, kann durch das Gamma Hedging reduziert werden. Ein gammaneutrales Portefeuille weist unabhängig von Preisveränderungen des Basiswertes einen konstanten Deltawert auf. Bei gleichzeitiger Einhaltung der Deltaneutralität müssen beim Gamma Hedging im Prinzip keine Anpassungskäufe und -verkäufe vorgenommen werden.

Zu den deltaneutralen Optionsstrategien gehören der Price Ratio Spread, der Back Spread und der Time Ratio Spread. Diese Spreads beinhalten den gleichzeitigen Kauf und Verkauf unterschiedlicher Mengen von Optionen auf den gleichen Basiswert mit verschiedenen Strikepreisen bzw. unterschiedlichen Verfallterminen. Diese Deltaneutralität gilt allerdings nur für geringe Veränderungen des Basiswertes.

Je nach Ausmass der erwarteten Kursschwankungen des Basiswertes kann das Hedging durch den Kauf eines Puts oder das Schreiben eines Calls erfolgen. Der Kauf eines Puts empfielt sich bei grösseren erwarteten Kursveränderungen, während der Call Verkauf aufgrund des höheren Risikos nur bei geringen erwarteten Kursänderungen eingesetzt werden sollte.

Trading

Bisher wurden der Arbitrageur beschrieben, der nach risikofreien Gewinnen strebt und der Hedger, welcher das Risiko unerwarteter Marktentwicklungen abzuwenden versucht. Wären im Markt nur diese beiden Marktakteure anzutreffen, würden die gehandelten Titel in Richtung des defensiven Hedgers tendieren, d. h. es würden fast nur Absicherungsinstrumente gegen den erwarteten Trend eingesetzt. Es braucht folglich auch Marktteilnehmer, welche Gegenpositionen kaufen bzw. anbieten.

DER TRADER

Der Trader hat gewisse Erwartungen hinsichtlich der Entwicklungen von Märkten und drückt diese in Form eingegangener Positionen aus. Diese Erwartungen können sowohl auf der Preisentwicklung als auch auf der Volatilität von Basiswerten beruhen. Der Trader handelt aus spekulativen Motiven und ist gewillt, ein grösseres Risiko einzugehen als die übrigen Marktteilnehmer, weshalb sein Gewinnpotential um einiges höher liegt. Im Gegensatz zum Komptantmarkt ermöglichen derivative Finanzinstrumente das Eingehen von Positionen mit entsprechenden Gewinn- und Verlustpotentialen mit nur sehr geringem finanziellen Einsatz. Dieser sogenannte hohe Leveragefaktor vervielfacht das Risiko und bildet die Grundlage zahlreicher Diskussionen und Regulierungsbestrebungen auf den heutigen Finanzmärkten.

Der Leveragefaktor zeigt die prozentuale Veränderung der Position bei einer einprozentigen Veränderung des Basiswertpreises an.

DAS TRADINGGESCHÄFT

Trading mit Derivaten eröffnet ein grosses Spektrum möglicher Strategien durch Kombination einzelner Positionen und Produkte. Die einfachste Tradingposition ist der Kauf bzw. Verkauf eines Calls oder eines Puts.

Wie bereits in früheren Kapiteln beschrieben, kann der Erwartung eines Kursanstieges des Basiswertes entweder durch das Schreiben eines Puts oder den Kauf eines Calls Ausdruck verliehen werden. Der Kauf eines Calls beinhaltet ein begrenztes Verlustrisiko und ein unendliches Gewinnpotential, während ein geschriebener Put ein sehr hohes Verlustrisiko mit einem begrenzten Gewinnpotential verbindet. Die Voraussetzung für das Schreiben eines Puts bildet die feste Über-

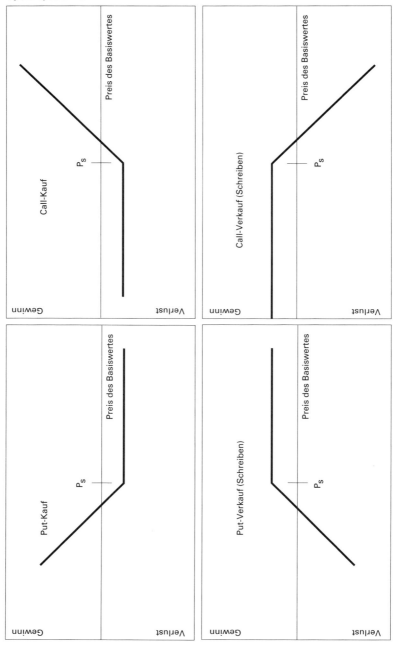

zeugung, dass ein Kursabfall fast ausgeschlossen werden kann. Bei stark positiver Kursentwicklung verleiht ein Call einerseits höhere Gewinnchancen, stellt andererseits aber zu Beginn eine Ausgabe dar. Gleiches gilt in entgegengesetzter Form für den Erwerb von Puts und den Verkauf von Calls. Die nebenstehende Abbildung veranschaulicht dies graphisch.

Spreads

Eine Möglichkeit der Risikobegrenzung von Optionen besteht im gleichzeitigen Kauf und Verkauf von Optionen derselben Klasse mit unterschiedlichen Strikepreisen oder verschiedenen Laufzeiten.

Der Price Spread

Wie bereits in den Kapiteln Arbitrage und Hedging beschrieben, besteht der Price Spread, auch Vertical Spread genannt, aus dem gleichzeitigen Kauf und Verkauf von Optionen gleichen Typs und mit demselben Verfalldatum, aber unterschiedlichen Ausübungsprei-sen. Ein Investor mit positiven Kurserwartungen (bullish) bedient sich dabei eines Bull Spreads, während auf einen erwarteten Kursabfall (bearish) mit einem Bear Spread spekuliert werden kann.

Bull Price Spread

Beim Bull Price Spread wird ein Optionstyp mit tieferem Strike-preis (P_{S1}) gekauft und gleichzeitig einer mit höherem Ausübungs-preis (P_{S2}) geschrieben. Bull Price Spreads können sowohl mit Call als auch mit Put Optionen konstruiert werden. Das Gewinn- und Verlust-diagramm eines Bull Price Spreads mit Calls sieht folgendermassen aus:

7.2   Abbildung
Bull-Price-Spread mit Calls

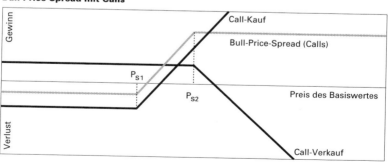

159

Wie aus der Abbildung ersichtlich, bedeutet ein Anstieg des Basiswertkurses über den höheren Strikepreis hinaus für den Trader keinen zusätzlichen Gewinn, da er durch den Verkauf des Calls mit höherem Strikepreis an weiteren Preissteigerungen des Basiswertes nicht teilhaben kann. Der Vorteil eines Call Verkaufs besteht in der Reduktion der Gesamtkosten der Position durch den Erhalt der Optionsprämie. Damit wird sowohl der Break-Even-Preis der Position als auch der maximal anfallende Verlust im Vergleich zum Kauf einer einzelnen Option reduziert. Der Break-Even-Punkt der Gesamtposition liegt zwischen den Strikepreisen der beiden Calls. Der grösstmögliche Verlust entsteht, wenn der Kurs des Basiswertes unter den tieferen Strikepreis sinkt und beide Optionen wertlos verfallen. Das maximale Risiko ist demnach auf die Kosten des gesamten Positionskaufs beschränkt. Der höchstmögliche Gewinn besteht in der Differenz der beiden Strikepreise abzüglich der Nettokosten für den Kauf der Position. Die folgende Abbildung zeigt einen Bull-Price-Spread unter Einbezug des Zeitwertes der beiden Optionen (schattierte Linie) und auf den Verfallzeitpunkt der Optionen (fett gedruckte Linie).

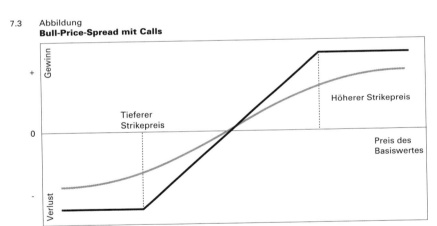

7.3   Abbildung
Bull-Price-Spread mit Calls

Ein ähnliches Resultat kann durch den Einsatz von Puts erreicht werden. Das Schreiben eines Puts mit höherem Strikepreis (P_{S2}) und der gleichzeitige Kauf eines Puts mit tieferem Ausübungspreis (P_{S1}) führt zu einer Nettogutschrift, da der geschriebene Put einen höheren inneren Wert besitzt.

Übersteigt der Marktpreis des Basiswertes am Verfalltag der Option den höheren Strikepreis, verfallen beide Optionen wertlos und der höchstmögliche Gewinn entspricht der erhaltenen Prämie. Der maximale Verlust beläuft sich auf die Differenz der beiden Strikepreise abzüglich der Prämiengutschrift, die beim Eingehen der Position erhalten wurde. Dieser Verlust muss dann hingenommen werden, wenn der Marktpreis des Basiswertes unter den tieferen Strikepreis fällt. Beide Optionen werden in diesem Fall ausgeübt, also muss der Trader den Basiswert aufgrund der geschriebenen Option kaufen und kann ihn mittels des Long Puts lediglich zum tieferen Ausübungspreis mit einem Verlust wieder verkaufen.

7.4   Abbildung
Bull-Price-Spread mit Puts

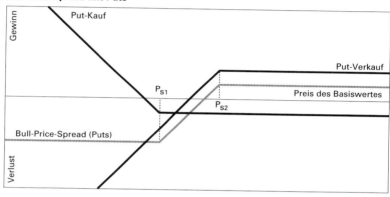

Das Schliessen eines Spreads kann entweder durch Ausüben oder durch Glattstellen erfolgen. Beide Möglichkeiten führen zum selben Resultat, wie aus folgendem Beispiel ersichtlich ist.

7.1   Tabelle
Beispiel eines Bull Price Spread mit Puts

Preise in Fr.

Annahmen:	Preis heute
Aktienkurs	1 800
Put Strikepreis 1 700	150
Put Strikepreis 1 900	250
Spreadaktivität:	
Kauf des Puts mit Strikepreis 1 700	-150
Verkauf des Puts mit Strikepreis 1 900	+250
Ertrag	+100

Alternative Preisentwicklungen bei der Ausübung

Preise in Fr.

Annahmen	Alternative 1	Alternative 2	Alternative 3
Aktienkurs	1 500	1 800	2 000
Put Strikepreis 1 700	200	0	0
Put Strikepreis 1 900	400	100	0
Spreadaktivität:	Der geschriebene Put wird eingelöst, was eine Ausgabe von 1 900 mit sich bringt. Der Put kann ausgeübt werden und ergibt 1 700. Den Ausgaben von 200 stehen Einnahmen von 100 gegenüber.	Der geschriebene Put wird eingelöst, was eine Ausgabe von 1 900 mit sich bringt. Die Aktie wird zum Marktpreis verkauft, was eine Einnahme von 1 800 ergibt. Der Saldo von −100 wird dem Ertrag von 100 gegenübergestellt, welcher beim Einnehmen der Position erhalten wurde.	Beide Optionen verfallen wertlos, und die Nettoeinnahmen von 100, welche durch das Einnehmen der Position erzielt wurden, bleiben als Gewinn stehen.
Resultat:	+100−1 900+1 700 = −100	+100−1 900+1 800 = 0	+100

Alternative Preisentwicklungen beim Glattstellen

Preise in Fr.

	Alternative 1	Alternative 2	Alternative 3
	Der geschriebene Put wird zum Preis von 400 zurückgekauft, und der gekaufte Put für 200 verkauft. Wiederum stehen Ausgaben von 200 Einnahmen von 100 gegenüber.	Der geschriebene Put wird zum Preis von 100 zurückgekauft, und der gekaufte Put verfällt wertlos. Die Ausgaben von 100 werden den ursprünglichen Einnahmen 100 gegenübergestellt.	Beide Optionen verfallen wertlos, und die Nettoeinnahmen von 100, welche durch das Eingehen der Position erzielt wurden, bleiben als Gewinn stehen.
Resultat:	+100−400+200 = −100	+100−100 = 0	+100

Bear Price Spread

Ein Bear Price Spread mit Calls wird bei sinkenden Kurserwartungen eingegangen, indem gleichzeitig ein Call mit tieferem Strikepreis ($Ps1$) geschrieben und einer mit höherem Strikepreis ($Ps2$) gekauft wird. Der maximale Gewinn der Position wird dann erzielt, wenn der Marktpreis des Basiswertes am Verfalltag unter dem tieferen Strikepreis liegt. Beide Optionen verfallen daraufhin wertlos, und der ursprünglich erzielte Nettoertrag, welcher durch das Eingehen der Position erhalten wurde, fällt als Gewinn an. Eine Nettogutschrift kommt zustande, da der teurere Call mit tiefem Strikepreis verkauft und der billigere Call mit hohem Strikepreis gekauft wurde.

Liegt der Marktpreis des Basiswertes am Verfalltag über dem höheren Strikepreis, werden beide Optionen ausgeübt. Der Trader wird dadurch gezwungen, den Basiswert aufgrund des geschriebenen Calls mit dem tieferen Strikepreis zu liefern und den Call mit höherem Strikepreis auszuüben. Dieser Verlust abzüglich der anfänglichen Nettogutschrift stellt das maximale Risiko der Transaktion dar. Der Break-Even-Punkt der Position liegt zwischen den beiden Strikepreisen und errechnet sich folgendermassen:

$$\text{Break-Even} = P_{S1} + (C_T - C_H)$$

C_1 = Preis des Calls mit tieferem Strikepreis, C_H = Preis des Calls mit höherem Strikepreis, P_{S1} = Strikepreis des Calls C_1

7.5 Abbildung
Bear-Price-Spread mit Calls

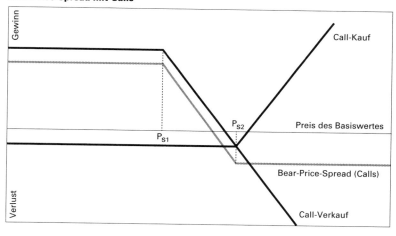

Ein Bear Price Spread kann ebenfalls mit Puts ausgeführt werden. Dabei wird ein Put mit höherem Strikepreis gekauft und einer mit tieferem Ausübungspreis geschrieben. Wie beim Bear Price Spread mit Calls wird der maximale Gewinn dann erzielt, wenn der Preis des Basiswertes am Verfalltag den tieferen Strikepreis unterschreitet. In diesem Fall werden beide Optionen ausgeübt, und der Trader kann die Differenz der Strikepreise abzüglich der anfänglichen Nettoausgaben als Gewinn verbuchen. Der maximale Verlust in Höhe der Nettoausgaben tritt dann ein, wenn der Marktpreis beide Strikepreise übersteigt.

Bear-Price-Spread mit Puts

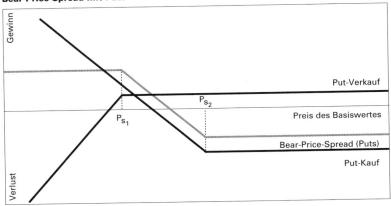

7.4   Tabelle
Beispiel eines Bear Price Spreads mit Puts (Ausübung)

Preise in Fr.	Preis heute
Annahmen:	
Aktienkurs	1 900
Put Strikepreis 1 900	300
Put Strikepreis 1 700	200
Spreadaktivität:	
Kauf des Puts	
Strikepreis 1 900	−300
Schreiben des Puts	
Strikepreis 1 700	+200
Nettoinvestition	−100

164

7.5   Tabelle
Alternative Preisentwicklungen bei der Ausübung

Preise in Fr.

Annahmen	Alternative 1	Alternative 2	Alternative 3
Aktienkurs	1 500	1 800	2 000
Put Strikepreis 1 900	400	0	0
Put Strikepreis 1 700	200	100	0
Spreadaktivität:	Der geschriebene Put mit Strikepreis 1 700 wird eingelöst, was zu einer Ausgabe von 1 700 führt. Der Put wird ausgeübt und eine Einnahme von 1 900 realisiert. Dies wird den Kosten von 100 für das Einnehmen der Position gegenübergestellt.	Der gekaufte Put mit Strikepreis 1 900 wird ausgeübt, und die Aktie wird zum Marktpreis gekauft. Diese Nettoeinnahmen von 100 werden den Kosten von 100 für das Eingehen der Position gegenübergestellt.	Beide Optionen verfallen wertlos, und die Nettoausgaben von 100, welche durch das Eingehen der Position anfielen, bleiben als Verlust stehen.
Resultat:	−100−1 700+1 900 = +100	−100+1 900−1 800 = 0	−100

Der Time Spread

Die Spreadtechnik kann auch bezüglich der Laufzeiten von Optionen durchgeführt werden und wird Time Spread oder auch horizontaler Spread genannt. Ein Time Spread kann sowohl mit Calls und Puts als auch im Hinblick auf unterschiedliche Kurserwartungen konstruiert werden. Der Time Spread basiert auf der Tatsache, dass der Zeitwert einer Option mit näherrückendem Verfalldatum gegen Null tendiert. Der Zeitwert stellt eine Art Erwartungswert dar, welcher die zukünftigen Gewinne und Verluste einer Option widerspiegelt. Die kurzläufige Option wird verkauft, da sie einen rascheren Zeitwertverfall aufweist als die länger laufende Option, welche gekauft wird. In der optimalen Situation nimmt die Kurzfristoption einen at- oder out-of-the-money Zustand an und verfällt wertlos, während die länger laufende Option beim Glattstellen noch immer einen höheren Zeitwert aufweist, als zum Zeitpunkt der Konstruktion des Spreads zusammen für beide Optionen aufgewendet wurde.

Time Spread mit Calls

Beim Time Spread mit Calls wird die Option mit dem zeitlich näherliegenden Verfalldatum geschrieben und diejenige mit späterem Verfalltermin gekauft.

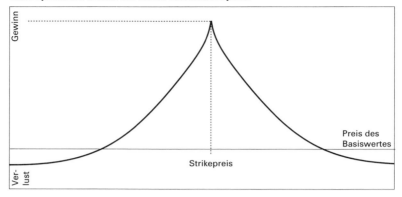

Der Strikepreis für beide Optionen wird nahe des erwarteten Basiswertkurses zum Verfallzeitpunkt der kürzer laufenden Option gewählt. Sind die Erwartungen bezüglich der Kursentwicklung positiv, wird ein Bull Time Spread mit einem Strikepreis über dem aktuellen Marktpreis des Basiswertes, bei neutraler Markteinschätzung möglichst in der Nähe des aktuellen Basiswertkurses gewählt.

Time Spread mit Puts

Analog zum Call Time Spread wird beim Time Spread mit Puts der mit abnehmender Laufzeit der Optionen kleiner werdende Zeitwert genutzt. Ein Put mit kurzer Laufzeit wird geschrieben und einer mit längerer Laufzeit gekauft. Werden keine bedeutenden Kursveränderungen des Basistitels erwartet, wird ein Strikepreis nahe dem Marktpreis des Basiswertes gewählt. Bei einem Bear Time Spread hingegen sollte der Strikepreis der Optionen out-of-the-money, d. h. in der Nähe des am Verfalltag erwarteten tieferen Basiswertkurses gewählt werden.

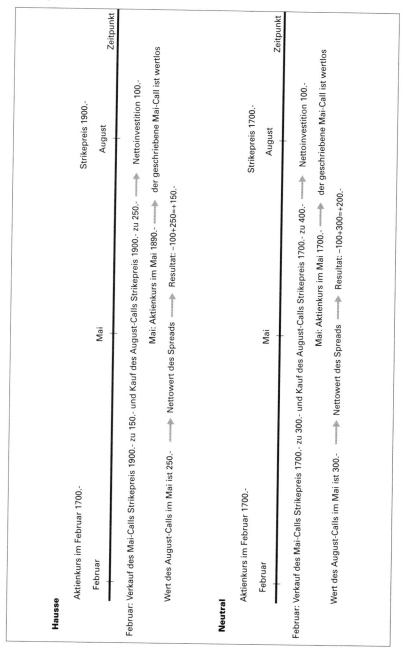

Hausse

Aktienkurs im Februar 1700.-

Februar   Mai   August   Zeitpunkt

Strikepreis 1900.-

Februar: Verkauf des Mai-Calls Strikepreis 1900.- zu 150.- und Kauf des August-Calls Strikepreis 1900.- zu 250.- → Nettoinvestition 100.-

Mai: Aktienkurs im Mai 1890.- → der geschriebene Mai-Call ist wertlos

Wert des August-Calls im Mai ist 250.- → Nettowert des Spreads → Resultat: −100+250=+150.-

Neutral

Aktienkurs im Februar 1700.-

Februar   Mai   August   Zeitpunkt

Strikepreis 1700.-

Februar: Verkauf des Mai-Calls Strikepreis 1700.- zu 300.- und Kauf des August-Calls Strikepreis 1700.- zu 400.- → Nettoinvestition 100.-

Mai: Aktienkurs im Mai 1700.- → der geschriebene Mai-Call ist wertlos

Wert des August-Calls im Mai ist 300.- → Nettowert des Spreads → Resultat: −100+300=+200.-

167

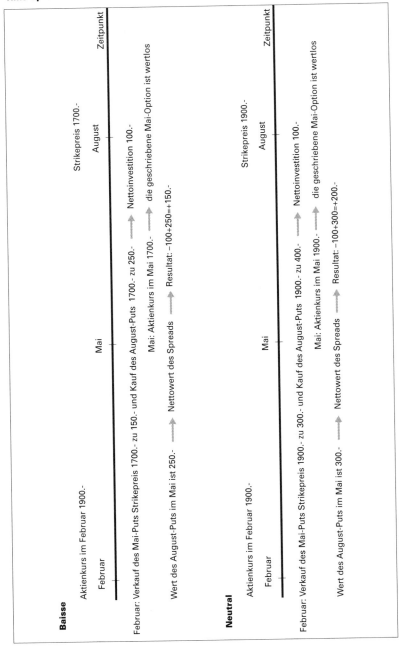

Baisse

Aktienkurs im Februar 1900.-

Februar | Mai | August | Zeitpunkt

Strikepreis 1700.-

Februar: Verkauf des Mai-Puts Strikepreis 1700.- zu 150.- und Kauf des August-Puts 1700.- zu 250.- ⟶ Nettoinvestition 100.-

Mai: Aktienkurs im Mai 1700.- ⟶ die geschriebene Mai-Option ist wertlos

Wert des August-Puts im Mai ist 250.- ⟶ Nettowert des Spreads ⟶ Resultat: –100+250=+150.-

Neutral

Aktienkurs im Februar 1900.-

Februar | Mai | August | Zeitpunkt

Strikepreis 1900.-

Februar: Verkauf des Mai-Puts Strikepreis 1900.- zu 300.- und Kauf des August-Puts 1900.- zu 400.- ⟶ Nettoinvestition 100.-

Mai: Aktienkurs im Mai 1900.- ⟶ die geschriebene Mai-Option ist wertlos

Wert des August-Puts im Mai ist 300.- ⟶ Nettowert des Spreads ⟶ Resultat: –100+300=+200.-

Diagonale Spreads

Diagonale Spreads vereinen die Charakteristika von Price und Time Spreads, indem Optionen unterschiedlicher Ausübungspreise und verschiedener Laufzeiten kombiniert werden. Ein diagonaler Bull Spread mit Calls wird beispielsweise derart konstruiert, dass eine Option mit kurzer Restlaufzeit und hohem Strikepreis geschrieben und eine Option mit längerer Restlaufzeit und tieferem Strikepreis gekauft wird. Der Vergleich mit dem Bull Price Spread zeigt, dass der diagonale Bull Spread teurer ist, da eine Option mit längerer Laufzeit gekauft wird. Dies wird dadurch kompensiert, dass der Inhaber der länger laufenden Option diese nach Verfall der kurzfristigen Option ertragbringend glattstellen oder für einen weiteren Spread verwenden kann.

Im Gegensatz zum gewöhnlichen Price Spread ist die genaue Berechnung des Gewinn- und Verlustpotentials dieser Optionsposition für unterschiedliche Kursentwicklungen des Basistitels schwierig. Der Wert der Position hängt vom Marktwert der langfristigen Option im Zeitpunkt des Verfalls der kürzer laufenden Option ab.

7.6   Tabelle
Beispiel eines diagonalen Bull Spreads

Preise in Fr.	Preis heute
Annahmen:	
Aktienkurs	1700
Call August 1700	230
Call Mai 1900	80
Spreadaktivität:	
Kauf des August Calls Strikepreis 1700	−230
Schreiben des Mai Calls Strikepreis 1900	+80
Nettoinvestition	−150

7.7 Tabelle
Alternative Preisentwicklungen bis zum Verfall der Mai Option

Preise in Fr.

Annahmen	Alternative 1	Alternative 2	Alternative 3
Aktienkurs	1 400	1 800	1 950
Call August 1 700	30	250	350
Call Mai 1 900	0	0	50
Spreadaktivität:	Die geschriebene Mai Option verfällt wertlos, und die August Option besitzt einen Marktpreis von 30. Dieser muss den Kosten für das Einnehmen der Position von 150 gegenübergestellt werden.	Die geschriebene Mai Option verfällt wertlos, und die August Option besitzt einen Marktpreis von 250. Dieser muss den Kosten für das Einnehmen der Position gegenübergestellt werden.	Die geschriebene Mai Option besitzt einen inneren Wert von 50 und muss zurückgekauft werden. Die August Option kann zu einem Preis von 350 verkauft werden. Das Einnehmen der Position hat 150 gekostet.
Resultat:	−150+30 = −120	−150+250 = +100	−150−50+350 = +150

Ein diagonaler Bear Spread kann ebenfalls mittels Call oder Put Optionen konstruiert werden. Dabei wird gleichzeitig eine Option mit längerer Laufzeit und tiefem inneren Wert gekauft und eine kürzer laufende Option mit hohem inneren Wert geschrieben.

7.8 Tabelle
Beispiel eines diagonalen Bear Spreads

Preise in Fr.	Preis heute
Annahmen:	
Aktienkurs	1 900
Call August 1 900	270
Call Mai 1 700	250
Spreadaktivität:	
Kauf des August Calls Strikepreis 1 900	−270
Schreiben des Mai Calls Strikepreis 1 700	+250
Nettoinvestition	−20

Alternative Preisentwicklungen bis zum Verfall der Mai Option

Preise in Fr.

Annahmen	Alternative 1	Alternative 2	Alternative 3
Aktienkurs	1 600	1 800	2 500
Call August 1 900	100	220	600
Call Mai 1 700	0	100	800
Spreadaktivität:	Die geschriebene Mai Option verfällt wertlos, und die August Option kann zum Marktpreis von 100 verkauft werden.	Die geschriebene Mai Option wird zum inneren Wert zurückgekauft und die August Option zum Marktpreis von 220 verkauft.	Die geschriebene Mai Option wird zum inneren Wert von 800 zurückgekauft, und die August Option zum Marktpreis von 600 verkauft. Da die Restlaufzeit der August Option kürzer geworden ist und die Option sich tief in-the-money befindet, ist ihr Zeitwert gleich null.
Resultat:	−20+100 = +80	−20−100+220 = +100	−20−800+600 = −180

Strategien bei unsicheren Preisentwicklungen

Bis anhin wurden Tradingstrategien für erwartete Kursanstiege oder -rückgänge beschrieben. Optionsstrategien ermöglichen aber nicht nur das Eingehen von Positionen im Hinblick auf Erwartungen über bestimmte Preisentwicklungen, sondern auch über das Ausmass von Preisbewegungen, ohne dabei eine bestimmte Richtung vorzuziehen.

Der Straddle

Ein Straddle setzt sich aus dem gleichzeitigen Kauf oder Verkauf von zwei Optionstypen mit gleichem Basiswert, Strikepreis und gleicher Restlaufzeit zusammen. In Erwartung einer hohen zukünftigen Preisfluktuation kann der Kauf eines Straddles, bestehend aus einem Long Call und einem Long Put auf denselben Basiswert mit gleichem Strikepreis und Verfalldatum, gewinnbringend sein. Wie aus der graphischen Darstellung der Position ersichtlich, sollte der Strikepreis nahe dem aktuellen Marktkurs gewählt werden.

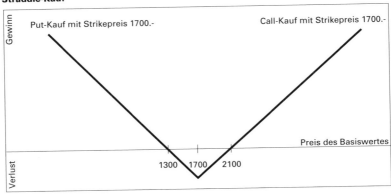

Die Kosten für den Kauf der zwei Optionen entsprechen dabei dem maximal möglichen Verlust. Dieser tritt dann ein, wenn der Marktpreis des Basiswertes am Verfalltag dem Strikepreis der beiden Optionen entspricht.

7.10   Tabelle
Beispiel eines gekauften Straddles

Preise in Fr.	Preis heute
Annahmen:	
Aktienkurs	1700
Put Strikepreis 1700	180
Call Strikepreis 1700	220
Kombinationsaktivität:	
Kauf des Puts	−180
Kauf des Calls	−220
Nettoinvestition	−400

Liegt der Marktpreis des Basiswertes bei Verfall tiefer als der Strikepreis, weist der gekaufte Put einen inneren Wert auf, und der Call verfällt wertlos. Umgekehrt erhält der Call bei einem Basiswertkurs über dem Ausübungspreis einen inneren Wert, und der wertlose Put verfällt.

Ein Straddle sollte dann angewendet werden, wenn eine starke Kursbewegung entweder nach oben oder nach unten erwartet wird, ohne sich über die Bewegungsrichtung im klaren zu sein. Zirkulieren beispielsweise bei einer Aktie Gerüchte über eine eventuelle Übernahme der Unternehmung, kann dies zu einem starken Kursanstieg führen. Trifft die Erwartung jedoch nicht ein, ist ein Kursrückgang der gestiegenen Aktie wahrscheinlich.

7.11   Tabelle
Alternative Preisentwicklung am Verfalltag

Preise in Fr.

Aktie	Put 1700	Call 1700	Wert der Position	Resultat
1000	700	0	700	+300
1100	600	0	600	+200
1200	500	0	500	+100
1300	400	0	400	0
1400	300	0	300	−100
1500	200	0	200	−200
1600	100	0	100	−300
1700	0	0	0	−400
1800	0	100	100	−300
1900	0	200	200	−200
2000	0	300	300	−100
2100	0	400	400	0
2200	0	500	500	+100
2300	0	600	600	+200
2400	0	700	700	+300

Der Strangle

Durch die Wahl unterschiedlicher Strikepreise bei einem gleichzeitigen Kauf eines Calls und eines Puts auf den gleichen Basiswert und gleicher Restlaufzeit, ist eine Reduktion des maximalen Verlustes von Straddles möglich. Es wird ein Put gewählt, dessen Strikepreis tiefer liegt als derjenige des Calls. Eine derartige Konstruktion wird Strangle genannt.

7.11   Abbildung
Strangle-Kauf

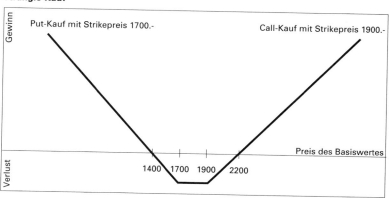

173

7.12 Tabelle
Beispiel eines gekauften Strangles

Preise in Fr.	Preis heute
Annahmen:	
Aktienkurs	1800
Put Strikepreis 1700	110
Call Strikepreis 1900	140
Kombinationsaktivität:	
Kauf des Puts	–110
Kauf des Calls	–140
Nettoinvestition	–250

7.13 Tabelle
Alternative Preisentwicklungen bei Verfall

Preise in Fr.

Aktie	Put 1700	Call 1900	Wert der Position	Resultat
1000	700	0	700	+400
1100	600	0	600	+300
1200	500	0	500	+200
1300	400	0	400	+100
1400	300	0	300	0
1500	200	0	200	–100
1600	100	0	100	–200
1700	0	0	0	–250
1800	0	0	0	–250
1900	0	0	0	–250
2000	0	100	100	–200
2100	0	200	200	–100
2200	0	300	300	0
2300	0	400	400	+100
2400	0	500	500	+200

Wie obige Tabelle zeigt, sind beim Strangle grössere Kursbewegungen erforderlich, um den gleichen Gewinn wie beim Straddle zu erhalten. Andererseits kann mit einem Strangle der maximale Verlust reduziert werden, da die beiden out-of-the-money Optionen billiger sind als die at-the-money Option des Straddles. Dafür tritt der maximale Verlust jedoch über das gesamte Kursintervall zwischen den Strikepreisen ein.

Schreiben von Straddles und Strangles

Im Gegensatz zum Kauf dieser beiden Positionen wird beim Verkauf eine stabile künftige Kursentwicklung vorausgesetzt. Der Gewinn des Schreibers ist auf den Erlös der verkauften Optionen beschränkt, während das Verlustrisiko der geschriebenen Optionen sowohl bei einem Kursanstieg als auch bei einem -rückgang unbegrenzt ist.

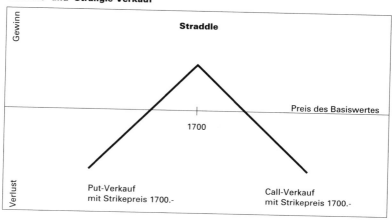

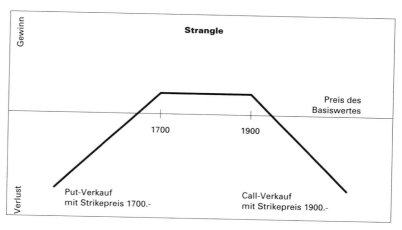

Die geschriebene Strangleposition beinhaltet ein im Vergleich zum Straddle reduziertes Gewinnpotential, welches allerdings in einem breiteren Kursintervall anfällt. Beide Positionen sollten nur mit grösster Vorsicht eingegangen und ständig überwacht werden.

Kombinationen

In einem weiteren Schritt sollen die Charakteristika von Spreads mit denjenigen von Straddles bzw. Strangles kombiniert werden. Das Resultat bilden zwei Konstruktionen, welche die Volatilität des Basiswertkurses miteinbeziehen und gleichzeitig das Gewinn- und Verlustpotential limitieren.

Der Butterfly Spread

Der Butterfly Spread setzt sich aus vier Optionen, entweder nur Calls oder nur Puts, mit drei verschiedenen Strikepreisen und gleichem Verfalltermin zusammen. Dabei werden die beiden Optionen mit dem tiefsten und höchsten Strikepreis gekauft und die beiden Optionen mit dazwischen liegendem Strikepreis geschrieben. Der mittlere Strikepreis wird so gewählt, dass er möglichst dem erwarteten Marktpreis des Basistitels am Verfalldatum der Optionen entspricht. Ist dies der Fall, werden die beiden geschriebenen Optionen mit dem mittleren Strikepreis wertlos verfallen.

Erfolgt die Butterfly Konstruktion durch Calls, wird die Option mit dem tiefen Strikepreis am Verfalldatum einen inneren Wert besitzen und die Option mit dem höheren Strikepreis wertlos verfallen. Bei der Verwendung von Puts weist die Option mit hohem Strikepreis einen inneren Wert auf, während diejenige mit tiefem Strikepreis wertlos ist.

7.13 Abbildung
Kauf eines Butterfly Spreads

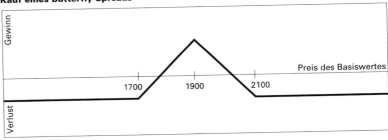

Die Optionen sollten so gewählt werden, dass die Intervalle zwischen den drei Strikepreisen gleich gross sind. Damit entspricht der maximal mögliche Verlust eines Butterfly Spreads dem Nettoaufwand für den Kauf der Position. Stimmen Marktpreis des Basiswertes und mittlerer Strikepreis der Optionen am Verfalltag überein, kann der maximale Gewinn realisiert werden.

176

Beispiel eines Butterfly Spread Kaufs mit Calls

Preise in Fr.	Preis heute
Annahmen:	
Aktienkurs	1 900
Call Strikepreis 1 700	350
Call Strikepreis 1 900	200
Call Strikepreis 2 100	150
Kombinationsaktivität:	
Kauf 1 Call Strikepreis 1 700	−350
Verkauf 2 Calls Strikepreis 1 900	+400
Kauf 1 Call Strikepreis 2 100	−150
Nettoinvestition	−100

Die Risikobegrenzung eines Butterfly Spreads erfolgt durch den Kauf und Verkauf von je zwei Optionen. Liegt zum Zeitpunkt des Verfalls bei Call Optionen der Basiswertkurs über dem höchsten Strikepreis oder im Falle von Puts unter dem tiefsten Strikepreis, ist die Verpflichtung der beiden geschriebenen Optionen durch das Recht der beiden gekauften gedeckt.

7.15 Tabelle
Alternative Preisentwicklungen bei Verfall

Preise in Fr.

Aktie	Call 1 700	Call 1 900	Call 2 100	Wert der Position	Resultat
1 500	0	0	0	0	−100
1 600	0	0	0	0	−100
1 700	0	0	0	0	−100
1 800	100	0	0	100	0
1 900	200	0	0	200	+100
2 000	300	100	0	100	0
2 100	400	200	0	0	−100
2 200	500	300	100	0	−100
2 390	600	400	200	0	−100

Der Condor

Eine Möglichkeit zur Vergrösserung des Kursintervalles des Butterfly Spreads, in welchem der maximale Gewinn anfällt, besteht in der Wahl unterschiedlicher Strikepreise der beiden geschriebenen Optionen. Die Kombination von zwei gekauften und zwei geschriebenen Optionen mit vier verschiedenen Strikepreisen, gleichem Basiswert und Verfalltermin wird Condor genannt. Allerdings muss die Erweiterung des gewinnträchtigen Kursintervalls mit einem geringeren maximalen Gewinn erkauft werden.

7.14 Abbildung
Condor Kauf

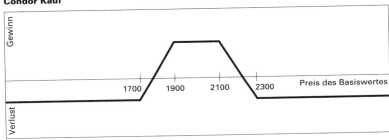

Analog zum Butterfly Spread kann der Condor sowohl für steigende, fallende als auch neutrale Kurserwartungen eingesetzt werden. Bei einem erwarteten Kurszerfall des Basiswertes werden die beiden mittleren Strikepreise unter dem aktuellen Marktpreis angesetzt. Für einen stagnierenden Markt werden Ausübungspreise beidseits des derzeitigen Marktpreises gewählt. In Erwartung positiver Markttendenzen müssen die mittleren Strikepreise über dem momentanen Basiswertpreis gewählt werden. Die Voraussetzung zur Erreichung eines maximalen Gewinns besteht in der möglichst exakten Prognose des Marktpreises am Verfalldatum, so dass der mittlere Strikepreis entsprechend gewählt werden kann.

Schreiben von Butterfly Spreads und Condors

Sowohl der Butterfly Spread als auch der Condor können in umgekehrter Weise ausgeführt werden, indem zwei Optionen mittleren Strikepreises gekauft und zwei weitere mit hohem und tiefem Ausübungspreis verkauft werden.

Der maximale Gewinn aus der Position kann dann realisiert werden, wenn der Marktpreis des Basistitels am Verfalltag über dem höchsten oder unter dem tiefsten Strikepreis liegt. Diese Positionen

Butterfly Spread und Condor Verkauf

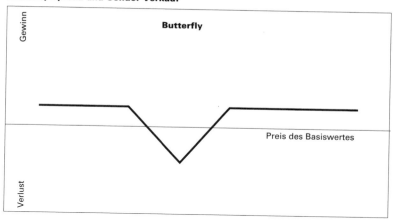

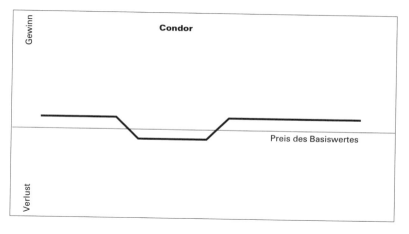

gleichen dem Kauf eines Straddles oder Strangles, beinhalten jedoch ein geringeres maximales Gewinnpotential, allerdings auch einen bedeutend geringeren maximalen Verlust.

Sukzessive Positionsanpassung

Im Kapitel Hedging wurde beschrieben, wie sich der Deltawert von Optionen in Abhängigkeit von der Preisentwicklung des Basiswertes verändert und dass deshalb eine ständige Anpassung der Optionsposition notwendig ist. In gleicher Weise muss auch der Trader seine Kontrakte laufend anpassen, wenn er ein bullishes, bearishes oder neutrales Profil seiner Position beibehalten will.

Ein Bull Price Spread beispielsweise, bei welchem der Markt-preis des Basiswertes im Zeitverlauf den höheren Strikepreis über-steigt, bringt dem Besitzer, der weiterhin steigende Kurse erwartet, keinen höheren Gewinn mehr ein. Um in dieser Situation das Gewinn-potential aufrechterhalten zu können, muss der Trader die Position glattstellen und eine neue Position mit höheren Strikepreisen einge-hen. Diese neue Transaktion verursacht in der Regel tiefere Kosten als der Erlös aus der alten Position. Damit wird ein Teil des Gewinnes realisiert und gleichzeitig der Schutz vor sinkenden Basiswertkursen nach oben angepasst.

Zusammenfassung

Der Trader geht im Gegensatz zum Hedger und zum Arbitrageur spekulative Positionen ein und bringt damit seine Erwartungen bezüglich Preisentwicklung und Volatiltität des zugrundeliegenden Basiswertes zum Ausdruck.

Durch Kombination verschiedener Optionen können Strategien konstruiert werden, mit dem Ziel, aus Erwartungen der zukünftigen Preisentwicklung Gewinne zu erzielen. Ein Spread ist der gleichzeiti-ge Kauf und Verkauf eines Optionstyps mit unterschiedlichen Strike-preisen und/oder verschiedenen Laufzeiten. Eine Spreadposition kann aus Optionen mit verschiedenen Strikepreisen (Price Spread), ver-schiedenen Laufzeiten (Time Spread) oder beidem (Diagonal Spread) zusammengesetzt werden.

Erwartungen über die zukünftige Volatilität eines Basis-wertes können durch den gleichzeitigen Kauf oder Verkauf von Calls und Puts zur Gewinnerzielung genutzt werden. Wird der maxima-le Gewinn oder Verlust bei einem bestimmten Kurs fixiert, handelt es sich um einen Straddle, liegt der maximale Gewinn oder Verlust in einem Kursintervall des Basiswertes, handelt es sich um einen Strangle. Beim Kauf der Optionen entstehen bei grossen Kursbe-wegungen des Basistitels unlimitierte Gewinnchancen, bei geschrie-benen Optionen kann ein Gewinn lediglich bei stabilen Kursen er-zielt werden, während gleichzeitig ein unbegrenztes Verlustrisi-ko besteht.

Eine Möglichkeit zur Begrenzung dieses Verlustrisikos besteht im Schreiben oder Erwerben von zwei weiteren Optionen mit unter-schiedlichen Strikepreisen. Diese Positionen, Butterfly Spread und Condor genannt, sind stabiler, da sie einerseits das Verlustrisiko ein-schränken und andererseits die Gewinnchancen reduzieren.

Wie beim Hedging müssen auch beim Trading die Positionen der Preisveränderung des Basiswertes kontinuierlich angepasst werden, um weiterhin den höchstmöglichen Ertrag erzielen zu können.

Konstruktion von Gewinn/ Verlustdiagrammen

In den vorgehenden Kapiteln wurden zahlreiche Positionsprofile verwendet, sogenannte Gewinn/Verlustdiagramme (Pay-off Diagramm), ohne deren Herleitung und Konstruktion näher zu beschreiben. Dies soll nun nachgeholt werden, indem der Einsatz der Vektortechnik für die Erstellung verschiedener Optionsprofile erläutert wird.

RICHTUNGSKOEFFIZIENTEN

Der Richtungskoeffizient als eines der wichtigsten Elemente der Vektortechnik, bestimmt die Richtung der Kurve und wird durch die erste Ableitung der Preisfunktion des Basiswertes definiert. Der Kauf eines Basiswertes besitzt den Koeffizienten +1 und ein Leerverkauf den Wert –1.

8.1   Abbildung
Richtungskoeffizient für den Kauf und Leerverkauf des Basiswertes

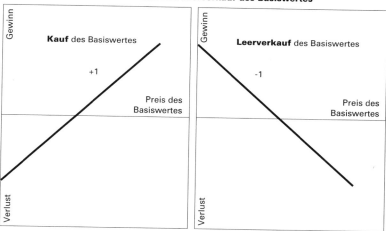

Der Koeffizient basiswertunabhängiger Preisveränderungen beträgt Null. Mit diesen drei Alternativen können sämtliche Optionspositionen beschrieben werden. Die grafische Darstellung bezieht sich stets auf einen bestimmten Zeitpunkt, meistens auf den Verfall.

181

Richtungskoeffizient für verschiedene Optionspositionen

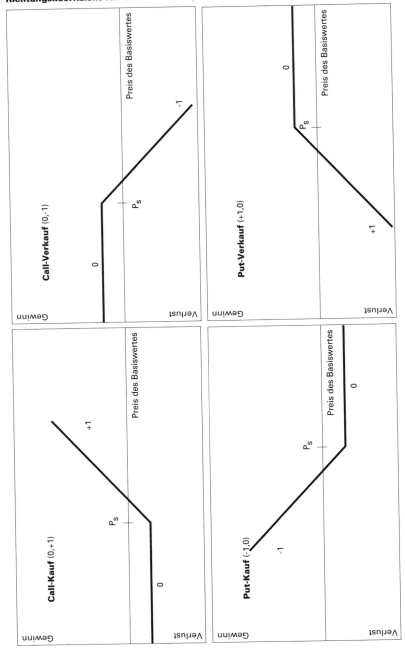

Wie im Kapitel Theoretische Bewertung dargestellt, lässt sich der Kauf eines Basiswertes durch eine synthetische Position bestehend aus einem gekauften Call kombiniert mit einem geschriebenen Put nachbilden.

8.3   Abbildung
Call-Kauf und Put-Verkauf=Kauf des Basiswertes

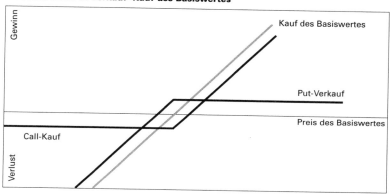

Mit Hilfe der Vektortechnik lässt sich diese Position graphisch darstellen. Einem Call mit Strikepreis A kann der Koeffizient (0,+1)A zugeteilt werden, was bedeutet, dass die Option links des Strikepreises A den Koeffizienten 0 und rechterhand +1 aufweist. Ein geschriebener Put mit Strikepreis A wird mit dem Koeffizienten (+1,0)A beschrieben. Durch Addition dieser beiden Koeffizienten wird der Koeffizient des Basiswertes berechnet.

8.4   Abbildung
Synthetischer Kauf des Basiswertes mit Vektorberechnung

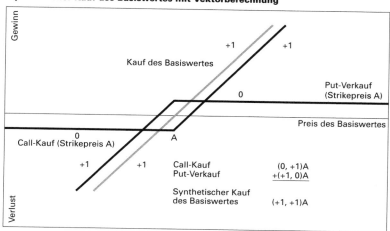

DIE KONSTRUKTION VON GEWINN/VERLUST-DIAGRAMMEN MIT CALLS

Auf die gleiche Weise kann von einem gewünschten Gewinn/Verlustdiagramm ausgegangen und die entsprechenden Positionen abgeleitet werden. Dabei wird so vorgegangen, dass die Vektorlinie bei Calls von links nach rechts, bei Puts von rechts nach links beschrieben wird. Der erste Koeffizient gibt die Richtung der Linie links des ersten Strikepreises an, während der zweite Koeffizient die Richtung zwischen dem tiefsten und zweittiefsten Strikepreis festhält und so weiter.

8.5   Abbildung
Konstruktion eines Gewinn-/Verlustdiagramms mit Calls

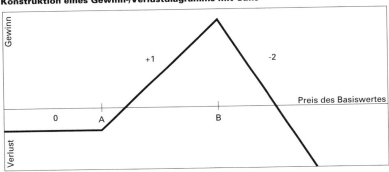

Die Position in Abbildung 8.5 besitzt den Koeffizienten (0,+1, −2)A,B. Die ersten beiden Linien links und rechts von A entsprechen der graphischen Darstellung eines einfachen Long Calls mit Strikepreis A. Im zu konstruierenden Diagramm mit den beiden Strikepreisen A und B würde die Bezeichnung für einen einfachen Call Kauf (0,+1,+1)A,B lauten. Um die gewünschte Position (0,+1,−2)A,B zu erhalten, muss der letzte Richtungskoeffizient um 3 Einheiten reduziert werden. Das Schreiben von 3 Calls mit Strikepreis B führt zur gewünschten Lösung. Ein geschriebener Call mit Strikepreis B wird mit (0,0,−1)A,B bezeichnet, drei dieser Optionen weisen demnach den Koeffizienten (0,0,−3)A,B auf.

Die Position (0,+1,−2)A,B kann folglich durch den Kauf eines Calls mit Strikepreis A und dem Schreiben von drei Calls mit Strikepreis B repliziert werden.

Abbildung
Vektorberechnung mit Calls

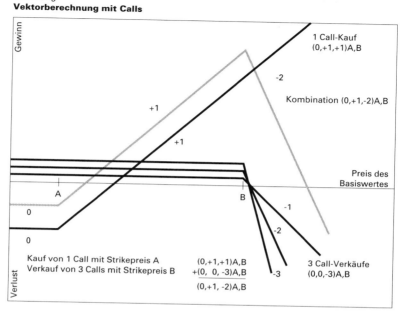

185

DIE KONSTRUKTION VON GEWINN/VERLUSTDIA-GRAMMEN MIT CALLS UND PUTS

Alternativ zum Vorgehen bei der Erstellung obiger Position, kann durch die Kombination von Calls und Puts ein Gewinn/Verlustdiagramm nachgebildet werden. Der Verkauf von zwei Calls mit Strikepreis B ergibt als Resultat den Linienabschnitt rechts vom Strikepreis B und kann mit dem Koeffizienten (0,0,−2)A,B bezeichnet werden. Wird die Position durch das Schreiben eines Puts mit Strikepreis B und der Bezeichnung (+1,+1,0)A,B erweitert, ergibt sich eine Position mit dem Koeffizienten (+1,+1,−2)A,B.

8.7   Abbildung
Gewinn-/Verlustdiagramm mit Calls und Puts

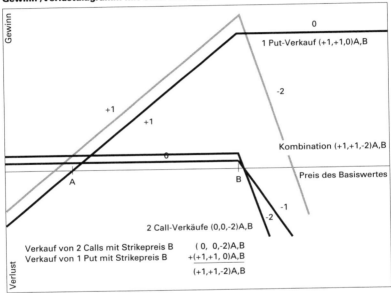

Wird die Position durch den Kauf eines Puts mit Strikepreis A und der Bezeichnung (−1,0,0)A,B komplettiert, erhält die Figur den Koeffizienten (0,+1,−2)A,B.

186

Gewinn-/Verlustdiagramm mit Calls und Puts

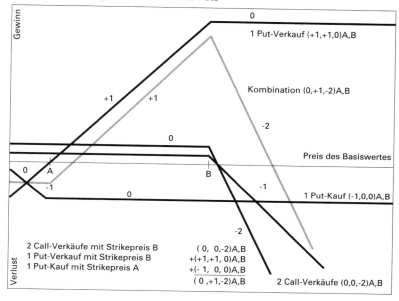

Dieses Beispiel zeigt, dass das gleiche Gewinn/Verlustdiagramm auf verschiedenste Arten mit Calls und Puts unterschiedlicher Strikepreise konstruiert werden kann. Die Vektortechnik bringt den Vorteil mit sich, dass nicht an vordefinierten Gewinn/Verlustdiagrammen wie beispielsweise beim Straddle oder Butterfly Spread festgehalten werden muss, sondern direkt mit dem Profil gearbeitet werden kann, aus welchem die gewünschte Position abzuleiten ist. Bestehen verschiedene Lösungswege zur Replikation einer Position, wie dies beim vorhergehenden Beispiel der Fall war, sollte die preisgünstigste Zusammensetzung gewählt werden. Können gleichzeitig teure Optionen verkauft und billige erworben werden, führt dies zu einem zusätzlichen Gewinnpotential.

KOMPLEXE KONSTRUKTIONEN

Der Vorteil der Vektortechnik besteht darin, selbst hochkomplizierte Positionen mit mehreren Strikepreisen mühelos nachbilden zu können. Anhand des folgenden Beispiels soll die Herleitung eines Condor Kaufs mittels der Vektortechnik demonstriert werden.

8.9 Abbildung
Konstruktion eines Gewinn-/Verlust-Diagramms mit Vektortechnik

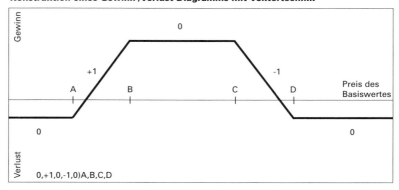

Der Condor soll mit Calls repliziert werden, wobei in einem ersten Schritt auf der linken Seite begonnen wird. Die Linien rechts und links vom Punkt A entsprechen dem Kauf eines Calls mit Strikepreis A mit dem Koeffizienten (0,+1)A. Über die gesamte Figur betrachtet entspricht dies dem Wert (0,+1,+1,+1,+1)A,B,C,D.

8.10 Abbildung
Call-Kauf mit Strikepreis A

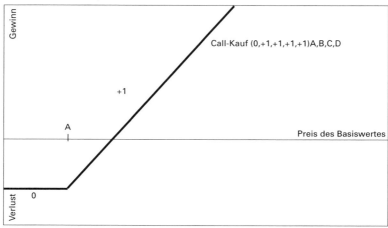

Das Schreiben eines Calls mit Strikepreis B und Bezeichnung
(0,–1)B neutralisiert die positive Neigung der Kurve rechts vom Strikepreis B. Für die ganze Figur lautet der Koeffizient des geschriebenen
Calls (0,0,–1,–1–1)A,B,C,D.

8.11   Abbildung
Call-Kauf mit Strikepreis A, Call-Verkauf mit Strikepreis B

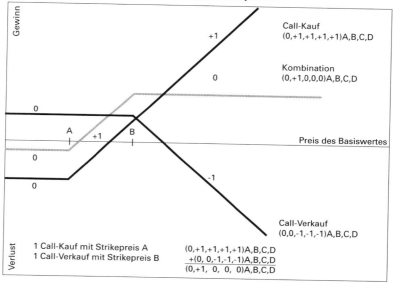

Wird ein weiterer Call mit dem Strikepreis C und der Bezeichnung (0,–1)C respektive (0,0,0,–1,–1)A,B,C,D geschrieben, resultiert
die Position in Abbildung 8.12.

Um der negativen Neigung der Kurve rechts vom Strikepreis D
entgegenzuwirken, wird ein Call mit Strikepreis D gekauft. Dieser hat
die Bezeichnung (0,+1)D, respektive (0,0,0,0,+1)A,B,C,D. Die gesamte
zusammengesetzte Position weist schliesslich ein Profil auf, welches
mit dem gewünschten Condor Kauf übereinstimmt.

189

8.12   Abbildung
Call-Kauf mit Strikepreis A, Call-Verkauf mit
Strikepreis B und Call-Verkauf mit Strikepreis C

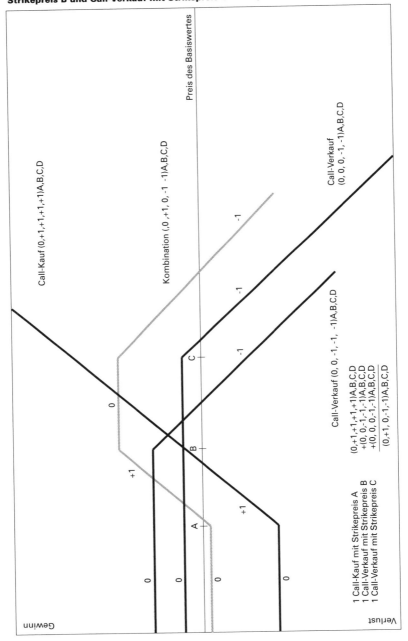

Call-Kauf mit Strikepreis A, Call-Verkauf mit Strikepreis B, Call-Verkauf mit Strikepreis C und Call-Kauf mit Strikepreis D

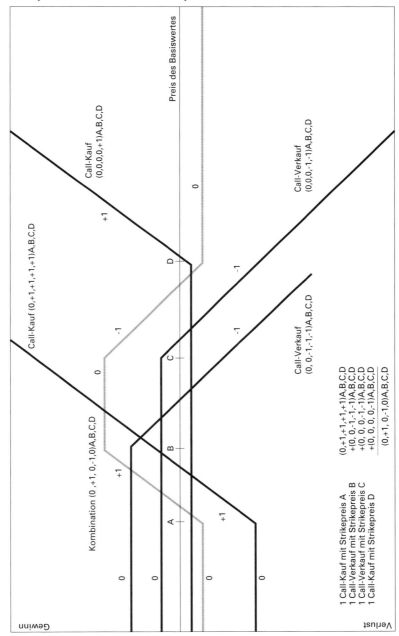

191

ZUSAMMENFASSUNG

Die Vektortechnik stellt ein äussert einfaches Instrument zur Replikation von Positionen dar. Beliebig komplexe Strategien können mittels Gewinn/Verlustdiagrammen und Richtungskoeffizienten aus Call und Put Optionen zusammengestellt werden. Dabei bestehen für eine Position zahlreiche Kombinationsmöglichkeiten aus Transaktionen, Optionstypen, Laufzeiten und Strikepreisen.

Praktische Anwendungen

Bis anhin geriet die Tatsache, dass Optionen im Handel mit Finanzwerten in erster Linie der Risikoverteilung dienen, eher in den Hintergrund. In diesem Kapitel soll die Risikoallokation zwischen Marktteilnehmern und die optimale Wahl unterschiedlicher Optionsstrategien eingehend behandelt werden.

Die Aufnahme von Optionen in ein Portefeuille bestehend aus Basistiteln verursacht nicht nur eine Veränderung der zu erwartenden Rendite des Portefeuilles, sondern auch ihrer Wahrscheinlichkeitsverteilung. Diese beiden Faktoren lassen sich bei einer Portefeuillezusammenstellung gezielt steuern.

In einem späteren Abschnitt wird eine spezielle Verwendungsmöglichkeit von in-the-money Optionen präsentiert und eine praktische Art der Gewinnerzielung mittels Basiswerttransaktionen demonstriert. Zuletzt wird der Einsatz von Optionen als Schutz vor bestimmten externen Einflüssen, wie Zinsveränderungen oder Steuerbelastungen beschrieben.

DIE OPTIMALE OPTIONSKONSTRUKTION

Die Frage nach der besten Optionskonstruktion kann nicht allgemeingültig beantwortet werden. Unterschiedliche Erwartung und Risikobereitschaft führen zu spezifischen Präferenzen einzelner Marktteilnehmer, welche durch individuelle Strategien mit derivativen Finanzinstrumenten ausgedrückt werden können.

Die moderne Portfoliotheorie besagt, dass Risiko und Rendite untrennbar miteinander verbunden sind. Die richtige Methode zur Bestimmung der besten Optionskonstruktion besteht in der Gegenüberstellung verschiedener Strategien und der Wahl der geeigneten Risiko/Rendite-Kombination, welche den individuellen Präferenzen entspricht. Dementsprechend wird sich der aggressive Anleger für eine höhere erwartete Rendite mit grösserem Risiko entscheiden als ein konservativer Investor.

Diese Risiko/Gewinn-Bewertungsmethode kann als ein iteratives Vorgehen beschrieben werden, welches zuerst die Wahl sämtlicher Strategien mit positivem erwarteten Ertrag, anschliessend die Berechnung des Risikos und der Rendite und zuletzt die Bestimmung des geringsten Risiko/Ertrag-Verhältnisses beinhaltet.

$$\text{Risiko/Gewinn-Verhältnis} = \frac{V_0 - V_1^{neg}}{V_1^{pos} - V_0}$$

V_0 = Wert der Kombination beim Eingehen der Position

V_1^{neg} = Erwarteter Wert der Kombination zum gewünschten Verkaufs-zeitpunkt unter Annahme einer negativen Veränderung des Basiswertkurses gemäss der Standardabweichung

V_1^{pos} = Erwarteter Wert der Kombination zum gewünschten Verkaufs-zeitpunkt unter Annahme einer positiven Wertveränderung des Basistitels gemäss der Standardabweichung

Ein Trader geht eine Call Position ein, um damit in den nächsten zwei Monaten einen Gewinn zu erzielen. Das Risiko/Gewinn-Verhältnis kann hier berechnet werden, indem die negative Entwicklung des Basiswertes als Risikofaktor betrachtet wird. Die Schätzung des Kurs-rückgangs des Basiswertes kann mit Hilfe der impliziten Standardab-weichung vorgenommen werden. Zum Kaufzeitpunkt der Option betrage die implizite Jahresstandardabweichung 20 %. Nach der im Kapitel Theoretische Bewertung beschriebenen Berechnungsmethode beträgt die Standardabweichung für zwei Monate 8.2 %, was bedeu-tet, dass der Aktienpreis innerhalb von zwei Monaten im Durchschnitt um 8.2 % steigen oder fallen wird. Aufgrund der durchschnittlichen negativen Preisentwicklung wird nun der in zwei Monaten erwartete Optionspreis berechnet.

Unter Annahme einer weiter andauernden 20 %igen Jahresstan-dardabweichung wird der um 8.2 % tiefere Aktienkurs und eine um zwei Monate verkürzte Laufzeit der Option in die Black-Scholes-For-mel eingesetzt. Das Risiko der Call Option besteht demnach in der Dif-ferenz zwischen aktuellem Tagespreis und dem berechneten zukünf-tigen Verkaufspreis der Option. Das Gewinnpotential wird auf die gleiche Weise ermittelt. Nachdem diese Berechnungen für alle Inve-stitionsalternativen durchgeführt worden sind, wird in einem letzten Schritt das Risiko durch den Gewinn dividiert und diejenige Strategie mit dem geringsten Risiko/Gewinn-Verhältnis ausgewählt.

Diese Methode gewichtet Gewinnchancen mit den gleichen Fak-toren wie Verlustrisiken. Je nach Risikopräferenzen und finanziellen Möglichkeiten kann ein Investor die Gewichtungsfaktoren verändern, zum Beispiel der risikoaverse Anleger denjenigen des Risikos verstär-ken. Die Methode führt nicht bei jeder Investitionsstrategie zum best-möglichen Resultat, lässt aber alle Optionskombinationen bezüglich Gewinn- und Verlustchancen miteinander vergleichen.

Praktisches Beispiel zur Risiko/Gewinn-Methode

Die Berechnungsart findet besonders bei länger laufenden Optionen mit Laufzeiten von über sechs Monaten die geeignete Anwendung, da kurzfristige Optionen bedeutend ausgeprägter auf zufällige Marktschwankungen und Veränderungen von für die Gesellschaft exogenen volkswirtschaftlichen Variabeln reagieren. Bei lange laufenden Optionen, insbesondere Aktienoptionen, können aufgrund von Chancen/Risiko-Analysen der Produkte und Märkte einer Unternehmung Potentiale für Aufwärts- oder Abwärtsbewegungen des Aktienkurses abgeleitet werden. Anhand des Beispiels der Novastis Namenaktie soll eine derartige Optionsbewertung vorgenommen werden. Die Novartis Namenaktie rentiert mit der für das Geschäftsjahr 2001 geschätzten Dividende von Fr. –.90 auf dem Niveau von Fr. 67.50 1.3 % und weist ein Kurs/Gewinn-Verhältnis für den geschätzten Gewinn im Jahr 2002 von 20 auf. Eine Analyse der entsprechenden Werte der nationalen und internationalen Chemie- und Pharmabranche ergibt, dass einerseits die Dividendenrendite nicht tief, das Kurs/Gewinn-Verhältnis hingegen relativ tief liegt. Wir nehmen an, der Titel erreicht künftig im guten Fall ein Kurs/Gewinn-Verhältnis von 25, was berücksichtigt, wie der Titel historisch bewertet wurde. Daraus ergibt sich für die Novartis-Aktie ein Kurspotential von Fr. 84.40, was einem Preisanstieg von 25 % entspricht.

Im negativen Fall führen äussere Umstände, wie eine weiterhin starke einheimische Währung, zu einem geringeren Gewinnanstieg für das kommende Jahr. Die Gefahr von Unfällen und Problemen mit der Vermarktung von Pharmaprodukten ist latent. Im schlechten Fall könnte aufgrund dieser Überlegungen der Titel 15 % fallen (Fr. 57.40). Dadurch würde das Kurs/Gewinn-Verhältnis auf 17 fallen, was eine hohe Risikoprämie beinhaltet, und die Dividendenrendite würde auf 1.5 % steigen.

9.1 Tabelle
Aktienbewertung als Grundlage für die Optionsanalyse

Gesellschaft	Telekursymbol Aktie	Kurs in Fr.	Divid. Rendite (01E) %	P/E (2002E)	Positiv			Negativ		
					Anstieg %	Divid. R. (01E) %	P/E (2002E)	Fall %	Divid. R. (01E) %	P/E (2002E)
Novartis NOVN		67.50	1.3	20	+25	1.0	25	−15	1.5	17

Folgende Daten liegen für die Berechnung des theoretischen Optionenpreises nach Black/Scholes vor:

9.2   Tabelle
Grunddaten für die Black-Scholes-Formel

Preise in Fr.

Aktienpreis	67.50
Strikepreis	63.25
Standardabweichung	22 %
Restlaufzeit	14 Monate
Risikofreier Zinssatz	5 %
Dividende geschätzt	0.90

Die beschriebene Option ist gemäss der Black-Scholes-Formel Fr. 2.08 wert, was bei einem Bezugsverhältnis von 2:1 einer reinen Prämie von 6.6 % entspricht. Der Marktpreis befindet sich zur Zeit bei Fr. 5.08, was bedeutet, dass der Markt einen Mehrpreis von 9.5 % zu zahlen bereit ist.

Eine andere Art der Bewertung des Preises der Option kann folgendermassen erfolgen. Werden die festgelegten Kursziele der Aktie auf die theoretische Bewertung der Option übertragen, wird deutlich, dass in dieser Hinsicht das Chancen/Risiko-Profil trotzdem sehr positiv aussieht. Ein Kursanstieg der Novartis Namenaktie um 25 % in den nächsten drei Monaten würde einen Anstieg des Optionspreises um 125 % bedeuten. Das Risiko besteht in einem 75 %igen Rückgang des Optionspreises im Fall eines Kursabfalls der Aktie um 15 %. Das Beispiel zeigt erwartungsgemäss, dass sich die Prämie bei fallendem Aktienkurs erhöht und bei steigendem Kurs abnimmt. Die Option ist nach dieser Methode trotz ihrer Überbewertung nach Black-Scholes als positiv zu beurteilen.

9.3   Tabelle
Optionsanalyse mit der Risiko/Gewinn-Methode

Symb. Opt.	Telekurs Preis (Fr.)	Gibt das Recht Anz. Aktien	Strikepreis	bis Monat	bis Jahr	Hebel	Prämie Aktuell %	Theo. %	Überpreis %	Positiv Anstieg % Aktie	Anstieg Option %	Negativ Abfall % Aktie	Abfall Option %
NOVO	5.08 0.5	63.25 02		2	2003	6.6	8.75	6.6	9.5	+25	+125	−15	−75

STRATEGIEN FÜR OPTIONENPORTEFEUILLES

Unabhängig von finanziellen und persönlichen Restriktionen eines Anlegers bestehen Strategien, welche auf lange Sicht überdurchschnittliche Resultate erzielen, allerdings mit einem höheren Risiko. Dazu gehören Strategien, welche durch den Verkauf des Zeitwerts mit hoher Wahrscheinlichkeit ein Prämieneinkommen realisieren. Voraussetzung hierfür ist die Zulässigkeit von Call Verkäufen, ohne den unterliegenden Basiswert besitzen zu müssen sowie genügende finanzielle Reserven, die im Falle einer unvorteilhaften Basiswertentwicklung zur Überbrückung benötigt werden.

Eine weitere Gruppe von Strategien, mit welchen längerfristig gute Resultate erzielt werden können, beinhalten ein niedrigeres Risikoprofil bei gleichzeitig relativ geringer Wahrscheinlichkeit grosser Gewinne. Kleine, stetig anfallende Verluste werden durch grosse, aber seltene Gewinne aufgewogen. Ein Portefeuille dieser Art enthält wenig Optionen und besteht zu etwa 90% des Wertes aus risikofreien Anlagen. Der ungefähr 10%ige Optionenanteil des Portefeuilles zeichnet sich durch ein begrenztes Risiko, geringen Investitionsbedarf und eine kleine Wahrscheinlichkeit hoher Gewinne aus. Derartige Optionspositionen werden durch Kombination verschiedener Ausübungspreise und Verfalldaten beider Optionstypen erreicht.

Eine dritte für den Investor vorteilhafte Strategie beinhaltet das gedeckte Schreiben von Call Optionen, wodurch mit hoher Wahrscheinlichkeit begrenzte Gewinne erzielt werden können, aber gleichzeitig mit geringer Wahrscheinlichkeit hohe Opportunitätsverluste durch das Limitieren des Gewinnpotentials der Basistitelposition entstehen können. Reine Spekulationsstrategien wie der Kauf von out-of-the-money Optionen oder verschiedene Typen von Spreads sind aufgrund des hohen Risikos für den Investor verhältnismässig weniger attraktiv.

Für Marktteilnehmer, welche die Marktentwicklung zuverlässig voraussehen, ist die Rangordnung dieser Strategien nicht von Bedeutung, da sie ohnehin diejenige Strategie mit dem höchsten Gewinnpotential wählen. Für Anleger, welche sich längerfristig mit leicht über dem Marktdurchschnitt liegenden Renditen zufriedengeben, gilt folgende nach dem Risiko geordnete Reihenfolge:

1. Verkauf des Zeitwerts (geringes Risiko)
2. Kleine Verluste mit grosser Wahrscheinlichkeit, kombiniert mit hohen potentiellen Gewinnen mit kleiner Wahrscheinlichkeit
3. Begrenzte Gewinne mit grosser Wahrscheinlichkeit, aber gleichzeitig grosse Verlustrisiken mit kleiner Wahrscheinlichkeit
4. Reine Optionskäufe (hohes Risiko)

Verkauf des Zeitwerts

Diese Strategie beinhaltet den Verkauf eines Calls mit möglichst hohem Zeitwert, am besten eine at-the-money Option. Der erhaltene Zeitwert entschädigt den Optionsschreiber für das Risiko einer ungünstigen Preisentwicklung, d. h. bei einem Call gegen einen Preisanstieg des Basiswertes. Fällt der Kurs des Basiswertes oder bleibt er unverändert, kann der Anleger die gesamte anfangs erhaltene Optionsprämie als Ertrag verbuchen. Durch den Leerverkauf des Calls entfallen zudem Verluste aus dem Kursrückgang des Basiswertes. Der Aussteller kann einerseits nach einem genügend grossen Preiszerfall die verkauften Optionen zu einem tieferen Preis zurückkaufen und anschliessend neue at-the-money Optionen schreiben oder andererseits den Verfalltermin der Option abwarten. Das Schliessen von Optionspositionen ist allerdings nur dann empfehlenswert, wenn ein Tausch gegen neue Optionen mit höherem Zeitwertverlust pro Zeiteinheit möglich ist. Dabei ist Vorsicht geboten, da der Zeitwert einer Option gegen Ende der Laufzeit überproportional abnimmt.

Verläuft die Preisentwicklung des Basiswertes jedoch positiv, was für den Aussteller von ungedeckten geschriebenen Calls von Nachteil ist, erfolgt ein Glattstellen der Position, sobald der Preis des Basiswertes nahe des nächst höheren Strikepreises der Optionsserie zu liegen kommt. Darauf werden soviele neue at-the-money Calls geschrieben, dass der Verlust des Rückkaufs der Optionen gedeckt ist und der ursprüngliche, positive Cash-flow aufrecht erhalten wird. Der Verlust aus dem Rückkauf der anfangs geschriebenen Optionen ist in der Regel kleiner als die Differenz zwischen den beiden Strikepreisen, da sich der Zeitwert der zurückgekauften Optionen vom at-the-money zum in-the-money Zustand verringert.

9.4 Tabelle
Schreiben ungedeckter Optionen mit sukzessiver Anpassung

Ausgangsposition: 1000 geschriebene Calls à Euro 8 (1 Call ⇒ 5 Aktien)
Anfangs erhaltener Erlös: Euro 40 000 (1 000 x 5 x 8)

Alternative 1	Alternative 2
Der Preis des Basiswertes fällt:	Der Preis des Basiswertes steigt:
Keine Transaktion	Überrollen: Rückkauf der 1 000 Calls zu Euro 16 Kosten: Euro 80 000 (1 000 x 5 x 16) Schreiben von 3 200 at-the-money Calls zum Preis von Euro 5 Einnahmen: Euro 80 000 (3 200 x 5 x 5) Nach dieser Transaktion ist die ursprüngliche Höhe des erhaltenen Cashflows wieder hergestellt

Das laufende Glattstellen alter und das Schreiben neuer Optionpositionen auf einem höheren Preisniveau wird Überrollen der Position genannt. Ziel ist es, bei jedem Überrollen durch das Schreiben neuer Optionen denselben Nettoertrag zu erzielen, wie für den Rückkauf der offenen Position aufgewendet wurde. Dabei ist zu beachten, dass jeder Kursanstieg des Basistitels über das nächst höhere Strikepreisniveau die Anzahl der zu schreibenden Optionen und das damit verbundene Risiko erhöht.

Die Methode erinnert an eine Roulettestrategie, bei welcher auf eine Farbe gesetzt wird und bei Verlust der Einsatz in der nächsten Runde verdoppelt wird. Sie beruht auf der Annahme, dass früher oder später die gewählte Farbe eintrifft und dadurch der ursprüngliche Einsatz verdoppelt wird. Wie die Roulettestrategie erfordert die Anwendung der obigen Optionsstrategie gewisse finanzielle Mittel. Die Optionsstrategie weist im Vergleich zum Roulett allerdings die Unterschiede auf, dass sich der Zeitwertverfall und die Tendenz des Basiswertkurses, nach starkem Kursanstieg für eine gewisse Zeit zu stagnieren, immer zugunsten des Optionsschreibers auswirken. Obwohl die Strategie nicht ohne Risiko ist, erbringt sie statistisch gesehen über längere Zeit die regelmässigsten Gewinne. Das grösste Risiko liegt in der Wahl des richtigen Zeitpunkts zum Überrollen der Position.

Die Strategie ist insbesondere dann attraktiv, wenn eine hohe Marktvolatilität vorherrscht und deshalb der Zeitwert der Optionen hoch ist. Ruhige Perioden sollten eher gemieden werden, da ein Anstieg der Preisvolatilität des Basiswertes den Zeitwert erhöht und damit den Ertrag aus der Strategie schmälert.

Eine zweite Strategie der gleichen Kategorie ist der Ratio Spread mit sukzessiver Anpassung. Wie im Kapitel Hedging beschrieben, beinhaltet der Ratio Spread den Kauf und Verkauf desselben Optionstyps unter Beibehaltung der Deltaneutralität. Ein Ratio Spread kann beispielsweise aus dem Kauf einer in-the-money Option mit einem Deltawert von 0.75 und dem gleichzeitigen Verkauf von drei out-of-the-money Optionen mit dem Deltawert von 0.25 bestehen. Der Zeitwert der gekauften Option unterscheidet sich nur unwesentlich von demjenigen der geschriebenen Option. Der Anleger erhält damit etwa die dreifache Optionsprämie im Vergleich zu der bezahlten.

	Deltawert der Option	Deltawert der Position
Eingangswert der Position:		
1 gekaufter in-the-money Call	+0.75	+0.75
3 geschriebene out-of-the-money Calls	−0.25	−0.75
Deltawert der Gesamtposition		0.00

Ziel der Strategie ist der Gewinn des verkauften Zeitwertes abzüglich der Optionsprämie der gekauften Optionen, was bei unverändertem oder fallendem Basiswertkurs erreicht wird. Um einen konstanten Ertrag erzielen zu können, müssen bei Preisveränderungen des Basiswertes ständige Anpassungen der Positionen vorgenommen werden. Fällt der Preis des Basiswertes übermässig, wird die gesamte Position nach unten überrollt, d. h. der erworbene Call wird verkauft, ein neuer mit tieferem Strikepreis gekauft, die geschriebenen Optionen zurückgekauft und neue mit tieferem Strikepreis geschrieben. Treten geringe Preisbewegungen des Basiswertes auf, genügen kleine Anpassungen der Position, indem beispielsweise nur ein Teil der Position nach unten überrollt wird.

Steigt hingegen der Kurs des Basiswertes, so dass sich im obigen Beispiel der Deltawert für die gekaufte Option auf 0.8 erhöht und für die geschriebenen Optionen auf −0.4 reduziert, resultiert ein Gesamtdeltawert der Position von −0.4. In dieser Situation ist es vorteilhaft, die Position nicht zu überrollen, da der Wiederanschaffungswert der ausgestellten Optionen höher liegt als der Erlös aus dem ursprünglichen Schreiben der Optionen. Vorzuziehen wäre der Kauf eines weiteren Calls mit Deltawert 0.8 und der gleichzeitige Verkauf eines Calls mit Deltawert 0.4. Dadurch erhöht sich der Deltawert der Long Calls sowie der Short Calls auf 1.6 respektive −1.6 und die Position ist wieder deltaneutral. Zudem wird durch diese Transaktion wiederum mehr Zeitwert verkauft als gekauft. Da jedoch die relative Anzahl der erworbenen Optionen im Portefeuille ansteigt, reagiert die Position empfindlicher auf eventuelle Kursschwankungen des Basiswertes und muss daher besonders überwacht werden. Zudem können die ständig notwendigen Anpassungen, welche mit hohen Transaktionskosten verbunden sind, den erwarteten Gewinn erheblich schmälern.

Ratio Spread mit sukzessiver Anpassung

	Deltawert der Option	Deltawert der Position
Position nach Anstieg des Basiswertes:		
1 gekaufter in-the-money Call	+0.8	+0.8
3 geschriebene out-of-the-money Calls	−0.4	−1.2
Deltawert der Gesamtposition nach einer Preisveränderung		−0.4
Anpassungen:		
Kauf 1 in-the-money Call	+0.8	+0.8
Schreiben 1 out-of-the-money Call	−0.4	−0.4
Einfluss der Anpassungen auf den Deltawert		+0.4
Position nach der Anpassung:		
2 gekaufte in-the-money Calls	+0.8	+1.6
4 geschriebene out-of-the-money Calls	−0.4	−1.6
Neuer Deltawert der Gesamtposition		0.00

Wie bei der ersten beschriebenen Strategie besteht der potentielle Gewinn im Verkauf des Zeitwerts der Optionen. Deshalb sollten auch hier at-the-money Optionen mit höchstmöglicher impliziter Volatilität geschrieben werden, um den Ertrag zu maximieren. Der Kauf eines Ratio Spread beinhaltet einen höheren Aufwand als das Ausstellen ungedeckter Optionen. Demgegenüber ist der finanzielle Mitteleinsatz (zu leistende Margen) bei Spreads um einiges geringer. Das Risiko liegt vor allem darin, dass grosse Preissprünge die Anpassung der Position verunmöglichen und die Deltaneutralität gefährden.

Eine dritte Strategie in der Kategorie der Zeitwertstrategien ist das Schreiben eines Straddles. Der geschriebene Straddle beinhaltet den gleichzeitigen Verkauf eines at-the-money Calls und Puts. Eine gleichwertige Kombination mit entsprechenden Cash-flows besteht im Schreiben von Calls und dem gleichzeitigen Kauf des Basiswertes. Vergleichbar ist ebenfalls das Schreiben von Puts mit dem Leerverkauf des Basiswertes. In beiden Fällen sind zur Aufrechterhaltung der Deltaneutralität doppelt so viele Optionen wie Basiswerte nötig, da der Deltawert von at-the-money Optionen 0.5 beträgt.

	Deltawert der Option	Deltawert der Position
Ursprüngliche Zusammensetzung der Position:		
1 geschriebener at-the-money Call	–0.5	–0.5
1 geschriebener at-the-money Put	+0.5	+0.5
Deltawert der Gesamtposition		0.00

Ziel der Strategie ist der Verkauf des Zeitwerts der Optionen, weshalb die Positionen deltaneutral sein müssen. Das beste Resultat wird durch das Schreiben je eines Optionstyps mit gleichem Strikepreis und Verfalldatum erzielt. Da der verkaufte Straddle bei Preisschwankungen des Basistitels Wertveränderungen erfährt, muss die Position ständig überwacht und angepasst werden. Steigt der Preis des Basiswertes sehr stark, wird der Call zurückgekauft und ein neuer at-the-money Call ausgestellt und gleichzeitig der Put zurückgekauft und ein neuer mit einem höheren Strikepreis geschrieben. Entsprechend wird die Transaktion bei einem Preisverfall des Basiswertes durchgeführt, dies mit dem Ziel, die Deltaneutralität und somit den anfänglichen Cash flow aufrechtzuerhalten.

Diese Art von Position sollte nur bei einer vorübergehend hohen Volatilität eingenommen werden. Die Verlustrisiken sind unbegrenzt und wachsen durch die Anpassung der Position ständig an. Allerdings läuft die Zeit zu Gunsten des Optionsverkäufers, da der Zeitwert gegen Ende der Laufzeit abnimmt. Gleichzeitig gilt: Je kleiner die Volatilität des Basiswertes, desto grösser die Wahrscheinlichkeit eines maximalen Gewinnes.

Strategien mit geringem Verlustpotential und guten Gewinnchancen

Ein Portefeuille, welches aus 90% risikofreien Anlagen und 10% Optionen zusammengesetzt ist, erbringt für 90% des Anlagewertes eine vom Basiswert unabhängige, risikofreie Verzinsung. Die Strategie kann mit dem Kauf von Wandelobligationen oder Optionsanleihen verglichen werden. Beiden dient als Grundlage eine Rendite aus festverzinslichen Papieren bei gleichzeitiger Aufrechterhaltung eines unbegrenzten Gewinnpotentials durch eine Konvertierungsmöglichkeit oder Option. Die Kombination von Optionen mit festverzinslichen Anlagen hat bei stagnierender oder schlechter Marktentwicklung eine mässige aber dennoch akzeptable Wertentwicklung zur Folge, während sich die Portefeuillerendite in Zeiten starker Kursaufschwünge überdurchschnittlich entwickelt. Die Strategie erfordert weniger Verwaltungsaufwand und Transaktionskosten, da nur 10% des Portefeuilles eine intensive, kontinuierliche Überwachung benötigen.

Die Aufteilung zwischen risikofreien und risikobehafteten Anlagen muss in regelmässigen Abständen neu vorgenommen werden. Verdoppelt sich beispielsweise ceteris paribus der ursprüngliche Wert der Optionen, steigt deren Anteil im Portefeuille auf nahezu 20%. In diesem Fall sollten solange Optionen abgestossen und die freiwerdenden Mittel den risikofreien Investitionen zugeführt werden, bis das ursprüngliche Verhältnis wiederhergestellt ist. Fällt hingegen der Wert der Option, sollten Mittel von der risikofreien zur risikobehafteten Anlage transferiert werden.

Eine Variante der obigen 90:10 Strategie stellt die Kombination der festverzinslichen Anlage mit einer Optionsstrategie, die den Zeitwert verkauft dar. Hierfür eignen sich unter anderem Optionenportefeuilles bestehend aus Long und Short Positionen von Calls und Puts mit unterschiedlichen Strikepreisen und Laufzeiten. Da der gekaufte Zeitwertverlust bei dieser Stragegie klein gewählt wird, bleibt das Verlustrisiko begrenzt. Der Zeitwert der kurz laufenden, verkauften Optionenkombination nimmt schneller ab als derjenige der lang laufenden, gekauften Kombination.

Eine dieser Zeitkombinationen ist die in Abbildung 9.1 beschriebene *Stranglekombination*. Dabei wird ein Strangle mit kurzer Laufzeit geschrieben und ein entsprechender Strangle mit längerer Laufzeit gekauft. Die Nettoinvestition besteht aus der Differenz der Zeitwerte der beiden Kombinationen, d.h. nur ein bescheidener Investitionsbetrag ist erforderlich. Liegt der Kurs des Basiswertes bis am Verfalltag der Optionen in der Bandbreite der Strikepreise des geschriebenen Strangles, mindert der erhaltene Zeitwert die anfänglichen Kosten des gekauften Strangles.

9.8   Tabelle
Strangle Kombination

Die Position:

1 out-of-the-money Call mit Strikepreis B[1]	Schreiben mit Verfall März
1 out-of-the-money Put mit Strikepreis A[1]	Schreiben mit Verfall März
1 out-of-the-money Call mit Strikepreis B[1]	Kauf mit Verfall Juni
1 out-of-the-money Put mit Strikepreis A[1]	Kauf mit Verfall Juni

[1] Strikepreis in Abbildung 9.1

Strangle Kombination

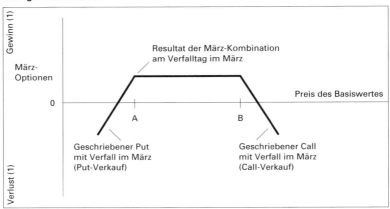

Gewinn (1)

März-
Optionen

0

Resultat der März-Kombination
am Verfalltag im März

Preis des Basiswertes

A   B

Geschriebener Put
mit Verfall im März
(Put-Verkauf)

Geschriebener Call
mit Verfall im März
(Call-Verkauf)

Verlust (1)

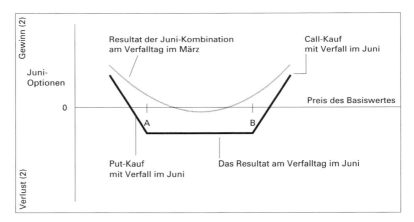

Gewinn (2)

Juni-
Optionen

0

Resultat der Juni-Kombination
am Verfalltag im März

Call-Kauf
mit Verfall im Juni

Preis des Basiswertes

A   B

Put-Kauf
mit Verfall im Juni

Das Resultat am Verfalltag im Juni

Verlust (2)

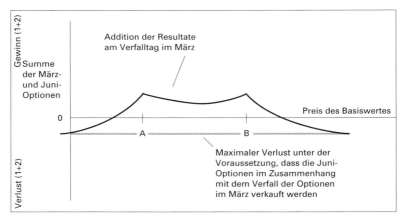

Gewinn (1+2)

Summe
der März-
und Juni-
Optionen

0

Addition der Resultate
am Verfalltag im März

Preis des Basiswertes

A   B

Maximaler Verlust unter der
Voraussetzung, dass die Juni-
Optionen im Zusammenhang
mit dem Verfall der Optionen
im März verkauft werden

Verlust (1+2)

204

Der verbleibende Long Strangle kann entweder behalten werden, um von einer volatilen Marktentwicklung profitieren zu können oder er kann am Verfalltag des kürzer laufenden Strangles glattgestellt werden. Dabei resultiert je nach vorhergehender Entwicklung des Basiswertes ein Nettoertrag, welcher gleichzeitig den maximal möglichen Verlust darstellt. Die Addition aller Cash flows am Verfalltag der kürzer laufenden Optionen zeigt, dass der optimale Gewinn bei den Basiswertkursen A und B erzielbar ist, d. h. wenn eine der Optionen des Strangles at-the-money liegt. Hinsichtlich der Zeitwertmaximierung sollte die Strategie aus den bereits erwähnten Gründen in einer Periode angewendet werden, in welcher vorerst eine hohe Preisvolatilität und danach eine stabilere Phase erwartet wird.

Glaubt der Anleger zu wissen, dass sich die Preisentwicklung während einer gewissen Zeitperiode beruhigen wird, sollte mit Optionen unterschiedlicher Verfalldaten eine Straddle anstelle einer Strangle Kombination eingegangen werden. Das Gewinn/Verlustdiagramm entspricht in den Grundzügen demjenigen der Strangle Kombination, wobei der Unterschied darin liegt, dass die *Straddle Kombination* auf Preisveränderungen stärker reagiert, welche vor dem Verfall der kurz laufenden Optionen eintreten. Aus dem Vergleich der beiden Strategien geht hervor, dass Straddle Kombinationen häufiger mit Verlusten verbunden sind, aber gleichzeitig auch ein höheres Gewinnpotential beinhalten. Der geschriebene Straddle sollte dabei eine kürzere Laufzeit aufweisen als bei der Strangle Kombination, da mit der Position auf eine baldige Volatilitätsveränderung des Basiswertes spekuliert wird.

9.9   Tabelle
Straddle Kombination

Die Position:

1 at-the-money Call mit Strikepreis A[1]	Schreiben mit Verfall März
1 at-the-money Put mit Strikepreis A[1]	Schreiben mit Verfall März
1 at-the-money Call mit Strikepreis A[1]	Kauf mit Verfall Juni
1 at-the-money Put mit Strikepreis A[1]	Kauf mit Verfall Juni

[1] Strikepreis in Abbildung 9.2

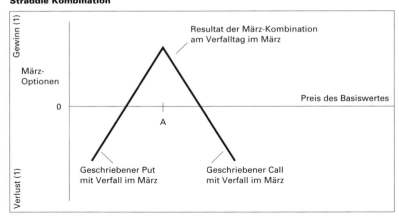

Gewinn (1)

März-
Optionen

0

Resultat der März-Kombination
am Verfalltag im März

Preis des Basiswertes

A

Verlust (1)

Geschriebener Put
mit Verfall im März

Geschriebener Call
mit Verfall im März

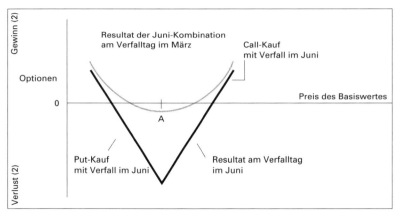

Gewinn (2)

Optionen

0

Resultat der Juni-Kombination
am Verfalltag im März

Call-Kauf
mit Verfall im Juni

Preis des Basiswertes

A

Verlust (2)

Put-Kauf
mit Verfall im Juni

Resultat am Verfalltag
im Juni

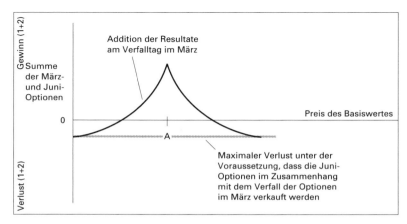

Gewinn (1+2)

Summe
der März-
und Juni-
Optionen

0

Addition der Resultate
am Verfalltag im März

Preis des Basiswertes

A

Verlust (1+2)

Maximaler Verlust unter der
Voraussetzung, dass die Juni-
Optionen im Zusammenhang
mit dem Verfall der Optionen
im März verkauft werden

Time Butterfly

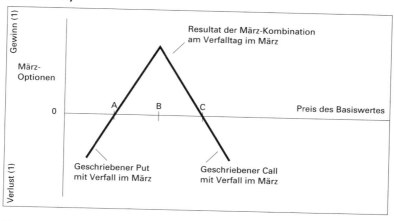

Gewinn (1)

März-
Optionen

Resultat der März-Kombination
am Verfalltag im März

0   A   B   C   Preis des Basiswertes

Verlust (1)

Geschriebener Put
mit Verfall im März

Geschriebener Call
mit Verfall im März

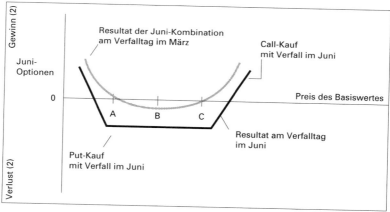

Gewinn (2)

Juni-
Optionen

Resultat der Juni-Kombination
am Verfalltag im März

Call-Kauf
mit Verfall im Juni

0   A   B   C   Preis des Basiswertes

Put-Kauf
mit Verfall im Juni

Resultat am Verfalltag
im Juni

Verlust (2)

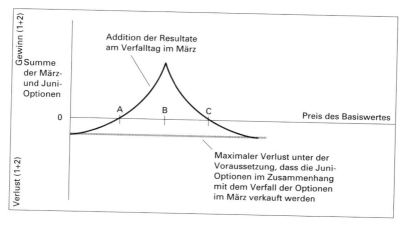

Gewinn (1+2)

Summe
der März-
und Juni-
Optionen

Addition der Resultate
am Verfalltag im März

0   A   B   C   Preis des Basiswertes

Verlust (1+2)

Maximaler Verlust unter der
Voraussetzung, dass die Juni-
Optionen im Zusammenhang
mit dem Verfall der Optionen
im März verkauft werden

Eine dritte Zeitkombination stellt der *Time Butterfly* dar, die Kombination eines kurz laufenden geschriebenen Straddles mit einem längerfristigen gekauften Strangle. Da der Strangle aufgrund einer breiteren Gewinnchancenverteilung einen tieferen Wert aufweist als der Straddle, resultiert aus der Position je nach Wahl der Strikepreise ein unterschiedlich hoher, positiver Cash flow. Die Strategie ist dann am erfolgreichsten, wenn der Preis des Basiswertes am Verfalltag der geschriebenen Optionen dem Strikepreis des Straddles entspricht. In diesem Fall kann die gesamte Prämie des verkauften Straddles als Gewinn verbucht werden und somit die gekauften Optionen des Strangles finanzieren. Das maximale Verlustrisiko beschränkt sich auf die Differenz desjenigen Strikepreispaares zwischen geschriebenen und gekauften Optionen, in dessen Richtung sich der Preis des Basiswertes entwickelt. Dieser Betrag ist um den anfänglich erhaltenen Cash flow und den Zeitwert des glattgestellten Strangles zu berichtigen.

9.10   Tabelle
Time Butterfly

Die Position:

1 at-the-money Call mit Strikepreis B[1]	Schreiben mit Verfall März
1 at-the-money Put mit Strikepreis B[1]	Schreiben mit Verfall März
1 out-of-the-money Call mit Strikepreis C[1]	Kauf mit Verfall Juni
1 out-of-the-money Put mit Strikepreis A[1]	Kauf mit Verfall Juni

[1] Strikepreis in Abbildung 9.3

Schreiben gedeckter Calls

Von den Strategien, welche Optionen zu Anlagezwecken einsetzen, ist das Schreiben gedeckter Calls wohl die am häufigsten verwendete Methode. Der erzielte Ertrag, der durch den Optionsverkauf in Höhe des Zeitwerts erzielt wird, trägt dabei zur Renditeverbesserung des Portefeuilles bei. Konkret beinhaltet das Schreiben eines Calls für den Basiswertbesitzer die Veräusserung eines Teils seiner Gewinnchancen an einen anderen Marktteilnehmer gegen ein Entgelt. Der Erlös aus dem Schreiben der Optionen wird fälschlicherweise oft als direkter Ertrag betrachtet, obwohl dieser besser als begrenzter Schutz gegen das Kursrisiko des Basistitels in Höhe der gesamten Prämieneinnahmen anzusehen wäre. Die Transaktion beinhaltet somit eine Verminderung des ursprünglichen Kaufpreises der Anlage bei gleichzeitiger Reduktion der Gewinnchancen.

Im Zusammenhang mit dem gedeckten Optionsverkauf ist die Wahl des Strikepreises der ausgestellten Option von grosser Bedeutung, da sich der Zeitwert einer Option je nach Verhältnis von Basiswertkurs und Strikepreis beachtlich verändert. Der Schreiber von out-of-the-money Optionen erzielt einen relativ kleinen Erlös und damit geringen Schutz gegen das Kursrisiko, während in-the-money Optionen einen grösseren Schutz darstellen, aber dafür die Gesamtposition in Zukunft deutlich weniger vom Kursanstieg des Basiswertes profitieren kann.

In-the-money Optionen sollten nur in Erwartung eines fallenden Basiswertkurses oder wenn die Position ohnehin verkauft werden soll, geschrieben werden. Wird bei einem Basiswert eine positive, aber stetige Kursentwicklung erwartet, lohnt sich vielfach eine Diversifikationsstrategie in Form einer in- und out-of-the-money Kombination. Die erzielte Optionsprämie stellt einen guten Schutz gegen das Kursrisiko dar und der Schreiber muss lediglich den Teil der Basiswerte liefern, auf welchem die Calls in-the-money verfallen. Auf den gesamten Anlagewert kann so eine ansehnliche Rendite, welche vom Verhältnis der geschriebenen in- und out-of-the-money Optionen abhängt, erwirtschaftet werden.

Die gedeckte Optionsverkaufsstrategie gilt als konservative Anlagestrategie, da sich der Basistitel im Besitz des Optionsausstellers befindet und dieser damit im Vergleich zum Leerverkauf von Optionen ein relativ tiefes Risiko eingeht. Je höher der innere Wert der verkauften Option, desto konservativer ist die Strategie. Eine tief in-the-money Option kommt praktisch einem Verkauf des Basistitels gleich, wobei das einzige Verlustrisiko darin besteht, dass der Kurs des Basistitels um mehr als den erhaltenen Zeitwert unter den Strikepreis fällt. Die gedeckte Optionsverkaufsstrategie kann aber auch in weiteren Situationen sinnvoll sein, wie beispielsweise, wenn einem Portefeuilleverwalter strategisch interessante Aktien während einer ungünstigen Marktlage angeboten werden. Obwohl die Titel momentan stark überbewertet sind, kann der Investor durch das Schreiben von Calls das derzeitige Verlustrisiko einschränken, ohne auf den Aktienkauf verzichten zu müssen.

Wie beim Schreiben ungedeckter Calls ist die Überwachung der Gesamtanlage und die ständige Anpassung von Einzelpositionen unerlässlich. Fällt der Preis des Basistitels, kann der Anleger seinen Kursrisikoschutz erhöhen, indem er die geschriebenen Optionen zu einem tieferen Preis zurückkauft und zugleich neue Calls mit tieferem Strikepreis schreibt. Verläuft die Preisentwicklung des Basistitels hingegen positiv, kann der Optionsschreiber sein Gewinnpotential durch Überrollen der Positionen erhöhen und die ausgestellten Optionen zurückkaufen, wobei gleichzeitig neue Optionen mit höherem Strike-preis geschrieben werden. Der Rückkauf der Optionen bedeutet zwar einen Verlust, aber durch die neu eingegangene Optionsposition wird wiederum eine zusätzliche Prämie erzielt und die Grenze für potenti-elle Gewinne hinaufgesetzt. Alternativ zum Überrollen kann durch Abwarten des Ausübungszeitpunktes der Basiswert zum Strikepreis veräussert und zusammen mit der erhaltenen Prämie und eventuellen Ausschüttungen die ursprünglich erwartete Rendite realisiert wer-den.

Für das früher beschriebene Beispiel der Option auf die Novartis Namenaktie (Tabellen 9.1 bis 9.3) sieht die Cash flow Rechnung für den Optionsschreiber, der im Zusammenhang mit Covered Options auch Stillhalter genannt wird, folgendermassen aus:

9.11 Tabelle
Cash flow Rechnung einer Novartis Option für den Stillhalter
(exemplarische Rechnung für 1 000 Aktien, in Fr.)

2000 Dezember	−57 350	Kauf von 1 000 Novartis Namenaktien à Fr. 67.50 = −67 500 Schreiben von 2 000 Optionen mit dem Bezugsverhältnis 2:1 und Strikepreis 63.25 auf Novartis Namenaktien à 5.08 = +10 150
2001 Januar	0	
2001 Februar	0	
2001 März	0	
2001 April	0	
2001 Mai	+875	Dividende 2001 (E) 1 000 x 0.875 = +875
2001 Juni	0	
2001 Juli	0	
2001 August	0	
2001 September	0	
2001 Oktober	0	
2001 November	0	
2001 Dezember	0	
2002 Januar	0	
2002 Februar	+63 250	Verkauf von 1 000 Novartis Namenaktien à 63.25 = + 63 250
erwarteter Ertrag per Februar 2002: 6 775		

Abgezinster Nettowert der Investition zu 5 %: 6 401.60
Internal Rate of Return (IRR): 11.8 % für 14 Monate (10.1 % per annum)

1 000 Aktien werden im Dezember 2000 zum Preis von Fr. 67.50 gekauft und gleichzeitig 2 000 Optionen zum Preis von Fr. 5.08 geschrieben. Dadurch entsteht eine anfängliche Nettoinvestition von Fr. 57 350. Im Mai des Jahres 2001 wird eine Dividendenzahlung von Fr. 875 erwartet. Im Februar 2002 werden die Aktien, sofern die Novartis Namenaktie in diesem Zeitpunkt über Fr. 63.25 liegt, zu die-sem Preis ausgeübt werden. Der zu 5 % abgezinste Investitionsüber-

210

schuss beträgt demnach Fr. 6401.60. Die Rendite (IRR) stellt sich auf beachtliche 10,1 %. Natürlich geht diese Rechnung nur auf, wenn der Kurs der Novartis Aktie am Verfall auf oder über dem Ausübungspreis von Fr. 63.25 liegt. Anderenfalls reduziert sich die Rendite mit sinkendem Kurs und schlägt unter einem Kurs von Fr. 56.47 (63.25-6.78) sogar in einen Verlust um. Die Transaktionsspesen sind dabei auch noch nicht berücksichtigt.

Die konservative Strategie des Schreibens gedeckter Calls ist bedeutend weniger risikobehaftet als der reine Kauf des Basiswertes. Die einfache Überwachung ist ebenfalls ein Grund, weshalb der gedeckte Verkauf zu den am häufigsten angewendeten Optionsstrategien gehört.

OPTIONEN – EIN MITTEL ZUR VERÄNDERUNG DER RENDITEVERTEILUNG VON PORTEFEUILLES

Werden Basiswerte in Kombination mit Optionen in einem Portefeuille angelegt, verändert sich die erwartete Rendite aufgrund der Eigenschaft von Optionen, den Marktrisikogehalt des Portefeuilles zu beeinflussen. Ein Portefeuille, welches nur aus dem Basiswert besteht, weist ein Renditeprofil gemäss Abbildung 9.4 auf, wobei die X-Achse die möglichen Renditen des Portefeuilles entsprechend der Kursentwicklung des Basiswertes und die Y-Achse die Eintrittshäufigkeit der entsprechenden Rendite aufzeigt.

9.4 Abbildung
Verteilung der Rendite eines Basiswertes

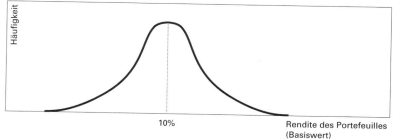

Wie aus Abbildung 9.4 ersichtlich, ist die Wahrscheinlichkeit einer 10%igen Rendite für das gewählte Portefeuille am grössten. Das Schreiben eines Calls verändert das Renditeprofil des Portefeuilles wie folgt:

211

Abbildung
**Verteilung der Rendite des Basiswertes in Kombination
mit einem geschriebenen Short-Call per Verfall**

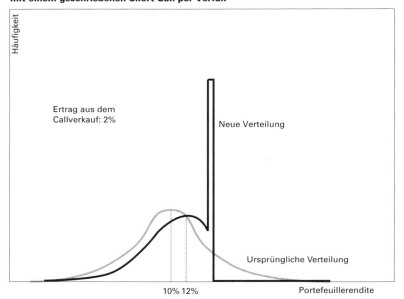

9.6 Abbildung
**Verteilung der Rendite des Basiswertes in Kombination
mit einem Put-Kauf per Verfall**

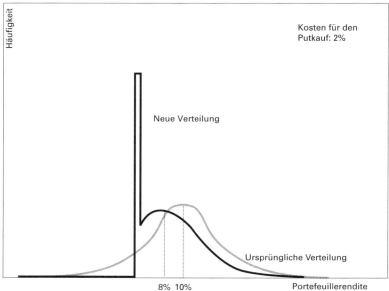

Der Verlauf des neuen Renditeprofils hängt vom gewählten Strikepreis der geschriebenen Option ab. Die wahrscheinliche Rendite hat sich aufgrund des erhaltenen Optionspreises auf 12% erhöht. Während die maximale Rendite im Gegensatz zum vorherigen Profil begrenzt ist, hat sich das Risiko einer tieferen Rendite durch die Prämie als Versicherung reduziert.

Die Aufnahme von Puts in ein Portefeuille bietet ebenfalls einen Schutz gegen das Kursrisiko. Im Endeffekt entspricht diese Position dem Spiegelbild derjenigen des geschriebenen Calls. Die erwartete Rendite sinkt zwar von 10% auf 8%, gleichzeitig hat sich aber die Kursrisikoabsicherung deutlich erhöht, ohne viel vom vollen Gewinnpotential preisgeben zu müssen.

Das Risiko des Portefeuilles kann auch beidseitig limitiert werden, indem gleichzeitig Calls auf das Portefeuille geschrieben und eine entsprechende Anzahl Puts gekauft wird. Das Resultat bildet ein verengtes Renditeprofil mit geringeren Gewinnchancen aber auch kleinerem Verlustrisiko.

9.7   Abbildung
Verteilung der Rendite des Basiswertes in Kombination mit einem geschriebenen Call und einem Put-Kauf

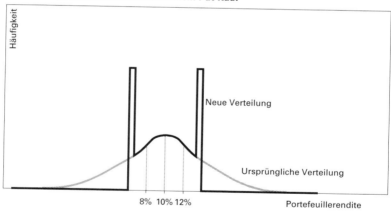

Optionen, als Anlageinstrument in einem Portefeuille eingesetzt, bewirken eine Verschiebung des Gesamtrenditeprofils. Durch Optionstransaktionen kann der Anleger ein individuelles Renditeprofil schaffen, welches seine Markterwartungen widerspiegelt. Zu beachten ist dabei, dass nicht das Resultat der einzelnen Optionstransaktion, sondern deren Einfluss auf das Gesamtportefeuille von Bedeutung ist.

213

OPTIONEN MIT HOHEM INNEREN WERT

Ein Anleger, der die Absicht hat, eine Aktie zu kaufen, kann nahezu den gleichen Effekt durch das Schreiben eines Puts mit hohem inneren Wert erreichen. Dabei kann die Aktie zu einem tieferen Preis als zum momentanen Marktpreis gekauft werden. Ein Rückkauf des geschriebenen Puts oder der Bezug der Aktien bedeutet für den Aussteller in den meisten Fällen einen Zeitwertgewinn. Der grosse Vorteil dieser Strategie besteht darin, dass der Optionsschreiber vor dem Bezug der Aktien keine liquiden Mittel benötigt, womit entweder einem Liquiditätsengpass ausgewichen oder freie Mittel gewinnbringend angelegt werden können. Der Anleger profitiert von positiven Kursbewegungen der Aktie, solange die Option in-the-money ist. Fällt der Put out-of-the-money, wird der Optionsbesitzer sein Ausübungsrecht zum Verkauf des Basiswertes nicht in Anspruch nehmen, was dem Ziel der Strategie des Optionsverkäufers zuwiderläuft. Deshalb muss bei der Wahl eines geschriebenen Puts das Aufwärtspotential des Basiswertkurses beachtet werden. Je näher at-the-money die ausgestellten Puts gewählt werden, desto höher ist der erhaltene Zeitwert der Optionen und desto tiefer kann die Aktie insgesamt erworben werden. Allerdings steigt damit das Risiko, dass die Option nie ausgeübt und der Kauf der Aktie nie ausgeführt wird.

Eine weitere Einsatzmöglichkeit von in-the-money Optionen ist der gedeckte Verkauf von Calls. Wird der Strikepreis so gewählt, dass die Option mit hoher Wahrscheinlichkeit ausgeübt wird, kommt das Schreiben eines Calls dem Verkauf des Basiswertes nahe. Ein tiefer Strikepreis limitiert andererseits den Zeitwertgewinn, es sei denn, es werden Optionen mit längerer Laufzeit geschrieben und es steht gleichzeitig eine Ausschüttung bevor. Liegt der Zeitwert der Option über dem Ausschüttungsbetrag, wird die Option nicht ausgeübt und der Basiswertbesitzer erhält den Wert der Ausschüttung. Ist der Ausschüttungsbetrag höher, wird die Option kurz vor Ausschüttung ausgeübt, was wiederum zu Gunsten des Schreibers geschieht.

Oft sind im Produktangebot von Börsen und Finanzinstituten speziell tief in-the-money liegende Optionen zu finden, sogenannte LEPO (Low Exercise Price Option). Diese werden meist mit einem symbolischen Ausübungspreis von beispielsweise Fr. 1 angeboten und ermöglichen neben den obengenannten Einsatzmöglichkeiten einen effizienten Arbitragehandel zwischen Kontrakt und Basiswert. Insbesondere kann mit der LEPO aber die Quellensteuer (Verrechnungssteuer) auf Ausschüttungen umgangen werden. Auch die Meldepflicht und die Eintragung im Aktienregister können vermieden werden.

OPTIONEN ALS ABSICHERUNGSINSTRUMENT

Optionen können in gewissen Situationen unterschiedlichste Schutzfunktionen wahrnehmen. Wie bereits im Kapitel Hedging beschrieben, kann die Option mit einem Versicherungskontrakt gegen unerwünschte Kursrisiken verglichen werden.

Schutz eines Aktienportefeuilles

Die Rendite eines Aktienportefeuilles entwickelt sich in einer Zeitperiode mit steigenden Zinsen oft negativ. Erwartet ein Verwalter eines gut diversifizierten Aktienportefeuilles einen ansteigenden Zinstrend, kann er, anstatt Optionen auf Aktien einzusetzen, seine Positionen durch den Kauf von Puts auf zinstragende Wertpapiere schützen, da diese den Kurszerfall der Aktien mit steigendem Zinssatz ausgleichen. Die Schwierigkeit liegt darin, die Korrelation der Zinsen mit dem Aktienportefeuille abzuschätzen.

Eine Alternative zum Put Kauf stellt das Schreiben von Call Optionen auf zinstragende Wertpapiere dar. Die erhaltene Prämie kann als Verbilligung des Einstandspreises der Aktien betrachtet werden. Allerdings erfordert diese Strategie eine erhöhte Überwachung, da eine Zinssenkung ein theoretisch unbegrenztes Verlustrisiko beinhaltet, falls die Calls ungedeckt sind.

Der Schutz eines Aktienportefeuilles durch Aktienoptionen kann auch dann erwünscht sein, wenn die Titel aus Gründen der Stimmrechtsbeteiligung oder unter Umständen auch der Steuerbelastung trotz eines erhöhten Marktrisikos weiter gehalten werden wollen.

Schutz eines Obligationenportefeuilles

Das Zinsniveau von Obligationen wird vor allem durch die allgemeine Zinsentwicklung beeinflusst. Besteht das Risiko eines allgemeinen Zinsanstiegs, kann ein Obligationenportefeuille gleichermassen wie ein Aktienportefeuille abgesichert werden. Der Kauf eines Puts oder das Schreiben eines Calls auf einen zinstragenden Basiswert kann den Kursverlust von Obligationen absichern bzw. einschränken. Die gegenseitige Abhängigkeit zwischen Zinsanstieg und Kursverlust einer Obligation ist konstanter und leichter berechenbar als der Einfluss des Zinsanstieges auf die Aktienkurse.

Schutz gegen generelle Zinsexponierung

Die fortlaufende Deregulierung der Finanzmärkte führt zu einer erhöhten Volatilität der Märkte und damit zu neuen Risiken. Während einer Hochzinsperiode beispielsweise beinhalten die Kosten einer fixen Fremdfinanzierung ein erhöhtes Risiko. Fallende Zinsen können für ein Unternehmen einen Wettbewerbsnachteil darstellen, falls ein Darlehen in einer Phase hoher Zinsen langfristig aufgenommen wurde. Derartige Zinsrisiken können mit Optionen abgedeckt werden. Die im Kapitel «Die Option – eine Vereinbarung» beschriebenen Caps und Floors können Marktteilnehmer gegen steigende bzw. fallende Zinsen absichern und zu einer relativ kostengünstigen Finanzierung führen.

Schutz vor asymmetrischen Risiken

Viele geschäftliche Entscheidungen übertragen während einer Zeitperiode das gesamte Risiko auf eine der beiden Vertragsparteien, indem die eine Partei vom Wahlrecht abhängig ist und dementsprechend Unsicherheiten in Kauf nehmen muss. Negative wie auch positive Veränderungen des wirtschaftlichen Umfeldes beeinflussen die Entscheidung des optionsbesitzenden Kontrahenten und setzen die Gegenpartei dadurch einer asymmetrischen Risikosituation aus. Gegen derartige Einflussfaktoren, wie zum Beispiel Wechselkurse, Finanzierungskosten oder Rohwarenpreise kann eine Absicherung vorgenommen werden. Optionen sind im Gegensatz zu anderen Finanzinstrumenten dafür besonders geeignet, da sie das gleiche asymmetrische Risikoprofil wie die erwähnte Offertensituation aufweisen.

Ein Unternehmen, das beispielsweise eine Offerte für einen Gebäudebau unterbreitet, in welche die Finanzierungskosten zu einem festen Zinssatz einbezogen wurden, setzt sich bei steigenden Zinsen einem Risiko aus. Nach einem Zinsanstieg wird die Offerte aller Wahrscheinlichkeit nach angenommen, da der zu niedrig gewählte Zinsaufwand die Preiskalkulation relativ günstig ausfallen lässt. Um einem Verlust zu entgehen, kann sich die Unternehmung vor Offertenstellung beispielsweise durch den Kauf von Puts auf ein zinstragendes Wertpapier im Umfang des Finanzierungsaufwandes absichern.

Auch ein Investor, der einem Unternehmen ein Kaufangebot unterbreitet, setzt sich einem asymmetrischen Risiko aus. Die aufzuwendende Kaufsumme kann sich beispielsweise bei einer Geschäftsbeziehung mit einem amerikanischen Unternehmen durch einen steigenden Dollarkurs innerhalb kurzer Zeit beträchtlich erhöhen. Dieses asymmetrische Wechselkursrisiko kann durch den Einsatz von Devisenoptionen eliminiert werden.

ZUSAMMENFASSUNG

Eine Methode zur Wahl geeigneter Optionsstrategien stellt die Risiko/Gewinn-Methode dar. Mittels eines Vergleichs verschiedener Risiko/Ertrags-Quotienten kann je nach Anlegerpräferenzen diejenige Option oder Optionskombination mit dem höchsten Ertrag relativ zum Risiko ermittelt werden.

Es wurden vier Strategien mit unterschiedlichen Risiko/Ertrags-Profilen unterschieden, mit welchen die Rendite eines Portefeuilles erhöht werden kann. Diejenige Strategie, welche den höchsten Zeit-wert verkauft, hat sich dabei auf lange Sicht am besten bewährt. Optionskombinationen, bei welchen die gekauften Optionen weniger Zeit-wert als die verkauften beinhalten, erzielen mit relativ hoher Wahrscheinlichkeit geringe Verluste, denen aber seltene, grosse potentielle Gewinne gegenüberstehen. Das Schreiben gedeckter Calls erreicht mit relativ grosser Wahrscheinlichkeit eine gute Rendite, beinhaltet jedoch ein relativ hohes Opportunitätsrisiko.

Durch die Kombination von Optionen mit dem Basiswert kann das Renditeprofil eines Portefeuilles nach den individuellen Präferenzen eines Anlegers gestaltet werden. Der Einsatz von Long Puts und/oder Short Calls zusammen mit dem Basiswert ermöglicht beispielsweise die Veränderung möglicher Verlustrisiken und Gewinnchancen.

Neben dem wohl bedeutendsten Anwendungsgebiet von Optionen, der Absicherung asymmetrischer Risiken von Portefeuilles und Handelsgeschäften, können auch normale Basiswertkäufe und -verkäufe lohnender gestaltet werden, indem Puts bzw. Calls mit hohem inneren Wert geschrieben werden.

Die ökonomische Bedeutung von Futures und Optionen

Die Funktion von Finanzmärkten besteht grundsätzlich in der effizienten Gestaltung finanzwirtschaftlicher Transaktionen wie Investitionen, Finanzierungen, Sparprozesse, Absicherungsgeschäfte etc. Der Nutzen, welcher über die Marktteilnehmer hinaus zur Stärkung der gesamten volkswirtschaftlichen Effizienz beiträgt, ist in bezug auf den Futures- und Optionenmarkt in vier Kategorien unterteilbar:

- Die optimale Allokation von Finanzmitteln und Risiken
- Die Abwicklung zu günstigen Transaktionskosten
- Die optimale Beschaffung, Verarbeitung und Verbreitung von Information
- Die Liquiditätserhöhung des Finanzmarktes

Obwohl Derivate für eine steigende Preisvolatilität und sogar Börsencrashs verantwortlich gemacht werden, soll gezeigt werden, dass das Nullsummenspiel derivativer Finanzinstrumente keineswegs eine Spielerei darstellt. Vielmehr übernehmen sie wichtige Funktionen an den Finanzmärkten und leisten damit einen nicht zu unterschätzenden Beitrag zur Entwicklung der Volkswirtschaft.

ALLOKATION VON FINANZMITTELN UND RISIKEN

Finanzmärkten obliegt die Vermittlung des angehäuften volkswirtschaftlichen Vermögens zwischen Sparern und Kapitalnehmern. Die Handelbarkeit verbriefter Schuld- und Beteiligungspapiere ermöglicht einerseits dem Anleger, entsprechend seinen Risikopräferenzen sein Kapital zu investieren und andererseits Unternehmungen oder staatlichen Institutionen, nur um die grössten zu nennen, Kapital flexibler und von mehreren Investoren aufzunehmen. In Form handelbarer Finanztitel wird das Risiko unter den Anlagen gestreut und die Bereitstellung jeder gewünschten Risiko/Rendite-Kombination ermöglicht.

Erst aber durch den Einsatz von Derivaten, wie beispielsweise Optionen können die ansonsten unvollkommenen Märkte diesem Ziel näher gebracht werden, was folgendes Beispiel illustriert. Angenommen es existieren auf einem Markt lediglich zwei Anlagen A und B, die innerhalb verschiedener Marktszenarien vier unterschiedliche Werte annehmen können.

$$A = \begin{matrix} 3 \\ 2 \\ 1 \\ 0 \end{matrix} \qquad B = \begin{matrix} 0 \\ 0 \\ 4 \\ 4 \end{matrix}$$

Ein Marktteilnehmer erachtet Szenario 3 als das wahrscheinlichste. Seine ideale Investition sähe folgendermassen aus:

10.2 Tabelle
Gewünschte Anlage C

$$C = \begin{matrix} 0 \\ 0 \\ 1 \\ 0 \end{matrix}$$

Die Anlage C ist durch Kombination der obigen Anlagen A und B nicht konstruierbar, sondern lässt sich erst durch den Einsatz von Puts und Calls erstellen.

10.3 Tabelle
Optionen D und E

$$D = \text{Call (B, Strikepreis 3)} = \begin{matrix} 0 \\ 0 \\ 1 \\ 1 \end{matrix} \qquad E = \text{Put (A, Strikepreis 1)} = \begin{matrix} 0 \\ 0 \\ 0 \\ 1 \end{matrix}$$

10.4 Tabelle
Anlagekombinationen

$$C = D - E = \begin{matrix} 0 \\ 0 \\ 1 \\ 1 \end{matrix} - \begin{matrix} 0 \\ 0 \\ 0 \\ 1 \end{matrix} = \begin{matrix} 0 \\ 0 \\ 1 \\ 0 \end{matrix}$$

Wie das vereinfachte Beispiel zeigt, kann der Markt durch das Finanzinstrument Option vervollständigt werden. Derivate werden vorwiegend zur Absicherung systematischer Risiken eingesetzt, wobei zu beachten ist, dass die Risiken lediglich umverteilt und nicht effektiv reduziert werden und einem Wohlstandsgewinn auf der einen Seite ein Wohlstandsverlust auf der anderen Seite gegenübersteht.

ABWICKLUNG ZU GÜNSTIGEN TRANSAKTIONS-KOSTEN

Eine weitere wichtige Funktion effizienter Finanzmärkte liegt in der kostengünstigen Abwicklung von Transaktionen. Geld als Instrument zur Erleichterung des Handels stellt wohl das bekannteste Beispiel einer Kostenreduktion im Warenhandel dar. Auch die Transaktionskosten für Futures- und Optionskontrakte sind im Vergleich zum Handel mit dem zugrundeliegenden Wert bei gleicher Risikoallokation zwischen den Marktteilnehmern bedeutend billiger.

Die Entwicklung des Eurodollarmarktes in den fünfziger Jahren hat eindrücklich gezeigt, wie der Markt bei übermässigen Transaktionskosten auf dem Heimmarkt Auswege sucht, um grosse Volumina kostengünstiger abwickeln zu können. In dieser Tatsache ist auch der grosse Erfolg des Optionen- und Futuresmarktes in Ländern mit relativ hoher Steuerbelastung auf den Basiswerthandel begründet wie beispielsweise in der Schweiz, wo Optionen und Futures steuerlich begünstigt sind. Insbesondere im Bereich der kurz laufenden festverzinslichen Wertpapiere wird der Markt vermehrt einen Ausweg aus der vergleichsweise hohen Abgabenbelastung über den Optionenmarkt suchen. Mehr zum Thema Transaktionskosten ist im speziellen Kapitel zum schweizerischen Optionenmarkt zu finden.

INFORMATIONSGEHALT DES OPTIONENHANDELS

Einwandfrei funktionierende Finanzmärkte erhöhen den Informationsstand der Wirtschaft, indem verschiedenste Daten wie Aktienindizes, Zinssätze, Inflationsraten usw. als Indikatoren für Entscheidungen realwirtschaftlicher Art herangezogen werden. Es ist bekannt, dass der Wert von Optionen in entscheidendem Mass von der Volatilität des zugrundeliegenden Basiswertes abhängig ist. Wird davon ausgegangen, dass im Optionspreis alle im Markt verfügbaren Informationen zum Ausdruck gebracht werden, kann dadurch eine Prognose für die zukünftige Volatilität des zugrundeliegenden Titels abgeleitet werden. Dabei ist zu beachten, dass erwartete Preisänderungen völlig unabhängig von Vergangenheitsdaten zustande kommen. Das selbe gilt für Futurepreise.

ERHÖHTE LIQUIDITÄT DURCH DERIVATE

Generell kann gesagt werden, dass Wertpapiere auf den Finanzmärkten oft nur aus dem Grund gekauft werden, dass deren Veräusserung über den Markt jederzeit gesichert ist. Für diese Sicherheit, die Marktliquidität, sind die Marktakteure bereit, einen gewissen Preis zu bezahlen.

Zur Erhaltung der Liquidität spielt die Standardisierung der gehandelten Kontrakten eine entscheidende Rolle. Sie ermöglicht ein bedeutend höheres Handelsvolumen und damit eine bessere Preisfindung für das einzelne Wertpapier. Kotierte Optionen und Futures sind standardisierte Kontrakte, die neben dem Vorteil der Standardisierung die Liquidität des Marktes zusätzlich durch Arbitragemöglichkeiten zwischen Kontrakt und Basiswert erhöhen. Vorsicht ist allerdings bei der Tendenz geboten, immer komplexere Innovationen im Derivativbereich einzuführen, welche durch ihre intransparente Konstruktion der Marktliquidität entgegenwirken.

ZUSAMMENFASSUNG

Derivative Finanzinstrumente erfüllen eine wichtige Funktion in den Finanzmärkten, indem sie unter anderem eine effiziente Allokation von Finanzmitteln und Risiken ermöglichen. Als Finanzinnovation stellen Optionen und Futures eine Reaktion auf sich schnell ändernde technologische und ökonomische Rahmenbedingungen dar. Sie beinhalten tiefere Transaktionskosten als der Handel mit den entsprechenden Basiswerten und widerspiegeln durch ihren Preis in nahezu perfekter Weise den Informationsstand der Finanzmärkte. Eine weitere wichtige Funktion stellt die Erhöhung der Marktliquidität dar, welche insbesondere durch die Standardisierung der Kontrakte und die Arbitragemöglichkeiten mit dem Kassamarkt gefördert wird.

Risiken und Sicherheitsbestimmungen im Derivativgeschäft

In den letzten Jahren ist der Markt derivativer Produkte sprunghaft angewachsen. Dies hat zu heftigen Diskussionen bezüglich der Risiken dieses Tausende von Milliarden-Dollar-Marktes sowie deren Auswirkungen auf die Wirtschaft geführt. Systemrisiken treten vor allem im Over-the-counter-Handel mit Derivaten auf, da dort die Marktakteure weniger streng beaufsichtigt werden als im Börsengeschäft, wo Clearinghäuser als risikotragende Stellen funktionieren.

Möglichkeiten zur Risikoüberwachung werden im Derivativgeschäft einerseits in regulatorischen Massnahmen und andererseits in bankinternen Überwachungssystemen wahrgenommen.

RISIKEN DERIVATIVER FINANZINSTRUMENTE

Der Einsatz von Derivaten kann mit verhältnismässig geringem Kapitaleinsatz zu grossen Gewinnen führen. Da die Transaktionen aus monetärer Sicht allerdings ein Nullsummenspiel darstellen, stehen den Gewinnen ebenso hohe Verluste gegenüber. Somit besteht zum Teil eine hohe Insolvenzgefahr der Marktteilnehmer, welche aufgrund der starken Verflechtung der Positionen im globalen Finanzsystem zu einem Dominoeffekt führen und erhebliche Auswirkungen auf die Finanzwelt haben kann. Dabei ist zu beachten, dass Hedgingtransaktionen Risikoneutralität anstreben und deshalb weitaus weniger Verlustrisiko beinhalten als der rein spekulative Handel (Trading) mit derivativen Finanzinstrumenten.

Die Risiken können grob in vier Kategorien unterteilt werden, das Markt-, Kredit- und Abwicklungsrisiko sowie das systemische Risiko. Das Marktrisiko widerspiegelt wie bereits beschrieben den Einfluss unkontrollierbarer Marktveränderungen auf das Preisniveau von Finanzwerten. Das Kreditrisiko stellt die Ausfallgefahr eines Schuldners dar. Ein Abwicklungsrisiko besteht, wenn der Handels- und der Valutatag nicht übereinstimmen und die Gefahr droht, bei Nichtlieferung der Titel innerhalb dieser Zeitspanne aufgrund von ungünstigen Kursveränderungen einen Verlust zu erleiden. Das systemische Risiko stellt die weiter vorne beschriebene Gefahr dar, dass sich ein ursprünglich begrenztes Risiko in umfassender Weise zu einer Bewegung des gesamten Marktes ausweitet, wie es im Herbst 1998 der Fall war.

Die erwähnten Risiken liegen den meisten Finanzinstrumenten zugrunde und sind Banken und Finanzgesellschaften aus den traditionellen Geschäften vertraut. Die zunehmende Komplexität und Verschiedenartigkeit derivativer Instrumente erschweren jedoch die Kontrolle und Limitierung der Risiken ausserordentlich. Nicht zuletzt gestehen viele Bankmanager ein, die komplexen Zusammenhänge dieser Instrumente und Risiken nicht mehr überschauen zu können und überlassen die Risikoevaluation wissenschaftlich ausgebildeten Analytikern.

Mitte 1994 wurden vom Basler Ausschuss für Bankenaufsicht und dem Technical Commitee der International Organization of Securities Commissions Richtlinien für ein solides Risikomanagement im Derivativgeschäft erlassen, welche die Arbeit nationaler Aufsichtsbehörden weltweit erleichtern sollen. Sie werden laufend der Entwicklung der Derivatmärkte angepasst. Hauptpunkte der Richtlinien betreffen die Aufsicht durch Verwaltungsorgan und Geschäftsleitung, ein ständiges, adäquates Risikomanagement sowie zuverlässige Management-Informationssysteme und umfassende Revisionsverfahren.

Eine gewisse Problematik liegt jedoch auch darin begründet, dass die Risikosteuerung auf Bankenseite meist gewährleistet ist, es aber gerade auf Kundenseite teilweise noch erhebliche Informations-, Wissens- und Steuerungsdefizite für die verschiedenen Risiken im Handel von Derivaten gibt. In den letzten Jahren gab es vermehrt Beispiele, die dies zeigten. So die Metallgesellschaft Deutschland, die Verluste in Milliarden Höhe beim Hedgen mit Ölderivaten erlitt oder Procter & Gamble, USA, die teilweise die Risiken von Zinsswaps nicht steuern und managen konnte und dadurch einen Verlust in dreistelliger US Dollar Millionenhöhe erlitt. Der zweite Fall ist deshalb sehr brisant für Banken, die ihren Kunden komplexe OTC Produkte anbieten, weil Procter & Gamble seine Bank auf Schadenersatz wegen unzureichender Aufklärung über Produktrisiken verklagte. In jüngster Erinnerung blieben das Sumitomodebakel (Japan) mit Metallderivaten, der Quasibankrott von Barings Bank in England wegen mangelhafter Überwachung von Futuresgeschäften und zu guter Letzt darf die Schweizerische Bankgesellschaft – heute UBS – nicht vergessen werden, welche grosse Verluste erlitt im Derivathandel, weil sie fehlerhafte Modelle einsetzte. Die Debakelliste ist bereits lang und illuster – und sie wird bestimmt laufend zu ergänzen sein, denn der Derivatmarkt wird stets komplexer und ist oft nur schwer überwachbar.

SICHERHEITSBESTIMMUNGEN IM OPTIONEN-HANDEL

Wie Kreditrisiken im Handel mit Futures Kontrakten reduziert werden, wurde eingehend im Kapitel «Der Future Kontrakt» behandelt. Die Sicherstellung, dass der Optionsschreiber seinen Verpflichtungen gegenüber dem Inhaber nachkommt, wird bei börsengehandelten Optionen ähnlich gehandhabt.

Die Clearingstelle tritt bei jeder Optionstransaktion als Gegenpartei und Vermittler beider Kontrahenten auf. Sie übernimmt damit die aufwendige Bonitätsprüfung und verlangt dafür von ihren Clearingmitgliedern die Hinterlegung bestimmter Sicherheiten. Diese Sicherheiten können beispielsweise beim Schreiben eines Calls entweder durch Hinterlegung des Basiswertes oder Deponierung einer Bareinlage erbracht werden. Die Höhe der Bareinlage hängt vom inneren Wert der Option ab und beinhaltet einen Reservebetrag für Preisbewegungen des Kontraktes. Entsprechend funktioniert der Ablauf bei Futures Kontrakten.

Indem täglich Sicherheitsberechnungen durchgeführt und weitere erforderliche Sicherheiten verlangt werden, können insolvente Marktteilnehmer frühzeitig erkannt und deren offene Positionen geschlossen werden. Besonders bei volatilen Basistiteln stellt eine kontinuierliche Kontrolle der Transaktionen hohe Ansprüche an die Administration bzw. an die Clearingstelle.

In folgender Tabelle werden die Kontrollaufgaben, welche bei den verschiedenen Auftragstypen anfallen, dargestellt. «to open» bzw. «to close» stehen für Eröffnungs- respektive Glattstellungstransaktionen.

Kontrollaufgaben bei verschiedenen Auftragstypen

Auftrag	Kontrollen und Massnahmen		
	Margen	Deponierte Titel	Positionen
Kauf «to open» • Calls/Puts			Kontrolle, ob die Deckung für die zu zahlende Options-prämie genügt
Verkauf «to close» • Calls/Puts			Kontrolle, ob entsprechende Long-Position existiert
Verkauf «to open» • gedeckte Calls • ungedeckte Calls • Puts	Marge/Kreditlimite? Marge/Kreditlimite?	Sperrung der Titel	Titelbestand prüfen Deckung prüfen Deckung prüfen
Kauf «to close» • gedeckte Calls • ungedeckte Calls • Puts	keine Margen-erfordernis keine Margen-erfordernis	Entsperrung der Titel	Kontrolle Short-Position Kontrolle Short-Position Kontrolle Short-Position

Netting

Die zunehmende Globalisierung der Finanzmärkte und die damit einhergehende Vernetzung gegenseitiger Verbindlichkeiten im Bankengeschäft lässt aufgrund der enormen Beträge Befürchtungen bezüglich Insolvenzen und der Gefährdung des gesamten Bankensystems aufkommen. Politiker fordern deshalb immer mehr regulatorische Beschränkungen, um dem anwachsenden Risiko Einhalt zu gebieten.

Gerade die Vernetzung der Zahlungsströme erlaubt jedoch durch die Verwendung der Netting-Methode eine drastische Reduktion dieser Risiken. Im Netting werden gegenseitige Verbindlichkeiten summiert und lediglich die verbleibende Nettoforderung ist mit Eigenmitteln zu unterlegen. Damit können sowohl die Kosten der Eigenmittelhinterlegung von Banken als auch Bonitätsrisiken reduziert werden. Die Voraussetzung für die Netting-Methode ist deren rechtliche Anerkennung sowie die Akzeptanz unter den Geschäftsbanken.

Ebenfalls zur Beruhigung der Marktteilnehmer und Behörden hat der mittlerweile hohe Entwicklungsstand bankinterner Überwachungssysteme beigetragen. Mit Hilfe komplexer Computerberechnungen können immer mehr Banken offene Risikopositionen jederzeit bewerten und somit erhöhte Verlustrisiken frühzeitig erkennen.

Alternative Deckungsmöglichkeiten zur Risikoreduktion

Bei börsengehandelten Optionen können in Abhängigkeit von der Transaktionsart und den Marktteilnehmern auf verschiedene Weise Sicherheiten für geschriebene Optionen erbracht werden. Wird eine entsprechende Option zurückgekauft, neutralisiert sich die Optionsposition und die erforderliche Deckung entfällt. Im Optionssprachgebrauch spricht man dabei von einer Gegenoption. Eine Gegenoption kann immer als Sicherheit dienen, wenn sie in jeder Hinsicht die gleichen oder mehr Rechte besitzt als der geschriebenen Option Pflichten anhaften. Dies gilt beispielsweise für einen Kontrakt, der bei sonst identischen Konditionen eine längere Laufzeit besitzt. Mittels Gegenoptionen können Strategien wie Bull Price Spreads mit Calls oder auch gewisse Time Spreads durchgeführt werden, ohne dabei weitere Sicherheiten stellen zu müssen.

Da bei einem gedeckten Callverkauf der zugrundeliegende Basiswert vorliegt, kann darauf als Sicherheit ein Pfandrecht errichtet werden. Der Titel bleibt solange gesperrt, bis das Ausübungsrecht des Optionsinhabers erloschen ist, sofern er davon keinen Gebrauch macht.

In den Anfängen der Aktienoptionenmärkte wurden primär diese beiden Arten von Sicherheitssystemen angewendet. Nachdem aber auch der Handel mit Put Optionen aufgenommen wurde, musste ein anderes, breiter anwendbares System eingeführt werden. Dies führte zum Prinzip der Margendeckung, welches beim Ausstellen einer Option die Hinterlegung risikoloser Sicherheiten verlangt. Die Höhe des Betrages wird je nach Art des Optionsinstrumentes von der Clearingstelle festgelegt. Wird genügend Sicherheit hinterlegt, gilt der Leerverkauf von Aktien bei gleichzeitigem Schreiben von Puts als risikolos. Die Transaktion entspricht bezüglich der Sicherheit dem Ausstellen eines gedeckten Calls, solange das Clearinghaus ein Rückgriffsrecht und einen Beweis für die Existenz des Leerverkaufs hat.

Sobald die Instrumente und Positionen festliegen, können die Prinzipien der Sicherheitsberechnungen bestimmt werden, nach welchen das Risiko der Totalposition zu berechnen ist. Das gebräuchlichste Margendeckungssystem stellt beispielsweise alle Käufe und Verkäufe von Optionen desselben Basiswertes einander gegenüber, womit das Totalrisiko jedes Marktteilnehmers berechnet werden kann. Um eine unnötig hohe Kapitalbindung zu vermeiden, sollten dabei Transaktionen mit gegensätzlichen Risikoprofilen mit weniger Sicherheitsmarge belastet werden als jene Transaktionen, welche ein gleichgerichtetes Risiko aufweisen. Ansonsten würden Arbitragetransaktionen und damit die Liquidität des Marktes sowie eine effiziente Preisbildung durch zu hohe Transaktionskosten gefährdet. Eine zu starke Lockerung der Sicherheitsbestimmungen birgt andererseits die Gefahr mangelnden Vertrauens in das System und kann bei Illiquidität und Verlusten zu dessen Zusammenbruch führen.

Anerkannte Sicherheiten zur Margendeckung

Ein Kunde, welcher an der Optionenbörse Geschäfte über einen Broker tätigt, ist diesem gegenüber zur Hinterlegung von Sicherheiten verpflichtet und der Broker als Clearingmitglied ist wiederum der Clearingstelle verantwortlich. Sofern ein Kunde die erforderlichen Sicherheiten nicht stellt, wird seine Position zwangsliquidiert. Der Grund für diese Aufteilung der Verantwortung liegt darin, dass einerseits das Clearinghaus die Übersicht behalten und andererseits dem Vermittler bei der Margenfestlegung gegenüber seinem Kunden gewisse Freiheiten gewähren kann. Der Marktteilnehmer hat für die Stellung der Sicherheiten lediglich die Kosten seiner reduzierten Liquidität sowie den administrativen Aufwand zu tragen.

Die Hinterlegung der Sicherheitsmarge bei der Clearingstelle kann oft mittels unterschiedlicher Werte erfolgen. Bei der Terminbörse Eurex hat der Clearing Teilnehmer beispielsweise das Wahlrecht, die Marge mit Ausnahme der Variation Margin in Form von Wertpapieren zu hinterlegen. Im Gegensatz zu Bargeld, welches von der Eurex nicht verzinst wird, können mit Wertpapieren während der Hinterlegung Erträge erzielt werden. Wertpapiere, welche als Margenleistung akzeptiert werden, müssen festverzinslich und lombardfähig sein und werden lediglich zu 75 % ihres Wertes an die Margenzahlung angerechnet.

Die Eurex wendet für Optionen wie für Futures grundsätzlich die risikobasierte Margenberechnung an. Eine detaillierte Anleitung stellt die Eurex unter dem Titel «Risk based margining» zur Verfügung. Prinzipiell setzt sich die Marge für geschriebene Optionen aus zwei Teilen zusammen:

Der Prämienmarge, welche beim Eröffnen der Position der einkassierten Prämie entspricht und dann täglich dem von der Börse festgelegten Tagesendbewertungskurs angepasst wird.

Der Risikomarge, welche aufgrund eines Margenintervalles täglich berechnet wird, wobei die Intervallberechnung auf der Jahresvolatilität, welche in eine Tagesvolatilität hinuntergerechnet wird und auf einem von der Börse bestimmten Vertrauensintervall (gemessen in Standardabweichungen) basiert.

Das Beispiel einer geschriebenen Call Option auf Nestlé Namenaktien sieht wie folgt aus:

Sicherheitsmarge für eine geschriebene Call Option an der Eurex

Beispiel: Nestlé Namenaktie (Preise in Fr.)

Tagesendkurs	285
Ausübungspreis	285
Optionspreis (Tagesendbewertungskurs)	6.75
Position (10 Aktien pro Kontrakt)	−100 Kontrakte
Volatilität	20 % p.a.
Tagesvolatilität $20/250^{0,5}$	1,26 %
verlangte Standardabweichungen	3
Wert der zugrundeliegenden Basistitel	285 000

Margenberechnung:	
Prämienmarge $10 \times 100 \times 6.75$	6 750
Margenintervall $1,26 \times 3 = 3,8\%$ von 285	+/– 10.83
Theoretischer Optionspreis bei 295.83	13.75
Risikomarge $10 \times 100 \times (13.75-6.75)$	7 000

Total Margenerfordernis	13 750

Steigt der Kurs auf 300, rechnet sich die Marge für einen Call wie folgt:

Kurs des Call	17
Prämienmarge $10 \times 100 \times 17$	17 000
Margenintervall $3,8\%$ von 300	+/– 11.40
Theoretischer Callpreis bei 311.40	27.30
Risikomarge $10 \times 100 \times (27.30-17.00)$	10 300

Total Margenerfordernis	27 300

Daraus entsteht für den Schreiber der Optionsposition eine Einschusspflicht in der Höhe von Fr. 13750, welcher er in der Regel innert 24 Stunden nachzukommen hat. Sinkt der Aktienkurs, so wird ein Teil der hinterlegten Marge frei. Über diese kann der Schreiber verfügen.

Die Margenpflicht wird von der Börse für die jeweiligen Instrumente regelmässig überprüft und der festgestellten Preisvolatilität nötigenfalls angepasst. Um die gesamte Margenerfordernis sicherzustellen, verlangt die Börse bei Eröffnung einer Position eine Initialmarge, welche nur im Insolvenzfall durch die Eurex angetastet werden kann. Täglich wird sodann entsprechend der Preisveränderungen eine Variationsmarge fällig oder gutgeschrieben. Die Eurex Mitglieder sind verpflichtet, von den Kunden eine mindestens ebenso hohe Margendeckung zu verlangen. Je nach Bonität des Kunden und Risiko im Depot wird die Bank vom Kunden eine zusätzliche Deckung verlangen, denn die Bank haftet als Börsenmitglied in jedem Fall gegenüber der Eurex. Aufgrund dieser Voraussetzungen können in diesem Buch keine allgemein gültigen Margensätze genannt werden. Diese richten sich aber in erster Linie nach der Volatilität des Instrumentes und seines Basiswertes. So sind normalerweise für Zinsprodukte tiefere Margen erforderlich denn für Aktienderivate.

Mit der strukturellen Veränderung der Finanzmärkte, den Finanzkrisen in verschiedenen Weltregionen, den ausgedehnten Handelszeiten an den Börsen und den Fortschritten in der Informationstechnologie hat sich das Volatilitätsniveau in den letzten Jahren allgemein erhöht, obwohl die Derivate helfen, die Risiken tragfähiger zu allozieren.

Wird gleichzeitig zum Call ein Put geschrieben, so hat dies eine Risikoreduktion zur Folge und lediglich die höhere der beiden Margen muss hinterlegt werden. Bei Futures ist die Sicherheitsleistung an der Eurex analog zu den Optionen mittels eines Intervall-Modells auf Basis der Tagesvolatilität mit drei Standardabweichungen festgelegt. Spread Positionen in Futures verlangen aufgrund des geringeren Risikos auch tiefere Margenzahlungen. Auf die jeweiligen Sicherheitsmargensysteme der verschiedenen Börsen wird in den folgenden drei Kapiteln eingegangen.

Die folgende Darstellung fasst die möglichen Deckungen zusammen, welche zur Erfüllung von Margenerfordernissen herangezogen werden können.

11.1 Abbildung
Deckung von Margenerfordernissen

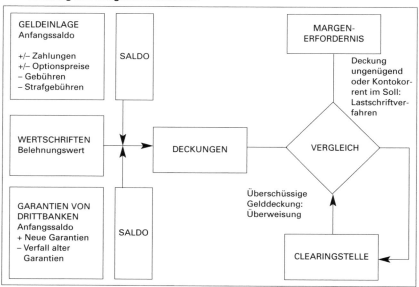

ZUSAMMENFASSUNG

Die zunehmende Dynamik der Entwicklung im Handel mit derivativen Finanzinstrumenten hat vor allem im Over-the-counter-Bereich zu steigenden Markt-, Kredit- und Abwicklungsrisiken geführt. Diesen Risiken kann durch die gegenseitige Verrechnung von Verbindlichkeiten (Netting), regulatorische Sicherheitsbestimmungen und bankinterne Risikomanagementsysteme begegnet werden. Vor allem aber auf Kundenseite muss bezüglich des Risikomanagements in Zukunft noch viel unternommen werden, damit die richtige Nutzung von Derivaten weiterhin in hohem Masse möglich ist.

An Terminbörsen werden diese Risiken durch die Clearingstelle auf ein Minimum reduziert oder teilweise sogar ausgeschaltet. Die Clearingmitglieder sind zur Zahlung von Margen verpflichtet, sobald eine Verbindlichkeit in Form einer ungedeckten Short Position besteht. Zur Hinterlegung können neben Bargeld auch festverzinsliche lombardfähige Wertpapiere verwendet werden.

Für alle nicht an einer Derivatbörse gehandelten Instrumente existieren keine Vorschriften, so dass alleine das emitierende Institut für die Sicherheitsleistungen verantwortlich ist. Bei OTC-Derivaten obliegt die Bonitätsprüfung sogar direkt den Gegenparteien. Vor allem im internationalen Geschäft sollte deshalb den Sicherheiten im Kontraktvertrag gebührend Beachtung geschenkt werden.

Die Märkte für Futures und Optionen

DIE EUREX

Die Pläne für eine gemeinsame Handels- und Clearingplattform wurden 1996 zwischen der Soffex und der Deutschen Termin Börse ins Leben gerufen und zielstrebig vorangetrieben. Im September 1998 erfolgte dann der Startschuss für den paneuropäischen Handel. Der Zusammenschluss war technisch gut machbar, weil das System der ehemaligen DTB von der Soffex-Plattform abgeleitet war. Die Eurex ist eine Publikumsgesellschaft und gehört zu gleichen Teilen der Deutsche Börse AG und der Schweizer Börse. Es ist nicht ausgeschlossen, dass sich weitere Derivatbörsen diesem System anschliessen werden. Ziel der Verantwortlichen war es denn auch von Beginn an, die Eurex zum führenden europäischen Handelsplatz für standardisierte Derivate zu machen. Dieses Ziel wurde mittlerweile durch den Ausbau der Produktepalette weitgehend erreicht, ist die Eurex doch der führende Handelsplatz für Geldmarkt- und Kapitalmarktinstrumente in Europa und gleichzeitig werden bereits Aktienoptionen aus sieben Ländern gehandelt. Daneben will die Eurex zur gewichtigsten Stromhandelsplattform avancieren. Den Teilnehmern wird ein qualitativ hochstehendes, kostengünstiges und umfassendes Angebot an Dienstleistungen offeriert – und dies auf einem einzigen elektronischen System. Die Zahl der Mitglieder steigt seit der Konzeption der Plattform steil an. Die internationale Ausrichtung der Eurex wird gezielt gefördert und ein Verbindungsnetz für den Zugang aus anderen Ländern (auch USA) wurde von Beginn weg zur Verfügung gestellt. Interessant ist, dass damit erstmals ein zentrales, grenzüberschreitendes Risikomanagement ermöglicht wird. Bei der Einführung der Eurex standen eine verbesserte Transparenz und die einheitliche Regulation zuoberst auf der Anforderungsliste. Die Kontraktspezifikationen, die Handelszeiten und die Handelsregeln konnten erfolgreich vereinheitlicht werden. Auch die Konvertierung in die europäische Einheitswährung Euro stellte für das vollelektronische System keine grossen Probleme.

Die Vorteile der Eurex sind unverkennbar, bietet sie doch einen vereinfachten Zugang zu einer noch breiteren Produktepalette, eine verbesserte Handelbarkeit aufgrund der steil wachsenden Zahl der Mitglieder und der Marktteilnehmer, und die gemeinsame Entwicklung neuer Produkte verbessert deren Erfolgschancen. Zudem werden keine Börsenmitgliedsgebühren erhoben und Transaktionspreise sowie Clearingkosten sind dank Synergien und fortschrittlicher Technologie niedrig. Das elektronische Börsensystem mit integriertem Clearinghaus verleiht den Marktteilnehmern Standortunabhängigkeit und reduziert damit die Kosten zusätzlich. Ausserdem reduzieren sich die Margenanforderungen dank der Kreuzverrechnung in einem System, das mehrere Währungen parallel zu handhaben vermag. Insgesamt hat die Eurex gute Chancen, ihre Position als eine der weltweit führenden Derivatbörsen weiter zu stärken. Gemessen am Handelsvolumen ist die Eurex bereits der weltweit grösste Handelsplatz für Derivate. Die Europäisierung der Finanzmärkte erlebt zur Zeit unter anderem dank der Einführung des Euro einen starken Schub. Die einzelnen Börsen werden sich diesem Trend nicht entziehen können, was der Eurex zusätzlichen Auftrieb verleihen sollte. Ein fortschreitender Konsolidierungsprozess ist in der Unternehmenswelt zu erwarten. Die Eurex bietet sich bereits heute als grenzübergreifender Handelsplatz für die Papiere der entstehenden europäischen Konzerne an. Die neu eingeführten Derivate auf Europaindizes erfreuen sich grosser Beliebtheit und entsprechen einem echten Bedürfnis und neuerdings können sogar Sektorindizes gehandelt werden. Weitere innovative Produkte werden mit Sicherheit folgen.

Die Produktepalette der Eurex

Das Spektrum an aktienbasierten Produkten umfasst Optionen auf 37 erstklassige deutsche Aktien sowie Optionen auf 25 Schweizer Aktien, einschliesslich Low Exercise Price Options. Diese sogenannten LEPO erlauben den synthetischen Handel der Basiswerte im Eurex-System. Das Angebot an Optionen auf Aktien umfasst mittlerweile auch Gesellschaften aus Skandinavien, Italien, Holland und Frankreich und soll schnell weiter ausgebaut werden. Die Konkurrenz in England plant zur Zeit die Einführung von Futures auf Aktien, was im Prinzip nichts anderes bedeutet als die Wiedereinführung des Termingeschäftes. Es ist allerdings anzumerken, dass die Eurex den selben Zweck längst mit dem LEPO erfüllt.

Zu den Indexprodukten von Eurex gehören Futures und Optionen auf die europäische Dow Jones Indexfamilie, welche von den Eurex-Partnern zusammen mit Dow Jones entwickelt wurde. Das Indexangebot wird laufend ausgebaut. Erst kürzlich wurde es um europäische Sektorenindizes erweitert. Zur Einführung wurden Futures auf die Sektorindizes Banken, Telekommunikation, Technologie und Gesundheitspflege aufgelegt. Die neuen Produkte scheinen den Investorenbedürfnissen gerecht zu werden, denn die gehandelten Volumen sind beachtlich. Darüber hinaus können die Anleger Optionen und Futures auf die traditionellen Indizes DAX, SMI und NEMAX 50 sowie auf den finnischen Aktienindex FOX handeln.

Eurex bietet eine Auswahl an Geldmarkt- und Kapitalmarktprodukten. Die Geldmarktprodukte umfassen Ein- und Dreimonats-EURIBOR-Futures sowie Optionen auf Dreimonats-EURIBOR-Futures. Was die Kapitalmarktprodukte betrifft, so können Anleger aus einer Reihe von Kontrakten wählen, welche die meisten Bereiche der Renditekurve abdecken: Euro-Schatz-Future, Optionen auf Euro-Schatz-Futures, Euro-BOBL-Future, Optionen auf Euro-BOBL-Futures, Euro-BUND-Future, Optionen auf Euro-BUND-Futures, Euro-BUXL-Future und CONF-Future.

Neue Produkte werden von den Eurex-Partnern gemeinsam entwickelt und als eine einzige Notierung auf den Markt gebracht, um eine Aufsplitterung der Liquidität für neue Produkte zu verhindern. Die Entwicklung neuer Produkte wird parallel zur zunehmenden Integration der europäischen und internationalen Börsen durchgeführt. Neu in die Aktivitäten aufgenommen wurde der Stromhandel. An der separat geführten European Electricity Exchange EEX werden zur Zeit zwei verschiedene Stromfutures aktiv gehandelt. Die Anfangserfolge sind bereits beachtlich.

12.1 Tabelle
Produktübersicht der Eurex

Aktien produkte	Index- produkte	Geldmarkt- produkte	Kapitalmarkt- produkte
Optionen und LEPO auf:	*Futures und Optionen auf:*	*Futures auf:*	*Futures auf:*
37 Deutsche Aktien	DJ Global Titans 50 Index	Einmonats-Euribor-Anlagen	Euro-Schatz-Anleihen
25 Schweizer Aktien	DJ STOXX 50 Index	Dreimonats-Euribor-Anlagen	Euro-Bobl-Anleihen
3 Italienische Aktien	DJ Euro STOXX 50 Index	*Optionen auf:*	Euro-Bund-Anleihen
6 Nordische Aktien	DAX Index	Dreimonats-Euribor-Future	Euro-Buxl-Anleihen
9 Französische Aktien	SMI Index		CONF-Anleihen
8 Holländische Aktien	NEMAX 50 Index		*sowie Optionen auf:*
	FOX Index		Euro-Schatz-Future
	4 DJ STOXX 600 Sektorindizes		Euro-Bobl-Future
	4 DJ Euro STOXX Sektorindizes		Euro-Bund-Future

235

Die Einführung des Euro als europäische Einheitswährung brachte der Eurex starke Wachstumsimpulse. Der Markt für Eurex-produkte umfasste nun Europa und entsprechend wurde das Angebot auf Kooperationsbasis auch auf mehr Länder ausgedehnt. Mit dem Euro war es für einen Grossteil Europas möglich, ohne Währungsrisiko Absicherungsgeschäfte zu tätigen, und für die Geldmarkt- und Kapitalmarktprodukte in Euro weitete sich die potenzielle Kundschaft auf den ganzen Euroraum aus. Die analog zu den LIBOR-Sätzen von London geschaffenen EURIBOR-Zinssätze bilden heute eine wichtige Basis für den Handel von Geldmarktderivaten an der Eurex. Zusammen mit den Futures SCHATZ, BOBL, BUND und BUXL kann die Eurex eine Palette von Zinsfuturen im Euro anbieten, welche die gesamte Zinskurve abdeckt.

Weiter ausgebaut wird insbesondere auch das Angebot an Index-Futuren. Die vor einigen Jahren neu konzipierten europäischen Indexprodukte auf die neuen Indizes Dow Jones STOXX 50 und Dow Jones Euro STOXX 50 wurden zu einem Grosserfolg. Diese Futures entsprechen genau dem Bedürfnis der europäischen Investoren nach einer nationenübergreifenden Anlagemöglichkeit. Im STOXX 50 sind die 50 meistgehandelten Aktien ganz Europas vertreten, wogegen sich der Euro STOXX 50 bei der Auswahl nur auf das Währungsgebiet des Euro beschränkt. In den vergangen Jahren wurden neue Derivate auf den NEMAX 50, den Index auf den deutschen Neuen Markt sowie auf den FOX-Index auf finnische Aktien hinzugefügt. Als echte Novität wurden im Frühjahr 2001 Futures und Optionen auf einen globalen Bluechip Index eingeführt, den Dow Jones Global Titans 50 Index. Zusätzlich werden auf zwei grosse Europaindizes Sektorindex-Futures in die Palette aufgenommen. Beide Produkte entsprechen exakt dem Anlegerbedürfnis nach einer kostengünstigen und liquiden Abdeckung von Anlagezielen rund um den Globus.

Die Schweizer Produkte werden weiterhin in Schweizer Franken gehandelt, wobei der Parallelhandel in Euro stets noch ein Thema ist. Der nur kurze Zeit gehandelte Kontrakt auf den Volatilitätsindex VOLAX und die Währungsoptionen sind mangels Handelbarkeit und Interesse wieder vom Tableau gestrichen worden.

Die Standardisierung der gehandelten Kontrakte hinsichtlich Typ, Basiswert, Ausübungspreis und Laufzeit reduziert allgemein die erforderliche Prüfung der Vertragsbedingungen auf ein Minimum und ermöglicht die Vergleichbarkeit verschiedener Kontrakte. Als Gegenpartei tritt stets die Eurex auf, womit auch das Gegenparteirisiko gänzlich entfällt. Obwohl die Standardisierung die Flexibilität einschränkt und die Beachtung individueller Kundenwünsche erschwert, kann dadurch ein effizienter und liquider Markt entstehen.

Neben einfachen Futures- und Optionsaufträgen können an der Eurex auch Preisstellungen für Kombinationsprodukte in das speziell dafür geschaffenen ‹Combination Quotebook› eingegeben werden, wobei sichergestellt wird, dass alle Teile der Kombination nur gemeinsam ausgeführt werden können. Vorläufig stehen die folgenden Standardkombinationen zur Wahl:

- Bull-Price Spread
- Bear-Price Spread
- Bull-Time Spread
- Bear-Time Spread
- Conversion
- Strangle
- Straddle

In den folgenden Kapiteln werden die Produkte, welche an der Eurex gehandelt werden, detaillierter vorgestellt. Für die aktuellen Kontraktspezifikationen sei hier auf die Internetseite der Eurex verwiesen, wo in der Tat eine Fülle von Informationen abgerufen werden kann: www.eurexchange.com

Die europäischen und globalen Produkte an der Eurex

An dieser Stelle sollen ausschliesslich die an der Eurex gehandelten europäischen und globalen Produkte vorgestellt werden. Auf die länderspezifischen Instrumente wird in den Länderkapiteln eingegangen. Der Handel in Europaprodukten wurde bewusst bereits im Vorfeld der Einführung der europäischen Einheitswährung von der Eurex aufgenommen. Heute hat sich die Investorengemeinde längst daran gewöhnt, dass das europäische Anlagegeschäft in Euro abgewickelt wird. Die Anlagetätigkeit wird aufgrund der zunehmenden wirtschaftlichen Verflechtung vermehrt kontinentale Aspekte berücksichtigen müssen. Ein klarer Trend weg von länderspezifischer und hin zu branchenorientierter Portefeuillestrukturierung ist zu beobachten. Die Einführung des Euro trieb diese Neuorientierung massiv voran, denn sie führt zu einer verbesserten Vergleichbarkeit der Angebote und eliminiert die Währungsrisiken für die Wirtschaftstätigkeit innerhalb der EU gänzlich. Ein Ende dieses Trends ist noch nicht abzusehen und wird zur weiteren Integration der Finanzmärkte Europas führen, wenn sich der Euro als Einheitswährung der EU bestätigen kann. Produkte, die sich auf die Eurozinssätze und auf europäische Indizes stützen, entsprechen daher einem echten Bedürfnis der Anleger. Ein Handel findet an der Eurex zur Zeit in den folgenden derivativen Geldmarktprodukten statt:

- Einmonats-EURIBOR-Future
- Dreimonats-EURIBOR-Future
- Optionen auf Dreimonats-EURIBOR-Future

und den Dow Jones Indexprodukten:

- STOXX 50 Future
- Euro STOXX 50 Future
- Optionen auf den STOXX 50 Index
- Optionen auf den Euro STOXX 50 Index
- STOXX 600 Sektorindex Futures auf 4 Sektoren
- Euro STOXX Sektorindex Futures auf 4 Sektoren
- Global Titans 50 Index Future
- Optionen auf den Global Titans 50 Index

Euro Geldmarktprodukte

Die Geldmarktprodukte finden speziell zur Absicherung von kurzfristigen Zinsrisiken Anwendung. Der Handel in den Euro Geldmarktprodukten hat sich in den letzten Jahren erfolgreich entwickelt und grosse Bedeutung erlangt. Als Basiswert dient der EURIBOR (European Interbank Offered Rate). Die EURIBOR Sätze sind zentral in Brüssel festgestellte Geldmarktzinssätze für den Euro. Sie werden von einem europäischen Konsortium bestehend aus über 50 Banken laufend neu bestimmt. Bis zur Einführung des Euro wurden die Sätze fiktiv errechnet, damit der Handel frühzeitig gestartet werden konnte. Die EURIBOR-Derivate stehen in direkter Konkurrenz zu den Euro-LIBOR-Produkten, welche vor allem an der LIFFE in London gehandelt werden. Für EURIBOR-Derivate ist die Eurex der grösste Markt.

Der *Einmonats EURIBOR-Future* basiert auf dem Einmonats-Termingeldsatz in Euro. Der Kontraktwert ist 3 Mio. Euro und die Erfüllung findet als Barausgleich statt, fällig am ersten Börsentag nach dem letzten Handelstag. Gehandelt wird in Prozent auf drei Dezimalstellen mit Basis 100 abzüglich gehandeltem Zinssatz. Dieses vereinfachte System darf nicht mit einer Diskontierung verwechselt werden. Bei einem Zinssatz von 3% ist also der Futurepreis 97%. Im Fall der Diskontierung ergäben aber 97% etwas mehr als 3% Rendite auf Verfall. Die kleinste Kursabstufung beträgt 0,005 Prozent, was auf Jahresbasis 150 Euro pro Kontrakt entspricht. Für den Future auf das Einmonats-Termingeld muss dieser Wert auf einen Monat reduziert – also durch 12 dividiert – werden, was nominal 12.50 Euro ergibt. Als Verfallmonate stehen jeweils die nächsten sechs Kalendermonate zur Verfügung. Jeder Verfallmonat kann bis um 11 Uhr MEZ am zweiten Börsentag vor dem dritten Mittwoch jenes Monats gehandelt werden. Zum selben Zeitpunkt wird auch der Schlussabrechnungspreis aufgrund des aktuellen EURIBOR-Satzes festgehalten. Die Margenpflicht wird täglich berechnet. Für die Handelszeiten und weitere Spezifikationen sei hier auf die Internetseite verwiesen.

Der *Dreimonats EURIBOR-Future* ist der wohl derzeit am aktivsten gehandelte Eurogeldmarktkontrakt. Dem Dreimonats EURIBOR-Future liegt entsprechend der Dreimonats-Termingeldsatz in Euro zu Grunde. Die Kontraktgrösse ist 1 Mio. Euro, weshalb die kleinste Preisveränderung von 0.005% auf Jahreszinsbasis 50 Euro ausmacht. Für die dreimonatige Laufzeit resultiert ein Viertel davon, also eine Veränderung von 12.50 Euro. Handelbare Verfallmonate sind die nächsten 12 Quartalsmonate aus dem Zyklus März, Juni, September und Dezember. Die längste Laufzeit beträgt damit drei Jahre. So kann auch auf lange Frist die Verzinsung von dannzumal zur Verfügung stehenden Mitteln sichergestellt werden. Alle anderen Spezifikationen entsprechen dem Einmonats EURIBOR-Future.

Die *Optionen auf den Dreimonats EURIBOR-Future* erlauben Absicherungen von Eventualgeschäften oder ganz einfach die Spekulation auf Verschiebungen in den dreimonatigen Geldmarktsätzen. Ein Optionskontrakt umfasst einen Futurekontrakt zu 1 Mio. Euro. Die Ausübung ist nach amerikanischem Stil jederzeit bis zum Ende der Post-Trading-Periode möglich und resultiert in einer Futureposition im dreimonatigen Euribor. Die Preisstellung erfolgt in Bruchteilen von minimal 0,005 Prozentpunkten analog zum Future. Die Prämienabrechnung erfolgt nach dem ‹future style› Verfahren. Beispiel: Bei einem Zins von 3,1% liegt der Preis des Futures bei 96,900%. Eine Calloption mit Ausübungspreis 96,5% hat somit einen inneren Wert von 0,4 Prozentpunkten. Eine Preisreduktion von 0,1 Punkten im Future (das heisst eine Zinssatzänderung von 3 auf 3,1%) führt am Verfalltag, wenn kein Zeitwert mehr bezahlt wird, für den Callpreis ebenfalls zu einer Kursreduktion um 0,1 Punkte. Dies entspricht für einen Kontrakt dem Betrag von 250 Euro (1 000 000 x 0,1 : 4 : 100). Die Ausübungspreise werden in Schritten von 0,1 Prozentpunkten abgestuft und es ist immer ein breites Spektrum handelbar. Die verfügbaren Kontraktmonate sind jeweils die vier nächsten aus dem Zyklus März, Juni, September, Dezember.

Indexprodukte Eurex

Seit drei Jahren bietet die Eurex mit grossem Erfolg Futures auf die Indizes STOXX 50 und Euro STOXX 50 sowie entsprechende Optionen auf die Indizes an. Schon früher waren an der SOFFEX Optionen auf den Eurotop 100 Index angeboten worden, doch waren diese der Zeit damals zu weit voraus und mussten mangels Aktivität wieder eingestellt werden. Mit den Derivaten auf die STOXX Indexfamilie werden Investitionen in einen gesamteuropäischen Aktienindex mittels eines einzigen Instrumentes möglich. Die Deutsche Börse hat in Kooperation mit Dow Jones, der Pariser Börse und der Schweizer Börse diese neuen europaweiten Aktienindizes entwickelt. Die STOXX Indexfamilie gliedert sich in Haupt- und Branchenindizes. Alle Indizes werden aus dem Dow Jones STOXX Total Market Index abgeleitet. Der STOXX Total Market Index (TMI) ist ein weit gefasster Index und deckt mit derzeit 1118 Aktienwerten das gesamte europäische Wirtschaftsgebiet ab. Aus diesem Index leitet sich ein Blue Chip Index ab, der STOXX 50. Er enthält die 50 grössten und liquidesten Werte. Der Euro STOXX 50 beschränkt sich analog auf die Euro-Zone. Neu eingeführt wurden der STOXX 600 Index und der Euro STOXX Index. Ersterer umfasst die 600 grössten Werte aus dem TMI. Der Euro STOXX Index umfasst die 312 Werte der zwölf Länder der Eurozone aus dem STOXX 600 Index. Auf je vier Sektorindizes aus diesen beiden Indizes werden seit kurzem Futures gehandelt. Damit wurde einmal mehr Neuland betreten. Es sind dies Futures auf die wichtigen Sektoren Banken, Technologie, Telekommunikation und Gesundheitswesen. Die Branchenindizes erlauben erstmals die gezielte Absicherung bestimmter Sektorrisiken eines ganzen Portefeuilles.

Mit diesem Indexkonzept wird einerseits das Ziel verfolgt, breit diversifizierte Benchmark Indizes für die Performancemessung von Aktien auf europäischer und Euro-Ebene anzubieten, andererseits werden leicht handelbare und liquide Blue Chip Kursindizes als Basiswerte für den Handel mit Futures und Optionen an der Eurex zur Verfügung gestellt. Die Indizes werden während des Handels laufend in Echtzeit aus den letztbezahlten Aktienpreisen am jeweiligen Heimmarkt und den aktuellen Devisenkursen in Euro errechnet und alle 15 Sekunden publiziert.

Die *Futures auf den STOXX 50 Index und den Euro STOXX 50 Index* haben abgesehen vom Basisindex identische Spezifikationen. Ein Kontrakt umfasst 10 mal den Index und es wird in ganzen Punkten gehandelt. Die Erfüllung erfolgt ausschliesslich mittels Barausgleich und der letzte Handelstag fällt auf den dritten Freitag des Verfallmonats oder den letzten davorliegenden Börsentag. Der Schlussabrechnungspreis wird zum Handelsschluss um 12.00 Uhr MEZ festgelegt und entspricht dem Durchschnitt der Indexberechnungen der letzten 10 Minuten. Dem Handel stehen jeweils die nächsten drei Quartalskontrakte im Zyklus März, Juni, September und Dezember offen.

Die *Optionen auf die beiden STOXX 50 Indizes* erfreuen sich bereits guter Beliebtheit. Ein Optionskontrakt umfasst 10 Indizes. Gehandelt wird mit einer Abstufung von 0.10 Euro und die Prämienabrechnung erfolgt in Euro mit Valuta ein Börsentag. Die Optionen sind europäischen Stils. Verfallmonate sind die nächsten drei Kalendermonate, die drei darauffolgenden Monate aus dem Eurex Quartalszyklus sowie weitere zwei Verfallmonate aus dem Juni Dezember Zyklus. Insgesamt sind also acht Verfallmonate mit Laufzeiten bis zu 24 Monaten für den Handel offen. Die übrigen Spezifikationen entsprechen dem Future.

Die *Futures auf die STOXX 600 Sektorindizes und die Euro STOXX Sektorindizes* sind abgesehen vom differenzierten Basisindex gleich ausgestaltet. Der STOXX 600 umfasst die 600 grössten Werte aus dem Europaindex, der Euro STOXX alle Gesellschaften des STOXX 600, welche im Euroraum der Währungsunion angesiedelt sind. Auch die ausgewählten Sektoren sind dieselben: Banken, Gesundheitswesen, Technologie und Telekommunikation. Die Zahl der abgedeckten Branchen kann nach Bedarf weiter ausgebaut werden, z.B. um Versicherungen oder Energie etc.. Der Futurekontrakt entspricht 50 mal dem Sektorindex. Die Preisabstufung erfolgt in Zehntelpunkten des Indexwertes also EUR 5 pro Kontrakt. Die handelbaren Verfallmonate sind die nächsten drei Quartalsmonate des Eurexzyklus. Die Erfüllung erfolgt durch Barausgleich.

Als spezielles Produkt hat die Eurex *Futures auf den Global Titans 50 Index* lanciert. Der neue Index soll die 50 grössten handelbaren Gesellschaften der Welt umfassen. Das heisst, es sind darin auch Gesellschaften aus Amerika und Japan enthalten. Nach dem Grosserfolg mit den Europaindexprodukten ist dies der logische nächste Schritt. Der Index ist auch ideal geeignet als globaler Benchmarkindex. Ein Kontrakt lautet auf 100 mal den Index. Die minimale Preisveränderung beträgt 0,1 Punkte bzw. EUR 10 pro Kontrakt. Um dem globalen Aspekt des Produktes gerecht zu werden, mussten die Handelszeiten bis in die Nacht ausgedehnt werden. Gehandelt werden die jeweils drei nächsten Quartalsmonate aus dem Eurexzyklus März, Juni, September und Dezember. Abgerechnet wird mittels Barausgleich.

Die *Optionen auf den Global Titans 50 Index* wurden gleichzeitig mit dem Future eingeführt. Sie sind europäisch, also nur am letzten Handelstag ausübbar und werden in Bar abgerechnet. Die Verfallmonate umfassen ein breites Spektrum bis zu 24 Monate entsprechend den STOXX 50 Optionen. Die übrigen Spezifikationen entsprechen exakt dem Future. Letzter Handelstag ist auch hier der dritte Freitag im Verfallmonat oder der davorliegende Börsentag.

Die *Futures auf den finnischen FOX-Aktienindex* wurden auf Basis einer Kooperation mit der Börse in Helsinki an der Eurex eingeführt. Der Kontraktwert ist auf 10 Euro pro Indexpunkt angesetzt. Die minimale Preisstufe beträgt 0,10 Indexpunkte. Gehandelt werden jeweils die nächsten drei Quartalsendmonate. Der Schlussabrechnungspreis wird als gewichteter Tagesdurchschnittspreis aller im Index enthaltenen Wertpapiere am letzten Handelstag ermittelt. Alle anderen Merkmale sind gleich wie bei den anderen Eurexindexfutures zu handhaben.

Die *Optionen auf den finnischen FOX-Index* wurden gleichzeitig mit dem Future in den Handel aufgenommen.

Die Kontraktausgestaltung entspricht derjenigen des Future. Handelbare Verfallmonate sind die drei nächsten sowie die drei darauf folgenden Quartalsendmonate. Die Kontrakte verfallen jeweils am letzten Handelstag um 17 Uhr MEZ.

Optionen auf Aktien diverser europäischer Gesellschaften

Zum Ende des Jahrtausends hat die Eurex ihre europäische Ausrichtung mit der Lancierung des Handels in Optionen auf Gesellschaften, welche in verschiedenen Teilen des Kontinentes ihren Sitz haben, weiter forciert. So wurden neben den deutschen und schweizerischen mittlerweile holländische, finnische, französische und italienische Optionen in den Handel aufgenommen. Die Spezifikationen wurden soweit als möglich den deutschen Produkten angepasst: Grundsätzlich umfasst ein Kontrakt 100 Aktien (mit Ausnahmen), ist auf 0.01 Euro genau quotiert und verfällt am dritten Freitag eines Monats oder am letzten Börsentag davor. Der Verfall löst eine physische Titellieferung

12.2   Tabelle
Liste der diversen europäischen Aktien mit Optionshandel an der Eurex

Holland	Italien	Finland	Frankreich
ABN Amro (AAR)	Assicurazioni Generali (ASG)	UPM-Kymmene Oyj (RPL)	AXA-UAP (AXA)
Aegon (AEN)	ENI (ENT)	Sonera Yhtymä Oyj (SOY)	Aventis (AVE)
Ahold (AHO)	Telecom Italia (SET)	Stora Enso Oyj R (ENUR)	BNP Paribas (BNP)
ING (INN)		Elisa Communications (EIA)	Carrefour (CAR)
KPN (KPN)		Tieto Enator Corp. (TTEB)	France Telecom (FTE)
Phillips (PHI1)		Nokiy Oyj (NOA3)	L'Oréal (LOR)
Royal Dutch (ROY)			Orange S.A. (OAG)
Unilever (UNI)			Total Fina Elf (TOTB)
			Vivendi (GEX)

aus. Gehandelt werden Calls und Puts amerikanischen Stils. Die Kontraktausgestaltungen sollen hier nicht detaillierter beschrieben werden, weil sie laufend angepasst werden bzw. die Aktienpalette sich verändert. Bei den verfügbaren Verfallmonaten gibt es länderspezifische Unterschiede, doch wird bei allen ausser den holländischen Optionen der Eurexzyklus März, Juni, September, Dezember angewandt. Holländische Optionen, welche eine Tradition von bald 30 Jahren haben, können mit bis zu drei Jahren Laufzeit gehandelt werden und der Zyklus ist hier traditionsgemäss Januar, April, Juli, Oktober.

Neben den regulären Optionen werden auf alle Titel (inkl. Schweiz und Deutschland) auch noch sogenannte Low Exercise Price Options (LEPO) angeboten. Die LEPO ermöglichen den synthetischen Terminhandel der unterliegenden Basiswerte. Die Charakteristika unterscheiden sich von den Normaloptionen nur im Ausübungspreis von 1 Euro sowie in den Verfallmonaten, welche für alle ausser den holländischen die nächsten zwei Quartalsendmonate sind. Für die holländischen sind es die nächsten zwei Quartalsanfangsmonate. LEPO sind ein sehr interessantes Instrument, weil damit jedermann die Möglichkeit erhält auch Leerverkäufe in den unterliegenden Aktien zu tätigen.

Die Merkmale von Traded Options und Financial Futures

Die Einsatzmotive sind Absicherung, Erzielen von Ertrag und Rendite oder Arbitrage. Eine Traded Option ist ein börsengehandelter Optionskontrakt. Der wichtigste Unterschied zu einem Future liegt in der Asymmetrie der Endabrechnung. Mit dem Kontrakt der Traded Option wird zwischen zwei Parteien ein von der Eurex standardisierter Vertrag abgeschlossen, der dem Käufer der Option gegen Zahlung der Optionsprämie das Recht einräumt,

– eine standardisierte Menge	Kontraktgrösse
– eines bestimmten Finanzinstrumentes	Basiswert
– genau zu oder	europäische Option
– bis und mit	amerikanische Option
– einem standardisierten Zeitpunkt	monatlicher Verfalltag
– zu einem im Voraus ausgewählten Preis	Ausübungspreis
– zu kaufen oder zu verkaufen	Call oder Put

Will der Käufer den Basiswert beziehen, so muss er den Schreiber vor oder spätestens am Verfalltag ausüben. Traded Options werden an der Eurex auch am Verfalltag *nicht* automatisch ausgeübt. Das heisst, der Käufer muss der Bank oder dem Broker explizit den Ausübungsauftrag erteilen. Alternativ kann er natürlich jederzeit ein Glattstellungsgeschäft tätigen um seine Position auszugleichen. Der

Optionsschreiber unterliegt einer Margenpflicht, welche täglich neu berechnet wird. Er kann in der Regel bei der Bank statt dessen auch die Basiswerte hinterlegen.

Ein *Financial Future ist* ein börsengehandelter Terminkontrakt, also ein Vertrag mit der Verpflichtung,

– eine standardisierte Menge	Kontraktgrösse
– eines bestimmten Finanzinstrumentes	Basiswert
– zu einem vereinbarten Preis	Kontraktpreis
– zu einem bestimmten, standardisierten Zeitpunkt	Fälligkeit
– zu übernehmen oder zu liefern	Kauf oder Verkauf

Dabei ist festzuhalten, dass insbesondere Financial Futures oft bei Fälligkeit den Barausgleich der Differenz zwischen Kontraktpreis und letztem Kurs am Fälligkeitstag vorsehen, da eine Lieferung zum Beispiel eines Aktienindex mit 500 Werten kaum zu bewerkstelligen wäre.

Der ursprüngliche Kapitaleinsatz beim Future Geschäft an der Eurex beschränkt sich auf die Einschussmarge, welche hinterlegt werden muss. Daher tritt bei Geschäften mit Financial Futures meistens ein Hebeleffekt auf, welcher dazu führt, dass die Wertveränderungen einer Future Position ein Vielfaches des ursprünglichen Einsatzes ausmachen kann. Das Verlustpotential ist daher wie für den Schreiber einer Option – aber im Gegensatz zum Käufer einer Option – praktisch unbeschränkt. Die Hebelwirkung entspricht dem Kehrwert des Verhältnisses von Einschussmarge zu Kontraktwert. Bereits geringe Kursveränderungen haben deshalb sowohl bei Lang- als auch bei Kurzpositionen grosse Gewinn- oder Verlustkonsequenzen. Die Margenpflicht wird von der Eurex täglich neu berechnet und publiziert.

Die Handelsorganisation

Alle Aufträge und Preisstellungen werden in das zentrale Auftragsbuch der Eurex eingegeben, wo sie automatisch nach Kontrakttyp, Kurs und Erfassungszeit sortiert werden. Bestensaufträgen wird dabei immer die höchste Abschlusspriorität eingeräumt. Limitierte Aufträge und Preisstellungen werden sortiert, wobei die höchsten Geldkurse und die tiefsten Briefkurse zuoberst aufgeführt werden. Die zehn besten Geld- und Briefkurse sowie die Grösse der entsprechenden Aufträge können jederzeit abgefragt werden. Dies erlaubt den Marktteilnehmern, jederzeit die Markttiefe zu beobachten und mit den laufenden Preistrends in Echtzeit Schritt zu halten. Limitierte

Aufträge können mit folgenden Preis- und Zeitspezifikationen erteilt werden:
- Immediate-or-cancel (IOC): Was nicht sofort ausgeführt wird, wird annulliert.
- Fill-or-kill (FOK): Der gesamte Auftrag wird sofort ausgeführt oder sonst annulliert.
- Good-till-cancelled (GTC): Der Auftrag ist gültig bis Widerruf.
- Good-till-date (GTD): Der Auftrag ist bis zu einem bestimmten Datum gültig.
- Good-for-Day (GFD): Der normale tagesgültige Auftrag.

Aufträge mit demselben Preis werden nach dem Prinzip ‹first come, first served› ausgeführt. Wenn ein Kaufauftrag und eine Verkaufsorder gemäss den Handelsbedingungen der Börse zusammenpassen, werden sie automatisch vom System ausgeführt. Für alle Transaktionen erfolgt sofort eine Bestätigung. Aufträge, die nicht sofort oder nur teilweise ausgeführt werden können, bleiben im Auftragsbuch gespeichert. Im Futures-Handel können Stopp-Orders eingegeben werden, ohne dass die anderen Marktteilnehmer diese als solche erkennen können. Stopp-Orders sind Marktaufträge, die erst ausgeführt werden, wenn der Stopp-Preis erreicht ist. Dem Marktteilnehmer wird es damit ermöglicht, seinen Auftrag noch mehr den spezifischen Bedürfnissen anzupassen und den Überwachungsbedarf weiter zu reduzieren. Natürlich wird das Geschehen am Markt exakt festgehalten und durch eine Überwachungsorganisation kontrolliert, so dass im Fall von Unregelmässigkeiten unmittelbar eingegriffen werden kann. Die Handelszeiten werden laufend den Bedürfnissen der Marktteilnehmer angepasst und tendenziell weiter ausgedehnt.

Die vollelektronische Abwicklung des Handels und des Clearings ermöglicht die sofortige Auswertung und Darstellung sämtlicher Informationen bezüglich Basiswert, Preis und Volumen der Transaktionen und deren Bereitstellung für die Clearingmitglieder. Im Zusammenhang mit den entsprechenden Börsendaten der Basiswerte stellen diese Angaben die optimale Voraussetzung für Transparenz und einen hohen Informationsstand im Handel dar. Bedingung dafür ist der permanente Handel der Basiswerte, welcher erst in den letzten Jahren für eine immer breitere Titelauswahl aufgenommen wurde, auf den heutigen elektronischen Handelssystemen aber selbstverständlich ist.

Das Clearingsystem ist derart gestaltet, dass die Clearingstelle bei jeder Transaktion als Gegenpartei der Marktteilnehmer auftritt und die damit verbundenen Verpflichtungen übernimmt. Dadurch entfällt das Erfüllungs- und Kreditrisiko der Kontrahenten und die Vertragserfüllung zwischen den Clearingmitgliedern ist garantiert.

Diese Garantiefunktion wird durch das Einfordern von Sicherheiten gewährleistet. Des weiteren erfüllt die Eurex das tägliche Clearing, d.h. die laufende Bewertung der Positionen und die Berechnung der erforderlichen Margendeckung.

Wie bei allen Terminbörsen basiert die Marktstruktur der Eurex auf dem Market Maker Prinzip. Ein Börsenmitglied kann als Broker auftreten, der sowohl Geschäfte auf eigene Rechnung (Principal Transaktionen) und/oder Geschäfte für Kunden (Agent Transaktionen) ausführen kann, oder als Market Maker, der auf eigene Rechnung handelt und verpflichtet ist, stets An- und Verkaufskurse zu stellen. Voraussetzung, um Börsenmitglied zu werden, ist entweder der Status einer Bank oder eines berufsmässigen Wertschriften-, Futures- oder Optionenhändlers, der in seinem Land der Bankenaufsicht oder einer sonstigen Aufsichtsbehörde unterstellt ist. Daneben sind Anforderungen bezüglich Kapital, Anzahl Kunden, Ausbildung der Händler sowie Infrastruktur zu erfüllen. Nicht-Banken und Gesellschaften, welche die Kapital- und Kundenanforderungen nicht erfüllen, können lediglich eine Market Maker Lizenz beantragen.

Der Handel an der Eurex kann ausschliesslich durch Clearing-Teilnehmer erfolgen. Nicht-Clearingmitglieder oder reine Börsenmitglieder müssen sich zur Transaktionsabwicklung einem General Clearing Member anschliessen. Die Mitgliedschaft als General Clearing Member bedingt derzeit ein Aktienkapital von rund Fr. 200 Mio. sowie eine höhere zu hinterlegende Garantiesumme als der Status eines Direct Clearing Members. Ein General Clearing Member kann im Gegensatz zum Direct Clearing Member nicht nur die eigenen Aufträge und diejenigen seiner Kunden abwickeln, sondern auch solche von Börsenmitgliedern, die selbst nicht Clearingmitglied sind. Ende 1998 belief sich die Zahl der Eurex-Mitglieder bereits auf rund 300. Sie setzten pro Quartal über 100 Mio. Kontrakte um und machten die Eurex damit zur bedeutendsten Derivatebörse Europas. Im ersten Trimester 2001 wurden bereits 217 Mio. Kontrakte umgesetzt.

FUTURES UND OPTIONEN IN DER SCHWEIZ

Termingeschäfte und der Handel mit Derivaten gehen an den Schweizer Börsen bereits auf die 20er Jahre zurück. Standardisiert waren bei diesen Geschäften das Verfalldatum sowie das Clearingverfahren. Das Gegenparteirisiko lag voll bei den Kontrahenten. Termingeschäfte machten zeitweise rund einen Drittel des Aktienhandels aus. Optionsgeschäfte waren als sogenannte Prämiengeschäfte bekannt, wobei die Prämie erst am Verfalltag zu bezahlen war und zwar nur dann, wenn auf die Ausübung verzichtet, d.h. das Geschäft abandoniert wurde. Der Ausübungspreis und die Prämie wurden für jeden Abschluss neu festgelegt, wobei für die Höhe der Prämie gewisse Normen galten, ohne dass jedoch finanzmathematische Berechnungen angestellt worden wären. Diese Handelsformen wurden erst Ende der 80er Jahre durch moderne Instrumente abgelöst. Optionen ab Anleihen und Aktionärsoptionen wurden wie auch Wandelanleihen ab den 70er Jahren verbreitet eingesetzt. Ende der 80er Jahre wurde die Stillhalteroption von der BZ Bank Zürich erfunden. Diese ermöglichte es erstmals auch ausländischen Investoren, auf schweizerische Namenaktien zu setzen, da der Optionskauf keine Eintragung ins Aktienregister der Basiswertgesellschaft erfordert, weil im Basiswert keine Handänderung geschieht. Daneben konnten sich bald auch Indexwarrants und dynamisch gesicherte Warrants etablieren. Der Erfolg war derart gross, dass die Soffex (heute Eurex) mit ihren Traded Options es bis heute nicht schaffte aus dem Schatten der offiziell kotierten Warrants zu treten. Der Handel an der Eurex konzentriert sich heute auf Futures sowie Optionen mit kürzeren Laufzeiten und beschränkt sich bei letzteren auf die grössten Gesellschaften, bietet dafür aber dem Anleger die Wahl zwischen einer Vielzahl von Ausübungspreisen. Das Geschäft mit Puts konzentriert sich zum grossen Teil an der Eurex. Erfolgreich war die Einführung von Futures auf den Swiss Market Index und auf eidgenössische Bundesanleihen.

Der schweizerische Markt für Futures und Optionen setzt sich aus vier Teilmärkten zusammen. Dazu gehören die Schweizer Kontrakte, welche an der Eurex gehandelt werden, börsenkotierte Derivate, individuell auf Kundenbedürfnisse zugeschnittene Kontrakte sowie am unregulierten Over-the-counter-Markt gehandelte Produkte. Im Bereich der Aktienoptionen nehmen in der Schweiz die börsenkotierten Optionsscheine die bedeutendste Position ein, wozu Stillhalteroptionen, Warrants, Gratisoptionen und Optionen ab Optionsanleihen zählen. Die Volumen, welche in den Derivaten umgesetzt werden, sind weiter stark im Steigen begriffen. Eine positive Entwicklung an den Finanzmärkten fördert die gehandelten Derivatvolumen zusätzlich. Die börsennotierten Optionsscheine (Warrants) erfreuen sich nach wie vor grösster Beliebtheit. Die Eurex-Kontrakte, die massgeschneiderten Optionen und die Over-the-counter-Produkte haben alle deutlich kleinere Anteile. Sehr beliebt sind seit einiger Zeit Kombinationsderivate, welche einen Kapitalschutz oder andere spezielle Merkmale aufweisen. Der internationale Stellenwert einer Börse für derivative Finanzprodukte kann am Gesamtwert der offenen Positionen (Open interest), am Wert der zugrundeliegenden Basiswerte, am Umsatzvolumen und an den erwirtschafteten Kommissionserträgen gemessen werden. Ebenfalls eine gewisse Aussagekraft besitzt das Verhältnis des Umsatzvolumens der mittelbar über Optionen gehandelten Aktien zum Gesamtvolumen des Aktienmarktes. So werden in hoch entwickelten Märkten zeitweise mehr Aktien über Optionen gehandelt als im Aktienmarkt selbst. Die Schweiz bewegt sich hinsichtlich des Volumens im Derivatehandel im internationalen Vergleich auf den vorderen Rängen unter den Börsen der Welt. Die Eurex ist zum grössten Derivatehandelsplatz Europas aufgestiegen. In der Schweiz ist der Einsatz von Derivaten erstaunlich weit verbreitet und die Anwender verhalten sich meistens sehr professionell.

Schweizer Produkte an der Eurex

In der Schweiz wurde 1988 der Handel mit standardisierten Aktienoptionen durch die Soffex aufgenommen. Die damalige Soffex konnte sich bald einen festen Platz neben dem Handel mit kotierten Warrants sichern. Das gehandelte Volumen stieg in den 90er Jahren steil an. In den kotierten Warrants wurde 2000 ein Volumen von 72 Mrd. Franken gehandelt, was rund einem Zehntel des Aktienumsatzes entsprach. In den standardisierten Derivaten der Eurex wurden im Jahr 2000 17,0 Mrd. Franken umgesetzt.

Gehandelte Produkte

In den Anfängen der SOFFEX zählten einzig Aktien-, Indexoptionen und Index Futures zu den gehandelten Instrumenten. Später folgten Zins Futures und spezielle Aktienoptionen mit tiefem Ausübungspreis, sogenannte Low Exercise Price Options (LEPO) sowie Optionen auf Namenaktien. Die letzte Innovation stellten Optionen auf langfristige Zins Futures dar. Nicht alle der eingeführten Produkte konnten sich bewähren, so dass der Handel mit einigen Derivaten aufgrund der fehlenden Nachfrage eingestellt werden musste.

Die Notierung der gehandelten Kontrakte erfolgt an der Eurex wie auch an allen übrigen Handelsplätzen in Form der vier Hauptstandardisierungsmerkmale Typ, Basiswert, Strikepreis und Laufzeit für Optionen respektive Basiswert und Laufzeit für Futures.

12.1 Abbildung
Entwicklung der CH-Eurex-Produkte: Anzahl gehandelte Kontrakte pro Jahr

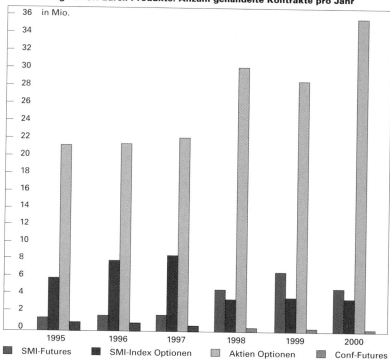

12.2 Abbildung
Entwicklung des gehandelten Prämienvolumens an der Eurex für CH-Produkte

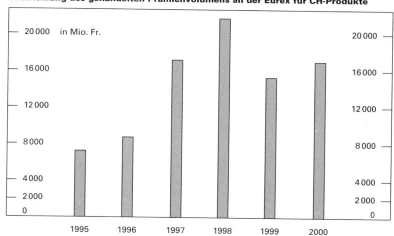

SMI Future

Der SMI Kontrakt wurde Ende 1990 als erster an der SOFFEX gehandelter Future eingeführt. Ihm liegt der Swiss Market Index (SMI) als Basiswert zugrunde, welcher die Kursentwicklung von maximal 25 Schweizer Aktien repräsentiert. Im Gegensatz zum Swiss Performance Index (SPI) beinhaltet der kapitalisierungsgewichtete SMI nur Aktien von Gesellschaften, die die höchsten Marktkapitalisierungen aufweisen und verschiedene Branchen repräsentieren.

Der SMI Index wird laufend in Echtzeit neu berechnet. Die Zusammensetzung des Index wird periodisch überprüft und angepasst. Weil diverse Firmen die Einheitsaktie eingeführt hatten und andere wegfusioniert worden waren, musste der Index in letzter Zeit laufend mit neuen Gesellschaften ergänzt werden. So stiessen Gesellschaften wie Rentenanstalt, Serono, Adecco, Unaxis und Kudelski unverhofft in die Indexlobby vor. Die wichtigsten drei Gesellschaften der Schweizer Börse – Novartis, Roche und Nestlé – machen zusammen mehr als die Hälfte des gesamten Indexgewichtes aus, was leider zu einer gewissen Einseitigkeit bei der Branchengewichtung führt, aber natürlich die Realität der Schweizer Wirtschaft widerspiegelt. Der SMI Future war der erste Index Future, der an einer voll-elektronischen Börse auf echtzeitlicher Basis gehandelt wurde. Die Abrechnung erfolgt mit einem Barausgleich und dem Handel stehen die nächsten drei Quartalsmonate im Zyklus März, Juni, September und Dezember zur Verfügung. Der Verfalltag fällt jeweils auf den dritten Freitag des Kontraktmonates, sofern dies ein Handelstag ist, andernfalls auf den davor liegenden Börsentag. Handelsschluss für den fälligen Future-Kontrakt ist 09.00 Uhr am letzten Handelstag. Der Schlussabrechnungspreis entspricht jeweils dem Wert des SMI Index, welcher auf der Grundlage der an der Schweizer Börse am letzten Handelstag zustande gekommenen Eröffnungskurse in den SMI-Titeln berechnet wird. Somit sind zur gleichen Zeit höchstens drei Kontrakte von unterschiedlicher Laufzeit notiert. Die Handelseinheit beträgt pro Indexpunkt Fr. 10, d.h. bei einer minimalen Preisfluktuation von 1 Indexpunkt entspricht dies Fr. 10. Die Einschussmarge für SMI Futures wird täglich neu berechnet, wobei ein Spread lediglich eine reduzierte Margenforderung benötigt. SMI Futures werden wie die meisten Index Kontrakte vorwiegend zur Portefeuilleabsicherung bzw. zum direkten Aufbau einer Position im Gesamtmarkt verwendet. Sie verzeichneten in den letzten Jahren aufgrund der Marktinstabilitäten ein zunehmendes Interesse. Das Wachstum wird auch in Zukunft anhalten.

Conf Future

Nach der Einführung von kurz- und mittelfristigen Zins Futures, welchen der dreimonatige Zinssatz für Euroschweizerfranken bzw. eine synthetische 6% Anleihe mit einer Laufzeit von 5 Jahren zugrunde lagen, wurde 1992 erstmals ein langfristiger Zins Future lanciert, der sogenannte Conf Future.

Dem Conf Future liegt eine idealtypische langfristige Bundesanleihe mit 6% Zinscoupon zugrunde und zur Vertragserfüllung können Bundesobligationen mit Restlaufzeiten zwischen 8 und 13 Jahren und mindestens 500 Mio. Fr. Emissionsvolumen geliefert werden. Um die zu liefernden Titel vergleichbar zu machen, wird jede der lieferbaren real existierenden Bundesanleihen mit einem ensprechenden Konversionsfaktor versehen. Dem Handel stehen als Verfallmonate jeweils die drei nächsten der vier Zyklus-Monate März, Juni, September und Dezember zur Verfügung. Liefertag ist der zehnte Kalendertag des jeweiligen Liefermonats, sofern dieser ein Börsentag ist; andernfalls ist es der darauf folgende Börsentag. Handelsschluss ist jeweils zwei Börsentage vor dem Liefertag um 12.30 Uhr MEZ. Noch am letzten Handelstag müssen der Eurex die Anleihen bekannt gegeben werden, die geliefert werden. Die meisten Kontrakte werden jedoch vor Verfall glattgestellt.

Die Kontraktgrösse beläuft sich auf nominal Fr. 100 000, d.h. bei einer minimalen Preisfluktuation von 0.01% beträgt diese nominal Fr. 10. Die Variation Margin wird täglich anhand der Kursveränderungen neu berechnet.

Während der Handel mit den kurz- und mittelfristigen Zinsinstrumenten aufgrund ungenügender Nachfrage nach kurzer Zeit wieder eingestellt wurde, hat sich der Conf Future relativ rasch etabliert. Mit rund 479 000 gehandelten Kontrakten im Jahr 2000 weist der Conf Future aber ein deutlich sinkendes Handelsvolumen auf. Das dürfte damit zusammenhängen, dass erstens die Bewegungen an der Zinsfront relativ abnahmen und zweitens die Zahl der lieferbaren Anleihen zurückging. Trotzdem ist der Conf Future nach wie vor das beliebteste Zinsabsicherungsinstrument im Schweizer Franken. Die Kursnotierungen des Conf Future gelten vor allem in Zeiten starker Zinsbewegungen als eines der wichtigsten Zinssignale im schweizerischen Kapitalmarkt. Der Comi Future und die Conf-Optionen mussten mangels Nachfrage eingestellt werden.

Aktienoptionen

Der Handel mit Aktienoptionen stellt den wichtigsten Teil der an der Eurex in Schweizer Produkten getätigten Geschäfte dar. Das Volumen betrug 2000 36 Millionen Kontrakte und hat sich gegenüber dem

Vorjahr weiter erhöht. Das gehandelte Prämienvolumen hat 2000 um 13,5% abgenommen und betrug damit ansehnliche Fr. 11,3 Mrd. Positiv auf den Handel hat sich die Tendenz zur Schaffung leichterer Titel durch Aktiensplitting und der steigende Börsentrend der vergangenen Jahre ausgewirkt. Selbst im schlechten Börsenjahr 1994 hat der Umsatz mit Aktienoptionen noch einmal erheblich zugenommen.

Im Sommer 1998 überschritt der Derivathandel in der Schweiz einen vorläufigen Zenit. Die überhitzte Börsenstimmung und die anschliessende massive rund 40prozentige Korrektur am Aktienmarkt führten zu turbulenten Szenen am Derivatmarkt. Der Volatilitätsindex für Eurex-Optionen stieg zeitweise auf über 60%! Bestätigen konnten sich dabei insbesondere das Handelssystem und die Abwicklungsorganisation.

Heute werden an der Eurex Calls und Puts amerikanischen Stils auf verschiedene Schweizer Gesellschaften gehandelt. Namenaktien, Inhaberaktien und ein Genussschein dienen als Basiswerte. Die Kontraktgrösse beträgt in der Regel 10 Aktien. Einzig bei Aktien Julius Bär entspricht der Kontrakt einem einzigen Schein. Bei Verfall findet für offene Kontrakte die physische Lieferung statt. Der letzte Handels-

Als Basiswerte stehen zur Zeit folgende Papiere zur Wahl:

12.3 Tabelle
Schweizer Basiswerte für Aktienoptionen an der Eurex

Basiswert	Branche	Typ	Symbol
ABB	Elektrotechnik	Namenaktie	ABBN
Adecco	Temporärarbeitsvermittlung	Namenaktie	ADEN
Ciba SC	Spezialitätenchemie	Namenaktie	CIBN
Clariant	Spezialitätenchemie	Namenaktie	CLN
Credit Suisse	Grossbank	Namenaktie	CSGN
Givaudan	Aromen und Duftstoffe	Namenaktie	GIVN
Holderbank	Zement, Baumaterial	Inhaberaktie	HOL
Julius Bär	Bank	Inhaberaktie	BAER
Kudelski	Technologie	Inhaberaktie	KUD
Lonza	Feinchemie	Namenaktie	LONN
Nestlé	Nahrungsmittel	Namenaktie	NESN
Novarits	Pharmazeutik	Namenaktie	NOVN
Rentenanstalt	Versicherung	Namenaktie	RAN
Richemont	Luxusgüter, Genussmittel	Inhaberaktie	CFR
Roche	Pharmazeutik	Genussschein	ROG
Schweizer Rück	Rückversicherung	Namenaktie	RUKN
Serono	Pharmazeutik	Inhaberaktie	SEO
Sulzer	Maschinenbau	Namenaktie	SUN
Swatch	Uhren	Namenaktie	UHRN
Swissair	Luftverkehr	Namenaktie	SRN
Swisscom	Telekommunikation	Namenaktie	SCMN
Syngenta	Agrochemie	Namenaktie	SYNN
UBS	Grossbank	Namenaktie	UBSN
Unaxis	Technologie	Inhaberaktie	UNAX
Zürich Allied	Versicherung	Namenaktie	ZURN

tag ist jeweils der dritte Freitag eines Verfallmonats und wenn das kein Börsentag ist, gilt der nächste davor liegende Handelstag. Erfüllungstag ist immer drei Börsentage nach der Ausübung. Verfallmonate sind jeweils die nächsten drei aufeinanderfolgenden Monate sowie die beiden darauffolgenden Monate aus dem Zyklus März, Juni, September und Dezember, womit die Laufzeit maximal 9 Monate umfasst. Für einige Basiswerte werden zusätzlich Long-term-Optionen gehandelt, für welche Laufzeiten bis zu 24 Monaten zur Verfügung stehen. Die überjährigen Kontrakte fallen dann auf die Monate Juni und Dezember. Die aktuellen handelbaren Laufzeiten und Ausübungspreise werden am besten der Finanzpresse oder der Internetseite ‹www.eurexchange.com› entnommen.

In der Tagespresse – zum Beispiel Neue Zürcher Zeitung – werden die Endbewertungskurse täglich publiziert.. Für jeden Call und Put stehen für jeden Verfallmonat mindestens drei Serien zur Verfügung mit je einem Ausübungspreis im Geld, am Geld und aus dem Geld.

Für die Abstufung der Ausübungspreise gilt ein fixer Raster. Dabei wird zwischen den Verfallmonaten für die 1 bis 2monatigen, die 3,6,9 und 12monatigen sowie die 18 bis 24monatigen Laufzeiten unterschieden:

12.4 Tabelle
Abstufung der Ausübungspreise für 1 bis 2monatige Laufzeiten

Kurs des Basiswertes in Fr.			Abstufung in Fr.
5	bis	195	5
200	bis	390	10
400	bis	975	25
1 000	bis	1 950	50
2 000	bis	4 900	100
5 000	und höher		200

Abstufung der Ausübungspreise für 3, 6, 9 und 12monatige Laufzeiten

Kurs des Basiswertes in Fr.			Abstufung in Fr.
10	bis	190	10
200	bis	380	20
400	bis	950	50
1 000	bis	1 900	100
2 000	bis	4 800	200
5 000	und höher		400

Kurs des Basiswertes in Fr.			Abstufung in Fr.
20	bis	180	20
200	bis	360	40
400	bis	900	100
1 000	bis	1 800	200
2 000	bis	5 200	400
5 600	bis	12 000	800
12 000	und höher		1000

An der Eurex wird eine spezielle Art von Aktien-Calls mit besonders tiefem Strikepreis gehandelt. Diese sogenannten LEPO (Low Exercise Price Options) sind ebenfalls amerikanischen Typs und werden zu einem Strikepreis von Fr. 1 notiert. Sie weisen deshalb die gleichen Preisbewegungen auf wie der zugrundeliegende Basiswert und stellen im Grunde ein standardisiertes Termingeschäft dar, welches jedoch unmittelbar zu bezahlen ist. Damit können in erster Linie Market Maker ihre offenen Positionen besser absichern. Abgesehen davon, dass LEPO lediglich die zwei nächsten Verfallmonate des Zyklus März, Juni, September und Dezember aufweisen, besitzen sie die gleichen Kontraktspezifikationen wie die übrigen Eurex Optionen.

In den Anfängen der SOFFEX wurden zuerst Optionen mit kurzer Laufzeit eingeführt, da diese eine höhere Liquidität als mittel- bis langfristige Kontrakte aufweisen. Die Abrechnung von Aktienoptionen erfolgt durch die physische Lieferung des Basiswertes. Findet während der Laufzeit eine Kapitalveränderung statt, kann die Eurex die Ausübungspreise und die Kontraktgrösse ändern sowie einen Barausgleich des differierenden Betrags vornehmen. Der Tagesendbewertungskurs von Optionen entspricht jeweils dem letztbezahlten Preis, sofern dieser innerhalb der letzten Viertelstunde des Handels zustandegekommen ist und den aktuellen Marktverhältnissen entspricht. Andernfalls wird er von der Eurex festgelegt.

SMI Optionen
Kurz nach der Aufnahme des Handels mit Aktienoptionen wurde die erste Indexoption auf den SMI eingeführt, welche sich durch ihren europäischen Typus und ihre Abwicklung mittels Barausgleich von den übrigen Kontrakten unterscheidet. Der Barausgleich ist nötig, weil schliesslich keine Bruchteile von Aktien geliefert werden können. Die Ausgestaltung als europäische Option folgte aus deren hauptsächlichem Anwendungsmotiv, der Absicherung von Portefeuilles. Somit wird die Gefahr einer vorzeitigen Ausübung gebannt, gleichzeitig aber eine geringere Optionsprämie im Vergleich zum amerikanischen Typus erzielt.

254

Der Kontraktwert einer SMI Option beträgt Fr. 10 pro Index-punkt. Die Minimalabstufung beträgt 0,1 Punkt im SMI. Es werden für jeden Verfallmonat mindestens fünf Ausübungspreise mit einer Abstu-fung von mindestens 50 Indexpunkten festgelegt. SMI Optionsserien verfallen entsprechend den Aktienoptionen nach demselben Verfallzy-klus. Auch hier kommt der letzte Handelstag in der Regel auf den drit-ten Freitag des Verfallmonats zu liegen.

Die SMI Index Optionen erfreuen sich grosser Beliebtheit. Die Zahl der gehandelten Kontrakte (zu je 10 SMI-Indizes) stieg stetig an. Die letzte Innovation bildeten die ab Mitte 1994 eingeführten standar-disierten Optionen auf den SMI mit vergleichsweise überdurchschnitt-lichen Laufzeiten von 12 bis 24 Monaten. Diese sogenannten Long term Options (LTO) sollen dem Marktbedürfnis von langfristigen Absi-cherungsinstrumenten, die durchaus Investitionscharakter aufweisen können, Rechnung tragen. Die verfügbaren Ausübungspreise werden derart gewählt, dass einer at-the-money und die nächsten beiden jeweils 10% in-the-money respektive out-of-the-money liegen. Die Verfallmonate beschränken sich auf Juni und Dezember. Falls der Indexwert über den höchsten bzw. unter den tiefsten Strikepreis zu liegen kommt, prüft die Eurex die Einführung neuer Strikepreise. Die übrigen Kontraktmerkmale entsprechen denjenigen der kurzfristigen SMI Option.

Zeitungsnotierungen

Aus der Übersicht der Neuen Zürcher Zeitung vom 7. Juni 2001 mit den Eurexnotierungen (vgl. Tabelle) lassen sich die Schlusskurse der einzelnen Optionen lesen. Die Kurse sind gegliedert nach Basis-wert, Call oder Put, Verfallmonat und Ausübungspreis. Es werden nur Ausübungspreise abgedruckt, die nahe beim Geld liegen. Alle anderen Ausübungspreise, welche einmal eröffnet wurden, werden aber eben-falls weiterhin gehandelt. Diese Preise müssen bei einer Bank oder über Internet angefragt werden. Für Börsenaufträge sollte man nicht auf die Zeitungsnotierungen abstellen, denn die Spanne zwischen Geld und Brief ist sehr gross an der Eurex und die abgedruckten Kurse oft bereits nicht mehr aktuell. Sie sollen als Indikatoren dienen. Wird der Preis für einen Nestlé Put Juni 3700 gesucht und stösst der Leser auf die Notierung «s87.7», so bedeutet das, dass kein Abschluss zustande kam, die Eurex aber einen theoretischen Bewertungspreis von Fr. 87.70 errechnet hat. Preise werden überall dort berechnet, wo Kontrakte offen sind.

Eurex-Aktienoptionen

ABB 2. Linie ()

Strike	Juni 01	Juli 01	Aug. 01	Sep. 01	Dez. 01	März 02	Juni 02	Dez. 02
Call								
1	s30.6	–	–	s30.6	–	–	–	–
26	–	–	–	–	–	–	s7.3	s8.1
28	s3.6	s3.9	s4.1	s4.4	s5.1	s5.8	–	–
30	s1.7	s2.2	s2.6	s2.9	s3.7	s4.5	s4.8	s5.7
Put								
1	s0	–	–	s0	–	–	–	–
26	–	–	–	–	–	–	s1.4	s2

Calls: Umsatz 286; o. K. 1991   Puts: Umsatz 817; o. K. 2367

ABB N (31.6)

Strike	Juni 01	Juli 01	Aug. 01	Sep. 01	Dez. 01	März 02	Juni 02	Dez. 02
Call								
30	s1.8	s2.2	2.9	s3.7	s4.5	s4.8	s5.8	–
31	s0.8	–	–	–	–	–	–	–
32	s0.2	s0.8	1.6	s2.4	s3.2	–	–	–
Put								
30	s0.1	s0.5	s1.1	s1.7	s2.3	2.7	s3.6	–
31	s0.4	–	–	–	–	–	–	–
32	1.2	s1.6	s2.2	2.6	s3.4	–	–	–

Calls: Umsatz 999; o. K. 412714   Puts: Umsatz 5211; o. K. 278538

Adecco N (98.9)

Strike	Juni 01	Juli 01	Aug. 01	Sep. 01	Dez. 01	März 02	Juni 02
Call							
95	3.9	s6.7	s8	s9.5	s12.5	–	–
97	2.1	s5.2	–	–	–	–	–
100	1.2	s3.9	4.6	s6.8	s9.9	–	–
105	s0.5	s2	s3.3	s4.7	s7.7	–	–
Put							
95	s0.5	s2.5	4.2	s4.8	7	–	–
97	s1.4	s3.5	–	–	–	–	–
100	s2.7	4.6	6.4	s7.1	s9.5	–	–
105	s6.5	s7.7	s8.9	s10	s12.3	–	–

Calls: Umsatz 168; o. K. 14039   Puts: Umsatz 152; o. K. 9680

Ciba SC N (110)

Strike	Juni 01	Juli 01	Aug. 01	Sep. 01	Dez. 01	März 02	Juni 02	Dez. 02
Call								
100	s10.1	s10.7	s11.2	s11.9	s13.6	s15.4	s16.2	s18.2
105	s5.2	s6.2	–	–	–	–	–	–
110	1.1	2.3	s3.4	4	6.5	s8.9	–	–
115	s0.3	s1.1	–	–	–	–	–	–
Put								
100	s0.1	s0.3	s0.6	s1	2.2	3.3	s4.5	s5.5
105	s0.1	s0.8	–	–	–	–	–	–
110	s1.3	s2.3	s2.8	3.7	s5.2	s6.5	–	–
115	s5.3	s5.7	–	–	–	–	–	–

Calls: Umsatz 5570; o. K. 154800   Puts: Umsatz 844; o. K. 138809

Clariant N (49)

Strike	Juni 01	Juli 01	Aug. 01	Sep. 01	Dez. 01	März 02	Juni 02	Dez. 02
Call								
48	s1.3	s2.1	s2.6	s3.2	s4.3	s5.3	s5.8	s7
50	s0.3	1	s1.5	s2.1	s3.3	s4.2	s4.8	s6
51	s0.1	–	–	–	–	–	–	–
Put								
47	s0.2	–	–	–	–	–	–	–
48	s0.3	s0.9	s1.3	s1.8	2.6	s3.2	s4	s4.9
50	s1.3	2.1	s2.3	s2.7	3.4	s4.2	s5	s5.9
51	2.4	–	–	–	–	–	–	–

Calls: Umsatz 227; o. K. 38060   Puts: Umsatz 561; o. K. 35617

CS Group N (325.5)

Strike	Juni 01	Juli 01	Aug. 01	Sep. 01	Dez. 01	März 02	Juni 02	Dez. 02
Call								
310	s16.3	s20	–	–	–	–	–	–
320	7.5	12.4	15.2	19	s23.5	s29.3	s34	s40.8
330	2	7.6	–	–	–	–	–	–
340	0.4	s3.5	5.8	8.6	s14.7	s20.2	–	–
Put								
310	s0.6	3	–	–	–	–	–	–
320	1.9	5.7	10.4	15.4	20	s24.8	29.5	s35.6
330	6.5	s10.6	–	–	–	–	–	–
340	15	16.6	s24.5	26.5	32	s35.8	–	–

Calls: Umsatz 29944; o. K. 1077096   Puts: Umsatz 31245; o. K. 967394

Givaudan N (483)

Strike	Juni 01	Juli 01	Aug. 01	Sep. 01	Dez. 01	März 02	Juni 02	Dez. 02
Call								
450	s33.5	s36.1	s38.2	s41.8	s47	–	–	
475	s10	16	–	–	s16	–	–	
500	s0.6	s4.4	6	8	s16	–	–	
525	s0.1	s1.2	–	–	–	–	–	
Put								
450	s0.1	s1.4	s2.5	s4.8	s6.6	–	–	
475	s1.7	s5.5	–	–	–	–	–	
500	s17.3	s19.9	s21.7	s23.1	s26	–	–	
525	s42	s42.2	–	–	–	–	–	

Calls: Umsatz 55; o. K. 12599   Puts: Umsatz 0; o. K. 17118

Holcim I (390)

Strike	Juni 01	Juli 01	Aug. 01	Sep. 01	Dez. 01	März 02	Juni 02
Call							
370	s20.6	s23.6	–	–	–	–	–
380	8	s16.2	s18.9	s21.7	s28.1	–	–
390	s4.6	8.7	–	–	–	–	–
400	s1.5	6	s8.4	9.8	16	–	–
Put							
370	s0.3	s2.2	–	–	–	–	–
380	2.4	s4.8	s6.6	s8.4	s12.1	–	–
390	7	s9	–	–	–	–	–
400	s11.2	s15.1	s16.3	s17.9	s21.6	–	–

Calls: Umsatz 683; o. K. 58186   Puts: Umsatz 90; o. K. 35594

Julius Bär I (7550)

Strike	Juni 01	Juli 01	Aug. 01	Sep. 01	Dez. 01	März 02	Juni 02
Call							
7200	s379.3	s515.1	–	–	–	–	–
7400	s212.2	s384.1	s467.3	s550.8	s729.4	–	–
7600	s110.7	s271.8	–	–	–	–	–
7800	50	s178.7	s258.8	s351	s528.5	–	–
Put							
7200	s23.7	s138.5	–	–	–	–	–
7400	75	s207.4	s274.1	330	510	–	–
7600	s155.4	s295.2	–	–	–	–	–
7800	280	s402.8	s466.6	s537.8	730	–	–

Calls: Umsatz 45; o. K. 5932   Puts: Umsatz 65; o. K. 5279

Kudelski (168.5)

Strike	Juni 01	Juli 01	Aug. 01	Sep. 01	Dez. 01	März 02	Juni 02
Call							
160	s10.7	s15.9	s19.3	s22.1	s27.8	–	–
165	s7.7	s13	s16.3	s19.2	s25.1	–	–
170	s5.1	s10.4	s13.6	s16.6	s22.5	–	–
175	s3.3	s8.2	s11.2	s14.3	22	–	–
Put							
160	1.7	s6	s9.9	s12.2	15.8	–	–
165	s4.1	s8.9	s11.9	s14.3	s19	–	–
170	s6.5	s11.3	s14.1	s16.6	s21.4	–	–
175	s9.7	s14.1	s16.7	s19.4	s24.1	–	–

Calls: Umsatz 69; o. K. 4635   Puts: Umsatz 324; o. K. 4092

Lonza N (1048)

Strike	Juni 01	Juli 01	Aug. 01	Sep. 01	Dez. 01	März 02	Juni 02	Dez. 02
Call								
1000	51.5	s60.5	s70.4	s83.1	s101.7	s118.2	s128.2	s161.3
1050	25	–	–	–	–	–	–	–
1100	s0.6	s7.3	s16.2	27.5	s47.4	s66	–	–
Put								
1000	s2.1	s8.8	s16.6	s26.6	s38.2	s48.4	s61.8	s84.1
1050	s11.5	s23.2	–	–	–	–	–	–
1100	s52.2	s56.3	s62.9	s69.3	s84.1	s96.1	–	–

Calls: Umsatz 178; o. K. 8105   Puts: Umsatz 120; o. K. 7577

Nestlé N (3771)

Strike	Juni 01	Juli 01	Aug. 01	Sep. 01	Dez. 01	März 02	Juni 02	Dez. 02
Call								
3600	155	s210.6	s237.9	254	348	390	s449.1	530
3700	s87.7	133	150	–	–	–	–	–
3800	18	75	s104.7	145.5	203	s287.9	–	–
3900	s4.3	30	60	–	–	–	–	–
Put								
3600	5	26.5	50	73	s121.1	s157.5	s210.4	275
3700	18	s47.5	s69.3	–	–	–	–	–

Strike	Juni 01	Juli 01	Aug. 01	Sep. 01	Dez. 01	März 02	Juni 02	Dez. 02
1250	0.8	s8.9	–	–	–	–	–	–
1300	s0.1	s1.6	8.2	s13.6	s31.6	–	–	–
Put								
1150	s0.7	s9.6	–	–	–	–	–	–
1200	s8.5	s27.5	s36.1	s43.2	48	–	–	–
1250	s42.5	s60.3	–	–	–	–	–	–
1300	s92	s104.2	s106.7	s110.7	s120.5	–	–	–

Calls: Umsatz 130; o. K. 20792   Puts: Umsatz 44; o. K. 6972

Richemont (4649)
Call

Strike	Juni 01	Juli 01	Aug. 01	Sep. 01	Dez. 01	März 02	Juni 02	Dez. 02
4500	s182.3	s275.5	–	–	–	–	–	–
4600	s117.3	s216.9	s259.7	s313.4	s407.8	–	–	–
4700	s67.7	s165.7	–	–	–	–	–	–
4800	s33.1	s121.9	120	s217.6	s314.6	–	–	–
Put								
4500	s29.8	s110	–	–	–	–	–	–
4600	s64.8	s151.4	s184	s225.3	s302.8	–	–	–
4700	s115.4	s200.3	–	–	–	–	–	–
4800	s181.2	s256.9	s288.8	s329.7	s408.7	–	–	–

Calls: Umsatz 3; o. K. 724   Puts: Umsatz 2; o. K. 620

Roche GS (136.25)
Call

Strike	Juni 01	Juli 01	Aug. 01	Sep. 01	Dez. 01	März 02	Juni 02	Dez. 02
134	s2.8	4.8	–	s7.7	–	s13.8	–	–
135	1.9	4.3	s5.6	s7.2	–	s13.2	–	–
138	0.5	–	–	5.4	–	s11.7	–	–
140	0.2	1.7	3	s4.6	–	s10.7	s12.7	s16.6
Put								
134	0.5	2.2	–	s4.3	–	s8.7	–	–
135	0.7	2.5	s3.5	4.8	–	s9.1	–	–
138	2.5	–	–	6.1	–	s10.6	–	–
140	4.2	5	5.8	7.3	–	s11.6	s13.4	s15.5

Calls: Umsatz 4906; o. K. 298131   Puts: Umsatz 4605; o. K. 213341

SAirGroup N (139)
Call

Strike	Juni 01	Juli 01	Aug. 01	Sep. 01	Dez. 01	März 02	Juni 02	Dez. 02
130	s10.3	s13.1	s15.4	s17.9	s23.9	–	–	–
135	6	s10	–	–	–	–	–	–
140	s3.4	s7.3	s9.7	s12.4	s18.7	–	–	–
145	s2.3	s5.2	–	–	–	–	–	–
Put								
130	s1.2	3.8	s5.6	9	s12.9	–	–	–
135	s2.2	s5.5	–	–	–	–	–	–
140	5	8.6	s10	s12.2	s17.6	–	–	–
145	s8.2	s10.7	–	–	–	–	–	–

Calls: Umsatz 259; o. K. 25676   Puts: Umsatz 709; o. K. 38529

Serono I (1718)
Call

Strike	Juni 01	Juli 01	Aug. 01	Sep. 01	Dez. 01	März 02	Juni 02	Dez. 02
1650	s81.8	s118.8	–	–	–	–	–	–
1700	s47.9	75	s113.2	s137.9	s195.5	–	–	–
1750	s25.3	70	–	–	–	–	–	–
1800	s11.7	53.5	69	95	136	–	–	–
Put								
1650	s12.6	s44.9	–	–	–	–	–	–
1700	s28.6	69	s85.6	s105.8	s151.8	–	–	–
1750	s56.1	s93.3	–	–	–	–	–	–
1800	s92.7	s125.3	s141.5	s161.3	s204.2	–	–	–

Calls: Umsatz 168; o. K. 9352   Puts: Umsatz 56; o. K. 11772

Sulzer N (675)
Call

Strike	Juni 01	Juli 01	Aug. 01	Sep. 01	Dez. 01	März 02	Juni 02	Dez. 02
625	s52.7	s63.6	–	–	–	–	–	–
650	s31.7	s47.9	s57.6	s67.6	–	–	–	–
675	15.6	s34.2	–	–	–	–	–	–
700	4.8	20	s32.9	s40.9	–	–	–	–
Put								
625	s2.2	s11.3	–	–	–	–	–	–
650	s6.2	21.5	29.5	s37	–	–	–	–
675	10.8	s31.9	–	–	–	–	–	–
700	36	s44	50	66	–	–	–	–

Calls: Umsatz 123; o. K. 13508   Puts: Umsatz 791; o. K. 8886

Swatch N (435)
Call

Strike	Juni 01	Juli 01	Aug. 01	Sep. 01	Dez. 01	März 02	Juni 02	Dez. 02
400	s35.6	s39.1	s41	s43	s52.3	–	–	–
425	s12.7	s19.8	–	–	–	–	–	–
450	s2	s8.2	9.5	s14.6	s26.2	–	–	–
475	s0.1	2	–	–	–	–	–	–
Put								
400	s0.2	s2.6	s5.5	s8.4	16	–	–	–
425	s2.4	s8.3	–	–	–	–	–	–
450	s16.7	24	s27	s31.2	s40.1	–	–	–
475	s40	s41.5	–	–	–	–	–	–

Calls: Umsatz 80; o. K. 14571   Puts: Umsatz 70; o. K. 15660

Swisscom N (440.5)
Call

Strike	Juni 01	Juli 01	Aug. 01	Sep. 01	Dez. 01	März 02	Juni 02	Dez. 02
400	s41.3	41.5	s48.1	s51.4	s57.9	s65.8	s68.5	80
425	s17.7	21	–	–	–	–	–	–
450	3.6	10	15.4	20	27.5	36.5	–	–
475	s0.7	3.2	–	–	–	–	–	–
Put								
400	0.5	s2.4	s5.2	8.6	s15	s20.4	s26.9	s34.6
425	s1.9	10.6	–	–	–	–	–	–
450	12	s18.3	23	s29	38	42	–	–
475	s35	s36.8	–	–	–	–	–	–

Calls: Umsatz 2467; o. K. 131531   Puts: Umsatz 1891; o. K. 91705

Swiss Re N (3526)
Call

Strike	Juni 01	Juli 01	Aug. 01	Sep. 01	Dez. 01	März 02	Juni 02	Dez. 02
3400	149	s181.3	s215.8	s248.8	s328.3	s388.6	–	–
3500	75	s115.6	–	–	–	–	–	–
3600	22	62.5	110	141	s215.8	s279	s337.9	s422.1
3700	5	s32.1	–	–	–	–	–	–
Put								
3400	10	42.5	s70	90	140	s188.7	–	–
3500	30.5	s77.4	–	–	–	–	–	–
3600	88	124	s152.5	s177.9	s237.1	s278.4	306	362
3700	s175.7	s195.5	–	–	–	–	–	–

Calls: Umsatz 3022; o. K. 38075   Puts: Umsatz 1002; o. K. 35793

Syngenta N (93.4)
Call

Strike	Juni 01	Juli 01	Aug. 01	Sep. 01	Dez. 01	März 02	Juni 02	Dez. 02
85	s8.5	s9.2	–	–	–	–	–	–
90	s3.8	s5	s6	s7	10	–	–	–
95	0.5	2.4	–	–	–	–	–	–
100	s0.1	s0.7	s1.4	s2.4	4.5	–	–	–
Put								
85	s0.1	s0.5	–	–	–	–	–	–
90	s0.4	s1.3	s2.1	s2.8	s4.2	–	–	–
95	s2.2	s3.5	–	–	–	–	–	–
100	s6.7	s7.1	7.2	s8.3	s9.6	–	–	–

Calls: Umsatz 1642; o. K. 58163   Puts: Umsatz 70; o. K. 22019

UBS N (267.5)
Call

Strike	Juni 01	Juli 01	Aug. 01	Sep. 01	Dez. 01	März 02	Juni 02	Dez. 02
250	s18.1	s21.1	–	–	s31.1	–	–	–
260	10.4	s13.2	16.8	19	25.5	s30.2	–	–
270	3.2	7.7	–	–	–	–	–	–
280	0.5	3.8	6.2	8.9	15	s19.6	s23.7	s30.3
Put								
250	s0.4	3.5	–	–	11	–	–	–
260	2.1	6.1	8	9.5	s14.6	18	–	–
270	5.6	9.6	–	–	–	–	–	–
280	12.4	16.4	17.4	s20.2	23.5	s27.9	s33.4	38

Calls: Umsatz 45800; o. K. 858968   Puts: Umsatz 14563; o. K. 686210

Unaxis N (306)
Call

Strike	Juni 01	Juli 01	Aug. 01	Sep. 01	Dez. 01	März 02	Juni 02	Dez. 02
290	s17.8	s22.7	–	–	–	–	–	–
300	s10.1	s16.1	s19.6	s23.3	s32.5	–	–	–
310	s4.4	s10.9	–	–	–	–	–	–
320	s1.8	s6.6	s10.1	s13.7	s23	–	–	–
Put								
290	s1.6	s5.6						

In der Tabelle sind die letztbezahlten Kurse erfasst. Wo ein «s» vorsteht, hat die Eurex einen Bewertungskurs festgelegt. «o. K.» steht für Offene Kontrakte.

Börsengebühren und Kommissionsstruktur

Der Zusammenschluss der DTB und der SOFFEX zu Eurex erhöhte die Effizienz, schaffte Transparenz und reduzierte die Kosten. Dank den Synergien, die durch eine gemeinsame Plattform entstehen, kann Eurex äusserst wettbewerbsfähige Transaktionspreise anbieten. Die Transaktionsgebühren werden pro Kontrakt erhoben: Die Gebühr für den Handel von DAX-Optionen beträgt beispielsweise EUR 0.75, für SMI-Optionen CHF 1.50. Die Abrechnung der Transaktionsgebühren gegenüber dem Mitglied erfolgt monatlich. Für das Market-Making in Optionentransaktionen werden die Gebühren um 80 Prozent reduziert. Es wird also klar, dass die Eurex-Gebühren nur einen kleinen Teil von der dem Kunden verrechneten Bankkommission ausmachen. Aufgrund der äusserst effizienten Abwicklung kommen Derivatgeschäfte an der Eurex den Kunden meistens billiger zu stehen als Transaktionen an der Aktienbörse. Auf den Derivatgeschäften entfällt in der Schweiz ausserdem die eidgenössische Stempelabgabe, da es sich bei Optionen und Futures nicht um Wertpapiere sondern nur um Wertrechte handelt. Die Börsengebühren sind proportional zu entrichten. Dagegen wird die Bankkommission stark vom gehandelten Prämienvolumen abhängen.

Sicherheitsmargen

Um die Risiken von Short Positionen in Optionen abzudecken, verlangt die Eurex von ihren Clearingmitgliedern die Erfüllung gewisser Sicherheitsanforderungen. Sie müssen einerseits den Status einer Bank innehaben und andererseits die täglich berechneten Margenerfordernisse auf ungedeckten Short Positionen einhalten. Die Margendeckung festigt nebst der obligatorischen Garantiehinterlegung der Clearingmitglieder das Sicherheitssystem der Eurex. Die Hinterlegung von Sicherheitsmargen ist ein elementarer Faktor im Derivathandelssystem, denn die Eurex tritt bei jedem einzelnen Abschluss faktisch als Gegenpartei von Käufer und Verkäufer auf und muss sich deshalb vor Insolvenzen ihrer Mitglieder so gut als möglich schützen. Die Margenberechnung wird nach folgender Formel gehandhabt:

Tagesendbewertungskurs der Optionsserie

+ entsprechender Prozentsatz des Tagesendbewertungskurses des Basiswerts berechnet nach der Formel für das Margenintervall

= Margenfaktor

x Kontraktgrösse

= Margenverpflichtung

Für ein detailliertes Beispiel sei auf das Kapitel «Anerkannte Sicherheiten zur Margendeckung» verwiesen.

Je nach Marktvolatiliät wird die Eurex die entsprechenden Prozentsätze ändern. Die Banken bzw. Broker sind dabei verpflichtet, von ihren Kunden mindestens gleich hohe Margen zu verlangen. Relativ einzigartig für den Finanzplatz Schweiz ist die fehlende Umsatzsteuerbelastung auf den derivaten Transaktionen. Die Besteuerung erfolgt nur bei Ausübung des Basiswertes und zwar im selben Mass wie bei Komptanttransaktionen in Aktien. Barabgeltungen werden ebenfalls nicht belastet.

Eine zusätzliche Absicherung gegen Ausfallsrisiken wurde mit der Festlegung von Positionslimiten bei Aktienoptionen und LEPO geschaffen. Eine von der Eurex festgelegte kombinierte Anzahl von Short Calls und Long Puts bzw. Short Puts und Long Calls auf denselben Basiswert darf von keinem Marktteilnehmer überschritten werden. Zu beachen ist dabei, dass gedeckte Calls dieser Bestimmung nicht unterliegen.

Kotierte Derivate an der Schweizer Börse

Obwohl die Eurex eine elektronische Börse für standardisierte Derivate darstellt und damit eine hohe Liquidität und Transparenz mit tiefen Transaktionskosten vermittelt, hat sie im Vergleich zu börsenkotierten und ausserbörslich gehandelten Produkten in den letzten Jahren tendenziell an Bedeutung verloren. Die hochstandardisierten, vorwiegend kurzfristigen Eurex Produkte nehmen vor allem gegenüber den bedürfnisgerechteren und kundenorientierteren Börsenkontrakten nur eine geringe Marktposition ein. Insbesondere mit börsenkotierten Optionen können der aktuellen Marktsituation angepasste, hinsichtlich Ausübungspreis und Laufzeit frei variierbare Finanzinstrumente lanciert werden, welche den Bedürfnissen institutioneller Marktteilnehmer in vielen Fällen besser entsprechen. Bezüglich der Transaktionskosten ist der freie Wettbewerb den Eurex Produkten überlegen. Auch die Einführung neuer Optionsarten, wie sie im Kapitel Exotische Optionsformen näher beschrieben werden, ist an der Börse spontan und relativ problemlos möglich.

Diesen Vorteilen stehen die teilweise geringere Liquidität und Transparenz gegenüber, welche jedoch durch die Einführung von zwei speziellen Optionensegmenten an der Schweizer Börse und durch den zunehmenden Wettbewerbsdruck unter einer steigenden Anzahl von Emittenten stark verbessert wurden und wiederum im Vergleich zu OTC Optionen bedeutend besser ausfallen. Börsenkotierte Optionsscheine vereinen demnach einige Vorteile der standardisierten, terminbörslich gehandelten Optionen wie Liquidität, Transparenz, Sicherheit und Zugänglichkeit für private Anleger mit den individuellen Gestaltungsmöglichkeiten von OTC Optionen. Es sind am Ende die Anleger, welche durch die Wahl des Optionsscheines und des dahinterstehenden Emittenten entscheiden, welche Emissionen am erfolgreichsten sind. Wichtig ist auch, dass der Basiswert im Gegensatz zu den Eurex-Kontrakten fast beliebig ausgewählt werden kann.

Unter die Kategorie der börsenkotierten Optionen fallen alle Arten von Warrants wie Gratis Warrants, Naked Warrants und auch Stillhalteroptionen.

Warrants

Im Jahre 1986 wurden erstmals Stillhalteroptionen, auch Covered Warrants genannt, auf Namenaktien schweizerischer Gesellschaften emittiert. Das überaus grosse Interesse an diesen Instrumenten hat zu deren sprunghaften Entwicklung beigetragen und verhalf den Stillhalterkontrakten, zur verbreitetsten Optionsart in der Schweiz zu werden.

Ursprünglich wurden Stillhalteroptionen, wie im Kapitel «Die Option» beschrieben, von Banken herausgegeben und durch Hinterlegung von entsprechenden Aktien in Kundendepots abgedeckt. Die Kotierung an der Börse führte dazu, dass von Dritten begebene Optionen heute unabhängig vom Emittenten an der Börse gehandelt werden können und nicht einmal mehr zwingend die Hinterlegung der Basiswerte erforderlich ist. Heute werden an den Börsen Warrants auf beliebige Basiswerte wie Aktien, Obligationen, Devisen, Indizes, Baskets, Edelmetalle und Rohwaren gehandelt.

Wie bereits erwähnt, wurden Namenaktien in der Schweiz aufgrund ihrer beschränkten Handelbarkeit relativ tiefer bewertet als die entsprechenden Inhabertitel. Inzwischen hat sich dieses Motiv für die Emission von Stillhalteroptionen verflüchtigt. Das neue Aktiengesetz und die Vereinfachung der Kapitalstruktur mittels der Einheitsaktie bei den meisten Gesellschaften sind die Gründe dafür. Trotzdem erfreuen sich die Warrants weiter wachsender Beliebtheit. Zudem wurde den Unternehmungen und Versicherungen durch das Schreiben von Optionen eine zusätzliche Ertragsquelle und mehr Flexibilität bei Aktienanlagen eröffnet.

Um eine erfolgreiche Optionenemission durchzuführen, ohne die Gefahr erratischer Kursschwankungen von Basiswert und Option zu bewirken, müssen unter anderem zwei Punkte beachtet werden. Einerseits ist eine genügend gute Marktliquidität der zugrunde liegenden Werte unabdingbar. Vor allem im Bereich der Optionsanleihen wird dieser Forderung in der Schweiz oft nicht genügend Rechnung getragen. Andererseits bildet die ausreichende Marktbreite der Option selbst ein elementares, aber häufig vernachlässigtes Gebot.

Die ohnehin nur noch wenig bedeutenden Options- und Wandelanleihen erfuhren zu Beginn der 90er Jahre aufgrund des hohen Zinsniveaus einen Nachfragerückgang. Wegen der im Kapitel Optionen beschriebenen Eigenschaften von Optionsanleihen hinsichtlich der Kapitalverwässerung werden sie auch in Zukunft eher noch an Bedeutung verlieren. In letzter Zeit sind Options- und Wandelanleihen dank des tiefen Zinsniveaus für den Anleger wieder interessanter geworden. Einige Gesellschaften haben, um dem Verwässerungseffekt auszuweichen, am Markt gekaufte Titel zur Sicherstellung der Options- und Wandelrechte eingesetzt. Gelegentlich werden von Unternehmungen aus steuerlichen Gründen Gratisoptionen anstelle von Bezugsrechten oder Dividenden emittiert. Für weitere Ausführungen über diese Instrumente wird auf das Kapitel «Die Option» und für die Besteuerung auf das Kapitel «Die Besteuerung von Futures und Optionen» verwiesen.

Transaktionskosten börsenkotierter Derivate

Die Kosten einer Optionstransaktion hängen von der Wahl des Vermittlers, der Auftragsgrösse und dem Basiswert der Option ab. Sie bestehen zum einen aus einer zum Kontraktvolumen proportionalen Clearingabgabe und andererseits aus einer Händlerkommission auf den Kontraktwert. Grossbanken verlangen zur Zeit für eine Börsentransaktion, seien es Aktien, Obligationen oder Optionsscheine, etwa 0.1% bis 1.1% des gehandelten Betrages verbunden mit einer Mindestgebühr, je nach Grösse des Auftrages. Erfolgt ein Bezug des zugrundeliegenden Basiswerts, werden Kommission und Steuern wie bei einem normalen Kassakauf des Basiswerts verrechnet. Der Internethandel und die Diskontbroker bieten heute auch dem Kleinanleger vertretbare Kommissionen.

Prozentual zum Handelsvolumen liegen die Transaktionskosten von Optionen höher als diejenigen im Komptantmarkt. Der zu entrichtende absolute Kommissionsbetrag für die Verschiebung gleicher Risiken liegt jedoch aufgrund des geringeren Kapitaleinsatzes im Optionenhandel regelmässig tiefer. Die am meisten gehandelte Option entspricht vielfach einem at-the-money Kontrakt, für welchen lediglich ein Zeitwert bezahlt wird. Dieser beläuft sich bei Optionen mit Laufzeiten bis zu einem Jahr auf etwa 15% des Aktienpreises per annum. Da at-the-money Optionen einen Deltawert von 0.5 aufweisen, müssen zwei Optionen umgesetzt werden, um das Risiko einer Aktie von einem Marktteilnehmer auf den anderen zu überwälzen. Demnach können die Transaktionskosten am Optionenmarkt in Prozenten gerechnet bis fünfmal so hoch sein, um für eine entsprechende

12.6 Tabelle
Warrantübersicht am Beispiel Novartis vom 1.11.2001

Basiswert	Warrant-symbol	Typ	Aktien-preis	Ausübungs-preis	Warrant-preis	Bezugs-verhältnis	Verfa datu
Novartis N	NOVKA	Call	61,2	62,5	0,64	6	19.04.20
Novartis N	NOVON	Call	61,2	60	0,6	10	17.06.20
Novartis N	NOVOW	Call	61,2	70	0,4	5	17.06.20
Novartis N	NOVAX	Call	61,2	55	0,73	12,5	21.06.20
Novartis N	NOVVB	Call	61,2	60	0,61	10	21.06.20
Novartis N	NOVPP	Put	61,2	65	1,53	5	21.06.20
Novartis N	NOVVP	Put	61,2	65	1,49	5	21.06.20
Novartis N	NOVME	Call	61,2	65	0,38	10	21.06.20
Novartis N	NOVIP	Call	61,2	72,5	0,14	12,5	21.06.20
Novartis N	NOVDB	Call	61,2	50	12,8	1	17.07.20
Novartis N	NOVOJ	Call	61,2	50	1,32	10	31.07.20
Novartis N	NOVPM	Call	61,2	60	0,62	10	31.07.20
Novartis N	NOVKO	Call	61,2	58,5	0,89	8	16.08.20
Novartis N	NOVEN	Call	61,2	62,5	0,62	10	20.09.20
Novartis N	NOVRR	Call	61,2	62,5	0,7	8	20.09.20
Novartis N	NOVIO	Call	61,2	65	0,45	10	20.09.20
Novartis N	NOVAN	Call	61,2	67,5	0,79	5	20.09.20
Novartis N	NOVSO	Call	61,2	70	0,29	10	20.09.20
Novartis N	NOVX	Call	61,2	72,5	0,33	6,25	20.09.20
Novartis N	NOVEU	Call	61,2	75	0,14	12,5	20.09.20
Novartis N	NOVEX	Call	61,2	80	0,21	5	20.09.20
Novartis N	NOVYY	Call	61,2	67	0,77	5	18.10.20
Novartis N	NOVTR	Call	61,2	45	7,2	2,5	07.11.20
Novartis N	NOVEA	Call	61,2	65	0,54	10	18.12.20
Novartis N	NOVIK	Call	61,2	75	0,24	10	18.12.20
Novartis N	NOVLF	Call	61,2	30	32,5	1	20.12.20
Novartis N	NOVSK	Call	61,2	55	0,56	20	20.12.20
Novartis N	NOVVX	Put	61,2	55	0,91	5	20.12.20
Novartis N	NOVIN	Call	61,2	65	0,57	10	20.12.20
Novartis N	NOVTK	Call	61,2	80	0,47	4	20.12.20
Novartis N	NOVMJ	Call	61,2	65	0,54	10	31.01.20
Novartis N	NOVMG	Call	61,2	85	0,16	5	31.01.20
Novartis N	NOVFA	Call	61,2	55	1,25	10	20.06.20
Novartis N	NOVFR	Call	61,2	50	0,76	20	15.08.20
Novartis N	NOVLZ	Call	61,2	67,5	0,66	10	19.12.20
Novartis N	NOVVL	Call	61,2	55	0,69	20	18.06.20
Novartis N	NOVNL	Call	61,2	70	0,63	12,5	18.06.20
Novartis N	NOVWL	Call	61,2	65	1,25	10	16.12.20

Quelle: www.warrants.ch; Bank Leu

Kommentar:

Diese Tabelle von an der Schweizer Börse kotierten Warrants auf die Novartis Namenaktie gibt einen Überblick über die wichtigsten Parameter in der Bewertung. Die Warrants sind nach Verfalldatum sortiert. Auf der linken Seite finden sich neben dem Symbol die Spezifikationen des Warrants (Typ, Strike, Verfall und Laufzeit) sowie die aktuellen Preise des Warrants und des Basiswertes. Auf der rechten Seite finden sich typische Bewertungsindikatoren wie das Aufgeld zum Basiswert in Prozenten (Premium). Dann haben

Im-/aus dem Geld	Zeitwert	Innerer Wert	Prämie	Prämie p.a.	Hebel	Leverage	Delta	Implizite Volatilität	Hist. Volatilität 180 Tage
-2,0%	0,63	-	8,2%	17,7%	16,2	8,2	0,5	**26,3%**	29,2
2,1%	0,46	0,12	7,6%	12,2%	10,4	6,1	0,59	**28,3%**	29,2
-12,6%	0,38	-	17,5%	28,0%	32,2	9,3	0,29	**25,8%**	29,2
11,4%	0,22	0,50	4,5%	7,1%	6,8	5,0	0,73	**29,6%**	29,2
2,2%	0,47	0,13	7,7%	12,1%	10,2	6,0	0,59	**28,4%**	29,2
5,7%	0,76	0,74	6,2%	9,8%	-8,2	4,7	-0,57	**27,8%**	29,2
5,7%	0,73	0,74	5,9%	9,4%	-8,3	4,7	-0,57	**27,3%**	29,2
-6,2%	0,37	-	12,6%	19,9%	16,5	7,2	0,44	**28,1%**	29,2
-15,7%	0,14	-	21,4%	33,7%	36,2	9,1	0,25	**27,4%**	29,2
22,6%	1,40	11,30	2,3%	3,2%	4,8	4,0	0,83	**30,2%**	29,2
22,5%	0,18	1,12	3,0%	4,1%	4,7	3,9	0,83	**31,3%**	29,2
2,2%	0,48	0,13	7,8%	10,5%	10,1	5,9	0,59	**26,6%**	29,2
4,8%	0,54	0,35	7,0%	8,9%	8,7	5,5	0,63	**26,5%**	29,2
-2,0%	0,61	-	12,0%	13,6%	10,0	5,4	0,53	**29,3%**	29,2
-1,9%	0,69	-	11,0%	12,4%	11,1	5,9	0,53	**26,5%**	29,2
-5,7%	0,43	-	13,1%	14,8%	14,3	6,5	0,46	**25,9%**	29,2
-9,3%	0,78	-	16,6%	18,7%	15,7	6,5	0,41	**27,3%**	29,2
-12,6%	0,28	-	19,0%	21,4%	21,9	7,4	0,34	**25,7%**	29,2
-15,7%	0,31	-	21,8%	24,7%	30,6	8,4	0,27	**24,4%**	29,2
-18,7%	0,14	-	25,8%	29,2%	36,1	8,5	0,23	**25,5%**	29,2
-23,4%	0,20	-	32,2%	36,4%	59,8	9,6	0,16	**24,8%**	29,2
-8,6%	0,76	-	15,6%	16,2%	16,1	6,7	0,42	**24,9%**	29,2
36,0%	0,68	6,48	2,8%	2,8%	3,4	3,0	0,87	**33,9%**	29,2
-5,8%	0,53	-	14,8%	13,1%	11,6	5,6	0,49	**26,1%**	29,2
-18,7%	0,24	-	26,9%	23,8%	25,9	7,2	0,28	**25,4%**	29,2
104,2%	1,18	31,25	1,9%	1,7%	1,9	1,8	0,94	**56,1%**	29,2
11,4%	0,24	0,31	7,8%	6,8%	5,6	3,9	0,7	**30,6%**	29,2
-11,4%	0,90	-	17,6%	15,5%	-13,5	4,1	-0,3	**30,9%**	29,2
-5,7%	0,56	-	15,2%	13,5%	10,9	5,4	0,49	**27,0%**	29,2
-23,5%	0,46	-	33,8%	29,8%	32,9	7,4	0,22	**26,5%**	29,2
-5,7%	0,54	-	14,8%	11,8%	11,5	5,6	0,49	**24,4%**	29,2
-27,9%	0,16	-	39,9%	31,9%	79,1	9,9	0,12	**21,9%**	29,2
11,5%	0,60	0,63	9,9%	6,0%	5,0	3,5	0,7	**30,3%**	29,2
22,3%	0,19	0,56	6,3%	3,5%	4,1	3,2	0,78	**28,4%**	29,2
-9,3%	0,65	-	20,9%	9,8%	9,4	4,6	0,49	**24,3%**	29,2
11,5%	0,37	0,32	12,1%	4,6%	4,5	3,2	0,71	**27,0%**	29,2
-12,6%	0,62	-	27,3%	10,4%	7,8	3,9	0,5	**27,4%**	29,2
-5,8%	1,24	-	26,4%	6,4%	4,9	3,0	0,61	**26,9%**	29,2

wir das Gearing, welches dem Kapitaleinsatzfaktor entspricht und multipliziert mit dem Delta den Leverage ergibt. Die implizite Volatilität ist der eigentliche Schlüsselindikator in der Bewertung. Profihändler handeln sogar ausschliesslich nach der Volatilität, der Preis errechnet sich daraus automatisch. Bewertungsübersichten dieser Art werden von vielen Banken angeboten.

Risikoverschiebung die gleiche Kostenbelastung wie am Aktienmarkt
zu erreichen.

12.7 Tabelle
Vergleich der Transaktionskosten zwischen Aktien- und Optionsmarkt

Preise in Fr.

Kontraktwert (10 Aktien): Option:	10 x Aktienkurs (2 000) = 20 000 Laufzeit 240 Tage, at-the-money, Prämie 10% (Durchschnittsoption), Kurs = 0.1 x 2 000 = 200
Deltawert der Option:	0.5
Ebenbürtige Risikoveränderung: Am Optionenmarkt Am Aktienmarkt	20 Optionen (200) = 4 000 10 Aktien (2 000) = 20 000

Angenommen die Transaktionskosten für Aktien betragen 0,5%
der Kaufsumme. Der Erwerb einer Aktienposition von Fr. 20 000 hat
somit Transaktionskosten von Fr. 100 zur Folge. Das gleichwertige
Risiko via den Optionenmarkt für Fr. 100 Transaktionskosten zu kaufen, entspricht einer Optionscourtage von 2,5% (Fr. 100/Fr. 4 000 =
2,5%). Da börsengehandelte Optionen jedoch in der Regel Händlerkommissionen von lediglich 0.1% bis 0.5% aufweisen, sind die Transaktionskosten im Vergleich zu Aktien relativ tief. In-the-money Optionen weisen relativ höhere Transaktionskosten auf als out-of-the-
money Optionen. Dieser Vergleich der Kosten muss insofern
relativiert werden, als bei der Option ein zeitlich begrenztes Recht
erworben wird, Aktien hingegen eine zeitlich unbegrenzte Exponie-
rung beinhalten.

Im Zinsoptionenhandel kann die Kostenberechnung noch ausgeprägter ausfallen. An der Eurex wird beispielsweise für die Conf Future Option eine Börsenabgabe von Fr. 0.4 pro Kontrakt für die Eröffnung erhoben. Zuzüglich wird von der Bank eine Kommission erhoben, welche allerdings verglichen mit Direkttransaktionen relativ
günstig ist. Der Conf Future Option liegt ein Kontraktwert von Fr.
100 000 zugrunde, d.h. beispielsweise 10 Kontrakte entsprechen Fr.
1 000 000. Die dafür zu entrichtende Börsengebühr beträgt an der
Eurex Fr. 4 und die Mindestkommission der Bank etwa Fr. 60, zusammen also Fr. 64. Dies kann mit der Wertveränderung des Basiswertes
bei einer Zinsänderung von ungefähr 0.006% verglichen werden. Die
Abwicklung einer Börsentransaktion von Fr. 1 Million in Obligationen
kostet bei guter Ausführung in der Schweiz 0.2% des Grundbetrages,
also Fr. 2 000. Diese Tatsache widerspiegelt das Interesse für standardisierte Zinskontrakte am Optionenmarkt.

Gehandelte Produkte

Die Anzahl börsenkotierter derivativer Finanzinstrumente hat an der Schweizer Börse in den letzten Jahren stark zugenommen. Ende 2000 waren 2 449 Optionen auf Schweizer Aktien und auf ausländische Werte kotiert. Im Verlaufe dieses sehr erfolgreichen Jahres wurde in den kotierten Warrants insgesamt der enorme Betrag von rund Fr. 72 Mrd. Prämien umgesetzt. Dabei ist festzustellen, dass sich die Volumen parallel zur Bewegung des zugrundeliegenden Wertes entwickeln. Das Wachstumspotential ist weiter gut.

Zinsinstrumente

Der Einsatz derivativer Zinsinstrumente hat sich in der Schweiz relativ spät entwickelt. Während Zinsinstrumenten in angelsächsischen Ländern bereits Anfang der 80er Jahre eine bedeutende Rolle zugesprochen wurde, traten in der Schweiz speziell auf Anlegerbedürfnisse zugeschnittene Zinsderivate erst zu Beginn der 90er Jahre auf. Obwohl bereits 1986 die erste Option mit Bezugsrecht einer zehnjährigen Anleihe emittiert wurde, setzte sich der Gebrauch erst 1992 aufgrund des einsetzenden Zinsrückgangs durch.

Heute werden an der Börse zahlreiche Optionen auf in- und ausländische Staatsanleihen sowie auf andere Schuldpapiere von hoher Bonität gehandelt und von den emittierenden Banken durch andere Zinsderivate oder physische Engagements abgesichert.

Die Komplexität des Riskmanagements bei Zinsanlagen wie auch die Erfordernis hochstehender ökonomischer und mathematischer Kenntnisse sind jedoch dafür verantwortlich, dass im Retailgeschäft eine eher geringe Marktliquidität von Zinsinstrumenten herrscht.

Deviseninstrumente

Für Länder mit regen Handelsbeziehungen wie beispielsweise die Schweiz sind Wechselkursschwankungen von besonderer Bedeutung, da sie zu Wettbewerbsnachteilen oder -vorteilen inländischer Produzenten gegenüber ausländischer Konkurrenz führen können. Die Krise im weltweiten Finanzsystem führte besonders in letzter Zeit zu volatilen Devisenmärkten, welche das Währungsmanagement der meisten Unternehmungen herausforderte. Neben der Volatilität sind vor allem die weltweit sinkenden Margen, die zunehmende Internationalisierung, die anwachsende Bedeutung der Kapitalmärkte für den Unternehmungserfolg sowie die veränderten Rechnungslegungsvorschriften des neuen Aktienrechts für die gestiegene Nachfrage nach Währungsabsicherungsinstrumenten verantwortlich. Vorwiegend war ein Wachstum in den Bereichen Währungstermingeschäfte, Exchange Rate Agreements (ERA), Devisenswaps und insbesondere

Devisenoptionen zu verzeichnen. Letztere werden mit überwiegender Mehrheit auf OTC Märkten gehandelt. An der Eurex werden zur Zeit keine Devisenkontrakte mehr gehandelt und auch an der Börse waren bis vor einiger Zeit Devisenoptionen aufgrund der Andersartigkeit des Basiswertes unüblich.

Die zunehmende Bedeutung des Risikomanagements wird im Devisenbereich in Zukunft zu einer weiter wachsenden Nachfrage nach umfassender Beratung und innovativen Produkten führen.

Indexinstrumente

Die erste Indexoption wurde Anfang 1987 von der BZ Bank Zürich eingeführt. Der BZ Basket Option unterlag in Form von vier Einzelaktien eine Kombination der vier wichtigsten Branchenindizes des schweizerischen Aktienmarktes. Ende 1987 lancierte der Schweizerische Bankverein eine Option auf den Bankvereinaktienindex, die erste Option auf einen breiten Marktindex. Kurz darauf schuf die OZ Zürich Optionen und Futures AG ihren OZX Aktienindex. Es folgten zahlreiche weitere Emissionen auf verschiedenste internationale Gesamt- und Teilindizes. Dazu gehören beispielsweise Kontrakte auf den deutschen Aktienindex (DAX) sowie den japanischen NIKKEI. Das Angebot an Indexwarrants an der Schweizer Börse ist mittlerweile umfassend und erfreut sich speziell bei privaten Anlegern grosser Beliebtheit, wobei ein wichtiges Plus die geringen Kosten und die hohe Transparenz des Handels darstellen. Im Gegensatz zu den Aktienwarrants werden auf Indizes und auf Währungen auch viele Puts angeboten.

Derivate auf Indizes sowie auf Aktienkörbe haben sich in der Schweiz nach einem kräftigen Wachstum zu den wichtigsten Absicherungsinstrumenten im Bereich von Aktienportefeuilles entwickelt.

Over-the-counter und massgeschneiderte Produkte

Neben dem regen Stillhalteroptionengeschäft hat sich in den letzten Jahren für Banken und ausländische Investmenthäuser mit den OTC Produkten ein neues Marktsegment lebhaft entwickelt. Dass dieser Markt teilweise mit den kotierten Warrants im Wettbewerb steht, kommt deren Entwicklung und Angebotsvielfalt letztendlich zugute. Over-the-counter gehandelte wie auch massgeschneiderte Produkte zeichnen sich durch ihre hohe Individualisierung und Bedürfnisorientierung aber auch durch höhere Margen aus. Erstere werden telefonisch ohne eine zwischengeschaltete Börse abgewickelt. Eine genaue Definition des OTC Marktes sowie dessen Produkte und Akteure ist aufgrund der unregulierten Verhältnisse kaum möglich. Die Intransparenz und Illiquidität des OTC Marktes haben in den letzten Jahren vermehrt zu Diskussionen über Risiken und deren Kontrollmöglichkeiten Anlass gegeben. OTC Produkte sind Mengenprodukte, bei denen lediglich Preis und Bonität zählen. Zugleich setzten sich auf den OTC Märkten allgemein akzeptierte Geschäftsbedingungen und Rahmenverträge durch, welche zu mehr Transparenz und Sicherheit in diesem Bereich führten.

Zusammenfassung

Der schweizerische Optionenmarkt setzt sich aus vier unterschiedlichen Segmenten zusammen. Die grösste Bedeutung kommt den börsenkotierten Derivaten zu, während Eurex Produkte und OTC gehandelte sowie massgeschneiderte Kontrakte zusammen lediglich einen Drittel der gesamten Prämienumsätze vereinen.

Die Eurex ist eine vollelektronische Börse, welche sich auf den Handel und das Clearing derivativer Finanzinstrumente spezialisiert hat. Sie führt im Bereich Schweizer Produkte sowohl Optionen und Futures auf Zinsinstrumente und den Swiss Market Index als auch verschiedene Aktienoptionen. Zudem veranlasste der zunehmende Wettbewerb und die wachsende Bedürfnisorientierung die Eurex zur Lancierung von Long Term Options (LTO) auf den SMI, welche aufgrund ihrer überdurchschnittlich langen Laufzeit Investitionscharakter aufweisen.

Börsenkotierte Optionsscheine beinhalten die bedeutenden Naked und Covered Warrants sowie Gratisoptionen. Naked und Covered Warrants werden ihre Bedeutung beibehalten, da ihre Kontraktspezifikationen, insbesondere die lange Laufzeit, kundenorientiert sind und sie können einfach gehandelt werden.

Der Handel mit over-the-counter Optionen wird vorwiegend telefonisch abgewickelt und zeichnet sich durch die hohe Bedürfnisorientierung aber auch durch die geringere Handelsliquidität, höhere Margen und eine gewisse Unsicherheit aufgrund der fehlenden Regulierung aus. Massgeschneiderte Produkte werden von Banken speziell auf einen Kunden und dessen Bilanz und Wertschriftenportefeuille zugeschnitten. Sie entlasten dadurch das firmeninterne Risikomanagement. In den letzten Jahren haben sich massgeschneiderte Produkte einer derartigen Beliebtheit erfreut, dass sie volumenmässig mit dem standardisierten Handel gleichgezogen haben.

Die Transaktionskosten im Optionenhandel, bestehend aus Börsengebühren und Händlerkommissionen, sind zwar im Vergleich zum Komptanthandel mit dem entsprechenden Basiswert prozentual höher, absolut betrachtet können sie jedoch im Verhältnis zum umgesetzten Risikos bedeutend tiefer liegen.

FUTURES UND OPTIONEN IN DEUTSCHLAND

Historischer Hintergrund

Der Markt für Termingeschäfte entwickelte sich in Deutschland erst in den letzten Jahren vollumfänglich und damit im Vergleich zu anderen internationalen Terminmärkten sehr spät. Der ursprüngliche Terminhandel, welcher vor allem die klassische Form der sogenannten Festgeschäfte sowie bedingte Terminkontrakte in Form von Prämiengeschäften umfasste, wurde im Jahre 1931 verboten und zwar mit der Begründung: «Optionen sind sittlich verwerflich und dienen der Befriedigung der Spielsucht des homo ludens. Sie führen zur Überschuldung und sozialer Bedürftigkeit».

Ab 1956 war es den deutschen Anlegern wieder erlaubt, Termingeschäfte im Ausland abzuschliessen. Im Jahre 1964 wurde von der Arbeitsgemeinschaft deutscher Wertpapierbörsen eine Kommission zur Prüfung der Voraussetzung einer Wiedereinführung des Termingeschäftes in Deutschland eingerichtet, welchem jedoch sowohl die Kommission selbst als auch das deutsche Kreditgewerbe ablehnend gegenüberstanden. Weitere umfangreiche Untersuchungen resultierten allerdings 1969 in einer Empfehlung der Börsensachverständigen-Kommission, den Terminhandel in Form des in den USA üblichen Optionenhandels wieder einzuführen. Dazu beigetragen haben nicht zuletzt die rechtlichen Rahmenbedingungen, welche dem Anlegerschutz überragende Bedeutung zumassen und damit die Absicherungsfunktion von Optionsgeschäften in den Vordergrund stellten.

Am 1. Juli 1970 wurde der Handel mit Optionen auf Aktien an den deutschen Wertpapierbörsen offiziell wieder aufgenommen. In dem neuen Markt konnten zwar Optionen emittiert werden, der eigentliche Handel mit Optionen im Sekundärmarkt kam jedoch hauptsächlich deshalb nicht zustande, weil die Optionsfrist nicht standardisiert war, keine Clearingstelle die Transaktionen überwachte und der Bezugspreis in der Regel dem Kassakurs des Wertpapiers am Abschlusstag entsprach.

Im Laufe der Jahre wurde eine schrittweise Standardisierung des Optionsgeschäftes durchgeführt und die Voraussetzungen für einen Sekundärmarkt geschaffen. Es erfolgte eine Vereinheitlichung der Anzahl an Laufzeiten und Ausübungspreisen, eine Verminderung der restriktiven Deckungserfordernisse sowie eine Anbindung der Strikepreise an die aktuelle Kursentwicklung und deren Reduktion auf eine vernünftige Anzahl. Aufgrund dieser Massnahmen konnte sich allmählich ein Sekundärmarkt in Aktienoptionen bilden und etablieren.

Seit Anfang der 80er Jahre befasste sich die Börsensachverständigen-Kommission auch mit der Frage, ob der Optionshandel auf festverzinsliche Wertpapiere und das klassische Termingeschäft eingeführt werden sollte. Die Überlegungen resultierten in der Empfehlung, festverzinsliche Wertpapiere in den Optionenhandel einzubeziehen, für Termingeschäfte mit Futures sah man hingegen keinen Bedarf.

Die äusserst benachteiligende Rechtslage erlaubte nur Termingeschäfte zwischen sogenannten «termingeschäftsfähigen Personen». Dazu gehörten handelsrechtlich eingetragene Kaufleute und Makler, welche berufsmässig Börsentermin- und ähnliche Geschäfte betrieben, Börsenbesucher mit Zulassung zur Teilnahme am Börsenhandel und Personen ohne Wohnsitz oder gewerbliche Niederlassung im Inland. Die Anbieter von Derivaten, vor allem Banken, waren deshalb beim grössten Teil der Kundschaft zu übermässig hohen Deckungserfordernissen gezwungen, welche den Sinn und Zweck von Derivaten in Frage stellten.

Selbst wenn ein Termingeschäft als verbindlich galt, konnte dennoch der sogenannte Differenzeinwand nach dem Bürgerlichen Gesetzbuch §§ 762 und §§ 764 erhoben werden. Demzufolge wurden Differenzgeschäfte, die lediglich auf die Ausnutzung von Markt- und Börsenkursen abzielten, als nicht verbindlich eingestuft, da sie in den Bereich Spiel oder Wette fielen. Zu den Differenzgeschäften zählten Terminkontrakte, bei denen statt einer physischen Lieferung ein Barausgleich vorgenommen wird, wie zum Beispiel bei Indexkontrakten. Auch anderen wesentlichen Anlegergruppen wie Investmentgesellschaften und Versicherungen war der Zugang zu Futures- und Optionenmärkten verwehrt. Der Abschluss von Terminkontrakten war Kapitalanlagegesellschaften nicht erlaubt, da sie «über die allein zulässige blosse Vermögensanlage hinausgehen». Eine Ausnahme bestand lediglich bei Währungsabsicherungsgeschäften für Wertpapiersondervermögen, wonach Devisentermingeschäfte als Hilfsgeschäfte zur Kurssicherung ihrer in Fremdwährung gehaltenen Wertpapieranlagen vorgenommen werden konnten. Neben diesen Regelungen stand auch das Kapitalanlagegesetz selbst einer Beteiligung der Kapitalanlagegesellschaften bei Optionsgeschäften entgegen, mit Ausnahme von verbrieften Call Warrants. Versicherungen war es nach Gesetzestext erlaubt, Termingeschäfte zu tätigen, da sie die Bilanzstruktur eines Unternehmens nicht direkt berühren. Jedoch erklärte das Bundesaufsichtsamt für Versicherungswesen Geschäfte mit spekulativem Hintergrund für unzulässig, weil sie die Sicherheit und Rentabilität der Anlagen gefährdeten. Demnach waren Optionsgeschäfte nur mit dem sogenannten freien Vermögen denkbar. Der spekulative Charakter derivativer Finanzinstrumente war allerdings schon damals umstritten. Aufgrund dieser Voraussetzungen war Deutschland bis vor wenigen Jahren der letzte bedeutende Finanzplatz ohne einen institutionalisierten Terminhandel auf Aktien, festverzinsliche Wertpapiere, Indizes und Rohwaren mit Ausnahme des rückständigen Handels in Optionen auf Aktien und Renten.

Bereits seit Mitte der 80er Jahre wurde angesichts der gewachsenen Risiken des internationalen Wertpapiergeschäftes, des Erfolgs ausländischer Terminbörsen und der zunehmenden Liberalisierung wichtiger Finanzplätze der Ruf nach einer deutschen Terminbörse laut. Starke Schwankungen an den Wertpapier- und Devisenmärkten führten vielen Marktteilnehmern die Tatsache vor Augen, dass sie kaum über Absicherungsinstrumente verfügten. Die erfolgreiche Einführung eines Terminkontrakts auf langlaufende Bundesanleihen an der Londoner Terminbörse LIFFE im September 1988 sowie die Gründung der schweizerischen Terminbörse SOFFEX im Jahr 1988 gaben dann den letzten Ausschlag zur Errichtung der Deutschen Terminbörse im Januar 1990.

Mittels eines 1991 revidierten Versicherungsaufsichtsgesetzes sowie der sogenannten Finanzmarktförderungsgesetze sollen Markttransparenz und Chancengleichheit für alle Anleger geschaffen und die internationale Wettbewerbsfähigkeit des Finanzplatzes Deutschland gefördert werden.

Versicherungsunternehmen dürfen heute nach den Richtlinien für effektiven und sicheren Einsatz von Derivaten über die Wahl ihrer Instrumente entscheiden. Investmentgesellschaften erhielten einen «deutlich erweiterten Handlungsspielraum für Derivate» und können heute alle Arten von standardisierten und börsenkotierten Optionen einsetzen.

Die Deutsche Terminbörse

Die DTB nahm am 26. Januar 1990 den Handel mit Aktienoptionen auf. Wie bei der schweizerischen SOFFEX verlief der Handel an der DTB als einer der ersten Terminbörsen vollelektronisch und damit standortunabhängig und wird durch ein integriertes Clearingsystem unterstützt. Seit ihrer Gründung gehörte die DTB zu den am schnellsten wachsenden Terminmärkten der Welt und nahm mit einem Kontraktvolumen von über 59 Millionen Kontrakten im Jahre 1994 den dritten Rang aller europäischen Terminbörsen ein. Mitte der 90er Jahre wurden die Fühler nach einem Partner ausgestreckt. Die Bemühungen endeten 1998 mit dem Zusammenschluss der DTB mit der Schweizerischen SOFFEX zur EUREX. Dieser Schritt fiel insofern leicht, als die technische Basis der DTB vom SOFFEX-System abgeleitet war. Die Fortschritte in der Informatik wurden genutzt, um für den Start der Eurex die weltweit modernste Plattform zu schaffen. Die Eurex entwickelt sich bereits zum Grosserfolg und es ist absehbar, dass sich im europäischen Kontext weitere Partner anschliessen. Für die Eurex-Produktübersicht und weitere Ausführungen sei auf das Kapitel «Die Eurex» verwiesen.

Deutsche Produkte an der Eurex

In Deutschland durfte aufgrund der gesetzlichen Vorschriften der Handel mit derivativen Produkten erst relativ spät eingeführt werden. Wie auch die Aktien sind die Derivate noch heute unterdurchschnittlich im Anlagepublikum verbreitet. Mit dem Fusionsschritt zur Eurex soll eine breitere Anlegerbasis erschlossen werden, die insbesondere eine europäische Sicht wahrnimmt. Das grösste Interesse galt den Zinsderivaten, was angesichts der riesigen Schuldnerposition der öffentlichen Hand Deutschlands auch kein Wunder ist. Die aufgeführten Kontraktspezifikationen unterliegen laufenden Anpassungen und müssen daher vom Akteur auf deren Gültigkeit überprüft werden.

Der Euro-BUND Future

Der langfristige Euro-Bund Future stellt ein unbedingtes Termingeschäft auf eine idealtypische deutsche Staatsanleihe mit einem Coupon von 6% und einer Laufzeit von 8½ bis 10½ Jahren mit einem Nominalwert von 100 000 Euro dar.

Die Verfalltermine des Bund Future richten sich nach den drei nächsten Quartalsmonaten des Zyklus März, Juni, September und Dezember. Somit sind stets drei Future Kontrakte mit einer maximalen Laufzeit von neun Monaten notiert. Die Abrechnung erfolgt durch physische Lieferung einer mit dem Konversionsfaktor angeglichenen Anleihe am 10. Kalendertag des Fälligkeitsmonates, sofern dies ein Börsentag ist, sonst gilt der darauffolgende Börsentag. Lieferbar sind nur Bundesanleihen mit einem Mindestemissionsvolumen von 2 Mrd. Euro und der entsprechenden Restlaufzeit. Zwei Tage vor dem Liefertag wird der Euro-Bund Future zuletzt gehandelt und Kontraktverkäufer müssen der Börse an diesem Tag mitteilen, welchen Basiswert sie liefern werden. Am letzten Handelstag um 12.30 Uhr MEZ wird der Schlussabrechnungspreis festgelegt. Er entspricht dem volumengewichteten Durchschnitt der Preise der letzten zehn zustande gekommenen Geschäfte, sofern sie nicht älter als 30 Minuten sind, oder dem volumengewichteten Durchschnitt der Preise aller während der letzten Handelsminute abgeschlossenen Geschäfte, sofern in diesem Zeitraum mehr als zehn Geschäfte zusammengeführt wurden. Der Bund Future wird in Prozenten pro Euro 100 Nominalwert auf zwei Dezimalstellen genau notiert und die minimale Preisänderung beträgt 0.01, was einem Wert von 10 Euro entspricht. Als Basis für die tägliche Margenberechnung dient der Abrechnungspreis, welcher den Durchschnitt der Preise der letzten 5 Abschlüsse darstellt oder der volumengerichtete Durchschnitt der Preise aller während der letzten Handelsminute zustandegekommenen Abschlüsse, sofern in diesem Zeitraum mehr als fünf Preise zustande gekommen sind. Das letztere entspricht im Euro-Bund Future der täglichen Realität. Die tägliche Handelszeit dauert von 8.00 bis 19.00 Uhr MEZ. Aufgrund des grossen Interesses ist damit zu rechnen, dass der Euro-Bund Future bald rund um die Uhr gehandelt werden kann. Detaillierte aktuelle Angaben sind im Internet unter ‹www.eurexchange.com› zu finden.

Das Anwendungsgebiet des Bund Futures erstreckt sich wie bei den übrigen Zins Futures von der Zinsrisikoabsicherung gehaltener und künftiger Positionen über das Ausnutzen von Marktschwankungen bis hin zur Arbitrage zwischen Termin- und Kassamärkten und Arbitrage zwischen den an der Eurex und LIFFE erzielten Preisen. Wie bei den übrigen Zinsinstrumenten steht jedoch zweifellos das Absicherungsmotiv im Vordergrund.

Das Handelsvolumen des Euro-Bund Future steigt stetig an und wird bald 1 Mio. Kontrakte im Tagesdurchschnitt betragen. Im April 2001 wurden Spitzenumsätze an der Eurex alleine von rund 14 Mio. Kontrakten am Tag erreicht. Sie stellten somit ein Volumen im Underlying von 1 400 Milliarden Euro dar. Dies entsprach einem gewichtigen Anteil aller lieferbaren Anleihen. Der Euro-Bund Future ist damit der weltweit meistgehandelte Kontrakt. Der Hauptgrund für den markanten Anstieg des Marktanteiles der Eurex liegt in der Effizienz des elektronischen Handels, gekoppelt mit niedrigen Transaktionskosten und einem bedeutenden Zuwachs an Börsenmitgliedern in ganz Europa und den Vereinigten Staaten.

Aufgrund der ungünstigen rechtlichen Voraussetzungen für Termingeschäfte in Deutschland reagierte die LIFFE im September 1988 mit der Lancierung eines Bund Futures rechtzeitig auf die Bedürfnisse des Marktes und gewann damit den grössten Teil der Investoren für sich. Der Eurex gelang es in den letzten Jahren, einen beachtlichen Teil des Handelsvolumens zurückzugewinnen. Der Marktanteil am parallel auch an der LIFFE gehandelten Bund Future steigerte sich für die Eurex auf über 80%.

Der Euro-BOBL Future

Der Bobl Future verpflichtet den Käufer bzw. Verkäufer, zum vereinbarten Preis und Termin eine idealtypische mittelfristige deutsche Schuldverschreibung mit einem Coupon von 6% und einer Restlaufzeit von 4,5 bis 5,5 Jahren im Wert von nominal Euro 100 000 entgegenzunehmen bzw. zu liefern. Als lieferbare Wertpapiere kommen deutsche Bundesobligationen und Bundesschatzanweisungen in Frage, die ein Emissionsvolumen von mindestens 2 Mrd. Euro haben.

Die Lieferung des mittels Konversionsfaktor angeglichenen Wertpapiers sowie die Ermittlung des täglichen Abrechnungspreises erfolgen nach demselben Verfahren wie beim Bund Future. Wie alle Zins Futures werden Euro-Bobl Futures in Prozenten pro Euro 100 Nominalwert notiert und die kleinste Preisveränderung, genannt Tick, beträgt 0.01 Punkte. Auch die übrigen Spezifikationen sind identisch mit denjenigen des Euro-Bund Future.

Der Bobl Future wird zu einem grossen Teil zur Absicherung von Zinsänderungsrisiken bestehender oder künftiger Positionen im mittleren Laufzeit-Bereich verwendet, kann aber auch für die Ausnutzung erwarteter Zins- und Kursveränderungen sowie bei speziellen Strategien wie Spreads oder Cash-and-carry Arbitrage zur Anwendung kommen. Seit seiner Einführung Ende 1991 erfreut sich der Bobl Future grosser Beliebtheit. Das Volumen ist mit knapp 8 Mio. Kontrakten im April 2001 bedeutend geworden.

Der Euro-Buxl Future

Der Handel im Buxl Future auf die 30jährige Bundesanleihe wurde 1998 wieder aufgenommen. Der Kontrakt ist eine fiktive langfristige deutsche Schuldverschreibung mit 20- bis 30,5-jähriger Laufzeit und 6% Coupon. Auch dieser Kontrakt konnte schliesslich seinen Platz in der Produktepalette der Eurex behaupten, nicht zuletzt dank steigendem Angebot von langlaufenden Bundesanleihen. Die übrigen Kontrakteigenschaften sind identisch mit den beiden vorgenannten Produkten.

Der Euro-SCHATZ Future

Eine relativ junge Errungenschaft an der Eurex ist der Euro-Schatz Future. Er hat als Basiswert eine fiktive kurzfristige Schuldverschreibung des Deutschen Bundes oder der Treuhandanstalt mit $1^3/_4$ bis $2^1/_4$jähriger Laufzeit und einem Coupon von 6 Prozent. Dieser Kontrakt schliesst einen Teil der Laufzeitenlücke zwischen den Geldmarktfutures und dem Euro-Bobl Future. Lieferbar sind alle vom deutschen Bund emittierten und unmittelbar garantierten Obligationen, Anleihen, Schatzanweisungen und Schuldverschreibungen, die am Liefertag eine Restlaufzeit von $1^3/_4$ bis $2^1/_4$ Jahren haben. Das Mindestemissionsvolumen muss 2 Mrd. Euro betragen haben. Alle anderen Eigenschaften sind identisch zum Euro-Bund Future.

Der DAX Future

Der DAX Future ist ein standardisierter Terminkontrakt auf den Deutschen Aktienindex (DAX). Der DAX Index ist der gebräuchlichste Aktienindex Deutschlands und besteht aus 30 Standardaktien, die gesamthaft rund 60% der deutschen Börsenkapitalisierung und 80% des täglichen Umsatzes an der Deutschen Börse repräsentieren. Der Index ist kapitalisierungsgewichtet und alle nicht durch Angebot und Nachfrage induzierten Kursveränderungen, wie Dividendenauszahlungen und Kapitalmassnahmen werden bei der Berechnung eliminiert, d.h. bleiben ohne Einfluss auf den Indexstand. Der DAX Index ist somit als Performance Index konzipiert. Bei der Bereinigung der Dividendenzahlungen in den einzelnen Aktien wird allerdings nur die Bardividende berücksichtigt.

An der Eurex sind stets drei DAX Futures mit unterschiedlichen Laufzeiten notiert, welche dem Verfallzyklus März, Juni, September und Dezember entsprechen. Die längste Laufzeit eines DAX Future beträgt somit neun Monate. Die Abrechnung erfolgt in Form eines Barausgleichs am ersten Börsentag nach dem letzten Handelstag. Dieser fällt jeweils auf den dritten Freitag des Liefermonats oder den Tag zuvor, falls der dritte Freitag kein Börsentag ist. Der Schlussabrechnungspreis wird als Wert des DAX ermittelt und zwar aufgrund der Aktienpreise in einer untertägigen, elektronischen Auktion an der Frankfurter Wertpapierbörse Xetra beginnend um 13.00 Uhr MEZ.

Die Handelseinheit beträgt 25 Euro pro Indexpunkt mit einer Tickgrösse, d.h. einer minimalen Veränderung, von 0.5 Punkten und einem Tickwert von 12.50 Euro. Die Sicherheitsmargen werden wie bei allen Eurex Produkten gemäss dem nachfolgend beschriebenen Risk-Based-Margining-System erhoben. Sie basieren auf dem täglichen Abrechnungspreis. Wie die meisten Indexterminkontrakte wird der DAX Future vorwiegend zur Portefeuilleabsicherung verwendet. Durch den Kauf eines Index Future lässt sich aber auch auf einfache Weise ein gesamter Markt kaufen, womit kurzfristig auf Marktschwankungen reagiert werden kann. Seit seiner Einführung im Jahre 1990 erfuhr der DAX Future eine rasante Entwicklung. Wurden 1991 noch etwa 5000 Kontrakte pro Tag gehandelt, so sind es heute täglich bis zu 100000. Die hohe Nachfrage wird voraussichtlich auch in den kommenden Jahren anhalten.

Exkurs: Indexarbitrage

Ein Punkt, der am deutschen Aktienmarkt hervorzuheben ist, ist die rege Aktivität der Indexarbitrage. Bei diesem Geschäft werden nahezu gleichzeitig sowohl der Future gekauft als auch alle im DAX enthaltenen Aktien entsprechend ihrer Indexgewichtung verkauft oder umgekehrt. Es finden also 30 Aktienkäufe und ein Futureverkauf möglichst gleichzeitig statt. Dies geschieht nur, wenn der Preis des Futures von seinem theoretisch richtigen Wert abweicht. Ein Grund für die hohe Anzahl an Arbitrageaktivitäten in Deutschland ist steuertechnisch bedingt und liegt in der ungleichen Besteuerung der Dividendenerträge für Inländer und Ausländer. Während der Ausländer nur die normale Bardividende erhält, erhält der Inländer noch zusätzlich die Körperschaftssteuergutschrift in Höhe von 42.9% in Form eines Rückforderungsanspruchs an das Finanzamt. Somit ergibt sich für den Inländer und Ausländer je ein unterschiedlicher «Fairvalue».

Aufgrund der Konzeption des DAX Index errechnet sich der Fairvalue für den Ausländer nur anhand der Zinskosten bezogen auf die Restlaufzeit, während der Inländer noch den zusätzlichen Ertrag der Steuergutschrift zu berücksichtigen hat. Da Dividenden zudem nur einmal jährlich in Deutschland ausgezahlt werden und dies meist in den Monaten April bis Juni geschieht, sind die Arbitrageaktivitäten in diesen Monaten besonders hoch.

Für ein vereinfachtes Beispiel gehen wir von folgenden Annahmen aus:

Handelstag:	31. März
Verfallsdatum des Juni Future:	16. Juni
Restlaufzeit in Tagen:	77 Tage
Zinssatz:	6%
DAX-Index:	5769
Steuergutschrift:	33 Index-Punkte

Fair Value für den Ausländer:

Futurepreis	=	Kurs	+	Zinskosten
5844	=	5769	+	75

Fair Value für den Inländer:

Futurepreis	=	Kurs	+	Zinskosten	– Steuergutschrift
5811	=	5769	+	75	– 33

Die Gesamt-Steuergutschrift errechnet sich gemäss der Steuergutschrift der einzelnen Aktien mal ihrer Gewichtung im Index und ergibt daraus die Steuergutschrift in Indexpunkten. Die Steuergutschriften werden nur von Aktien berücksichtigt auf die im Betrachtungszeitraum eine Dividende bezahlt wird.

Während der «theoretisch» richtige Preis für den Ausländer für den Juni-Future bei 5844 liegt, ist der Inländer nur bereit 5811 zu zahlen. Der Marktpreis für den Future wird sich etwa in der Mitte zwischen diesen Preisen einpendeln.

Gehen wir nun von einem Future Preis von 5827.5 aus. Der Inländer wird bei diesem Preis den für ihn teureren Future Kontrakt verkaufen und alle Aktien im DAX kaufen und somit rein rechnerisch einen risikofreien Gewinn von 16.5 Index Punkten auf das Verfallsdatum hin erzielen.

Bei diesem Beispiel bleiben allerdings Transaktionskosten, die genaue Abdiskontierung der Körperschaftsteuerrückerstattung auf den Tag der Berechnung sowie der Spread zwischen Kauf- und Verkaufspreis unberücksichtigt. Zudem sind wir davon ausgegangen, dass der Investor die Aktien im DAX gesamthaft zu einem Preis von 5769 kaufen konnte ohne damit einen Einfluss auf den Markt zu haben. In der Wirklichkeit wird der Erlös der Arbitrageure durch diese Punkte aber stark geschmälert und der Gewinn ist auch nicht mehr ganz so «risikolos» wie es eingangs erschien.

Aufgrund des hohen Kapitalbedarfes für diese Art von Geschäften werden diese ausschliesslich durch Banken betrieben. Die Arbitrageure erhöhen durch ihre Aktivitäten die Liquidität sowohl im Future als auch im Aktienmarkt und sorgen dafür, dass die Preise in den beiden Märkten in das richtige Verhältnis zueinander kommen.

Der NEMAX 50 Future

Der NEMAX 50 Future hat als Basiswert die 50 wichtigsten Aktien des deutschen Neuen Marktes, welche im NEMAX 50 (Performance) Index zusammengefasst sind. Der Kontraktwert entspricht 1 mal dem Indexstand. Die minimale Preisdifferenz beträgt 1 Punkt im Index. Gehandelt werden die nächsten drei Quartalsmonate im Eurex-Zyklus. Die übrigen Kontraktbedingungen sind identisch mit dem DAX Future.

Das Handelsvolumen ist im Vergleich zum DAX Future klein, aber der Kontrakt entspricht trotzdem einem Anlegerbedürfnis. Gerade in turbulenten Zeiten wie in den Jahren 1999 und 2000 im Technologiebereich ist der NEMAX 50 Future ein gefragtes Instrument. Der Neue Markt hat zudem in diesen Jahren durch Neuemissionen ein beachtliches Marktgewicht erhalten, aber auch wieder verloren.

Aktienoptionen

Aktienoptionen stellen mit ihrem hohen täglichen Volumen eine bedeutende Kategorie der Derivate an der Deutschen Terminbörse dar. Im Laufe der Zeit wurden die verfügbaren Titel laufend ergänzt und von ursprünglich 14 deutschen Standardwerten erfolgte eine Erhöhung auf zur Zeit 37 Titel. Die Aktienwerte wurden sorgsam anhand der Kriterien Markttiefe, Marktkapitalisierung, Volatilität, Branchenzugehörigkeit und Aktionärsstruktur ausgewählt. Auf folgende Aktien werden Optionen gehandelt:

Deutsche Basistitel mit Eurex Aktienoptionen

Gruppe A	Gruppe B		Gruppe C	
Verfallmonate 1,2,3,6 und 9 Monate	1,2,3,6,9 und 12 Monate		1,2,3,6,9,12,18 und 24 Monate	
keine	Adidas	ADS	Allianz-Holding	ALV
	BMW	BMW	BASF	BAS
	Degussa-Hüls	DGX	Bayer	BAY
	Epcos	EPC	Bay. HypoVereinsbank	HVM
	Fresenius	FME	Commerzbank	CBK
	Henkel Vz.	HEN3	DaimlerChrysler	DCX
	Infineon	IFX	Deutsche Bank	DBK
	Karstadt	KAR	Deutsche Post	DPW
	Linde	LIN	Deutsche Telekom	DTE
	Lufthansa	LHA	Dresdner Bank	DRB
	MAN	MAN	E.ON	EOA
	Metro	MEO	SAP Vz.	SAP3
	Münchner Rück	MUV2	Siemens	SIE
	MLP Vz.	MLP3	VW	VOW
	Preussag	PRS		
	RWE	RWE		
	Schering	SCH		
	Thyssen Krupp	TKA		
	Consors	CSO		
	EM.TV	ETV		
	Intershop	ISH		
	Mobilcom	MOB		
	T-Online	TOI		

Die Gruppenzuteilung und die Kontraktgrösse können ändern, wobei besonders letztere im Falle einer Nennwertreduktion der Aktie angepasst wurde. Die Kontraktgrösse einer Aktienoption beläuft sich auf 100 Aktien (ausser bei Münchner Rück und Allianz nur 50 Aktien). Die geringste Preisänderung einer Option beträgt für alle Werte 0.01 Euro. Für jeden Call und Put stehen für jeden Verfallmonat mindestens drei Ausübungspreise zur Verfügung: Je einer in-the-money, at-the-money und out-of-the-money. Die Optionsprämie ist immer am nächsten Valutatag fällig.

Sobald der Schlusskurs einer Aktie den Durchschnitt des at-the-money und in-the-money Ausübungspreises übersteigt und die Optionen noch eine Laufzeit von mindestens 10 Tagen besitzen, wird am nächsten Handelstag eine neue Optionsserie eröffnet. Wie aus der Tabelle ersichtlich, sind je nach Titel Laufzeiten bis zu 2 Jahren im Handel.

Die Optionen sind amerikanischen Typs und können jederzeit bis zum letzten Handelstag, dem dritten Freitag des Verfallmonats bzw. dem davorliegenden Börsentag, ausgeübt werden, worauf zwei Tage später die Lieferung des Basiswerts folgt. Eine Ausnahme bildet der Tag des Dividendenbeschlusses.

Der tägliche Abrechnungspreis entspricht bei allen Eurex Optionen dem letzten innerhalb der letzten Handelsstunde zustandegekommenen Preis oder andernfalls einer durch die Eurex festgelegten Quotierung.

DAX Optionen

Optionen auf den DAX-Index wurden 1991 als bedingtes Termingeschäft auf den oben erläuterten Deutschen Aktienindex eingeführt. Eine Option beinhaltet das Recht für den Käufer, beispielsweise bei einem Call die Differenz zwischen dem Schlussabrechnungspreis des DAX am Ausübungstag und dem Ausübungspreis in Form einer Barabgeltung zu beziehen. Wie die SMI Option ist auch die DAX Option europäischen Typs, um optimale Voraussetzungen für den Einsatz als Instrument zur Portefeuilleabsicherung zu bieten. Sie ist somit billiger und bietet Schutz vor vorzeitiger Ausübung.

Der Kontraktwert einer DAX Option beträgt 5 Euro pro Indexpunkt und die kleinste Preisänderung beträgt 0.1 Punkte mit einem Tickwert von 0.50 Euro. Es stehen pro Verfallmonat mindestens fünf verschiedene Basispreise zur Verfügung, abgestuft um jeweils 50-200 Indexpunkte, wobei jeweils zwei Kontrakte in-the-money, zwei out-of-the-money und einer at-the-money liegen. Bei Bedarf werden neue Optionen mit angepassten Basispreisen eingeführt. Als Verfallmonate stehen stets die nächsten drei Kalendermonate, die drei darauffolgenden Quartalsmonate aus dem Eurex-Zyklus sowie die beiden darauffolgenden Semestermonate aus dem Zyklus Juni und Dezember. Es stehen somit Laufzeiten bis zu 2 Jahren für den Handel offen. Die Abrechnung erfolgt in Bar nach dem Ausübungstag, dem dritten Freitag des Verfallmonats bzw. dem Tag davor.

Die DAX Option stellt wie bereits erwähnt ein ideales Absicherungsinstrument für Aktien Portefeuilles dar. Ebenso lassen sich verschiedene Strategien im Hinblick auf das Gesamtmarktrisiko durchführen. Die überaus grosse Nachfrage hat die DAX Option zum erfolgreichsten Optionsprodukt der Eurex werden lassen und nach der amerikanischen Option auf den S&P-100-Index zur zweiterfolgreichsten Indexoption der Welt. Gegenläufige Volumina bei Aktienoptionen einerseits und Indexoptionen andererseits zeigen eine zunehmende Tendenz von Marktteilnehmern, eher in den Gesamtmarkt zu investieren, als Stockpicking zu betreiben.

Gerade in diesen Indexoptionen wird von Institutionellen Investoren eine sehr hohe Anzahl in Form von Kombinationen wie Straddles, Strangles und Spreads gehandelt. Bei Straddles und Strangles werden vor allen Dingen Volatilitätsverschiebungen gehandelt.

Optionen auf den Euro-BOBL Future

Der 1993 lancierten Bobl Future Option liegt der bereits beschriebene mittelfristige Zinsterminkontrakt der Eurex zugrunde. Der Kontraktwert der Option beträgt 1 Euro-BOBL Futurekontrakt, d.h. wie beim Future 100 000 Euro und hat nach Ausübung die Zuteilung des Terminkontraktes zur Folge. Die neue Futureposition wird am Ende des Ausübungstages eröffnet. Jede Optionsserie besitzt die vier Verfalltermine der nächsten drei Kalendermonate sowie des darauffolgenden Monats aus dem Eurex-Quartalszyklus März, Juni, September und Dezember, wobei sich die Laufzeiten der Optionsserien nach den zugrundeliegenden Future Kontrakten richten. Die Option ist amerikanischen Typs und kann bis zum letzten Handelstag ausgeübt werden. Der letzte Handelstag liegt sechs Börsentage vor dem ersten Kalendertag des Fälligkeitsmonats des Euro-Bobl Future. Die tägliche Handelszeit richtet sich nach derjenigen des Basiswertes. Die geringste Preisänderung beträgt 0.01 Punkte, was einem Tickwert von 10 Euro pro Kontrakt entspricht.

Die Bobl Future Option kommt in den gleichen Bereichen wie der Bobl Future zur Anwendung. Zusätzlich sind alle denkbaren Optionsstrategien durchführbar, die dem Investor grössere Flexibilität verschaffen und zum Beispiel zur Steuerung der Portefeuilleduration sowie zur Ausnutzung von Volatilitätsveränderungen eingesetzt werden können. Ein weiterer Vorteil der Option gegenüber dem Future liegt in der Möglichkeit, trotz einer abgesicherten Position von einer günstigen Marktentwicklung profitieren zu können, indem der Inhaber die Option verfallen lässt.

Optionen auf den Euro-BUND Future

Als älteste Future Option an der Eurex basiert diese Option auf dem bereits beschriebenen langfristigen Euro-Bund Future mit einem Kontraktwert von 100 000 Euro. Alle Kontraktspezifikationen entsprechen denjenigen der Bobl Future Option. Lediglich die Abstufung der Strikepreise beträgt 0.5 Punkte.

Falls für den Verfallmonat kein Futurekontrakt gehandelt wird, liegt der nächste folgende Quartalskontrakt zu Grunde. Für die Anwendung gilt die selbe Feststellung wie bei der Option auf den Euro-Bobl Future.

Optionen auf den Euro-SCHATZ Future

Die Option auf den Euro-Schatz Future ergänzt die Laufzeitenpalette nach unten. Für die Spezifikationen des Euro-Schatz Future sei auf das entsprechende vorhergehende Kapitel verwiesen. Die Option wurde zusammmen mit dem Future neu eingeführt. Die Eigenschaften entsprechen der Einfachheit halber exakt denjenigen der Option auf den Euro-Bobl Future. Das Instrument soll den institutionellen Marktteilnehmern und dem Profihandel dienen.

Das Risk Based Margining der Eurex

Die Eurex verlangt als Clearingstelle von ihren Clearingmitgliedern bestimmte Sicherheiten und diese verlangen wiederum meist höhere Sicherheiten von ihren Kunden. Die Höhe des Sicherheitsbetrages wird mittels des sogenannten Risk-Based-Margining-Systems berechnet. Dabei werden alle Futures- und Optionspositionen eines Börsenteilnehmers auf einen bzw. auf korrelierende Basiswerte zusammengefasst und das Gesamtrisiko überprüft. Dies hat den Vorteil, dass sich Positionen mit gleichem Risiko aber negativer Korrelation ausgleichen.

Bei Eurex Optionen müssen Sicherheiten lediglich für Shortpositionen hinterlegt werden. Sie bestehen einerseits aus der Premium Margin, welche die Kosten einer sofortigen Glattstellung deckt, sofern nicht aufgrund der Mehrzahl von Longpositionen ein Ertrag ensteht. Bei Optionen auf Futures ist keine Premium Margin erforderlich, da hier wie bei Futures mit dem Mark-to-Market-Verfahren ein täglicher Gewinn- und Verlustausgleich vorgenommen wird. Die Prämienabrechnung erfolgt demnach nicht durch eine einmalige Zahlung, sondern wird aufgrund des Optionspreises und des täglichen Abrechnungspreises festgelegt und muss erst am Ende der Laufzeit in voller Höhe bezahlt werden. Zusätzlich wird bei allen Produkten eine Risk Margin erhoben, welche die Glattstellungsverluste deckt, die bei ungünstiger Börsenentwicklung entstehen könnten. Aufgrund der historischen Volatilität werden statistisch die höchstmöglichen Ausschläge des Basiswertes und die entsprechenden Glattstellungskosten errechnet.

Futures und Optionen auf Futures werden täglich nach dem Mark-to-Market-Verfahren abgerechnet und erhalten je nach Kursentwicklung des Instruments nach Handelsschluss eine Variation Margin gutgeschrieben bzw. belastet. Wird eine Spreadposition in Futures eingegangen, hebt sich das Risiko der beiden Titel gegenseitig bis zu einem gewissen Grad auf. Das Restrisiko wird in Form einer Future Spread Margin erhoben.

Transaktionskosten

Die Kommissionen für Kundengeschäfte werden wie an den meisten Börsen von Bank zu Bank unterschiedlich gehandhabt. Darin enthalten ist die Clearinggebühr, welche im Gegensatz zu den Wertschriftenbörsen von den Börsenteilnehmern an die Eurex zu entrichten ist. Die Eurex-Gebühren sind relativ zum Abrechnungsbetrag und zu den Bankkommissionen stets sehr gering und sollen daher hier nicht im Detail erläutert werden.

Börsenkotierte Optionsscheine

Warrants verbinden Vorzüge von standardisierten Börsenprodukten wie leichter Marktzugang, tägliche Schlusskurse oder geringe Abschlussgrössen mit den innovativen Gestaltungsmöglichkeiten von OTC Produkten und eröffnen vielen Marktteilnehmern erst dadurch die Vielfalt derivativer Produkte. Börsenkotierte Optionen sind nicht nur leicht zugänglich, beispielsweise für private Anleger, sondern sind im Vergleich zu Eurex Produkten auf der Kostenseite immer noch konkurrenzfähig.

Der klassische Markt für Optionsscheine ab Optionsanleihen erlebte in den letzten Jahren eine starke Belebung. Vor allem Aktienoptionen und Covered Warrants erzielten in den letzten Jahren ein sehr hohes Wachstum. Der Bereich der Covered Warrants ist jedoch nicht klar abgrenzbar und für den Anleger ist es immer weniger erkennbar, ob es sich um echte Covered Warrants handelt, bei denen die Aktien effektiv hinterlegt sind oder ob es sich um dynamisch gehedgte Optionen handelt. Der Trend in Deutschland geht eher in Richtung dynamisch gehedgter Optionen. Bei dem überwiegenden Anteil von Aktien-Optionen handelt es sich jedoch auch in Deutschland um Call-Optionen.

Das bedeutendste Marktsegment bilden zur Zeit die Devisenoptionen. Innerhalb von wenigen Jahren stieg die Anzahl Emissionen enorm an, wodurch sich der Marktanteil stark erhöhte. Diese Entwicklung ist auf die hohe Volatilität der Devisenkurse in den letzten Jahren zurückzuführen.

Index- und Basketoptionen verzeichneten in den vergangenen Jahren das stärkste Wachstum. Am häufigsten werden Kontrakte auf die wichtigsten Landesindizes wie DAX, S&P 500, FTSE 100, CAC 40, Hang Seng oder Japan Top 100 gehandelt. Die Entwicklung wird bei Indexoptionen künftig auch in die Richtung von Schwellenländer-Indizes sowie Baskets gehen und den Indexoptionen weiterhin eine zunehmende Bedeutung verschaffen.

Ausserbörslich gehandelte Produkte

OTC- und massgeschneiderte Produkte haben sich in den letzten Jahren in Deutschland im Gleichschritt mit den börsenkotierten Optionsscheinen ausserordentlich stark entwickelt. Der Unterschied dieser Instrumente besteht im Grunde darin, dass die ausserbörslichen Produkte grössere Handelseinheiten erfordern und somit nur Grosskunden zugänglich sind sowie bezüglich der Kontraktspezifikationen mehr Flexibilität aufweisen. Diese Merkmale bringen es mit sich, dass bei ausserbörslich gehandelten Produkten das Kreditrisiko der Gegenpartei und die Liquidität, d. h. die permanente faire Preissetzung durch die Parteien, eine bedeutende Rolle spielen.

Das effektive Volumen der gehandelten Kontrakte ist aufgrund der fehlenden statistischen Erfassung schwer ermittelbar. Es kann jedoch gesagt werden, dass der ausserbörsliche Markt eine wichtige Rolle als Innovations- und Testmarkt für börsengehandelte Produkte einnimmt und das Prämienvolumen der Eurex wahrscheinlich im Bereich Aktienoptionen übertrifft. Seit das Finanzmarktförderungsgesetz auch Kapitalanlagegesellschaften den Einsatz solcher Instrumente ermöglicht, ist ein deutlicher Wachstumsschub festzustellen.

Zusammenfassung

Aufgrund der ungünstigen rechtlichen Voraussetzungen konnte sich in Deutschland erst sehr spät ein Markt für derivative Finanzinstrumente entwickeln. Auf dem letzten bedeutenden Wertschriftenmarkt ohne einen Handelsplatz für Termingeschäfte wurde im Jahre 1990 die Deutsche Terminbörse gegründet. Der Zusammenschluss mit der SOFFEX liess die Eurex entstehen, welche heute zweifellos die grösste Terminbörse Europas ist. Der Handel verläuft an der Eurex standortunabhängig über moderne Informationstechnologie und wird durch ein vollintegriertes Clearingsystem unterstützt.

Die Produktepalette der Eurex erstreckt sich von verschiedenen Zins Futures, welche die Euro-Zinskurve bis zum 30jahresbereich abdecken und verschiedenen darauf lautenden Optionen, über Aktienindex Futures mit darauf lautenden Optionen sowie Aktienindex Optionen bis hin zu einer grossen Auswahl von Aktienoptionen. Die Sicherheitsmargen, welche von den Clearingmitgliedern hinterlegt werden müssen, werden nach dem sogenannten Risk-Based-Margining-System berechnet, welches für normale Optionen eine Premium Margin und für Futures und Futures Optionen den täglichen Gewinn bzw. Verlust der Positionen errechnet und über die Variation Margin einfordert. Für alle Produkte wird zusätzlich der maximal mögliche Verlust innert 24 Stunden aufgrund historischer Volatilitäten ermittelt und ein Teil in Form der Risk Margin als Sicherheitleistung eingefordert. Der Markt für börsenkotierte Optionsscheine hat sich in Deutschland in den letzten Jahren zum bedeutendsten Marktsegment entwickelt.

OTC Produkte haben wie die Optionsscheine ein starkes Marktwachstum zu verzeichnen und dienen vor allem den Grossanlegern.

FUTURES UND OPTIONEN IN ÖSTERREICH

Während Wien von Beginn des 19. Jahrhunderts an zu den wichtigsten Finanzplätzen Europas zählte, verlor Österreich nach dem Ende des Habsburgerreiches, den beiden Weltkriegen sowie der Weltwirtschaftskrise stark an Bedeutung. Erst als Mitte der 80er Jahre wieder Aktien notiert wurden und sich die ersten Veränderungen in Osteuropa abzeichneten, gewann der Finanzplatz Österreich wieder an strategischer Relevanz. Der Aktienmarkt war im letzten Jahrzehnt von kurzen aber ungeheuer starken Haussephasen geprägt, welche den Anlegern 1985 und 1989 einen Indexanstieg von über 100 Prozent und dazwischen etwas längere Stagnationsphasen bescherten.

Nach tiefgreifenden Restrukturierungen im Bereich der Rahmenbedingungen und nach den Vorbildern Schweiz, Deutschland und Schweden wurde 1989 die Österreichische Termin- und Optionenbörse ÖTOB als Teil der Wiener Börse gegründet und damit der Grundstein für einen modernen Finanzplatz Österreich gelegt. Die Rechtslage verunmöglichte jedoch zuerst die Geschäftsaufnahme, da wie im Nachbarland Deutschland Termingeschäfte in den Bereich «Spiel und Wette» eingeordnet wurden und eine Umsatzsteuer den Handel übermässig verteuerte. Ebenso waren Versicherungs- und Kapitalanlagegesellschaften im Einsatz von Derivaten stark eingeschränkt. Es dauerte zwei Jahre, um diese Hindernisse soweit zu beseitigen, dass im Jahre 1991 endlich der Handel mit Aktienoptionen eröffnet werden konnte.

Die Neue Wiener Börse entstand 1997 durch die organisatorische Zusammenführung des Kassamarktes der Wiener Börse und des Terminmarktes ÖTOB. Die neue, integrierte österreichische Wertpapier- und Terminbörse ist ein wesentlicher Schritt auf dem Weg, Wien als internationalen Markt für österreichische sowie zentral- und osteuropäische Wertpapiere, inklusive der zugehörigen derivativen Instrumente, zu positionieren.

Der Terminmarkt der Wiener Börse

Wie die Eurex bildet der Terminmarkt der Wiener Börse einen Markt für standardisierte Optionen und Futures und zeichnet sich durch sein vollelektronisches Handelssystem mit integriertem Clearing aus. Die ÖTOB konnte zwar ein beachtliches Wachstum verzeichnen, blieb aber mit der gehandelten Kontraktzahl hinter den meisten europäischen Konkurrenzbörsen klar zurück.

Der Terminmarkt der Wiener Börse war 1997 von einer weiteren Konzentration auf das Aktiensegment geprägt, wobei die sukzessive Erschliessung der ungarischen, tschechischen, polnischen und russi-

12.3 Abbildung
Entwicklung der Wiener Terminbörse-Produkte, Anzahl gehandelter Kontrakte pro Jahr

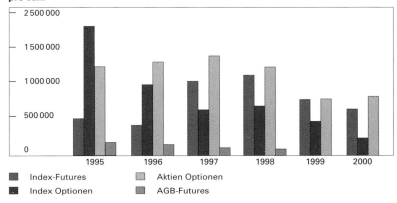

schen Aktienmärkte für den derivativen Handel im Mittelpunkt stand. Auf die Osteuropa-Index Produktlinie entfiel im Schnitt ein Viertel des täglichen Kontraktvolumens. Der Gesamtumsatz stieg 1997 um 10% auf 3,1 Mrd. Schilling pro Handelstag.

Organisationsform

Die neue Wiener Börse ist als Aktiengesellschaft organisiert und zählt gegenwärtig rund 80 in- und ausländische Mitglieder. Der Handel im Terminmarkt erfolgt über ein vollelektronisches Handelssystem mit integriertem Clearing schwedischer Provenienz. Die Marktstruktur entspricht mit Market Makern und Brokern sowie General und Direct Clearingmitgliedern derjenigen der Eurex. Für jedes notierte Instrument haben mindestens drei Marktteilnehmer die Market Maker Verpflichtung übernommen und stellen verbindliche An- und Verkaufspreise.

Die Produkte der Wiener Terminbörse

Ursprünglich waren an der ÖTOB nur standardisierte Aktienoptionen auf die fünf wichtigsten österreichischen Blue Chips notiert. Die Auswahl der Gesellschaften hat sich mittlerweile auf 19 erhöht. Zudem kamen seit der Gründung Optionen und Futures auf den Austrian Traded Index (ATX) und als letzte Innovation Indexfutures und Indexoptionen auf die zentral- und osteuropäische Indexfamilie CECE und den russischen RTX dazu. Die Zinsinstrumente mussten im Zuge

285

des Beitritts zur europäischen Währungsunion aufgegeben werden. Für detaillierte Angaben sei hier auf die Internetseite der Wiener Börse verwiesen: **www.wbag.at**

Der ATX Future

Der ATX Future beruht auf dem 1991 von der ÖTOB eingeführten, bedeutendsten österreichischen Aktienindex, dem Austrian Traded Index. Der ATX ist ein kapitalisierungsgewichteter, in Echtzeit berechneter Index und beinhaltet die wichtigsten Aktien des Landes.

Der darauf lautende Future besitzt einen Kontraktwert von 5 Euro pro Indexpunkt. Die kleinsten Kursintervalle betragen 0.1 Punkte, was einem Tickwert von 0.5 Euro entspricht. Die Laufzeiten erstrecken sich über ein, zwei oder drei Monate sowie die drei folgenden Quartalsmonate aus dem Zyklus März, Juni, September, Dezember. Die Abrechnung erfolgt mittels Barausgleich am ersten Banktag nach dem letzten Handelstag, welcher jeweils auf den dritten Freitag des Liefermonats fällt. Der Schlussabrechnungspreis wird als volumengewichteter Durchschnittswert der während der letzten 15 Handelsminuten ermittelten ATX Kurse festgelegt.

Das Umsatzvolumen im ATX-Future ist seit Jahren mehr oder weniger konstant. Das hauptsächliche Anwendungsmotiv des ATX Kontraktes liegt wie bei den meisten Index Futures in der Portefeuilleabsicherung.

12.9   Tabelle
Basiswerte der Aktienoptionen

Basiswert	Symbol
Austrian Airlines	AUA
Austria Tabak	ATA
Bayerische HypoVereinsbank	HBV
Böhler-Uddeholm	BUD
Brau Union	BRA
BWT	BWT
Erste Bank Stamm	EBS
Energieversorgung Niederösterreich	EVN
Flughafen Wien	FLU
Libro AG	LIB
Mayr-Meinhof	MMK
OMV	OMV
RHI	RHI
Telekom Austria	TKA
VA Stahl	VAS
VA Technologie	VAT
Verbundgesellschaf Kat. A	VER
Wienerberger Baustoffindustrie	WIE
Wolford	WOL

286

Aktienoptionen

Als erstes Produkt der ÖTOB wurden 1991 Aktienoptionen auf die wichtigsten Blue Chips eingeführt.

Die Kontraktgrösse beträgt 50 Aktien und je nach Preishöhe der Option variiert die Tickgrösse von 0.01 bis 1.00 Euro. Es sind jeweils vier Optionen mit Laufzeiten von einem, zwei und drei Monaten sowie dem letzten Monat des folgenden Quartals verfügbar. Pro Verfallmonat sind fünf Strikepreise notiert, je zwei in- und out-of-the-money plus einer at-the-money. Sobald der zweithöchste bzw. zweittiefste Ausübungspreise über- bzw. unterschritten wird und die Restlaufzeit noch mindestens fünf Tage beträgt, erfolgt die Einführung einer neuen Optionsserie.

12.10 Tabelle
Abstufung der Ausübungspreise in Euro

Preisniveau Basiswert	Abstufung Ausübungspreis
bis 10 Euro	0,5 Euro
10 bis 20 Euro	1 Euro
20 bis 100 Euro	2 Euro
100 bis 250 Euro	5 Euro
über 250 und mehr Euro	10 Euro

Die Optionen sind amerikanischen Typs und können bis zum letzten Handelstag, welcher auf den dritten Freitag des Monats bzw. auf den Börsentag davor zu liegen kommt, ausgeübt werden.

ATX Optionen

Zusammen mit dem ATX Future wird an der Wiener Terminbörse auch ein entsprechender Optionskontrakt gehandelt. Wie beim Future beträgt auch der Kontraktwert einer Option 5 Euro pro Indexpunkt. Die kleinste Tickgrösse beträgt 0.01 Euro. Bei schwereren Optionen steigt die Tickgrösse bis 1 Euro. Gleichzeitig sind Optionen mit Laufzeiten von einem, zwei und drei Monaten sowie die folgenden sieben Quartalsmonate handelbar. Pro Verfallmonat sind fünf Ausübungspreise notiert. Die Einführung neuer Strikepreise entspricht dem Verfahren bei Aktienoptionen. Die Option ist europäischen Typs und kann nur am letzten Handelstag, dem dritten Freitag des Verfallmonats ausgeübt werden. Der Schlussabrechnungspreis wird wie beim ATX Future ermittelt. Die Abrechnung erfolgt mittels Barausgleich am nächsten Banktag nach dem letzten Handelstag.

Osteuropa-Produkte

Im Zuge der Etablierung verlässlicher Volkswirtschaften mit eigenen Wertpapiermärkten im Osten Europas kreierte die Wiener Börse Indizes für die folgenden Länder: Tschechei, Ungarn, Polen, Slowakei und Russland. Die ersten vier wurden zudem im CECE-Index zusammengefasst. An der Terminbörse wurden Optionen und Futures auf den tschechischen CTX, den ungarischen HTX, den polnischen PTX und den russischen RTX eingeführt. Die Futures erfreuen sich regen Zuspruchs und der Russland-Index wird trotz der schweren Turbulenzen am russischen Finanzmarkt weiterhin rege gehandelt. Dies sind momentan die einzigen standardisierten Osteuropaprodukte die zur Verfügung stehen. Diese Kontrakte werden alle in US-Dollar gehandelt.

Der Kontraktwert pro Indexpunkt beträgt für CTX, HTX und PTX USD 5. Für den RTX sind es USD 10. Die Laufzeiten für Optionen und Futures sind die nächsten drei Monate sowie der letzte des folgenden, des dritten und des fünften Quartals. Die Kursabstufung beträgt für die Futures USD 0,1. Bei den Optionen variert diese von USD 0,01 bis USD 5 je nach effektivem Preis der Option. Der Schlussabrechnungspreis der Optionen wird normalerweise in einer untertägigen Auktion am Schlussabrechnungstag ermittelt. Bei den Futuren wird das volumengewichtete arithmetische Mittel der letzten 15 Minuten oder, wenn dies nicht 10 Abschlüsse umfasst, der letzten 10 Abschlüsse. Die Barabgeltung wird ein Tag nach dem letzten Handelstag fällig. Dieser fällt jeweils auf den Mittwoch vor dem dritten Freitag des Verfallmonats. Die Margennachschusspflicht entsteht bei diesen Produkten täglich wie von der Eurex her bekannt.

Erst vor kurzem wurden Optionen und Futures auf den Russian Depositary Receipts Index (RDX) eingeführt und damit erstmals ein Zinsinstrument auf Ostblockpapiere geschaffen. Der Kontrakt wird in Euro gehandelt und umfasst 10 mal den Index. Calls und Puts sind europäischen Stils und werden in Bar abgerechnet. Die übrigen Spezifikationen sind gleich wie bei den oben genannten Osteuropaprodukten.

Bei der Placierung von Aufträgen in diesen Produkten muss berücksichtigt werden, dass der Handel nicht sehr aktiv ist und die Geld-Brief-Spanne oft gross ist. Deshalb muss unbedingt mit Limiten gearbeitet werden.

Gebühren

Auch an der Wiener Börse werden die Kommissionen für Kundengeschäfte von Bank zu Bank unterschiedlich festgelegt und verändern sich je nach Konkurrenzsituation. Zudem wird dem Kunden in der Regel die von den Börsenmitgliedern an die Wiener Börse zu zahlende Clearinggebühr verrechnet.

Sicherheitsmargen an der Wiener Terminbörse

Als Sicherheit fordert die Terminbörse von ihren Clearingmitgliedern analog zur Eurex eine Sicherheitsmarge, welche sich aus Initial Margin und Variation Margin zusammensetzt. Hinterlegt werden können ausser dem Barbetrag lombardfähige Wertpapiere, welche allerdings nur zu 80%, oder Aktien, die zu 50% angerechnet werden. Bei einer Spreadposition reduziert sich die Initial Margin auf 75% der sonst üblichen Marge. Die Variation Margin wird mittels des Mark-to-Market-Verfahren täglich neu festgelegt und beträgt für den ersten Tag die Differenz zwischen Kaufpreis und Abrechnungspreis und für die folgenden Tage die Differenz zwischen dem aktuellen Abrechnungspreis und demjenigen des Vortages.

Die Futures verlangen die tägliche Abrechnung der neuen Margenerfordernis, wie es an anderen Terminbörsen wie der Eurex üblich ist. Historische Volatilitätsdaten dienen zur Ermittlung des höchstmöglichen Verlustrisikos einer Position.

Optionsscheine und ausserbörslich gehandelte Produkte

Wie in den meisten Ländern haben Optionsscheine und OTC Produkte auch in Österreich stark an Bedeutung gewonnen. Zwar spielt der österreichische Optionsscheinmarkt international keine gewichtige Rolle, doch hat sich die Anzahl börsennotierter Kontrakte von nur gerade sechs im Jahre 1994 auf heute mehrere 100 vervielfacht. Die Emissionsschübe folgten aber meist erst nach den Haussephasen, was den Stillhaltern (Schreibern) grosse, den Anlegern jedoch umso geringere Gewinne einbrachte. Nachdem sowohl der Kapitalmarkt als auch die Emittenten vom Optionsboom profitierten, die Anleger aber teilweise hohe Verluste zu verzeichnen hatten, gerieten die Emissionspolitik und Beratungsleistungen der Banken in die Kritik. In den letzten Jahren ist der anfängliche «Optionsrausch» einem eher bewussteren und vernünftigeren Einsatz von Derivaten gewichen.

Der Terminmarkt der Wiener Börse hat wenig Einfluss auf den Markt für Optionsscheine gezeigt. Die Gründe dafür sind vorwiegend in den längeren Laufzeiten und den bedürfnisspezifischen Basiswerten von börsenkotierten Optionen zu suchen.

Zusammenfassung

Ähnlich wie beim deutschen Markt für Derivate verhinderten restriktive gesetzliche Regelungen die Entwicklung von Futures und Optionen in Österreich. Nachdem die rechtlichen Voraussetzungen geschaffen worden waren, nahm die Österreichische Termin- und Optionenbörse im Jahre 1991 den Handel mit standardisierten Aktienoptionen auf. Wie bei der Eurex findet der Handel vollelektronisch mit einem integrierten Clearingsystem statt. Die Produktepalette umfasst heute Terminkontrakte auf den Austrian Traded Index (ATX), Futurekontrakte auf Osteuropaindizes, verschiedene Aktienoptionen sowie entsprechende Indexoptionen und neu Future und Option auf den russischen Zinsindex RDX. Die Berechnung der Sicherheitsmargen erfolgt mittels prozentualer Beträge bei Futures und einem täglichen risikobasierten Berechnungssystem ähnlich demjenigen der Eurex. Optionsscheine sowie OTC Kontrakte verzeichneten wie auch in den übrigen Märkten im letzten Jahrzehnt ein starkes Wachstum, welches zu einem grossen Teil durch die Haussephasen hervorgerufen wurde. Die Öffnung und wirtschaftliche Entwicklung Osteuropas werden dem Finanzplatz Österreich aufgrund seiner geographische Lage und als Mitglied der europäischen Union auch künftig eine wachsende Bedeutung zukommen lassen.

Exotische Derivativformen

In den letzten Jahren hat die Professionalität und gleichzeitig auch die Effizienz in den Märkten für derivative Finanzinstrumente zugenommen. Sowohl auf Anbieter- wie auch auf Kundenseite haben die weiter vertiefte Wissensbasis und die erhöhte Anwendungsbereitschaft von Derivaten zu einer immer rascheren und vielfältigeren Produktentwicklung geführt. Der Innovationsdruck aufgrund des härteren Wettbewerbs im Anbietersektor führte nebst der Befriedigung bestehender zur Aufdeckung neuartiger Kundenbedürfnisse. Zahlreiche kreative Spielarten derivativer Finanzprodukte, welche vorwiegend in OTC Märkten gehandelt werden, überfluten derzeit auch die Börsen und führen bei teilweise noch ungenügender Regulierung unter anderem zu mehr Intransparenz.

Die Charakteristika derivativer Produkte lassen theoretisch unbegrenzte Möglichkeiten hinsichtlich Vertragsspezifikation und Kombinationen mit anderen Finanzprodukten zu, weshalb im folgenden nur auf die wichtigsten dieser Neuentwicklungen eingegangen wird.

Zuerst gehen wir auf zwei Kategorien von Indexinstrumenten ein, die protected bull spreads und die protected long calls, für welche Standard-Derivatkontrakte verwendet werden. Dann wird das wichtige Instrument Swaption beschrieben. Schliesslich wenden wir uns den eigentlichen exotischen Produkten zu, welche wir in vier Kategorien aufteilen:
– Nonstandard Options
– Compound Options
– Multifaktor Options
– Path-dependent Options

Protected Bull Spreads

Zu der Kategorie der Protected Bull Spreads gehören unter anderem GROIs (Guaranteed Return on Investment), IGLUs (Index Growth Linked Units), CLOUs (Currency Linked Out-Performance Units), SMILEs, GRIPS (Guaranteed Return Index Participation Units) und CMMs (Convertible Money Market Units). Sie versprechen überdurchschnittliche, aber limitierte Gewinnchancen und eine vollständige Absicherung gegen Kurszerfälle. Ein GROI basiert beispielsweise

auf einem beliebigen Basiswert und weist je nach gewählter Mindest-
und Maximalrendite folgendes Gewinn/Verlust-Diagramm auf:

13.1   Abbildung
       Gewinn/Verlust-Diagramm eines GROI

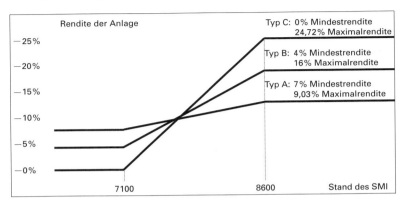

Wie im Kapitel Konstruktion von Gewinn/Verlustdiagrammen
dargestellt wurde, können Renditeprofile mit unterschiedichen Kon-
traktkombinationen repliziert werden. Der SMI GROI kann unter
anderem durch folgende Zusammensetzungen konstruiert werden:

• Long SMI Aktienkorb, Long SMI Put (at-the-money), Short SMI Call
  (out-of-the-money)
• Geldmarktanlage, Long SMI Future, Long SMI Put (at-the-money),
  Short SMI Call (out-of-the-money)
• Geldmarktanlage, Long SMI Call (at-the-money), Short SMI Call (out-
  of-the-money)
• Geldmarktanlage, Short SMI Put (in-the-money), Long SMI Put (at-
  the-money)
• Long SMI Aktienkorb dynamisch gehedgt

Alle Kombinationen ermöglichen die Teilnahme am schweizerischen
Aktienmarkt ohne ein Minderungsrisiko des eingesetzten Kapitals.
Der Investor verzichtet dafür auf das maximale Gewinnpotential eines
Aktienaufschwungs und nimmt einen geringeren Ertrag als bei einer
Geldmarktanlage in Kauf. Der Emittent legt sowohl die Gewichtung
der Instrumente, Ausübungspreise und Laufzeiten fest und kann da-
mit beliebige Risiko/Rendite-Variationen erreichen.
    Alle auf der vorangehenden Seite aufgeführten Instrumente las-
sen sich in die Komponenten Geld-, Aktienindex-, Futures- und Optionsmarkt zerlegen und unterscheiden sich lediglich durch Emittent,
Basiswert und Kontraktspezifikationen. Dieses Beispiel zeigt, wie ver-

wirrend unterschiedliche Produktbezeichnungen sein können, welche im Grunde auf ein und derselben Konstruktion beruhen.

Protected Long Calls

Von den Protected Bull Spreads unterscheiden sich die Protected Long Calls durch das unbegrenzte Gewinnpotential und die damit überproportionale Performancemöglichkeit. Konstruktionen dieser Art sind auf dem Markt beispielsweise unter den Namen PIP (Protected Index Participation), PEP (Protected Equity Participation) oder spezielle Formen von IGLUs bekannt.

Mit diesen synthetischen Anlageinstrumenten können Schwankungen der einzelnen kursbestimmenden Komponenten teilweise ausgeglichen werden, wodurch eine gewisse tiefere Volatilität des Kursverlaufes der Anlage erreicht wird. Ein fallender Zinssatz hat beispielsweise auf den Barwert einer Geldmarktanlage einen positiven Einfluss, während sich die dazu gehörenden Optionen negativ entwickeln. Auch Protected Long Calls lassen sich durch zahlreiche verschiedene Anlagekombinationen replizieren, wobei auch hier zu beachten ist, dass das Instrument verhältnismässig langsam auf Kursbewegungen des Basiswertes reagiert und deshalb nicht für das Trading geeignet ist.

Solche Structured Products mit bekanntem Cash-flow können ohne grossen Aufwand an Kundenbedürfnisse und deren Anlagestrategie angepasst werden. Gerade konservative, private Investoren sind an solchen Konstruktionen interessiert, woraus auf den weiter zunehmenden Erfolg dieser Instrumente auch an der Börse geschlossen werden kann.

Swaption

Eine Swaption stellt eine Option auf einen Zinsswap dar. Sie verleiht dem Käufer das Recht, nicht aber die Pflicht, während der Laufzeit einen Zinsswap zu beziehen bzw. zu veräussern. Der Optionsinhaber kann sich somit die Vorteile eines Swaps sichern, ohne dessen Risiken tragen zu müssen. Swaptions geben dem Inhaber entweder das Recht, am Verfalltag die fixen Zinsen des Swaps zu empfangen (Receiver Swaption) oder zu bezahlen (Payer Swaption). Nur selten findet eine physische Lieferung des zugrundeliegenden Swap statt.

Nonstandard Options

Nonstandard Options sind Optionen, welche mindestens eine der Standardbedingungen der üblichen Optionsformen European oder American, Put oder Call, verletzen. Dies kann die möglichen Ausübungstermine, den Zeitpunkt der Prämienzahlung oder die Payoff-Struktur betreffen. Zu den Nonstandard Options zählen unter anderem die folgend beschriebenen Konstrukte:

Bermuda Option

Die Bermuda Option positioniert sich zwischen einer europäischen und einer amerikanischen Option, da eine Ausübung nur an spezifischen Terminen während deren Laufzeit möglich ist. Der Preis einer solchen Option liegt auch zwischen den Preisen ansonsten analoger europäischer und amerikanischer Optionen. Sie sind häufig eingebettet in andere Produkte, wie callable und putable Obligationen.

Binary Option

Die Binary Option oder Digital Option weist nur zwei Möglichkeiten in ihrer Payoff-Struktur auf, wobei mehrere Varianten existieren. Die All-or-nothing Option führt zur Auszahlung eines festen Betrags, falls die Option am Verfalltermin in-the-money ist, ansonsten verfällt sie wertlos. Die Asset-or-nothing Option zahlt den Preis des Basisinstruments aus, falls sie in-the-money verfällt. Bei der One-touch Option kommt es darauf an, ob sie an bestimmten Zeitpunkten während der Laufzeit in-the-money war.

Delayed Option

Die Delayed oder Forward Start Option verleiht dem Käufer das Recht, an einem bestimmten, zukünftigen Zeitpunkt eine Option mit bestimmtem Ausübungspreis zu erhalten. Dieser Optionstyp wird oftmals in Personalanreizprogrammen von Unternehmen benutzt. Die Arbeitnehmer erhalten das Recht, Aktien der Unternehmung zu einem bestimmten Preis zu beziehen, falls sie über eine gewisse Periode in diesem Unternehmen tätig bleiben.

Contingent Premium Option

Diese Option, auch noch unter dem Namen Pay Later Option bekannt, ist identisch zu einer Standard-Option, ausser dass sie kostenlos geschrieben wird. Eine Prämie muss nur gezahlt werden, falls sie in-the-money verfällt, wobei das Risiko besteht, dass der innere Wert kleiner als die zu zahlende Prämie ist. Ihr Payoff-Diagramm ist in der folgenden Darstellung ersichtlich.

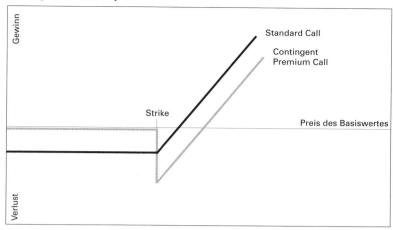

Dieser Payoff kann durch den Kauf einer Standard-Option und den Verkauf einer All-or-nothing Option repliziert werden.

Chooser Optionen

Bei der Chooser Option hat der Inhaber das Recht, nach einer bestimmten Frist über das «Geschlecht» seiner Option zu bestimmen, d. h. darüber zu entscheiden, ob er einen Call oder einen Put wünscht. Der Vorteil eines Choosers liegt darin, dass in Zeiten mit hohen erwarteten Kursausschlägen, deren Richtung jedoch ungewiss ist, kein Risiko eingegangen und erst nach einem sich abzeichnenden Trend über den Optionstyp entschieden werden muss. Choosers sind somit eher für vorsichtige Investoren geeignet, welche sich ihr geringeres Risiko allerdings durch eine höhere Optionsprämie erkaufen müssen. Sie sind ausserdem bei Tradern beliebt, falls diese eine hohe Volatilität des Basiswertes erwarten. Es ist zu bemerken, dass sich die gleichen Eigenschaften durch den Kauf eines Straddles erreichen lassen. Ob die Optionsprämie eines Choosers gerechtfertigt ist, lässt sich demnach leicht durch einen Vergleich mit dem entsprechenden Straddle prüfen.

Power Option

Die Power Option ist für hochspekulative Anlagemotive geeignet. Der Preis des Basisinstruments bei Verfall wird bei der Berechnung des inneren Werts zur Potenz genommen, sodass das Payoff-Diagramm nichtlinear wird.

Dieser Optionstyp wird auch mit einem Mehrfachen des inneren Wertes und meistens mit einer Cap-Barrier, die den maximalen Wert limitiert, aufgelegt. Oft entfalten diese Instrumente ihre volle Hebelwirkung erst gegen Ende der Laufzeit.

13.3   Abbildung
Payoff-Diagramm eines Power Calls

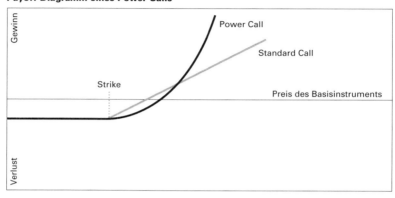

Compound Options

Compound Options ist die Bezeichnung für Optionen die als Basiswert wiederum eine Option besitzen. Aus den beiden Optionstypen lassen sich demnach vier solcher Optionen auf Optionen konstruieren. Das Instrument ist allerdings relativ komplex, denn es beinhaltet zwei Ausübungspreise sowie zwei Verfalltermine. Der Inhaber eines Calls auf einen Put wird beispielsweise den Call dann ausüben, wenn der Wert des Puts über dem Strikepreis des Calls zu liegen kommt. Er erhält damit eine Put Option, deren Basiswert er wiederum während einer gewissen Zeit zu einem festgelegten Strikepreis beziehen kann. Compound Options verhalten sich demnach invers zum Basiswert der zugrunde liegenden Option, weisen jedoch kompliziert zu berechnende theoretische Werte und Sensibilitätskennziffern auf. Der Preis einer Option auf eine Option hängt nicht nur von der Volatilität des Basisinstruments, welches der zweiten Option zugrundeliegt, sondern auch von der Volatilität des Wertes der zweiten Option ab.

Die erste Compound Option war auf dem Devisenmarkt zu finden, heute werden sie auch auf dem Aktien- und dem Fixed-Income-Markt benutzt. Am wichtigsten sind dabei Optionen auf Caps und Floors.

Multifactor Options

Diese Kategorie von Optionen weist einen Payoff auf, der von mehreren Basisinstrumenten abhängt, zum Beispiel Aktienkurse, Zinssätze und Wechselkurse.

Rainbow Option

Der Wert einer Rainbow Option wird durch den Preis des besten (better-of Rainbow Option) oder des schlechtesten der Basisinstrumente bestimmt, wobei zwei oder mehrere Basisinstrumente denkbar sind.

Basket Option

Der Payoff einer Basket Option ist abhängig vom gewichteten Durchschnitt des Werts der Einzelanlagen (Basket). Falls die Preise der Basisinstrumente nicht perfekt korreliert sind, ist die Prämie einer Basket Option günstiger als die Summe der Prämien analoger Optionen auf den einzelnen Basisanlagen des Baskets. Aus diesem Grunde eignen sich Basket Optionen gut zur Absicherung von diversifizierten Portfolios.

Spread Option

Der Payoff der Spread oder Outperformance Option hängt von der Differenz zwischen den Preisen von zwei Basisanlagen am Verfalltermin ab. Als Basisinstrumente können Aktien, Obligationen, Devisen, Indizes, Zinssätze oder Waren in Frage kommen.

Beliebte Spread Optionen sind beispielsweise Bond-over-stock Calls und Stock-over-bond Calls, bei welchen Payoffs entstehen, falls eines der beiden Instrumente eine bessere Performance aufweist.

Quanto Option

Die Bezeichnung «Quanto» ist eine Abkürzung für «quantity adjusting option». Am häufigsten wird die Guaranteed Exchange Rate Option verwendet, welche eine Option auf eine Anlage in Fremdwährung darstellt, wobei der Payoff in der Heimwährung anfällt und zu einem festen Wechselkurs berechnet wird.

Composite Option

Die Composite Option bezieht sich auch auf eine Basisanlage in Fremdwährung, wobei der Payoff in Heimwährung anfällt, jedoch kein Wechselkurs a priori spezifiziert wird.

Path-Dependent Options

Path dependent Options weisen die Eigenschaft auf, dass der Payoff direkt vom Preispfad abhängt, welchen die Basisanlage während der Laufzeit der Option beschreibt. Diese Optionen tauchten erstmals 1982 auf und erfreuen sich seitdem einer steigenden Beliebtheit.

Lookback Optionen

Eine Lookback Option verleiht dem Inhaber das Recht, einen Basiswert innerhalb einer bestimmten Zeitperiode zum tiefsten bzw. höchsten erreichten Kurs zu kaufen oder zu verkaufen. Ein Lookback Call ermöglicht somit rückwirkend den Erwerb eines Basiswertes zum tiefsten Preis während der Lookbackperiode, ein Put hingegen erlaubt dem Inhaber den Verkauf des Basiswertes zum höchsten Preis. Es wird zwischen einer Standard Lookback Option mit einem Ausübungsrecht während der gesamten Laufzeit und einer Partial Lookback Option mit einem bestimmten Zeitraum innerhalb der Laufzeit unterschieden.

Ein Investor, welcher von sinkenden Marktkursen ausgeht, kann mittels Lookback Optionen davon profitieren, ohne jedoch einen bestimmten Zeitpunkt oder Ausübungspreis wählen zu müssen. Für den Inhaber einer Lookback Put Option ist es beispielsweise von Vorteil, wenn sich der Basiswert zu Beginn der Laufzeit erhöht und erst später abfällt. So wird relativ früh ein hoher Ausübungspreis festgelegt, wovon der Wert des Puts bei fallenden Kursen profitiert. Dementsprechend verhält sich auch der Preis einer Lookback Call Option. Ein Lookback Put nimmt bei kontinuierlich steigenden Basiswertkursen vorerst sogar an Wert zu und später relativ weniger an Wert ab als eine gewöhnliche Put Option, während ein Kursabfall des Basiswertes zu Beginn der Laufzeit einen Wertverlust verursacht und später ein vergleichsweise geringerer Wertzuwachs als mit einer normalen Putoption erfolgt. Bei einem stetigen Kursabfall produziert ein Lookback Put am Ende der Laufzeit einen geringeren Wert als eine gewöhnliche Put Option. Bei anfänglichem Kursanstieg und späterem starken Kurszerfall kann jedoch mit Lookback Puts ein höherer Gewinn realisiert werden. Das gleiche gilt in umgekehrter Weise für Lookback Call Optionen.

Asian Options

Ähnlich den Lookback Optionen hängt der Optionswert von Asian Options bei Verfall von der vergangenen Kursentwicklung des Basiswertes ab. Average Price Options nehmen am Ende der Laufzeit einen Wert in Höhe der Differenz zwischen dem durchschnittlichen Basiswertkurs und dem Ausübungspreis an. Average Price Calls zielen dabei auf einen höheren durchschnittlichen Kurs des Basiswertes als der Strikepreis ab und dementsprechend Puts auf einen tieferen Basiswertkurs. Eine weitere Art von Asian Options, die Average Strike Option, wird zum Verfallzeitpunkt aufgrund der Differenz zwischen dem aktuellen und dem durchschnittlichen Basiswertkurs bewertet. Beide Optionsarten weisen aufgrund des geringeren Gewinnpotentials tiefere Optionsprämien auf als gewöhnliche Kontrakte und werden von Kunden, insbesondere Treasurern, zur Absicherung verwendet, welche während eines gewissen Zeitraumes regelmässig bestimmte Basiswerte wie Fremdwährungen oder Zinsinstrumente erhalten oder leisten.

Average Strike Option

Die Average Strike Option ist der Asian Option sehr ähnlich, beide basieren auf dem Durchschnitt der Basisanlagepreise. Bei der Average Strike Option entspricht jedoch der Ausübungspreis diesem Durchschnitt, der Payoff entspricht der Differenz zwischen dem Preis des Basisinstruments am Verfallstermin und dem durchschnittsbasierten Ausübungspreis.

Barrier Option

Derivative Instrumente, die auf bestimmte Erwartungen ausgerichtet sind und dabei ein begrenztes Gewinn- und Verlustpotential aufweisen, können sowohl durch die Kombination von Spreads mit europäischen Optionen und einer Geldmarktanlage als auch durch die sogenannten Barrier Optionen geschaffen werden.

Es sind verschiedene Varianten denkbar, welche in folgender Tabelle aufgelistet sind.

Barrier Options	Knockin Optionen	Knockout Optionen
Call	down & in Call up & in Call	down & out Call up & out Call
Put	down & in Put up & in Put	down & out Put up & out Put

Eine Knockout Option auf den SMI stellt einen Kontrakt dar, welcher verfällt, sobald der SMI ein bestimmtes Kursniveau erreicht; eine Knockin Option einen Kontrakt, der zu existieren beginnt, falls der Index ein bestimmtes Kursniveau unterschreitet. Beide sind Barrier Optionen und können mit einem oberen (up & out, up & in), unteren (down & out, down & in) oder beidseitigen Verfalllimit sowie mit beliebigen Auszahlungsbeträgen (Rebates) versehen werden.

Barrier Optionen besitzen wie übliche Optionen einen Strikepreis und einen Verfallzeitpunkt. Beim Über- respektive Unterschreiten eines bestimmten Verfallpunktes wird die Option automatisch ausgeübt. Ein SMI Knockout Put (U & O 0) mit Strikepreis 7 500 und einer U & O Barrier von 8 000 Indexpunkten hat beispielsweise die Eigenschaft, dass er beim Überschreiten der 8 000 Punkte Grenze verfällt und der Inhaber einen Auszahlungsbetrag von Null erhält. Ansonsten wird der innere Wert der Option ausbezahlt. Ein Roche Genussschein Knockout Put (D & O R) mit Strikepreis Fr. 150 und D & O Barrier Fr. 130 hat beim Unterschreiten des Preises eines Genussscheines von Fr. 130 die Auszahlung der Rebate von Fr. 20 zur Folge (Differenz von Strikepreis und Barrier). Bewegt sich der Aktienkurs während der gesamten Laufzeit oberhalb der Barrier, erhält der Optionsinhaber am Verfalltag des Puts den inneren Wert. Knockout Optionen können auch mit beidseitigem Limit versehen werden wie beispielsweise der KO Plus von Salomon Brothers. Ebenfalls können sie mit Call Optionen oder sogar Optionskombinationen konstruiert werden.

Ein Preisvergleich der verschiedenen Instrumente zeigt, dass vorwiegend das Knockoutrisiko den Preis der Option bestimmt. So ist beispielsweise eine Knockout Option mit beidseitiger Barrier in der Regel billiger als eine mit einseitiger oder gar keiner Begrenzung. Je weiter die Entfernung der Barrier zum heutigen Basiswertkurs, desto teurer wird eine Knockout Option. Eine zusätzliche Preisvergünstigung kann durch einen Knockout Spread erreicht werden.

Der Inhaber von Knockout Optionen profitiert von der grösseren Hebelwirkung des Instruments aufgrund des relativ tiefen Kaufpreises, nimmt dafür jedoch ein gewisses Risiko in Kauf, dass die Option vorzeitig verfällt oder lediglich ein vereinbarter Betrag (Rebate) ausbezahlt wird.

Cliquet Option

Die Cliquet oder Ratchet Option beginnt wie eine Standard Option zu laufen, zusätzlich zur Laufzeit und Ausübungspreis werden jedoch noch sogenannte reset dates bestimmt, an welchen der Strike neu bestimmt und ein möglicher innerer Wert eingesperrt wird. Diese Option kann als eine Kombination von Delayed Options angesehen werden. Das Vorgehen soll am Beispiel einer fiktiven Aktie und einer Cliquet Option mit reset dates t_1 und t_2 erläutert werden.

Zum Zeitpunkt t_0 betrage der Aktienkurs und der Ausübungspreis 100 Fr. (at-the-money Option). Im Zeitpunkt t_1 sei der Aktienkurs auf 110 Fr. gestiegen, sodass der innere Wert 10 Fr. beträgt. Der Strike wird nun neu auf 110 gesetzt und der innere Wert wird eingesperrt. Im Zeitpunkt t_2 sei die Aktie auf 95 Fr. gefallen, die Option hat keinen inneren Wert mehr. Der Strike wird abermals angepasst auf 95 Fr.. Bei Verfall sei die Aktie 100 Fr. wert. Der Payoff aus der Cliquet Option beträgt insgesamt 10 + 5 = 15 Fr. Dieser Zusammenhang ist in folgender Figur illustriert. Die Auszahlung des Payoffs kann entweder bei Verfall oder an den reset dates erfolgen.

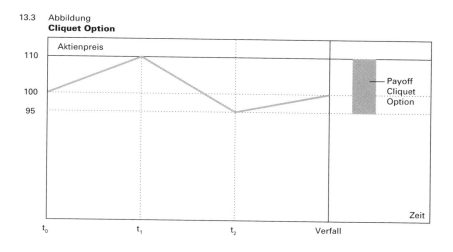

13.3 Abbildung
Cliquet Option

Ladder Option

Die Ladder Option (Lock Step Option) ist analog zur Cliquet Option, ausser dass der Strike nicht zu bestimmten Zeitpunkten, sondern bei bestimmten Preisen der Basisanlage angepasst wird.

Shout Option

Die Shout Option ähnelt den Cliquet und Ladder Optionen. Eine Anpassung des Strikes erfolgt auf Wunsch des Optionsbesitzers. Der innere Wert der Option zu diesem Zeitpunkt wird dann eingesperrt und der Strike wird dem momentanen Preis des Basisinstruments angeglichen.

Installment Option

Die Installment Option unterscheidet sich durch zwei Eigenschaften von einer Standard Option:
– die Prämie wird periodisch bezahlt
– der Käufer kann den Optionskontrakt vor Verfall durch Einstellung der Prämienzahlungen auflösen.

Der Käufer wird in der Regel den Kontrakt auflösen, wenn der Wert der zukünftigen Prämienzahlungen den erwarteten inneren Wert der Option übersteigt.

Katastrophen Futures und Optionen – Beispiel eines Exoten

Die Vielzahl von Basiswerten, worauf Optionen und Futures abgeschlossen werden können, zeigen beispielsweise Optionen auf Flaschenweine und Beatles Telefonkarten oder Strom Futures. Eine sinnvolle Innovation stellen Derivate im Assekuranzbereich dar. Die grossen Naturkatastrophen zu Beginn der 90er Jahre verursachten Schäden in Milliardenhöhe und veranlassten die Versicherungsindustrie zu Innovationen, welche ihnen die Finanzierung von Versicherungsrisiken auf dem Weltmarkt erlauben. Mittels Katastrophen Futures und Optionen können sich Versicherer gegen unerwartet hohe Schäden absichern. Probleme bereiten allerdings die Preisbewertung und die übermässig ansteigenden Versicherungsindexwerte bei Naturkatastrophen. Diese Produkte befinden sich noch in der Aufbauphase, werden aber in der Versicherungsindustrie schon vermehrt professionell eingesetzt.

Zusammenfassung

Die immer zahlreicheren und vielfältigeren Spielarten von Optionen führen zu einer zunehmenden Heterogenität und bei fehlender Regulierung auch Intransparenz im Markt. Wie in den vergangenen Kapiteln gezeigt wurde, lassen sich Optionstypen, Strikepreise, Laufzeiten und Basiswerte beliebig kombinieren und somit die meisten neuen Konstruktionen replizieren. Für die individuellen Kundenbedürfnisse können derartige Fertigpakete jedoch durchaus einen Nutzen darstellen, da sie oft mit geringeren Transaktionskosten verbunden sind und derart berechnet und konstruiert werden, dass sie zu Beginn den erwarteten Cash-flow aufzeigen.

GROIs, IGLUs, CLOUs, CMMs und SMILEs gehören zur Kategorie der Protected Bull Spreads. Diese können im Grunde als Festgeldanlage kombiniert mit einem geringer gewichteten Optionsanteil betrachtet werden. Sie weisen somit ein sehr geringes oder teilweise gar kein Verlustrisiko bei einer gleichzeitigen allerdings begrenzten Teilnahmemöglichkeit an Gewinnen des Basiswertes auf. Protected Long Calls zeichnen sich dagegen durch ihre unbegrenzten Gewinnmöglichkeiten aus.

Knockout Optionen haben in der gebräuchlichsten Form die Eigenschaft, bei Erreichen eines bestimmten Basiswertkurses vorzeitig zu verfallen und einen im voraus festgelegten Betrag auszuschütten. Lookback Optionen gewähren dem Inhaber den Vorteil, den tiefsten (Call) bzw. höchsten (Put) Ausübungspreis innerhalb einer bestimmten Zeitperiode zu erhalten. Bei Asian Options bezieht sich der Ausübungspreis auf einen Durchschnittswert des Basiswertes während einer bestimmten Zeit. Callable Calls verleihen dem Aussteller das Recht, die Option bis zu einer festgesetzten Frist zurückkaufen zu können.

Desweiteren werden auch Optionen mit einem derivativen Basiswert angeboten wie beispielsweise Swaptions, welche auf einem Zins Swap basieren, oder Compound Options, die wiederum eine Option als Basiswert besitzen. Eine besondere Einsatzweise von Derivaten stellen zum Beispiel Futures und Optionen auf einen Katastrophen Index dar, welcher Versicherungsgesellschaften die Absicherung gegen Umweltrisiken ermöglicht.

Die Besteuerung von Futures und Optionen

Die steuerlichen Rahmenbedingungen auf den verschiedenen nationalen Finanzplätzen sind ein entscheidender Attraktivitäts- und letztlich auch ein preisbestimmender Faktor für die hier dargestellten Produkte. Im internationalen Wettbewerb der Finanzplätze sind vor allem die den Handel belastenden, indirekten nationalen Steuern auf der Ausgabe und dem Umsatz solcher Produkte von Bedeutung. Wie schnell der internationale Markt auf Veränderungen der steuerlichen Rahmenbedingungen auf einem nationalen Finanzplatz reagiert, zeigte die Inkraftsetzung der Revision des schweizerischen Stempelsteuergesetzes im April 1993. Schon nach wenigen Wochen hatte sich das Handelsvolumen in Schweizer Aktien an den Schweizer Börsen verdoppelt. Die Abwanderung des Handels mit Schweizer Blue Chip an ausländische Börsen konnte mit dieser Gesetzesrevision erfolgreich gestoppt werden. Im Bereich der direkten Steuern ist insbesondere für den im Ausland ansässigen Anleger von Bedeutung, ob die Erlöse quellensteuerbelastet sind und wie letztlich die beim Handel mit solchen Produkten realisierten Gewinne und Verluste vom Ansässigkeitsstaat steuerlich behandelt werden.

Die nachfolgenden Länderberichte sollen einen generellen Überblick über den aktuellen Stand der steuerlichen Erfassung des Transaktionen mit Optionen und Financial Futures und der vom Anleger dabei erzielten Gewinne und Verluste in der Schweiz, Deutschland und Österreich geben.

DIE BESTEUERUNG IN DER SCHWEIZ

Überblick über die in der Schweiz gehandelten Produkte

Die Vielfalt der heute am schweizerischen Finanzmarkt angebotenen neuen derivativen und kombinierten Finanzinstrumente bietet in- und ausländischen Anlegern eine breite Auswahl. Neben der Flexibilität dieser Produkte ist auch die zum Teil markant günstigere steuerliche Behandlung und damit die wesentlich höhere Rendite nach Steuern für den Investor von zentralem Interesse. So weisen z.B. Optionsprodukte, welche nicht im Zusammenhang mit einer Fremdkapitalaufnahme oder einer Dividendenausschüttung ausgegeben werden und einzig ein Bezugsrecht beinhalten, sowie die an der

EUREX gehandelten Futures im Vergleich zu den herkömmlichen Anlageinstrumenten (Aktien, Obligationen) steuerlich markante Vorteile auf. Auch auf der Ausgabe von Optionen auf bereits bestehenden Aktien wird im Gegensatz zur Ausgabe von neuen Aktien keine Stempelsteuer erhoben. Es empfiehlt sich deshalb, bei Anlageentscheiden immer auch die Steuerseite zu berücksichtigen. Die Emittenten von Finanzmarktprodukten publizieren diese Angaben normalerweise in ihren Verkaufsinseraten oder Emissionsprospekten.

Die steuerliche Behandlungen von Finanzmarktprodukten wurde durch ein Kreisschreiben der Eidgenössische Steuerverwaltung mit dem Titel «Obligationen und derivative Finanzinstrumente als Gegenstand der direkten Bundessteuer, der Verrechnungssteuer sowie der Stempelabgaben» vom 12. April 1999 (Kreisschreiben Nr. 4 Steuerperiode 1999/2000) weitgehend neu geregelt. Dieses Kreisschreiben ist nicht nur auf Bundesebene massgebend. Vielmehr wird es aufgrund der erfolgten Anpassung der kantonalen Einkommenssteuergesetze an das Steuerharmonisierungsgesetz auch auf kantonaler Ebene berücksichtigt. Damit sind die Vielfalt sowie die teilweise unterschiedlichen Auffassungen der Eidgenössischen Steuerverwaltung und der kantonalen Steuerbehörden im Bereich der Besteuerung von Finanzmarktprodukten weitgehend verschwunden.

Das Kreisscheiben unterscheidet u.a. zwischen derivativen Finanzinstrumenten und kombinierten Produkten.

Zum Begriff *derivative Finanzinstrumente* gehören die an der EUREX gehandelten, unverbrieften Traded Options; die als Wertpapiere verbrieften, und teilweise an den Effektenbörsen gehandelten *Warrants (Optionsscheine);* die individuell zwischen den Banken und Kunden abgeschlossenen und meist unverbrieften *OTC-Optionen;* die an der EUREX gehandelten, standardisierten *Futures* und die nicht an der Börse gehandelten *Forwards.* Basiswerte dieser Derivate sind Aktien, Aktienkörbe (Baskets), Aktienindizes (z.B. SMI, DAX), Anleihen, Devisen, Zinssätze und Rohwaren (z.B. Edelmetalle, Öl). Unterschiede gibt es auch bei den Laufzeiten. Während die an der EUREX gehandelten Optionen ursprünglich Laufzeiten von 3, 6 oder 9 Monaten hatten, werden seit einiger Zeit Indexoptionen mit Laufzeiten von 12 und 18 Monaten angeboten (Long Term Options, LTO).

Bei den *kombinierten Produkten* unterscheidet die Eidgenössische Steuerverwaltung zwischen kapitalgarantierten Derivaten, Options- bzw. Wandelanleihen sowie Produkten mit Geld- oder Titellieferung (Reverse Convertibles).

Kapitalgarantierte Derivate bestehen aus einer Kombination von verschiedenen Finanzinstrumenten. Sie bieten dem Anleger einerseits eine Anlage, bei der die Rückzahlung des Kapitals ganz bzw. überwiegend garantiert wird, und andererseits eine im Vergleich zur gewöhnlichen Obligation erhöhte Rendite durch eine Option, welche meist auf einem Aktienindex basiert. Zu diesen kapitalgarantierten Derivaten gehören z.b. die GROI (Guaranteed Return on Investment), CPU (N) (Capital Protected Unit/Note), PIP (Protected Index Participation) und IGLU (Index Growth Linked Unit). Die Laufzeit beträgt meist ein bis zwei Jahre. *Optionsanleihen* sind ebenfalls kombinierte Produkte und bestehen meist aus einer gemischten Diskontobligation und einer getrennt handelbaren Call-Option. Die Option räumt dem Anleger das Recht zum Bezug von Aktien der die Anleihe emittierenden Gesellschaft bzw. einer Gruppengesellschaft des Emittenten oder zum Bezug von Drittaktien oder anderen Werten ein. *Wandelanleihen* ermöglichen dem Investor zu im Voraus festgelegten Bedingungen die Obligation während einer bestimmten Frist in Beteiligungsrechte des Emittenten bzw. einer Gruppengesellschaft des Emittenten umzutauschen. *Reverse Convertibles* schliesslich haben eine weit höhere Verzinsung als gewöhnliche Anleihen. Weiter erhält der Investor am Ende der Laufzeit den Basiswert (z.B. Aktie) oder eine vereinbarte äquivalente Geldleistung. Beispiele für diese strukturierten Produkte sind GOAL (Geld oder Aktien Lieferung), REVEXUS (Reverse Exchangeable Units), YIPS (Yield Improvement Participation Units) oder Reverse Convertible Notes.

Im Folgenden werden die unterschiedlichen Steuerkonsequenzen für die derivativen Finanzinstrumente und kombinierten Produkte im Rahmen der Einkommenssteuer, Verrechnungssteuer, Vermögenssteuer, Stempelsteuer und Mehrwertsteuer erläutert:

Einkommenssteuer

Grundsätzlich erheben in der Schweiz sowohl der Bund als auch die 26 Kantone eine Einkommenssteuer. Mit der zwischenzeitlich erfolgten Anpassung der kantonalen Steuergesetze an das Steuerharmonisierungsgesetz und dem ebenfalls harmonisierten, am 1. Januar 1995 in Kraft getretenen Bundesgesetz über die direkte Bundessteuer wurden die Steuerpflicht, die Bemessungsgrundlage und die zeitliche Bemessung zwischen den Kantonen sowie zwischen dem Bund und den Kantonen weitestgehend vereinheitlicht. Die Besteuerung unterscheidet sich zumeist nur noch betreffend Steuertarifen, Steuersätzen und Steuerfreibeträgen.

Die in der Schweiz ansässigen **juristischen Personen** werden periodisch auf dem gesamten Reingewinn besteuert. Gewinne und Verluste aus Börsengeschäften sind bei juristischen Person stets steuerwirksam. Dabei stützt sich die Steuerbilanz aufgrund des Massgeblichkeitsprinzips grundsätzlich auf die Handelsbilanz. Es ist jedoch darauf hinzuweisen, dass die Buchführungsvorschriften von juristischen Personen strenger sind als die Buchführungsvorschriften von kaufmännisch tätigen natürlichen Personen (Personengesellschaften, Einzelunternehmen).

Die **natürlichen Personen** entrichten die Einkommensteuer ebenfalls periodisch auf dem gesamten Reineinkommen basierend auf dem Vermögensstandsgewinn, sofern sie in der Schweiz unbeschränkt steuerpflichtig sind. Börsengeschäfte sind im Gegensatz zu den juristischen Personen nicht immer steuerwirksam. Von zentraler Bedeutung im schweizerischen Steuerrecht ist, dass Kapitalgewinne aus der Veräusserung von beweglichem Privatvermögen nicht der Einkommenssteuerpflicht des Bundes und der Kantone unterliegen und deshalb steuerfrei bleiben. Veräusserungen von Immobilienanlagen im Privatvermögen unterliegen dagegen grundsätzlich der Grundstückgewinnsteuer.

Wann liegt ein solcher steuerfreier Kapitalgewinn aus beweglichem Privatvermögen vor? Ausschlaggebend ist, ob die Geldanlagen aus dem Geschäfts- oder Privatvermögen abgewickelt werden und ob es sich um Kapitalgewinne oder Vermögenserträge handelt. *Vermögensertrag* ist jeder Wertzufluss, welchen der Steuerpflichtige ohne Schmälerung der Substanz für die Kapitalhingabe erhält. Vermögenserträge sind z.B. die Zinsen auf Bankguthaben und Obligationen oder Dividendenzahlungen auf Aktien. Diese Zuflüsse sind bei unbeschränkt Steuerpflichtigen immer steuerwirksam, da sie zusammen mit anderen steuerpflichtigen Einkünften (z.B. Einkünfte aus selbständiger oder unselbständiger Erwerbstätigkeit) der allgemeinen Einkommensteuer unterworfen sind. Ein *Kapitalgewinn* dagegen liegt dann vor, wenn im Rahmen der Vermögensveräusserung ein Wertzuwachs realisiert wird, der ohne Zutun des Steuerpflichtigen entstanden ist. Kapitalgewinne sind z.B. Gewinne, die beim Verkauf von Beteiligungspapieren und Obligationen erzielt werden. Als *Privatvermögen* gilt, was nicht als Geschäftsvermögen qualifiziert wird. *Geschäftsvermögen* unterhalten natürliche Personen in ihrer selbständigen Erwerbstätigkeit als Teilhaber einer Personengesellschaft, Einzelunternehmung oder Freiberufler. Investieren solche Personen ihr Geschäftsvermögen in Anlagen, dann unterliegen Kapitalgewinne der Besteuerung. Zudem besitzen Privatpersonen gemäss der Rechtsprechung des Bundesgerichts Geschäftsvermögen, wenn sie als *gewerbsmässige Wertschriftenhändler* Börsengeschäfte tätigen.

Leider ist zurzeit nicht immer klar, wann eine Privatperson als gewerbsmässiger Wertschriftenhändler qualifiziert wird, was zur Besteuerung allfälliger Kapitalgewinne führt. Die Steuerverwaltungen des Bundes und der Kantone qualifizieren Börsengeschäfte einer Privatperson dann als gewerbsmässigen Wertschriftenhandel, wenn eine oder mehrere der folgenden Kriterien erfüllt sind: Systematisches und planmässiges Anlageverhalten, versuchte Ausnützung von Entwicklungen des Marktes zur Gewinnerzielung, Häufigkeit der getätigten Transaktionen, kurze Besitzesdauer, enger Zusammenhang der Anlagen mit der beruflichen Tätigkeit des Steuerpflichtigen, Einsatz spezieller Fachkenntnisse, Einsatz erheblicher fremder Mittel zur Finanzierung der Anlagen, Eingehen eines erheblichen Risikos oder Wiederanlage des erzielten Gewinns in gleichartige Vermögensgegenstände. Durch die Vielzahl der Kriterien und den Umstand, dass jedes Kriterium für sich oder in Kombination mit andern Kriterien den Ausschlag für die Qualifikation als gewerbsmässiger Wertschriftenhandel geben kann, besteht eine erhebliche Rechtsunsicherheit. Entsprechend sind einige Kantone dazu übergegangen, Richtlinien über die anwendbaren Kriterien zu erlassen, welche die Rechtsunsicherheit verringern sollen. Für die *bernische Einkommensteuer* hat die Steuerverwaltung des Kanton Berns im Frühjahr 2001 eine «*safe haven rule*» erlassen, welche festlegt, wann jemand nicht als gewerbsmässiger Wertschriftenhändler qualifiziert wird. Nach den Berner Richtlinien liegt kein gewerbsmässiger Wertschriftenhandel vor, wenn (1) der durchschnittliche Wertschriftenbestand gemäss Wertschriftenverzeichnis (ohne flüssige Mittel) weniger als CHF 200000 beträgt; (2) jährlich weniger als 100 Transaktionen (Käufe oder Verkäufe) stattfinden (wird kein Fremdkapital eingesetzt und werden keine Optionen gekauft, sind bis zu 200 Transaktionen zulässig); (3) der Umsatz (Summe der Käufe und Verkäufe) weniger als das Dreifache des durchschnittlichen Wertschriftenbestandes beträgt (wird kein Fremdkapital eingesetzt und werden keine Optionen gekauft, darf der Umsatz bis zum Fünffachen des durchschnittlichen Wertschriftenbestandes betragen); oder (4) die Haltedauer in der Mehrzahl der Titelkategorien länger als sechs Monate ist. Massgebend sind die Titelkategorien, die den überwiegenden Teil des Wertschriftenbestandes darstellen. Es ist zu hoffen, dass auch andere Kantone und schliesslich der Bund eine entsprechende Regelung erlassen werden. Damit wüsste der private Anleger, wann die Veräusserung seiner Finanzinstrumente zu einem steuerfreien Kapitalgewinn führt und wann nicht.

Im Folgenden wird dargestellt, welche Einkommenssteuerfolgen der Erwerb, der Verkauf während der Laufzeit oder die Rückzahlung von im Privat- oder Geschäftsvermögen gehaltenen Finanzinstrumenten am Ende der Laufzeit hat. Dabei interessiert vor allem, wann bei Transaktionen mit den verschiedenen Finanzinstrumenten ein steuerneutraler Kapitalgewinn vorliegt und wann ein steuerwirksamer Vermögensertrag anfällt.

Optionen als eigenständige Emissionen werden ohne Anbindung an eine Fremd- oder Eigenkapitalaufnahme (Anleihens- oder Beteiligungsemission) auf den Markt gebracht und bilden die weitaus bedeutendste Gruppe von Finanzinstrumenten. Beispiele sind die an der EUREX gehandelten, unverbrieften Traded Options, die als Wertpapiere verbrieften, teilweise an den Effektenbörsen gehandelten Warrants sowie die individuell zwischen Bank und Kunde abgeschlossenen, meist unverbrieften OTC-Optionen.

Werden Optionen ins *Geschäftsvermögen* gekauft und während der Laufzeit veräussert oder am Ende der Laufzeit ausgeübt, so richtet sich die Besteuerung der Kapitalgewinne nach dem in der Bilanz ausgewiesenen Reingewinn bzw. -verlust. Beim *Kauf* einer Option hat die Gesellschaft die Optionsprämie zu Anschaffungskosten zu aktivieren. Der Optionsverpflichtete hat die Prämie nicht erfolgswirksam zu verbuchen. Vielmehr ist in der Höhe der erhaltenen Prämie eine Rückstellung zu bilden, die erst erfolgswirksam aufzulösen ist, wenn der Optionsberechtigte das Bezugsrecht ausübt oder der Optionskontrakt ausläuft, ohne dass das Bezugsrecht ausgeübt wird. *Während der Laufzeit der Option* hat der Käufer eine Wertanpassung vorzunehmen, wenn der Verkehrswert der Option unter den Anschaffungswert sinkt. Der Verkäufer der Option dagegen hat Veränderungen des Optionswertes gegenwärtig noch nicht zu verbuchen und auch nicht im Anhang zur Jahresrechnung auszuweisen. Bei der *Veräusserung* der Option durch den Optionsberechtigten ist ein allenfalls erzielter Gewinn oder Verlust zu verbuchen. Bei der *Ausübung* der Option gehören die Anschaffungskosten bei einer Call-Option neben dem bezahlten Ausübungspreis zum Anschaffungswert des Basiswerts. Handelt es sich um eine Put-Option, mindern die Anschaffungskosten den Veräusserungsgewinn.

Die Besteuerung von Optionsgeschäften im *Privatvermögen* unterscheidet sich hiervon wesentlich. Bei einer Veräusserung von Optionen aus dem Privatvermögen *während der Laufzeit* erzielt der Investor steuerfreie Kapitalgewinne. Verluste aus im Privatvermögen getätigten Optionsgeschäften sind dagegen folgerichtig ebenfalls steuerneutral und deshalb steuerlich nicht abzugsfähig. Bei der *Ausübung* (Verkauf oder Kauf des Basistitels oder zumindest Bezahlung der Differenz zwischen Kurs bei Ausübung und Bezugspreis) wird ebenfalls ein steuerneutraler privater Kapitalgewinn oder -verlust erzielt.

Futures und Forwards gehören zu den Termingeschäften. Termingeschäfte beinhalten die Verpflichtung, eine bestimmte Menge eines bestimmten Basiswerts zu einem beim Abschluss des Kontrakts vereinbarten Preis an einem bestimmten Termin zu erwerben oder zu liefern. Das Bundesgericht hat bereits im Jahre 1984 in einem Leit-

entscheid festgelegt, dass Gewinne aus Termingeschäften Kapitalgewinne darstellen. Damit erzielt der Investor, welcher Futures oder
Forwards im *Privatvermögen* hält, bei der Veräusserung, Glattstellung
oder Erfüllung des Kontrakts steuerneutrale Kapitalgewinne oder
-verluste. Die im *Geschäftsvermögen* gehaltenen Futures und Forwards sind bei Bezahlung der Initial Margin an den Effektenhändler
in diesem Betrag zu bilanzieren. Variation Margins, welche während
der Laufzeit bezahlt werden, können bilanziert werden, sofern der
Marktwert des Future nicht unter den Betrag der Margin sinkt. Für
drohende Verluste aus solchen Geschäften muss eine entsprechende
Rückstellung gebildet werden. Die beim Verkauf oder Glattstellung
des Future- und Forward-Kontraktes erzielten Gewinne oder Verluste
sind in der Jahresrechnung auszuweisen.

Kombinierte Produkte sind zusammengesetzte Produkte, welche aus verschiedenen Werten, wie Obligationen, Aktien, Indizes
und/oder Put- bzw. Call-Optionen, bestehen. Zu diesen kombinierten
Produkten gehören die Options- und Wandelanleihen, kapitalgarantierten Derivate und Reverse Convertibles. Kombinierte Produkte
werden von der Eidgenössischen Steuerverwaltung grundsätzlich in
transparente und *nicht transparente kombinierte Produkte* unterteilt.
Transparente Produkte erlauben der Steuerverwaltung, die kombinierten Produkte aufgrund ihrer Einzelteile zu besteuern. Nicht transparente Produkte dagegen werden als Ganzes betrachtet. So werden
z.B. die Gewinne aus dem Optionselement bei nicht transparenten
Produkten nicht als Kapitalgewinn, sondern als Vermögensertrag
qualifiziert, weil für die Steuerverwaltung nicht ersichtlich ist, wie viel
aus dem Wertzufluss beim Verkauf oder am Ende der Laufzeit aus der
Optionskomponente und wie viel aus den anderen Werten stammt.
Aufgrund dieser unterschiedlichen steuerlichen Behandlung sind
Emittenten von kombinierten Produkten stark daran interessiert,
diese für die Steuerverwaltung transparent zu gestalten.

Transparente kombinierte Produkte werden nach ihren Komponenten besteuert:

Optionenkomponenten führen als Spekulationsgeschäfte zu
Kapitalgewinnen. Im Privatvermögen gehaltene transparente Produkte erzielen deshalb steuerneutrale Kapitalgewinne oder -verluste auf
den Optionskomponenten.

Bei der *Obligationenkomponente* als Anlagegeschäft sind Einkünfte, welche periodisch, bei Verkauf oder am Ende der Laufzeit
anfallen zu unterscheiden. *Periodische Zinsen* aus einer *Obligationenkomponente,* welche während der Laufzeit bezahlt werden, gelten
immer als Vermögensertrag und sind auch im Privatvermögen steuerbar. *Aufgelaufene Zinsen aus einer Obligationenkomponente* sind vom

Emittent noch nicht bezahlte Zinsen, welche der Verkäufer einer Obligationenkomponente beim Verkauf während der Laufzeit vom Käufer vergütet bekommt, weil sie erst später im Jahr (Marchzins) oder am Ende der Laufzeit der Obligationenkomponente (Einmalverzinsung) vom Emittenten an den Käufer bezahlt werden. Diese aufgelaufenen Zinsen werden zur Verhinderung der Steuerumgehung unterschiedlich besteuert, und zwar je nach dem, ob es sich bei der Obligationenkomponente um eine ganz oder überwiegend *einmalverzinsliche* Obligationenkomponente oder um eine ganz oder überwiegend *periodisch* verzinsliche Obligationenkomponente handelt. Wird eine *überwiegend einmalverzinsliche Obligationenkomponente* (in der Kursliste der Eidgenössischen Steuerverwaltung als IUP = intérêt unique prédominant gekennzeichnet) während der Laufzeit veräussert, wird die Differenz zwischen innerem Wert bei Verkauf und innerem Wert bei Erwerb beim Verkäufer als Vermögensertrag besteuert (modifizierte Differenzbesteuerung). Wurde während der Laufzeit einer ganz oder überwiegend einmalverzinslichen Obligationenkomponente bereits der aufgelaufene Zins als Vermögensertrag besteuert, ist am Ende der Laufzeit nur noch der später aufgelaufene Zinsertrag als Vermögensertrag steuerbar und eine Doppelbesteuerung wird vermieden. Veräussert der Investor dagegen während der Laufzeit eine *ganz oder überwiegend periodisch verzinsliche Obligationenkomponente* aus seinem Privatvermögen, so erzielt er in der Differenz zwischen innerem Wert bei Erwerb und innerem Wert bei Verkauf einen steuerfreien Kapitalgewinn. Der Käufer dagegen hat dann nach dem Prinzip «den Letzten beissen die Hunde» am Ende der Laufzeit der Obligationenkomponte die volle Differenz zwischen Emissionspreis und Nennwert als Vermögensertrag zu versteuern.

Im Folgenden werden die verschiedenen transparenten Produkte kurz erwähnt und Abweichungen von der generellen Besteuerung aufgezeigt:

Klassische Options- und Wandelanleihen gehören schon aufgrund der Tatsache, dass ihre Komponenten trennbar gehandelt werden, zu den kombinierten transparenten Produkten. *Optionsanleihen* bestehen aus einer Kombination von kapitalgarantierten Finanzinstrumenten (in der Regel eine gemischte Diskontobligationenkomponente und eine separat handelbare Call-Optionskomponente). *Wandelanleihen* hingegen bestehen aus der Kombination zwischen einem kapitalgarantierten Finanzinstrument, in der Regel eine Obligationenkomponente, und dem Wandelrecht. Klassische Options- und Wandelanleihen werden privilegiert besteuert, sofern die folgenden Voraussetzungen gegeben sind: (1) Der Emittent ist eine schweizerische Gesellschaft. (2) Das Options- oder Wandelrecht berechtigt zum Bezug von neu geschaffenen Beteiligungsrechten des Emittenten oder eines mit ihm verbundenen in- oder ausländischen Unternehmens. (3) Die Emission erfolgt entweder zu pari oder mit einem maximalen Emissionsdisagio von $1/2\%$ pro Jahr Laufzeit, die Rückzahlung zu pari. Die Anleihen können aber auch zu pari emittiert und mit einem Rückzahlungsagio von höchstens $1/2\%$ pro Jahr Laufzeit zurückbezahlt werden. Sind diese Bedingungen erfüllt, so ist allein der periodische Zins steuerpflichtig.

Nicht klassische Options- und Wandelanleihen und kapitalgarantierte Derivate sind ebenfalls kombinierte Produkte. Als nicht klassisch gelten Options- und Wandelanleihen, wenn sie die für klassische Options- und Wandelanleihen aufgeführten Bedingungen nicht erfüllen. *Kapitalgarantierte Derivate* bestehen aus einer Kombination von verschiedenen Finanzinstrumenten, welche meistens ausserbörslich gehandelt werden. Sie bieten dem Anleger auf der einen Seite eine Anlage, bei der die Rückzahlung des Kapitals ganz bzw. überwiegend garantiert wird, und auf der anderen Seite eine im Vergleich zur gewöhnlichen Obligation erhöhte Rendite durch eine Option, welche meist auf einem Aktienindex basiert. Zu den kapitalgarantierten Derivaten zählen die so genannten GROI (Guaranteed Return on Investment), CPU (N) (Capital Protected Unit/Note), PIP (Protected Index Participation) und IGLU (Index Growth Linked Unit). Die Laufzeit der Obligationenkomponente beträgt hier – im Unterschied zu den Options- und Wandelanleihen – in der Regel bloss ein bis zwei Jahre. Sowohl die Komponenten von nicht klassischen Options- und Wandelanleihen als auch die Komponenten der kapitalgarantierten Derivative werden nach den oben aufgezeigten allgemeinen Besteuerungsregeln durch die Einkommenssteuer erfasst.

Reverse Convertibles sind ebenfalls kombinierte Produkte und setzen sich aus Obligation und Option zusammen. Der Anleger erwirbt zuerst eine Obligation. Zugleich tritt er sodann als Verkäufer einer Put-Option und, bei Beteiligung am Anstieg des Basiswerts, als Käufer einer Call-Option auf. Die Besteuerung richtet sich ebenfalls nach der oben aufgezeigten generellen Behandlung von kombinierten transparenten Produkten. Haben die Reverse Convertibles eine Laufzeit von unter einem Jahr und werden keine separaten Vergütungen ausgerichtet, so werden diese als reine Optionen betrachtet und so besteuert.

Bei **nicht transparenten kombinierten Produkten** lässt sich aufgrund fehlender Angaben durch den Emittenten der Emissionspreis auf der Obligationenkomponente (Anlagekomponente) und der Preis der Option (Spekulationskomponente) nicht nachvollziehen. Der bei der Veräusserung eines im Privatvermögen gehaltenen nicht transparenten kombinierten Produkts auf der Optionskomponente realisierte Kapitalgewinn wird nicht gesondert behandelt. Vielmehr wird im Falle einer Veräusserung während der Laufzeit oder im Falle einer Rückzahlung am Ende der Laufzeit der gesamte über die Gestehungskosten hinaus gehende Erlös als Vermögensertrag der Einkommensbesteuerung unterworfen.

Verrechnungssteuer

Die Verrechnungssteuer ist eine Quellensteuer auf bestimmten Einkommensbestandteilen. Der Verrechnungssteuer unterliegen insbesondere Vermögenserträge in der Form von Zinsen auf Bankguthaben inländischer Banken und auf von Inländern ausgegebenen Obligationen sowie Dividenden und andere geldwerte Leistungen auf von einem Inländer ausgegebenen Aktien. Im Gegensatz zu bestimmten Vermögenserträgen unterliegen Kapitalgewinne auf der Veräusserung von Vermögenswerten nicht der Verrechnungssteuer. Abgabepflichtig ist der Schuldner der Leistung. Die Bank überweist aus diesem Grund jeweils nur den Nettozinsbetrag (Bruttozinsbetrag abzüglich 35% Verrechnungssteuer) der auf einem Bankguthaben geschuldeten Zinsen. In der Schweiz ansässigen Personen, welche verrechnungssteuerbelastete Vermögenserträge beziehen, wird die Verrechnungssteuer zurückerstattet, sofern sie diese Einkünfte bei der Veranlagung zur Einkommenssteuer deklarieren. Ein im Ausland ansässiger Berechtigter kann die auf bestimmten Vermögenserträgen erhobene Verrechnungssteuer nur dann ganz oder teilweise zurückfordern, wenn zwischen seinem Ansässigkeitsstaat und der Schweiz ein Doppelbesteuerungsabkommen besteht. Ausnahmen gelten für ausländische Unternehmen, die in der Schweiz eine Betriebstätte unterhalten.

Optionen, Futures und Forwards führen beim Verkauf oder am Ende des Kontraktes zu einem Kapitalgewinn bzw. -verlust. Mangels eines der Verrechnungssteuer unterliegenden Vermögensertrags sind sie als quellensteuerfreie Derivate auch für den ausländischen Anleger attraktiv.

Transparente kombinierte Produkte (klassische und nicht klassische Options- und Wandelanleihen sowie übrige kapitalgarantierte Derivate) können sowohl zu verrechnungssteuerpflichtigen Vermögenserträgen als auch zu verrechnungssteuerfreien Kapitalgewinnen führen. Die aus der *Optionskomponente* erzielten Gewinne unterliegen als Kapitalgewinne nicht der Verrechnungssteuer. *Periodische Zinsen* unterliegen immer der Verrechnungssteuer. Zudem sind auch die *Einmalzinsen* am Ende der Laufzeit verrechnungssteuerpflichtig. Dies gilt auch für eine *überwiegend einmalverzinsliche Obligations-*

komponente. Folglich unterliegen die beim Verkauf des kombinierten Produktes während der Laufzeit von der Einkommenssteuer erfassten *aufgelaufenen Zinsen* (Marchzinsen und Anteil Einmalzins) nicht der Verrechnungssteuer. Über die Verrechnungssteuerfolgen gibt übrigens auch die Börsenabrechnung Auskunft, da Effektenhändler beim Erwerb, beim Verkauf während der Laufzeit sowie bei der Rückzahlung die massgeblichen Steuerwerte der transparenten kombinierten Produkte in der Börsenabrechnung bescheinigen müssen.

Bei **nicht transparenten kombinierten Produkten** unterliegt alles, was der Investor am Ende der Laufzeit oder bei vorzeitiger Auflösung vom Emittenten erhält, der Verrechnungssteuer. Damit sind nicht nur die periodisch anfallenden Zinsen und die Zinsen am Ende der Laufzeit, sondern auch sämtliche anderen Einkünfte verrechnungssteuerpflichtig.

Vermögenssteuer

In der Schweiz werden Steuern auf dem Vermögen natürlicher und auf dem Kapital juristischer Personen nur von den Kantonen, nicht aber vom Bund erhoben. Gegenstand der allgemeinen Vermögenssteuer bildet das Reinvermögen, d.h. ausgewiesene Schulden können mit den Aktiven verrechnet werden. Zum steuerbaren Vermögen gehören insbesondere Wertschriften, geldwerte Forderungen und Rechte aller Art. In zeitlicher Hinsicht wird das Vermögen nach seinem Bestand und seinem Wert zu einem bestimmten Stichtag berechnet.

Nicht alle vermögenswerten Rechte unterliegen der Vermögenssteuer. Bei den hier behandelten Finanzmarktprodukten sind die kurzfristigen Optionen mit unterjähriger Laufzeit sowie Futures von der Vermögenssteuerpflicht ausgenommen, wohingegen die überjährigen Optionen der Vermögenssteuer unterliegen. So sind denn die an der EUREX gehandelten kurzfristigen Optionen mit Laufzeiten bis zu neun Monaten vermögenssteuerfrei. Finanzinstrumente, deren Laufzeit über einem Jahr liegt, sind vermögenssteuerpflichtig. Sofern Finanzmarktprodukte vermögenssteuerpflichtig sind, stellt sich die Frage nach deren Bewertung. Grundsätzlich hat diese nach dem Verkehrswert am massgeblichen Stichtag zu erfolgen. Bei den kotierten Optionen wird der Steuerwert jährlich von der Eidgenössischen Steuerverwaltung aufgrund des durchschnittlichen Kurswertes des Monats Dezember für den 1. Januar des Folgejahrs festgelegt. Die Kurse dieser Finanzmarktprodukte sind in der Kursliste der Eidgenössischen Steuerverwaltung zu finden. Nicht kotierte Wertpapiere werden zum inneren Wert bewertet, es sei denn, die Titel würden regelmässig ausserbörslich gehandelt. Letzterenfalls gelten die ausserbörslichen Kursnotierungen. Mit Steuersätzen bis gegen 1% kann auch die kantonale Vermögenssteuer eine erhebliche Steuerbelastung darstellen.

Im Bereich der in allen Kantonen (aber nicht mehr vom Bund) erhobenen Kapitalsteuer von juristischen Personen hängt die Erfassung der Finanzmarktprodukte von der Erfassung in der Jahresrechnung ab. Den Finanzmarktprodukten kommt insofern ein indirekter Einfluss zu, als das Steuermass für die Ertragssteuer in den meisten Kantonen renditeabhängig ist.

Stempelsteuer

Die Stempelabgabe ist eine Rechtsverkehrssteuer und besteht aus der Emissions- und Umsatzabgabe. Der *Emissionsabgabe* unterliegt u.a. die Ausgabe von Beteiligungsrechten inländischer Kapitalgesellschaften sowie die Ausgabe von Obligationen und Geldmarktpapieren inländischer Schuldner (in Schweizer Franken oder einer anderen Währung) im Primärmarkt. Der spätere Handel mit Beteiligungsrechten und Obligationen im Sekundärmarkt unterliegt einer *Umsatzabgabe*. Diese ist geschuldet, sofern steuerbare Urkunden durch einen Effektenhändler entgeltlich gekauft, verkauft oder vermittelt werden. Als steuerbare Urkunden gelten dabei u.a. von einem Inländer ausgegebene Obligationen, Aktien und Anteilscheine von Anlagefonds. Effektenhändler sind Banken, bankähnliche Finanzgesellschaften, andere Händler bzw. Vermittler von steuerbaren Urkunden sowie ausländische Mitglieder einer schweizerischen Börse für die an dieser Börse gehandelten inländischen Titel (Remote Members). Der Effektenhändler (z.B. Bank) ist abgabepflichtig und überwälzt die Abgabe auf den privaten Anleger.

Der Handel mit **Optionen und Futures** ist nicht emissions- oder umsatzabgabepflichtig, da es sich bei diesen nicht um steuerbare Urkunden im Sinne des Stempelsteuergesetzes handelt. Die Umsatzabgabe ist lediglich dann geschuldet, wenn die Erfüllung (Future) oder Ausübung (Option) zu einer Lieferung (Eigentumsübertragung) von steuerbaren Urkunden führt. Wichtig ist dabei, dass bei Eigentumsübertragung durch die EUREX oder eine andere Derivativbörse nur dann eine halbe Umsatzabgabe anfällt, wenn die Eigentumsübertragung durch einen Effektenhändler vermittelt wird. Diese aufgrund eines dringlich erklärten Bundesbeschluss getroffene Regelung ist bis Ende 2002 befristet und soll bis dahin auf dem ordentlichen Gesetzgebungsverfahren ins Stempelsteuergesetz aufgenommen werden.

Kombinierte Produkte unterliegen nur dann der Emissions- oder Umsatzabgabe, wenn sie als Komponente eine steuerbare Urkunde (z.B. eine Obligation) enthalten und durch einen Inländer emittiert wurden. Die Emissionsabgabe wird dabei auf dem gesamten Ausgabepreis (Nominalwert) des Produktes erhoben. Der Satz der Emissionsabgabe ist abhängig von der Laufzeit des Produktes. Beträgt dessen Laufzeit nicht weniger als ein Jahr, gilt das Produkt als Geldmarktpapier. Die *Emissionsabgabe* beträgt diesfalls 0.06%, berechnet für jeden Tag der Laufzeit zu je 1/360 dieses Abgabesatzes. Der spätere Handel von Geldmarktpapieren ist von der Umsatzabgabe befreit. Bei längeren Laufzeiten gelten die derivaten Anlageinstrumente mit integrierter Option als Anleihensobligationen und unterliegen deshalb einer Emissionsabgabe von 0.12% vom Nominalwert für jedes volle oder angefangene Jahr der maximalen Laufzeit. Der spätere Handel mit solchen Produkten unterliegt einer *Umsatzabgabe* von 0.15% vom bezahlten Entgelt für von einem Inländer ausgegebene Urkunden und von 0.3% vom bezahlten Entgelt für von einem Ausländer ausgegebene Urkunden. Als Berechnungsgrundlage für die Umsatzabgabe dient der für das Finanzmarktprodukt bezahlte Preis, sofern die Komponenten (z.B. Obligation ex-Option) nicht getrennt gehandelt werden. Geschäfte betreffend den Handelsbestand des Effektenhändlers sowie Geschäfte unter Effektenhändlern sind von der Umsatzabgabe befreit. Die Vermittlung, der Kauf und Verkauf von ausländischen Obligationen (Eurobonds) ist generell von der Umsatzabgabe befreit, soweit sie für eine ausländische Vertragspartei erfolgen. Bei Geschäften mit inländischen Kunden wie auch bei Vermittlung zwischen einem inländischen und einem ausländischen Kunden ist für den inländischen Kunden weiterhin eine halbe Umsatzabgabe geschuldet.

Börsenumsatzgebühr

Die Schweizer Börse (SWX) erhebt auf allen börslichen und ausserbörslichen Geschäften in Effekten, welche bei ihr zum Handel zugelassen und meldepflichtig sind, eine Gebühr. Diese wird aufgrund der erzielten Umsätze berechnet. Die Umsatzgebühr (inkl. EBK-Abgabe) für Kundenhandel beträgt 0.01%. Als Berechnungsgrundlage dient entweder der Kurswert (inkl. aufgelaufener Zins) oder der Endbetrag der Abrechnung. Die Umsatzgebühr ist vom letztabrechnenden Effektenhändler geschuldet, der reglementarisch oder vertraglich verpflichtet ist, der SWX die Börsenumsatzgebühr abzuliefern. Der SWX-Börsenumsatzgebühr unterliegen sowohl Kundengeschäfte als auch Geschäfte in Eigenbeständen des Effektenhändlers. Von der Börsenumsatzgebühr ausgenommen sind Geschäfte unter Effektenhändlern.

Mehrwertsteuer

Die klassischen Finanzdienstleistungen wie Kreditgeschäft, Zahlungsverkehr, Kontoführung, insbesondere aber der Handel mit Wertpapieren und Wertrechten, werden von der schweizerischen Mehrwertsteuer – wie dies auch in den EU-Ländern der Fall ist – grundsätzlich als ausgenommene Umsätze qualifiziert, so dass auch von dieser Seite keine Belastung des Handels mit **Optionen und Futures** zu erwarten ist.

Die Mehrwertsteuer kann indessen auch bei Optionen und Futures anfallen, wenn diesen Werte wie z.B. Öl, Kaffee, Tee zugrunde liegen und diese Optionen und Futures bei Ablauf bzw. Ausübung zu einer in der Schweiz steuerbaren Lieferung durch einen in der Schweiz mehrwertsteuerpflichtigen Lieferanten führen.

DIE BESTEUERUNG IN DEUTSCHLAND

Überblick über die in Deutschland gehandelten Produkte

Der börsliche Optionshandel war ursprünglich 1931 eingestellt worden. 1970 wurde der Börsenhandel mit Optionsscheinen auf Aktien und 1985 mit Optionsscheinen auf Renten wieder zugelassen, jedoch konnten diese Anlageformen keinen bedeutenden Platz im Börsenhandel erringen.

Entgegen der Erwartung, dass mit Errichtung der Deutschen Terminbörse der Handel mit verbrieften Optionen an den Wertpapierbörsen völlig an Bedeutung verlieren werde, haben die verbrieften Optionen nicht nur im Zusammenhang mit der Emission von Optionsanleihen, sondern auch als nackte Optionsscheine eher an Bedeutung gewonnen. Sie sind einer individuelleren Ausgestaltung als standardisierte Terminkontrakte zugänglich. Es werden auch Optionsscheine emittiert, die gegenläufig ausgestaltet sind und nur zusammen erworben werden können, aber anschliessend getrennt gehandelt werden können.

Die seit 1990 tätige Eurex (früher: Deutsche Terminbörse, DTB) handelt unverbriefte Optionen in Form standardisierter Kontrakte für ausgewählte Aktiengattungen. Weitere Handelsobjekte der Eurex sind Terminkontrakte (Futures) auf fiktive Bundesanleihen mit einer Restlaufzeit per Erfüllungstermin von fünf oder zehn Jahren, die bei effektiver Erfüllung aus einem Korb lieferbarer Anleihen zu bedienen ist. Weiterhin werden Kontrakte auf Aktienindizes (z.B. DAX und NEMAX 50) als Basiswert gehandelt, die nicht effektiv erfüllt, sondern nur durch Barausgleich abgerechnet werden können. Ebenfalls ist bei Optionen auf Namensaktien nur ein Barausgleich möglich.

Keinen einheitlichen standardisierten Kontrakt, sondern eine Kombination von Einzelaufträgen, stellen Optionskombinationen dar, bei denen jeder Auftrag in der weiteren Entwicklung ein Einzelschicksal hat. Im Gegensatz zu der üblichen Praxis an Wertpapierbörsen werden an der Eurex gehandelte Optionsrechte nicht weiterveräussert, wenn der Anleger sein Engagement beenden will, sondern durch Abschluss eines Gegengeschäftes glattstellt.

Darüber hinaus werden in grösserem Umfang Anleihen mit Optionselementen, z. B. DAX-Zertifikate und Zertifikate auf andere Indizes (der Rückzahlungsbetrag hängt von der Indexentwicklung ab) oder sog. «Umtauschanleihen» (reverse convertible mit Wahlrecht des Emittenten statt Rückzahlung in Geld Aktien eines Dritten zu liefern). Hinzu gekommen sind weiter Zertifikate, deren Zahlungsprofil sich an Hedge Fonds orientiert, die nicht zum unmittelbaren öffentlichen Vertrieb zugelassen sind.

Die auf das Einkommen erhobenen Steuern

Das deutsche Einkommensteuerrecht unterscheidet sieben verschiedene Einkunftsarten, darunter Einkünfte aus Gewerbebetrieb, Einkünfte aus Kapitalvermögen und sonstige Einkünfte, die im vorliegenden Zusammenhang von besonderer Bedeutung sind.

Die Ermittlung der vorgenannten Einkünfte erfolgt nicht nach einer einheitlichen Methode, sondern das Gesetz ordnet die Einkünfte zwei unterschiedlichen Methoden der Ermittlung der Bemessungsgrundlage zu. Die Gewinneinkünfte knüpfen an die Buchführungspflicht an und bestimmen den steuerpflichtigen Gewinn durch die Gegenüberstellung des Betriebsvermögens am Anfang und am Ende eines jeden Wirtschaftsjahres. Die Überschusseinkünfte erfassen hingegen jeweils nur bestimmte gesetzlich definierte Einnahmen und dies auch nur, soweit sie die mit ihnen verbundenen abzugsfähigen Werbungskosten übersteigen.

Als Folge dieser Unterscheidung ergeben sich in Deutschland für die Anleger zwei Gruppen mit jeweils unterschiedlichen Steuererfolgen:

Zum einen Gewerbetreibende, gleichviel, ob sie sich als Einzelunternehmer, Personengesellschaft oder als Kapitalgesellschaft betätigen, die Einkünfte aus Gewerbebetrieb erzielen und der Gewinnermittlung durch Betriebsvermögensvergleich unterliegen. Zum anderen Privatpersonen, die Einkünfte aus Kapitalvermögen oder sonstige Einkünfte, insbesondere Spekulationsgewinne, erzielen, bei denen der Überschuss der steuerpflichtigen Einnahmen über die abzugsfähigen Werbungskosten zu ermitteln ist. Investmentfonds gehören zu beiden Gruppen, da sie gleichzeitig für ihre Anteilsinhaber je nach deren Zugehörigkeit zu einer der vorgenannten Gruppen die für sie relevante steuerliche Bemessungsgrundlage nach beiden Methoden ermitteln müssen.

Die Gewinnermittlung in Form eines Betriebsvermögensvergleichs für Gewerbetreibende verbietet jede Differenzierung zwischen laufenden Gewinnen und Veräusserungsgewinnen, beide gehören gleichermaßen zu den steuerpflichtigen Einkünften aus Gewerbebetrieb. Verlustgeschäfte mindern die steuerliche Bemessungsgrundlage. Die neuere deutsche Gesetzgebung sieht aber zunehmend Abweichungen zwischen Handelsbilanz und Steuerbilanz vor. So werden nach § 5 Abs. 4 b EStG seit 1997 sog. «Drohverlustrückstellungen» steuerlich nicht mehr anerkannt. Seit 1999 sind weitere Abweichungen vorgesehen. Eine Verrechnung von Verlusten aus Termingeschäften mit sonstigen Gewinnen (§ 15 Abs. 4 EStG) ist bei Nichtfinanzunternehmen nur noch begrenzt möglich. Verluste aus Termingeschäften, die auf einen Differenzausgleich oder auf eine veränderliche Bezugsgrösse

(z. B. Index) gerichtet sind, dürfen nur mit entsprechenden Gewinnen verrechnet werden. Ein Überhang ist auf spätere Jahre vorzutragen.

Bei Überschusseinkünften von Privatpersonen, so etwa bei Einkünften aus Kapitalvermögen oder bei sonstigen Einkünften aus Spekulationsgeschäften, führen hingegen Substanzgewinne nur dann zu steuerpflichtigen Einkünften, wenn derartige Gewinne zu den vom Gesetz definierten steuerpflichtigen Einnahmen gehören. Verluste, die der Vermögenssphäre zuzuordnen sind und nicht mit der Erzielung von steuerpflichtigen Einnahmen zusammenhängen, sind nicht abzugsfähig. Seit 1999 ist die sog. «Spekulationsfrist» auf ein Jahr verlängert worden. Auch Gewinne aus Differenzgeschäften (z. B. Futures, Termingeschäfte, etc.) sind seit 1999 steuerpflichtig, wenn sie binnen Jahresfrist erzielt werden.

Optionen

Im gewerblichen Bereich sind erworbene Optionsrechte als immaterielle Wirtschaftsgüter mit den Anschaffungskosten (Optionsprämie) in der Bilanz zu aktivieren. Da sie sich nicht abnutzen, kommt eine regelmässige Abschreibung nicht in Betracht. Lässt der Anleger die Option verfallen, kann er sie erst in dem Zeitpunkt ihres Verfalls ausbuchen und somit seinen übrigen steuerpflichtigen Gewinn mindern. Wird eine Option vor dem Verfallstag von dem ersten Erwerber mit einem Aufschlag verkauft, ist der hieraus entstehende Gewinn steuerpflichtig. Wird die Option ausgeübt, gehen die Anschaffungskosten bei einer Kaufoption in die Anschaffungskosten des gelieferten Basiswertes ein, bei einer Verkaufsoption mindern sie den Veräusserungsgewinn. Veräusserungsgewinne aus Aktien sind seit 2001 (für Auslandsaktien) bzw. ab 2002 (für Inlandsaktien) für Körperschaften allerdings steuerfrei, so dass sich auch die Anschaffungskosten der Optionen steuerlich nicht mehr auswirken. Die Befreiung gilt wiederum nicht bei Finanzunternehmen für den Handelsbestand, so dass auch die steuerliche Berücksichtigung der Ergebnisse von Aktienderivaten insoweit sichergestellt ist.

Prämien für verkaufte Optionen sind in der Handelsbilanz durch sonstige Verbindlichkeiten zu neutralisieren und erst bei Fälligkeit der Option zu vereinnahmen. Die Finanzverwaltung vertritt die Auffassung, dass eine sofortige erfolgswirksame Vereinnahmung erfolgt und tatsächliche Risiken nur durch Rückstellungen berücksichtigt werden dürfen (deren steuerliche Abzugsfähigkeit unter dem Gesichtspunkt der Drohverlustrückstellung aber zweifelhaft ist).

Im privaten Bereich hingegen sind Gewinne aus der Weiterveräußerung von Optionen nur steuerpflichtig, wenn sie innerhalb der Spekulationsfrist von einem Jahr nach der Anschaffung erzielt werden und die gesamten in einem Kalenderjahr erzielten Spekulationsgewinne DM 1 000,- übersteigen. Die Optionsprämie kann in diesem Falle von dem steuerpflichtigen Spekulationsgewinn abgezogen werden. Lässt der Erwerber die Option verfallen, kann er die gezahlte Optionsprämie nicht von seinem steuerpflichtigen Einkommen abziehen. Übt der Anleger das Optionsrecht aus und liegt der Basispreis unter dem Zeitwert, bleibt dieser Vermögenszuwachs unversteuert, jedoch ist im Falle der Weiterveräusserung innerhalb der Spekulationsfrist der dann zu versteuernde Gewinn durch Abzug des niedrigeren Basispreises von dem Verkaufserlös zu ermitteln. In diesem Falle ist die Optionsprämie ebenfalls abzugsfähig. Vereinnahmte Prämien aus der Eingehung von Stillhalterpositionen sind als sonstige Einkünfte steuerpflichtig; Verluste aus der gehaltenen Position werden steuerlich als unbeachtliche Vermögensverluste gewertet.

Zinsbegrenzungsverträge (Caps, Floors)

Zinsbegrenzungsverträge werden steuerlich im wesentlichen wie Optionsrechte behandelt, jedoch mit dem Unterschied im gewerblichen Bereich, dass sie vom Erwerber über deren Laufzeit regelmässig abgeschrieben werden dürfen. Etwaige Zinsausgleichszahlungen, die die Prämienzahlungen übersteigen, sind bei dem gewerblichen Erwerber steuerpflichtig, können jedoch im privaten Bereich im Regelfall keiner Kategorie der im Gesetz definierten steuerpflichtigen Einnahmen zugeordnet werden. Etwas anderes gilt aber, wenn durch die Kombination von zwei Optionsscheinen, die nur einen Geldzahlungsanspruch verkörpern, die Zahlung eines bestimmten Kapitalertrages sichergestellt ist und beide Optionsscheine bis zum Fälligkeitstage nicht getrennt werden, oder wenn die Rückzahlung der Optionsprämie sichergestellt ist. Der Ertrag fällt dann unter die steuerpflichtigen Einkünfte aus Kapitalvermögen, weil ihnen ein hinreichendes spekulatives Element fehlt.

Swaps

Bei Swaps besteht im gewerblichen Bereich ein Wahlrecht zwischen einem Einzelausweis jedes der beiden erfassten Geschäfte oder einem Gesamtausweis. Letzteres bedeutet, dass nicht realisierte Verluste aus einem Geschäft erst gegen nicht realisierte Gewinne aus dem Gegengeschäft aufgerechnet werden müssen. Erst danach kann eine Rückstellung wegen drohender Verluste aus schwebenden Geschäften passiviert werden. Drohverluste sind allerdings steuerlich seit 1997 vor Realisierung noch nicht berücksichtigungsfähig.

Im privaten Bereich führt die Gesamtbetrachtung bei Vorliegen einer Verrechnungsabsprache nicht zur Unterordnung des Swap-Satzes unter eine der im Gesetz definierten steuerpflichtigen Einnahmen.

Terminkontrakte

Terminkontrakte sind für die Ermittlung der Einkünfte aus Gewerbebetrieb nicht zu bilanzierende schwebende Geschäfte, jedoch können künftige Verluste durch eine Rückstellung vorweggenommen werden, sobald sie sich abzeichnen (als Drohverluste aber noch nicht mit sofortiger steuerlicher Wirkung). Margin-Zahlungen sind zu aktivieren, erst bei Lieferung sind Gewinne zu realisieren.

Gewinne aus Termingeschäften binnen Jahresfrist sind im privaten Bereich wie Veräusserungsgewinne zu besteuern.

Kombinierte Instrumente mit Optionselement

Bei kombinierten Instrumenten, z.B. Indexzertifikaten, bei denen die Rückzahlungsbeträge auf die Entwicklung eines Index verweist, ist die Steuerpflicht im Privatvermögen davon abhängig, ob die Rückzahlung des Anlagebetrages garantiert ist. Wenn dies der Fall ist, wird ein Rückzahlungsbetrag über dem Anlagebetrag als steuerpflichtiger Zins gewertet. Andernfalls handelt es sich um ein spekulatives Instrument, bei dem keine Steuerpflicht im Privatvermögen gegeben ist. Für Besteuerungszwecke im Privatvermögen erfolgt also keine Aufteilung des Instruments in seine wirtschaftlichen Bestandteile (z.B. Optionen kombiniert mit Zerobond). Das gilt auch für die seit 2000 in grösserem Umfang ausgegebenen Hedge-Fonds-Zertifikate: Bei fehlender Rückzahlungsgarantie sollte keine Besteuerung von positiven Ergebnissen als Einkünfte aus Kapitalvermögen erfolgen.

Bei sog. «reverse convertibles» handelt es sich um Anleihen, bei denen der Emittent eine Rückzahlung in Aktien statt in Geld vornehmen kann und dafür eine höhere Verzinsung gewährt (wirtschaftlich Stillhalterprämie). Der Zins ist im Privatvermögen in voller Höhe steuerpflichtig; Rückgabeverluste sind steuerlich berücksichtigungsfähige negative Kapitaleinnahmen.

DIE BESTEUERUNG IN ÖSTERREICH

Überblick über die in Österreich gehandelten Produkte

Am 4. Oktober 1991 hat die österreichische Termin- und Optionenbörse (ÖTOB Clearing Bank AG) den Geschäftsbetrieb mit dem Handel von Optionen auf österreichische Fliesshandelsaktien aufgenommen. Das Jahr 1997 stand im Zeichen der Umstrukturierung des österreichischen Kapitalmarktes: Der Kassamarkt der Wiener Börse und der Terminmarkt ÖTOB wurden in einer Organisation zusammengeführt. Vollendet wurde die Fusion mit der Firmenbucheintragung der Wiener Börse AG am 18.12.1997. Die neue, integrierte österreichische Wertpapier- und Terminbörse ist ein wesentlicher Schritt auf dem Weg, Wien als internationalen Finanzplatz zu etablieren und auf Dauer als eigenständigen Markt für österreichische sowie zentral- und osteuropäische Wertpapiere, inklusive der zugehörigen derivativen Finanzinstrumente, zu positionieren. An der Wiener Börse AG werden derzeit Optionen auf 19 Titel (Austrian Airlines, Austria Tabak, Bayrische Hypo- und Vereinsbank, BÖHLER-UDDEHOLM, Brau Union, BWT, Erste Bank Stamm, EVN, Flughafen Wien, Libro AG, Mayr-Melnhof, OMV AG, RHI, Telekom Austria, VA Stahl, VA Technologie, Verbundges Kat.A, Wienerberger und Wolford) gehandelt. Darüberhinaus gibt es ATX Indexoptionen. An der Wiener Börse AG werden auch Terminkontrakte (Financial Futures), und zwar Aktienindex-Futures (ATX Futures) gehandelt.

Mit dem Ziel, die neuen Aktienmärkte Ungarns, Tschechiens, Polens, Russland, und der Slowakei an der Wiener Börse via Options und Futures handelbar zu machen, wurden die «Traded Indizes» HTX (Hungarian Traded Index), CTX (Czech Traded Index), PTX (Polish Traded Index), RTX (Russian Traded Index), STX (Slovak Traded Index) und der übergreifende CECE-Index (übergreifender Osteuropa Index) entwickelt. Diese Indizes werden wie der ATX als kapitalisierungsgewichtete Preisindizes der liquidesten Aktien gerechnet und seit 15.7.1996 bzw. 08.10.1996 veröffentlicht.

Ertragsteuern (Einkommensteuer, Körperschaftsteuer)

Einordnung in die Einkunftsarten

Eine Einkommensbesteuerung kommt nur in Betracht, soweit Erträge aus dem Handel mit Optionen und Financial Futures einer der Einkunftsarten des Einkommensteuergesetzes (EStG) zuzuordnen sind. Die Einkunftsarten des EStG sind gemäss § 7 Abs. 2 Körperschaftsteuergesetz (KStG) auch für die Einkunftsermittlung von Körperschaften iSd KStG (insbesondere juristische Personen) relevant. Die Unterscheidung zwischen betrieblichen und ausserbetrieblichen Einkünften ist insbesondere wegen der Unterschiede in der Einkunftsermittlung und der subsidiären Anwendbarkeit der ausserbetrieblichen Einkünfte von Bedeutung.

Optionsgeschäfte und der Handel mit Financial Futures werden zum einen dann dem betrieblichen Bereich zugerechnet, wenn sie im Zusammenhang mit einem bereits bestehenden Betrieb getätigt werden. Zum anderen ist denkbar, dass der Handel mit Optionen und Financial Futures selbst in einem Gewerbebetrieb als selbständige, nachhaltige, mit Gewinnerzielungsabsicht und unter Beteilung am allgemeinen wirtschaftlichen Verkehr vorgenommene Tätigkeit durchgeführt wird. Der Handel mit Optionen und Financial Futures ist dann als Gewerbebetrieb anzusehen, wenn er nach der Verkehrsauffassung in bankähnlicher Weise durchgeführt wird. Im Differenzgeschäftscharakter von Financial Futures ist – anders die deutschen Judikatur – kein Gegenargument zum Vorliegen eines Gewerbebetriebes zu sehen. Nach Auffassung der österreichischen Finanzverwaltung liegt beim Wertpapierhandel allgemein dann ein Gewerbebetrieb vor, wenn unter Einsatz von Fremdkapital planmässig und nachhaltig Wertpapiere erworben werden, um sie unter Ausnützung des Wertpapiermarktes zur Realisierung von Kursdifferenzen weiterzuveräussern. Kein gewerblicher Wertpapierhandel ist daher insbesondere die Verwaltung eigener Wertpapiere und Geldmittel (auch bei laufenden Zu- und Verkäufen), deren Finanzierung aus eigenen Vermögensmitteln erfolgt. Auch der Umfang des verwalteten Vermögens ist für sich alleine kein Kriterium für Gewerblichkeit.

Betrieblicher Bereich

Options

Nach Auffassung der Finanzverwaltung – anders nach der Rechtsprechung, die Einzelveräusserbarkeit und Verbriefung nicht fordert – erfüllen Optionen die Anforderungen des Wirtschaftsgutbegriffes vor allem dann, wenn sie verkehrsfähig sind. Sofern eine Option diese Voraussetzungen erfüllt, ist sie ein bilanzierungsfähiges und (gegebenenfalls) -pflichtiges Wirtschaftsgut. Grundsätzlich erfolgt die Zuordnung zum Umlaufvermögen. Soweit über die Option Vermögensgegenstände des Anlagevermögens erworben werden sollen, ist jedoch auch eine Zuordnung zum Anlagevermögen denkbar. Die Bewertung erfolgt zunächst mit den Anschaffungskosten. Transaktionskosten sind als Anschaffungsnebenkosten anzusetzen. Zum Bilanzstichtag ist das Optionsrecht auf einen allfälligeren niedrigeren Börsekurs der Option abzuwerten. Eine Zuschreibung über die Anschaffungskosten kommt nur bei Banken (aufgrund Sonderbewertungsbestimmungen im Bankwesengesetz) in Betracht, soweit die Optionen dem jeweiligen Handelsbestand zuzuordnen sind. Der Unterschiedsbetrag zwischen den seinerzeitigen Anschaffungskosten und dem gegenwärtigen höheren Marktwert ist im Anhang anzugeben.

Der Optionsverpflichtete hat zu einem erhaltenen Optionspreis zu passivieren. Eine Rückstellung ist in die Bilanz aufzunehmen, soweit die Glattstellungskosten am Stichtag über diesem passivierten Betrag liegen. Die Realisation des Optionspreises erfolgt grundsätzlich erst bei der Abwicklung. Wiederum aufgrund der genannten Sonderbewertungsbestimmungen können Banken jedoch den passivierten Betrag auf den Börsenkurs am Stichtag abschreiben.

Financial Futures

Der Abschluss von Financial Futures ist ein schwebendes Geschäft und wird demgemäss nicht bilanziert. Soweit eine Initial Margin in einer Geldleistung besteht (und nicht etwa in der Hingabe eines Wertpapieres erfolgt), führt dies bilanziell zu einem Aktivtausch. Transaktionskosten im Zusammenhang mit Financial Futures sind grundsätzlich sofort erfolgswirksam zu erfassen. Nur soweit sie Zinscharakter haben, kommt eine Absetzung über die Laufzeit in Betracht. Die Margin Gutschrift von Gewinnen erhöht bei Nicht-Banken die Liquidität, welche über einen passivseitigen Ergebnisausgleichsposten zu neutralisieren ist. Auch bei Differenzgeschäften scheidet eine erfolgswirksame Erfassung aus, da bis zur Abwicklung ein Preisänderungsrisiko besteht. Lediglich Banken können gutgeschriebene Gewinne auch vor Abwicklung realisieren, soweit diese Futures dem Handelsbestand angehören.

Negative Kursentwicklungen bei Futures sind von Nicht-Banken im Rahmen einer Rückstellung zu erfassen. Eine Rückstellungspflicht besteht bei Kaufleuten dann nicht, wenn die über den Future zu erwerbenden Gegenstände zum Stichtag nicht abgeschrieben werden müssen. Banken haben die Risiken nicht über Rückstellungen, sondern über die Abschreibung des Margin Kontos zu berücksichtigen.

Bei Lieferung des Future-Kontrakt-Gegenstandes sind Gewinne bzw. Verluste regelmässig in die Anschaffungskosten der Gegenstände einzubeziehen. Soweit der Erwerb über den Kassamarkt unter gleichzeitiger Glattstellung des Futures erfolgt, ist dies wie eine Lieferung über den Future zu behandeln.

Sonderprobleme

Den Grundsätzen ordnungsgemässer Buchhaltung zufolge ist ein Kaufmann (handelsrechtlich) zur Bildung von Rückstellungen für drohende Verluste aus Optionsgeschäften verpflichtet. Rückstellungen, die Pflichten gegenüber Dritten verkörpern, sind auch für steuerliche Zwecke beachtlich. Hedging (Absicherung von Engagements im Kassamarkt gegen Preisänderungsrisiken) könnte sowohl bei Optionen als auch bei Futures als teleologische Reduktion des Vorsichtsprinzips angesehen werden. Im Jahresabschluss bewirkt demgemäss die durch das Hedging effektiv – betragsmässig und zeitlich – erzielte Absicherung den Entfall von Abschreibungs-, Zuschreibungs- oder Rückstellungspflichten. Bei der Bilanzierung von Hedge-Instrumenten sind, mangels eigener nationaler Regelungen für die Bilanzierung derivativer Finanzinstrumente, die Regeln für Hedge-Accounting nach IAS 39 anzuwenden.

Einkünfte aus Gewerbebetrieb, die von Personen erzielt werden, die in Österreich weder ihren Sitz oder Wohnsitz noch ihren gewöhnlichen Aufenthalt haben, unterliegen in Österreich der beschränkten Steuerpflicht, wenn der Gewerbebetrieb einen Inlandsbezug aufweist. Als solcher Inlandsbezug gilt eine inländische Betriebstätte (§ 29 BAO) des Gewerbebetriebes oder ein im Inland bestellter ständiger Vertreter. Als ständiger Vertreter gilt ein nicht nur vorübergehend für eine bestimmte Tätigkeit bestellter Vertreter. Ergebnisbestandteile, die aus einem Options- oder Futuregeschäft stammen, sind insoweit steuerpflichtig, als sie dem auf die Betriebstätte entfallenden Gewinnanteil zuzurechnen sind. Die Gewinnermittlung hat durch Betriebsvermögensvergleich zu erfolgen.

Im zwischenstaatlichen Steuerrecht ist in den zahlreichen Fällen, in denen das OECD-Musterabkommen 1977 (OECD-MA) Vorbild für ein entsprechendes Doppelbesteuerungsabkommen ist, folgendes zu beachten:

• aus der Sicht des OECD-MA sind Future-Geschäfte entweder als Unternehmensgewinne iSd Art 7 oder als sonstige Einkünfte iSd Art 21 zu qualifizieren. Soweit bei beschränkter Steuerpflicht nach innerstaatlichem Recht, nicht jedoch auch nach zwischenstaatlichem Recht, eine Betriebstätte vorliegt, besteht Steuerpflicht nach österreichischem Einkommensteuerrecht gemäss § 98 Z 3 EStG. Soweit auch nach zwischenstaatlichem Recht eine Betriebstätte vorliegt, ordnet Art 7 Abs l OECD-MA das Besteuerungsrecht Österreich als dem Betriebstättenstaat zu, soweit Gewinne dieser Betriebstätte zugerechnet werden können. Zur Vermeidung der Doppelbesteuerung wird der jeweilige Ansässigkeitsstaat entweder die Anwendung der Befreiungs- oder Anrechnungsmethode vorsehen.

- Soweit eine Einrichtung nicht nach § 29 BAO, wohl aber nach Art 5 OECD-MA als Betriebstätte zu qualifizieren ist, kann es bei Anwendung der Befreiungsmethode im Ansässigkeitsstaat auch zu einem vollständigen Entfall der Besteuerung kommen, wenn nach zwischenstaatlichem Recht die Erfolgsbeiträge aus Future-Geschäften der Betriebstätte iSd Art 5 OECD-MA zuzuordnen sind.
- Falls mehrfach unbeschränkte Steuerpflicht besteht, sind Erfolgsbeiträge aus Future-Geschäften nach den innerstaatlichen Regeln über die unbeschränkte Steuerpflicht zu ermitteln, soweit Österreich Ansässigkeitsstaat iSd Art 4 OECD-MA ist. Sollten die Future-Geschäfte einer ausländischen Betriebstätte zuzuordnen sein, wird das österreichische Besteuerungsrecht allenfalls eingeschränkt. Ist Österreich nicht Ansässigkeitsstaat, so ist die innerstaatliche Steuerpflicht zwar nach den §§ 4 ff EStG zu ermitteln, Österreich kann jedoch nur besteuern, wenn die Erfolgsbeiträge aus dem Future-Geschäft einer inländischen Betriebstätte zuzuordnen sind.

Ausserbetrieblicher Bereich

Options

Weder der Erwerb einer Call-Option noch einer Put-Option durch einen Privatanleger ist zunächst ein einkommensteuerlich beachtlicher Vorgang. Lässt der Privatanleger seine Option verfallen, bleibt das Optionsgeschäft insgesamt einkommensteuerlich unbeachtlich. Der Verlust, der jedenfalls im Ausmass des Optionspreises eintritt, ist nur mit anderen Spekulationseinkünften desselben Kalenderjahres ausgleichsfähig und auch dies nur dann, wenn der Nachweis erbracht werden kann, dass im Falle der Ausübung der Option und des Erwerbes des Basiswertes ein Spekulationsgeschäft vorgelegen hätte.

Im Fall der Glattstellung der Option – die Vertragsparteien schliessen diesfalls inhaltsgleiche Gegengeschäfte ab – realisiert der Optionsberechtigte die eingetretene Wertsteigerung des Basisgegenstandes, als ob dieser angekauft und anschliessend wieder verkauft worden wäre. Die Differenz zwischen den Anschaffungskosten der Option und der Glattstellungsprämie unterliegt der Steuerpflicht.

Übt der Anleger hingegen seine Option aus, so ist für die steuerliche Erfassung zwischen der Option selbst und dem zugrundeliegenden Basiswert zu unterscheiden. Beide Vorgänge sind eigene Tatbestände (§§ 30 Abs l Z l lit b und Z 2 EStG), die zu Einkünften aus Spekulationsgeschäften führen, wenn zwischen der Anschaffung und der Veräusserung ein Zeitraum von nicht mehr als einem Jahr liegt. Je nach Zeitpunkt des Abschlusses des Optionsgeschäftes, sind folglich unterschiedliche Fristenläufe zu beachten. Eine einkommensteuerliche Erfassung eines Spekulationsgeschäftes iSd § 30 EStG erfolgt erst, wenn der erzielte Jahresgewinn ATS 6000,- übersteigt. Erleidet der Privatanleger aus Spekulationsgeschäften einen Verlust, so ist dieser nur mit anderen Spekulationsgewinnen desselben Jahres ausgleichsfähig. Führen die Spekulationsgeschäfte in einem Kalenderjahr insgesamt zu einem Verlust, darf dieser mit anderen positiven Einkünften, wie etwa Lohneinkünften, nicht ausgeglichen werden.

Die kostenlose oder verbilligte Übertragung von Aktien am Unternehmen des Arbeitgebers oder mit diesem verbundenen Unternehmen durch die ausländische Muttergesellschaft an Arbeitnehmer einer inländischen Tochtergesellschaft oder Optionen auf den Erwerb auf solcher Aktien ist nach Ansicht des Bundesministeriums für Finanzen ein steuerbarer Vorteil aus dem Dienstverhältnis. Dieser Vorteil ist nach der zu § 15 Abs 2 EStG ergangenen Sachbezugsverordnung mit dem gemeinen Wert (dieser richtet sich bei an der Börse notierenden Optionen nach dem Börsenkurs sonst ist bei der Wertermittlung der innere und der Zeitwertes der Option zu berücksichtigen) zu bewerten. Der mit der Option verbundene Vorteil unterliegt im Zeitpunkt des Zuflusses der Lohnsteuerpflicht. Nur wenn die Option als Wirtschaftsgut zu betrachten ist, erfolgt dieser Zufluss im Zeitpunkt der Einräumung der Option, sonst erst mit deren Ausübung. Sowohl für die verbilligte oder kostenlose Zuteilung von Mitarbeiteraktien als auch die Gewährung einer Option auf Zuteilung solcher Aktien sind unter bestimmten Voraussetzungen Steuerbegünstigungen vorgesehen.

Im Falle einer Indexoption – die Vertragsparteien spekulieren diesfalls mittels Optionen auf die Wertentwicklung eines Aktienindex – kommt es anders als bei der Ausübung einer Aktienoptionen zu keiner tatsächlichen Lieferung des Basiswertes. Bei der Besteuerung von Index-Zertifikaten ist zu unterscheiden, ob einerseits der Anleger einen gänzlichen oder zumindest 80%igen Verlust an der Kapitalforderung erleidet oder diese zu mehr als 20% beim Anleger verbleibt. Kommt es zu einem gänzlichen oder zumindest 80%igen Verlust an der Kapitalforderung, so sind keine Einkünfte aus Kapitalvermögen gemäss § 27 Abs l Z 4 EStG (Zinsen und andere Erträgnisse aus Kapitalforderungen jeder Art), da hiefür das Bestehen einer Kapitalforderung notwendig ist, sondern Veräusserungsgewinne anzunehmen. Verbleibt hingegen die Kapitalforderung gänzlich oder zumindest zu mehr als 20% beim Anleger, liegen Einkünfte aus Kapitalvermögen gemäss § 27 Abs l Z 4 EStG vor.

Handelt es sich bei der Privatperson um den Optionsverpflichteten (Stillhalter) so erhält dieser für die übernommene Verpflichtung, am Ende der Laufzeit des Vertrages des zugrundeliegenden Vertragsgegenstand zu einem vereinbarten Kaufpreis zu verkaufen/erwerben eine Optionsprämie. Diese Optionsprämie ist zunächst den Einkünften aus Spekulationsgeschäften gemäss § 30 Abs 1 Z 2 EStG, nach Ablauf der einjährigen Spekulationsfrist nach nicht einheitlicher Meinung den sonstigen Einkünften gemäss § 29 Z 3 EStG (Einkünfte aus Leistungen) zuzuordnen. Bei der Glattstellungsprämie handelt es sich jedoch um einen von der Optionsprämie verschiedenen Zahlungsfluss, der auch hinsichtlich seiner Einordnung in die Einkunftsarten anders zu behandeln ist. Massgebend für die Glattstellungsprämie ist die Einkunftsart, der die gedachte Veräusserung der dem Optionsgeschäft zugrundeliegenden Wertpapiere unterliegt (§ 30 Abs 1 Z 1 EStG; siehe 2.3.2). Führt der Stillhalter Anschaffungs- oder Veräusserungsvorgänge im Zuge der Ausübung der Option durch den Optionsberechtigten aus, so sind diese – getrennt vom darüber abgeschlossenen Optionsgeschäft – als eigener Tatbestand der Einkünfte aus Spekulationsgeschäften steuerpflichtig, sofern sie den Tatbestand eines Spekulationsgeschäftes erfüllen.

Financial Futures

Einkünfte aus der Veräusserung von Financial Futures fielen schon bisher als Differenzgeschäfte unter die Einkünfte aus Spekulationsgeschäften gemäss § 30 Abs 1 Z 2 EStG, da es sich nach Auffassung der österreichischen Finanzverwaltung – anders der BFH – auch bei Termingeschäften um Erwerbs- und Veräusserungsvorgänge handelt. Daran ändert auch die mangelnde Lieferverpflichtung der am Differenzgeschäft Beteiligten nichts, da es auf direkte Lieferverpflichtungen zwischen Veräusserer und Erwerber nicht ankommt. Seit dem Budgetbegleitgesetz 2001 sind Differenz- und Termingeschäfte schliesslich explizit in § 30 Abs 1 Z 2 EStG erwähnt. Wie schon zuvor sind Termin- und Differenzgeschäfte ohne zeitliche Einschränkung einkommensteuerpflichtig.

Umsatzsteuer

Options

Bei Optionsgeschäften ist für umsatzsteuerliche Zwecke zwischen der Einräumung und der Ausübung der Option zu unterscheiden. Der Stillhalter erbringt gegenüber dem Optionsberechtigten eine steuerbare Leistung, für die er als Entgelt eine Stillhalteprämie erhält. Da Optionsgeschäfte mit Wertpapieren aber gemäss § 6 Z 8 lit d UStG umsatzsteuerbefreit sind, unterliegt dieser Leistungsaustausch nicht der Umsatzsteuer. Andere Optionen als solche auf Wertpapiere oder Devisen, also insbesondere Zins- oder Indexoptionen, sind nach geltender Rechtslage von dieser Befreiung nicht erfasst. Eine anders lautende Erlassmeinung der Finanzverwaltung bezieht sich auf einen Gesetzesvorschlag, der niemals Geltung erlangte und ist deshalb (auch wenn sie einige Jahre wiederholt wurde) in Frage zu stellen. Auch im Rahmen des Optionsgeschäftes unterliegt eine rückzuverrechnende Margin nicht der Umsatzsteuer. Die Ausübung der Option führt zu einer Lieferung, die – wie bereits erwähnt – im Falle von Wertpapieren unecht von der Umsatzsteuer befreit ist. Wird die Option nicht ausgeübt, sondern glattgestellt, gelten die Regeln für Differenzgeschäfte.

Financial Futures

Sind Futures als Differenzgeschäfte ausgestaltet oder kommt es unabhängig von der Ausgestaltung eines Options- oder Futuregeschäftes zu deren Glattstellung, indem keine Ausübung erfolgt, sondern der Differenzbetrag zwischen einem vereinbartem und einem zukünftigen Preis bezahlt wird, so erfolgen diese Differenzzahlungen ausserhalb eines Leistungsaustausches, der Umsatzsteuerpflicht auslösen könnte. Warentermingeschäfte werden hingegen durch eine Lieferung erfüllt, die somit grundsätzlich umsatzsteuerbar aber aufgrund § 6 Z 8 lit d UStG im Fall der Lieferung von Wertpapieren unecht steuerbefreit ist. Eine rückzuverrechnende Margin (Sicherheitsleistung unterliegt nicht der Umsatzsteuer).

Rechtsgeschäftsgebühren

Options

Nach dem Gebührengesetz 1957 (GebG) sind Bedingungen, unter denen die Parteien ein Rechtsgeschäft abschliessen, gebührenrechtlich irrelevant und führen nach der jeweils anwendbaren Tarifpost zu Gebührenpflicht. Von bedingten Rechtsgeschäften unterscheidet die Rechtsprechung aber Optionen, als befristet bindende Gestaltungsrechte. Sie lösen nur dann eine Rechtsgeschäftsgebühr für das zugrundeliegende Rechtsgeschäft aus, wenn es sich um eine Verlängerungsoption handelt, nicht aber, wenn durch sie ein neues Rechtsgeschäft in Gang gesetzt werden soll. Sofern eine Option glattgestellt wird, also ein Differenzgeschäft vorliegt, ist die Gebührenfreiheit in § 33 TP 17 Abs 6 Z 2 GebG ausdrücklich normiert.

Index-Optionsgeschäfte werden in der Literatur als Verträge sui generis betrachtet, die keine Glücksgeschäfte iSd ABGB und deshalb gebührenfrei sind. Als Differenzgeschäfte ausgestaltet, ist deren Gebührenfreiheit – wie schon ausgeführt – gesetzlich festgelegt.

Financial Futures

Auch für Financial Futures wird die Anwendbarkeit von § 33 TP 17 GebG in Erwägung gezogen. In der Literatur herrscht über diese Einordnung jedoch Uneinigkeit. Sofern es sich bei den Financial Futures um Differenzgeschäfte handelt, ist deren Gebührenfreiheit in § 33 TP 17 Abs 6 Z 2 GebG gesetzlich normiert.

Abschliessende Bemerkungen

Immer wieder machen Fälle von hohen Verlusten mit Derivaten Schlagzeilen. Seien es Debakel in dreistelliger Millionenhöhe wie beispielsweise bei der Pensionskasse der schweizerischen Landis & Gyr oder gar in Milliardenhöhe, wie im Fall des amerikanischen Orange County Bezirks oder der durch Spekulation in Futures verursachte Bankrott der Baring Bank in England, stets ist von Verlusten mit derivativen Instrumenten die Rede. Dass meist nur eine einzige Person oder einzelne Institutionen die Marktentwicklung falsch einschätzten und ohne Absicherung mit der Hebelwirkung von Derivaten spekulierten, tritt dabei oftmals in den Hintergrund. Derartige Fälle rufen vor allem im Kreis der Politiker immer deutlichere Reaktionen hinsichtlich der Notwendigkeit einer vertieften Regulierung von Derivativmärkten hervor. Eine übereilte länderspezifische staatliche Regulierung würde jedoch ungeahnte negative Auswirkungen auf die Finanzmärkte mit sich bringen. Abgesehen von der Einschränkung einer effizienten Risikoallokation würde zusätzlich das zu bekämpfende systemische Risiko erhöht werden, da börsengehandelte Produkte jeweils die ersten Eingriffsziele der Politiker darstellen und darauf die Aktivitäten auf die OTC Märkte verlagert würden. Regulatorische Massnahmen können lediglich auf globaler Basis Wirkung entfalten und nur unter Einbezug des gesamten Derivativmarktes.

Da staatliche Regulierungen jedoch meist negative Auswirkungen auf die Funktion von Märkten haben, mit Ausnahme von grundlegenden Rahmenbedingungen wie Vorschriften über Eigenmittelunterlegung oder Klumpenrisiken, kann die einzig sinnvolle Lösung nur in der Selbstregulierung der Marktteilnehmer liegen. Die meisten bedeutenden Marktteilnehmer haben dies frühzeitig erkannt und sind bemüht, ein allgemeinverbindliches Regelwerk zum besseren Risikomanagement zu entwickeln. Empfehlungen wie beispielsweise die Überwachung des Risikomanagements durch die oberste Geschäftsleitung und die Bewertung von Positionen zu Marktpreisen werden von den Marktteilnehmern akzeptiert und zum grössten Teil auch befolgt. Andere Empfehlungen wie Wahrscheinlichkeitsanalysen mit spezifischen Zeithorizonten (Value at Risk) oder Stresssimulationen werden vielerorts verwendet und verzeichnen eine zunehmende Anwendung. Daneben gelten bereits zahlreiche regionale Rahmenverträge, vor allem im OTC Bereich, welche aber für eine effektive Risikoverminderung weltweit koordiniert werden sollten.

Eine der wichtigsten Anstrengungen, welche sowohl auf der Basis von Selbstregulierung unternommen als auch von staatlicher Seite her gefördert werden sollte, ist die weitere Verbreitung des Know-hows über Derivate auf allen Ebenen. Nachdem Finanzinstitute als Händler und Anwender in den letzten Jahren einen enormen Know-how-Zuwachs verzeichnen konnten, liegt das grösste Wissensdefizit nach wir vor bei den Endbenutzern von Derivaten. Zu Recht wird, vor allem von geschädigten Kunden, eine bessere Aufklärung über derivative Finanzinstrumente von Seiten des vermittelnden Finanzinstitutes gefordert. Gelten muss daher, wie auf den meisten übrigen Märkten, das «Caveat Emptor»-Prinzip, wonach sich der Käufer über die Risiken des zu erwerbenden Gegenstands im klaren sein muss. Als Teil einer Selbstregulierung liegt es in den Händen der Finanzinstitute, den Kunden über die Eigenschaften von Derivaten und deren Verlustrisiken aufzuklären. Eine wegweisende Rolle übernahm beispielsweise das Finanzinstitut J. P. Morgan, welches seit einiger Zeit allen Kunden und auch der Konkurrenz ein EDV-gestütztes, hochentwickeltes Risikomanagementsystem zur Verfügung stellt. Die Aufklärungspflicht für Schweizer Finanzinstitute brachte ebenso eine deutliche Verbesserung auf diesem Gebiet.

Mit homogenen, selbstauferlegten Standards, einer geeigneten Infrastruktur und vor allem mit Know-how über Derivate kann einer unzweckmässigen Regulierung der Derivativmärkte Einhalt geboten und dem bedeutenden ökonomischen Nutzen von Derivaten in vollem Masse Rechnung getragen werden.

Fachwortverzeichnis

Agent. Broker, der an der Börse auf Rechnung von Kunden Wertpapiere handelt.

Aktienoption. Option, deren zugrundeliegender Wert eine Aktie ist. Eine Aktienoption beinhaltet das Recht, nicht aber die Verpflichtung, eine bestimmte Anzahl Aktien innerhalb eines bestimmten Zeitraumes (Optionsfrist) zu einem im voraus festgelegten Preis (Strikepreis) zu kaufen (Call) bzw. zu verkaufen (Put). Als Gegenleistung für die Einräumung des Optionsrechts entrichtet der Optionskäufer dem Schreiber den Optionspreis.

Aktionärsoption. Option, die den Aktionären einer Gesellschaft unentgeltlich zugeteilt wird.

Amerikanische Option. Option, die jederzeit während der vereinbarten Optionslaufzeit ausgeübt werden kann.

Arbitrage. Ausnützung von Preisunterschieden zweier Werte mit identischem Cash-flow-Profil und Risiko an demselben oder unterschiedlichen Handelsplätzen. Der relativ billigere Wert wird gekauft und der relativ teurere verkauft, wobei die Kombination der beiden Positionen kein Risiko aufweist und eine Rendite abwirft, die über dem risikofreien Zinssatz liegt.

Arbitrageur. Marktteilnehmer, welcher die Arbitrage durchführt.

Asymmetrisches Risiko. Ungleich verteiltes Risiko, d. h. eine Situation, in welcher der Ertrag einer Investition, abhängig von der Richtung der Veränderung einer Variablen und extern bestimmt, unterschiedlich ausfällt.

At-the-money Option. Option, bei welcher der Strikepreis dem aktuellen Kurs des Basiswertes entspricht. Die Option weist keinen inneren Wert aber den höchstmöglichen Zeitwert auf.

Aufgeld. Siehe Zeitwert.

Ausübung. (Exercise). Geltendmachung des Rechts zum Bezug des im Optionskontrakt vereinbarten Basiswerts zum festgelegten Ausübungspreis.

Ausübungspreis. Siehe Strikepreis.

Back Spread. Kombination von drei Call oder Put Optionen, indem zwei Longpositionen und eine Shortposition mit zwei unterschiedlichen Strikepreisen eingegangen werden. Der Spread ist gewinnbringend, sofern sich der Kurs des Basiswerts genügend stark verändert.

Barausgleich. (Barabrechnung, Komptantabrechnung). Abrechnungsart, bei welcher der Optionsinhaber nach der Ausübung nicht den zugrundeliegenden Basiswert, sondern die Differenz zwischen Marktpreis und Strikepreis in Form von Geld erhält.

Basis. Differenz zwischen Kassakurs und Future Preis eines Basiswertes. Sind der abzusichernde Wert und der Basiswert des Futures identisch, beträgt die Basis am Ende der Laufzeit Null. Davor kann sie je nach Marktsituation positiv oder negativ sein. Bei vorzeitiger Glattstellung durch eine Gegenposition im Basiswert stellt die Basis ein Risiko dar, welches als Basisrisiko bezeichnet wird.

Basispunkt. Ein Hundertstel Prozentpunkt (Rendite).

Basis Trading. Ausnutzung von Preisungleichgewichten zwischen der Cheapest-to-Deliver Anleihe und einem Zins Future zur Erzielung eines risikofreien Gewinns.

Basiswert. Der dem Future oder der Option zugrundeliegende Finanzwert oder die Ware (Underlying).

Basket. Korb von Anlageobjekten, welcher im Gegensatz zu einem Index nur gewisse Marktsegmente repräsentiert.

Bear Price Spread. Price Spread, d.h. Kombination zweier Calls oder Puts mit unterschiedlichen Strikepreisen, welche bei einem Kursrückgang des Basiswertes zu einem Gewinn führt.

Bear Time Spread. Time Spread, d.h. Kombination zweier Calls oder Puts mit unterschiedlichen Verfallzeitpunkten, welche bei abfallendem Basiswertkurs zu einem Gewinn führt.

Beta. Masszahl für das systematische Risiko einer Investition. Drückt aus, um wieviel Prozent sich eine Einzelanlage verändert, wenn sich der Gesamtmarkt um 1% bewegt.

Bezugspreis. Siehe Strikepreis.

Binominale Verteilungsmethode. Numerische Methode zur Berechnung des theoretischen Optionspreises. Es wird davon ausgegangen, dass ein Basiswert in der Zukunft genau zwei Werte annehmen kann, wodurch ein beliebig verfeinerbares, baumstrukturartiges Netzwerk gebildet und auf den ursprünglichen Optionspreis geschlossen werden kann.

Black-Scholes-Modell. Analytisches Modell zur Berechnung des theoretischen Optionspreises. Die Formel drückt unter Berücksichtigung der Wahrscheinlichkeitsverteilung der zugrundeliegenden Aktie den Erwartungswert einer Option aus, den sie am Ende der Laufzeit annehmen wird.

Box. Arbitragestrategie, bei welcher gleichzeitig zwei Calls und zwei Puts mit zwei unterschiedlichen Strikepreisen und gleichem Verfalldatum gekauft bzw. verkauft und damit Preisungleichgewichte für risikolose Gewinne genutzt werden.

Break-even-Point. Preis des zugrundeliegenden Basiswertes, bei welchem die Optionsstrategie bei Verfall weder einen Gewinn noch einen Verlust erzielt.

Broker. Makler, der auf fremde Rechnung (Agent), d.h. gegen Kommission, für seine Kunden Wertpapiere kauft und verkauft oder auf eigene Rechnung (Principal) handelt.

Bull Price Spread. Price Spread, d.h. Kombination zweier Calls oder Puts mit unterschiedlichen Strikepreisen, welche bei einem Kursanstieg des Basiswertes zu einem Gewinn führt.

Bull Time Spread. Time Spread, d.h. Kombination zweier Calls oder Puts mit unterschiedlichen Verfallzeitpunkten, welche bei ansteigendem Basiswertkurs zu einem Gewinn führt.

Butterfly Spread. Optionenkombination bestehend aus vier Calls oder Puts mit drei verschiedenen Strikepreisen und gleichem Verfalldatum, wobei je eine Option mit hohem und tiefem Strikepreis gekauft und zwei mit mittlerem Strikepreis verkauft werden.

Call. (Kaufoption). Option, welche das Recht, nicht aber die Pflicht beinhaltet, einen bestimmten Basiswert innerhalb eines festgelegten Zeitraumes zu einem vereinbarten Preis zu kaufen.

Call-Put-Parität. Gleichgewichtsbeziehung der Preise von Calls und Puts, bei welcher vom Preis des einen Optionstyps auf denjenigen des anderen geschlossen werden kann. Ungleichgewichte werden in effizienten Märkten durch Arbitragetätigkeiten ausgeglichen.

Cash-and-Carry-Arbitrage. Eingehen einer Position, bei der man «Long» die CTD-Anleihe und «Short» den Zins Future ist. Diese Position geht der Investor ein, wenn eine «Überbewertung» des Future gegenüber der Anleihe vorliegt.

Cheapest-to-Deliver-Anleihe (CTD). Diejenige Anleihe aus dem Lieferkorb möglicher Anleihen, die aufgrund geringfügiger Verzerrung innerhalb des Umrechnungssystems (Konversionsfaktoren) für die Short-Position bei der Lieferung am günstigsten ist.

Clean Price. Anleihenkurs, wie er an der Börse notiert wird (ohne Berücksichtigung der Stückzinsen).

Clearing. Zentrale Abrechnung von Forderungen und Verbindlichkeiten (aus dem Termin- und Optionenhandel) mit dem Ziel, die Geldflüsse durch gegenseitige Aufrechnungen möglichst gering zu halten; zum Clearing von Options- und Termingeschäften werden auch alle Aktivitäten zur Bonitätssicherung der Geschäfte (Marginverrechnung) gezählt.

Clearinggebühr. Administrative Gebühr, welche vom Clearinghaus für die bereitgestellten Dienstleistungen erhoben wird.

Clearingstelle. (Clearinghouse). Übernimmt in organisierten Börsen die Vermittler- und Überwachungsfunktion zwischen den Marktteilnehmern, garantiert deren Kreditwürdigkeit und ist für die Abwicklung und Verbuchung der Transaktionen zuständig.

Commodity Future. Futurekontrakt mit einer Liefer- oder Abnahmeverpflichtung in Rohwaren.

Condor. Optionsstrategie, bestehend aus einer Kombination von vier Calls oder Puts mit vier verschiedenen Strikepreisen und gleichen Verfallterminen, wobei je eine Option mit höchstem und tiefstem Strike gekauft und zwei Optionen mit dazwischenliegenden Strikepreisen verkauft werden.

Convenience Yield. Preisvorteil für den Verkäufer dank Lieferknappheit im Kassahandel gegenüber dem Terminkurs (vor allem bei Rohwarengeschäften).

Conversion. Arbitragestrategie, bei welcher ein synthetischer Call, bestehend aus dem Basiswert selbst und einem darauf lautenden Put, gekauft und gleichzeitig eine entsprechende Call Option verkauft wird. Dadurch entsteht eine risikofreie Position, welche relativ teure Calls und billige Puts für Gewinne nutzt.

Cost-of-carry. Kosten, die anfallen beim Halten eines Basiswertes welcher einem Derivat unterliegt wie Finanzierungskosten oder Lagerkosten.

Courtage. (Kommission, Maklergebühr). Entschädigung für die dem Kunden von der Bank bereitgestellten Dienstleistungen im Wertschriftenhandel.

Covered Warrant. Siehe Gedeckte Option.

Daily Settlement. Tägliche Anpassung der Sicherheitserfordernisse (Margins) auf der Grundlage der Marktpreise.

Delta. Sensitivität des Optionspreises auf Preisveränderungen des Basiswerts. Entspricht mathematisch der ersten Ableitung des Optionspreises nach dem Basiswertkurs. Das Delta verändert sich mit dem Kurs des Basiswerts.

Deltahedging. Hedgingtechnik, bei welcher der Wert des Portefeuilles gegenüber geringen Kursschwankungen des Basiswerts neutralisiert wird.

Derivatives Instrument. Ein von einem zugrundeliegenden Wert abgeleitetes Produkt, welches auf einer vertraglichen Vereinbarung zwischen zwei Kontrahenten basiert.

Devisen Future. Standardisierter Terminkontrakt, welcher den Kauf eines Währungsbetrages zu einem bestimmten Wechselkurs an einem festgelegten Termin vorsieht.

Devisenoption. Option, welche dem Inhaber während eines bestimmten Zeitraums das Recht zum Kauf bzw. Verkauf einer bestimmten Devisenmenge zu einem vereinbarten Wechselkurs einräumt.

Diagonaler Bear Price Spread. Bear Price Spread, welcher aus Optionen unterschiedlichen Laufzeiten konstruiert ist und bei sinkendem Basiswertkurs zu einem Kursgewinn führt.

Diagonaler Bull Price Spread. Bull Price Spread aus Optionen mit unterschiedlicher Laufzeit, welcher bei steigendem Basiswertkurs zu einem Kursgewinn führt.

Diagonaler Spread. Gleichzeitiger Kauf und Verkauf desselben Optionstyps auf den gleichen Basiswert mit unterschiedlichen Strikepreisen und Laufzeiten.

Dirty Price. Anleihenkurs, der beim Kauf einer Anleihe effektiv zu bezahlen ist (Clean Price + anteilige Stückzinsen seit der letzten Kuponzahlung).

Duration. Zeitpunkt in der Restlaufzeit einer Anleihe, an dem sich Kurs- und Wiederanlagerisiko einer Anleihe genau ausgleichen; wird verwendet zur Risikomessung und Bestimmung von Hedge Ratios.

EDSP. (Exchange Delivery Settlement Price). Settlement-Preis des Future am letzten Handelstag, zu dem bei Lieferung des Underlyings abgerechnet wird.

Europäische Option. Optionsart, bei welcher der Optionsbesitzer sein Ausübungsrecht erst am Verfalltag der Option geltend machen kann. Aufgrund dieser Einschränkung sind europäische Optionen im Vergleich zu amerikanischen Optionen relativ tiefer bewertet.

Exercise Price. Siehe Strikepreis.

Expiry. Siehe Verfall.

Financial Future. Futurekontrakt, dem kein physisches Geschäft sondern eine Finanztransaktion zugrunde liegt.

Forward. Termingeschäft mit individuellen Vertragsbestimmungen, welches direkt zwischen den Kontrahenten abgeschlossen wird.

Future. Standardisiertes Termingeschäft, welches mit Hilfe einer Clearingstelle an der Börse abgewickelt wird. Im Gegensatz zu Optionen weisen Futures Kontrakte unbedingten, symmetrischen Charakter auf.

Gamma. Sensitivitätskennzahl, welche die Veränderung des Deltawertes bei einer Änderung des Basiswertkurses ausdrückt. Mathematisch betrachtet ist der Gammawert die zweite Ableitung des Optionspreises nach dem Kurs des Basiswerts.

Gammahedging. Hedgingtechnik, welche die Konstanz des gesamten Deltawertes eines Portefeuilles auch bei Veränderungen des Basiswertpreises zum Ziel hat.

Gearing. Siehe Leverage Faktor.

Gedeckte Option. (Covered Option, Stillhalteroption). Option, welche meist von Dritten (im Gegensatz zum Unternehmen selbst) gegen eine Position im zugrundeliegenden Wert oder eine Gegenoption ausgegeben wird. Beim Put wird ein Geldbetrag in Höhe des Strikepreises hinterlegt.

Gegenoption. Option, welche als Sicherheit für eine ausgestellte Option dient. Damit eine Option als Gegenoption anerkannt wird, muss diese im Vergleich zur ausgestellten Option gewisse Mindestanforderungen erfüllen wie beispielsweise beim Call einen tieferen Strikepreis und eine längere Laufzeit.

Glattstellen. Transaktion, die eine offene Position schliesst, d. h. eine Longposition mit einer entsprechenden Shortposition neutralisiert und umgekehrt.

Gleichgewichtspreis. Preis für Derivate, der einen risikofreien Gewinn durch Arbitrage ausschliesst.

Gratisoption. Siehe Aktionärsoption.

Hebelwirkung. Siehe Leverage Faktor.

Hedger. Marktteilnehmer, welcher unerwünschte Marktrisiken absichert.

Hedge Ratio. Verhältnis von Futures oder Optionen zur Anzahl abzusichernder Basiswerte, bei welchem ein Portefeuille vollständig abgesichert ist. Umkehrwert des Deltas.

Hedging. (Risikoabsicherung) Absichern einer offenen Position am Kassa- oder Terminmarkt gegen Kursänderungsrisiken.

Horizontaler Spread. Siehe Time Spread.

Implizite Standardabweichung. Mit Hilfe z. B. der Black-Scholes-Formel bei gegebenen Marktpreisen und übrigen Einflussfaktoren berechnete theoretische Standardabweichung des zugrundeliegenden Basiswertes.

Intrinsischer Optionswert. Siehe Innerer Wert.

Index Arbitrage. Ausnutzung von Preisungleichgewichten zwischen einem Aktienindex-Future und dem berechneten Preis des zugrundeliegenden Basiswertes zur Erzielung eines risikofreien Gewinnes.

Index Future. Standardisierter Terminkontrakt, welcher den Kauf eines Portefeuilles von Waren- oder Finanzwerten, repräsentiert durch einen Index, zu einem festgelegten Preis an einem bestimmten Zeitpunkt vorsieht.

Index Option. Option, welche dem Inhaber während eines bestimmten Zeitraums das Recht zum Kauf bzw. Verkauf eines ausgewählten Wertpapierkorbes in Form eines Index zu einem vereinbarten Ausübungspreis einräumt. Die Abrechnung erfolgt meist durch Barausgleich.

Initial Margin. (Einschussverpflichtung) Betrag oder Sicherheit, der bei Eröffnung einer Position vom Auftraggeber auf ein Sperrkonto hinterlegt werden muss, und beim Schliessen der Position durch Glattstellung oder Erfüllung zurückerstattet wird.

Innerer Wert. (Intrinsic Value). Positive Differenz zwischen dem aktuellen Tageskurs des Basiswerts und dem tieferen Strikepreis eines Calls beziehungsweise dem höheren Strikepreis eines Puts.

In-the-money Option. Option mit innerem Wert, d.h. mit tieferem Strikepreis als dem Basiswertkurs bei Calls und höherem Strikepreis als dem Basiswertkurs bei Puts.

Invoice Amount. Abrechnungssumme, die bei Lieferung einer bestimmten Anleihe am Liefertag zu bezahlen ist; wird ermittelt aus dem EDSP, den Stückzinsen der betreffenden Anleihe, ihrem Konversionsfaktor und der Handelseinheit.

Kassageschäft. (Komptantgeschäft, Spot Transaction). Transaktion, bei welcher Lieferung und Zahlung der gehandelten Werte unverzüglich erfolgen.

Kassaoption. Option, bei deren Ausübung die Übertragung des zugrundeliegenden Wertes mit unmittelbarer Barabrechnung erfolgt.

Kaufoption. Siehe Call.

Kaution. Siehe Marge.

Komptantoption. Siehe Kassaoption.

Kontrakt. Abschlusseinheit in einem derivaten Instrument; z. B. beim SMI-Future 10x den Indexwert.

Kontraktspezifikationen. Bei der Option sind dies Optionstyp, Ausübungspreis, Basiswert und Laufzeit. Beim Future sind es Basiswert und Laufzeit.

Kontraktwert. Der Wert, mit dem ein Future definiert wird (zum Beispiel Euro 100.000 im Falle eines Bund Future).

Konvergenz. Annäherung von Kassa- und Terminkurs gegen Ende der Kontraktlaufzeit.

Konversionsfaktor. Von der jeweiligen Börse berechnet, ermöglicht er die Angleichung des im Rahmen eines Future Kontraktes zu liefernden Zinsinstruments an das Standardwertpapier, welches zur Berechnung des Future Preises dient. Der Konversionsfaktor wird von der Terminbörse für jede lieferbare Anleihe bekanntgegeben.

Korrelation. Misst die Parallelität des Kursverlaufes zweier Aktiva. Sie reicht von + 1 (absolut paralleler Verkauf) bis – 1 (absolut gegenläufig).

Leerverkauf. Verkauf einer Ware oder eines Finanzinstrumentes ohne Risikodeckung, d.h. ohne den Gegenstand zu besitzen.

Lieferbare Anleihen. Anleihen, die bei Erfüllung des Zins-Future geliefert werden können.

Liefertag. Tag, an dem die Erfüllung von Future- und Options-Kontrakten stattfindet.

Longposition. Besitz einer Ware oder eines Finanztitels.

Leverage Faktor. (Hebelfaktor, Gearing). Vielfaches des Basiswertes, welches durch die Investition des entsprechenden Betrages in Optionen oder Futures erreicht wird. Entspricht beim Gearing der Division des Basiswertkurses durch den Optionspreis. Je höher der Leverage Faktor, desto reagibler ist eine Option.

Maintenance Margin. Siehe Marge.

Marge (Margin). Hinterlegung eines bestimmten Kapitalwertes bei der Clearingstelle als Sicherheit beim Handel mit Futures und beim Schreiben von ungedeckten Calls und Puts. Sie wird in Abhängigkeit von der Volatilität des Basiswertes von der Clearingstelle festgelegt.

Margin Call. Einschusspflicht, welcher innert einer festgelegten Frist nachgekommen werden muss, ansonsten die Position zwangsliquidiert wird.

Market Maker. Marktteilnehmer, welcher auf eigene Rechnung (Principal) oder auf fremde Rechnung von Kunden (Agent) handelt und zum Stellen von Kauf- und Verkaufskursen für bestimmte Finanzwerte verpflichtet ist. Market Maker besitzen das Privileg reduzierter Transaktionskosten.

Matching. Zusammenführen der im Handelssystem eingegebenen Orders und Quotes zum Zwecke von Geschäftsabschlüssen.

Naked Warrant. Oberbegriff für Warrants, die nicht Anspruch auf den Bezug von Basiswerten verschaffen, sondern meist von Finanzinstituten aufgrund herrschender Marktbedürfnisse zur potentiellen Gewinnerzielung

ausgegeben werden und nicht durch entsprechende Vermögenswerte abgesichert sind. Die Laufzeit bewegt sich etwa zwischen ein und fünf Jahren und als Basiswert sind Aktien, Rohstoffe, Obligationen, Devisen, Indizes und Baskets möglich.

Near-the-money Option. Option, deren Strikepreis in der Nähe des aktuellen Marktpreises des zugrundeliegenden Basiswertes liegt.

Netting. Risikosaldierung in der Berechnung der Margenpflicht für Positionen, die sich neutralisieren.

Omega. Prozentuale Optionspreiselastizität im Vergleich zum Basiswert.

Open interest. Anzahl offener Positionen nach einer Börsensitzung.

Option. Vereinbarung, welche für den Optionsinhaber das Recht aber nicht die Pflicht beinhaltet, eine im voraus bestimmte Menge einer Ware oder eines Wertes zu einem bestimmten Preis innerhalb eines definierten Zeitraums zu kaufen (Call) oder zu verkaufen (Put). Der Optionsverkäufer muss hingegen jederzeit dem Ausübungsrecht des Käufers Folge leisten und den vereinbarten Gegenstand liefern bzw. übernehmen, wofür er eine Entschädigung in Form der Optionsprämie erhält.

Optionsanleihe. Festverzinsliche Schuldverschreibung mit einem beigefügten Optionsschein. Der Optionsschein und die Obligation können getrennt und unabhängig voneinander gehandelt werden.

Optionsfrist. Zeitraum bis zum vereinbarten Verfalltermin einer Option.

Optionsgruppe. Optionen mit gleichem Verfalldatum.

Optionsinhaber. (-käufer, -besitzer). Inhaber des Ausübungsrechts einer Option.

Optionsklasse. Optionen mit gleichem zugrundeliegenden Basiswert.

Optionsprämie. (-kurs, -preis). Prozentsatz des Basiswertes oder absoluter Preis, der vom Optionskäufer an den Schreiber zu entrichten ist. Die Optionsprämie besteht aus dem Zeitwert (reine Prämie, Aufgeld) und dem inneren Wert einer Option.

Optionsschein. Handelbares verbrieftes Optionsrecht.

Optionsschreiber. (Optionsverkäufer). Vertragspartner, der sich zu den vereinbarten Bedingungen verpflichtet, den zugrundeliegenden Basiswert zu kaufen oder zu verkaufen.

Optionsserie. Optionen auf den gleichen Basiswert und das gleiche Verfalldatum aber mit unterschiedlichen Strikepreisen.

Optionstyp. Call oder Put. Der Call gibt dem Besitzer das Recht, einen bestimmten Wert zu kaufen, der Put, einen bestimmten Wert zu verkaufen.

Over the Counter Geschäft. (OTC). Unstandardisierter, nichtbörslicher Wertpapierhandel mit individueller Vertragsgestaltung und deshalb erschwerter Übertragbarkeit.

Out-of-the-money Option. Option ohne inneren Wert, d. h. mit höherem Strikepreis als dem Basiswertkurs bei Calls und tieferem Strikepreis als dem Basiswertkurs bei Puts.

Partielles Hedging. Teilweise Absicherung einer Position im Gegensatz zum vollständigen Hedging.

Prämie. Siehe Optionsprämie.

Price Spread. (Vertikaler Spread). Optionsstrategie, bei der gleichzeitig von zwei Optionen desselben Typs mit gleichem Verfalldatum aber unterschiedlichen Strikepreisen eine gekauft und eine verkauft wird.

Principal. Broker, der an der Börse auf eigene Rechnung handelt.

Put. (Verkaufsoption). Option, welche das Recht, nicht aber die Pflicht beinhaltet, einen bestimmten Basiswert innerhalb eines festgelegten Zeitraumes zu einem vereinbarten Preis zu verkaufen.

Ratio Spread. Spread, bei welchem die Anzahl gekaufter und verkaufter

Optionen derart festgelegt wird, dass die Gesamtposition deltaneutral ist.

Realer Optionswert. Siehe Innerer Wert.

Replikation. Siehe Synthetische Positionen.

Reversal. Arbitragestrategie, bei welcher ein synthetischer Put, bestehend aus dem Leerverkauf eines Basiswerts und dem Kauf eines darauf lautenden Calls, gekauft und gleichzeitig eine entsprechende Put Option verkauft wird. Dadurch entsteht eine risikofreie Position, welche relativ billige Calls und teure Puts für Gewinne nutzt.

Rho. Sensitivitätskennzahl, welche die Veränderung des Optionspreises bei Änderung des risikofreien Zinssatzes beschreibt. Mathematisch betrachtet ist Rho die erste Ableitung des Optionspreises nach dem risikofreien Zinssatz.

Richtungskoeffizient. Richtungswinkel eines Vektors. Wird im Zusammenhang mit der Konstruktion von Gewinn/Verlust-Diagrammen verwendet.

Risikofreie Portefeuilletechnik. Technik zur Bildung eines Portefeuilles aus Optionen und dem zugrundeliegenden Basiswert, so dass die Gesamtposition kein Risiko beinhaltet. Mehrere Optionsbewertungsmodelle bauen auf diese Technik auf.

Risikofreier Zinssatz. Entspricht demjenigen Zinssatz, der als Entgelt für kreditrisikofrei zur Verfügung gestelltes Kapital entrichtet werden muss. Als Annäherung wird meist die Verzinsung von Staatspapieren verwendet.

Risiko/Gewinn-Methode. Modell zur Bewertung und Auswahl unterschiedlicher Optionskombinationen.

Risikomarge. Marge, die der Schreiber ungedeckter Optionen zusätzlich zur Prämie für das Verlustrisiko hinterlegen muss.

Rohwaren Future. Siehe Commodity Future.

Shortposition. Leerverkauf einer Ware oder eines Finanzinstrumentes.

Spread. Gleichzeitiger Kauf und Verkauf des gleichen Optionstyps innerhalb einer Optionsklasse mit unterschiedlichen Strikepreisen und/oder Laufzeiten.

Standardabweichung. Siehe Volatilität.

Standardisierte Derivate. Börsengehandelte Finanzinstrumente, deren Ausgestaltung durch eine begrenzte Anzahl vereinbarter Charakteristika bestimmt ist. Standardisierte Termingeschäfte werden als Futures bezeichnet.

Stillhalter. Schreiber von Optionen, welcher die entsprechenden Basiswerte besitzt. Die Titel werden in einem Depot hinterlegt und bleiben bis zum Ablauf der Optionsfrist gesperrt. Als Gegenleistung erhält er die Optionsprämie gutgeschrieben.

Straddle. Optionsstrategie, bei welcher je ein Call und ein Put einer Optionsklasse mit gleichem Strikepreis und Verfalldatum gekauft werden.

Strangle. Optionsstrategie, bei welcher je ein Call und ein Put einer Optionsklasse mit unterschiedlichem Ausübungspreis aber gleichem Verfalldatum gekauft werden.

Strikepreis. (Ausübungspreis, Bezugspreis). Preis, zu welchem der einer Option zugrundeliegende Basiswert gekauft bzw. verkauft werden kann.

Stückzinsen. Anteilige Zinsen seit der letzten Kuponzahlung, die dem Verkäufer einer Anleihe zustehen.

Swap. Individuelle Vereinbarung zwischen zwei Kontrahenten, welche den Austausch künftiger Zahlungsströme beinhaltet. Ein Swap kann als Portfolio von Forwardkontrakten angesehen werden.

Symmetrisches Risiko. Gleich verteiltes Risiko, d. h. eine Situation, in welcher der Ertrag einer Investition, unabhängig von der Richtung der Veränderung einer Variablen, lediglich in Abhängigkeit von der Höhe der Veränderung steigt oder fällt.

Synthetische Bundesanleihe. Idealtypischer Basiswert des Zins-Future, der stellvertretend für die verschiedenen lieferbaren Anleihen steht.

Synthetische Positionen. Positionen, welche die gleichen Eigenschaften und den gleichen Cash-flow besitzen wie die Grundposition. Beispielsweise kann ein Call durch den Kauf einer Aktie und eines Puts repliziert werden.

Systematisches Risiko. (Marktrisiko). Risiko, welches sämtliche Anleger in Wertpapiere gleichermassen betrifft und nicht durch Diversifikation reduziert werden kann. Als Masseinheit des systematischen Risikos wird die Kennzahl Beta verwendet.

Termingeschäft. Kauf- oder Verkaufsvertrag, bei welchem die gegenseitigen Leistungen nicht sofort, sondern zu einem späteren Zeitpunkt erfolgen. Der Verkäufer verpflichtet sich dabei, einen bestimmten Vertragsgegenstand zu einem festgelegten Zeitpunkt zu einem vereinbarten Preis zu liefern, während sich der Käufer zur Zahlung und Übernahme des Gegenstandes verplichtet.

Terminoption. Option, welche auf einen Terminkontrakt lautet. Die Abrechnung erfolgt am Verfalltag des Terminkontraktes.

Theta. Sensitivitäskennzahl, welche die Veränderung des Optionspreises bei Änderung der Laufzeit beschreibt. Mathematisch betrachtet ist Theta die erste Ableitung des Optionspreises nach dem Zeitfaktor.

Tick. Kleinste Preisveränderung eines Future- oder Optionskontraktes. Tickgrösse sowie Tickwert sind Teil der vom jeweiligen Handelsplatz festgelegten Kontraktspezifikationen.

Tickwert. Kontraktwert mal Tickabstufung.

Time Spread. (Horizontaler Spread). Optionsstrategie, bei der gleichzeitig von zwei Optionen desselben Typs mit

342

gleichem Strikepreis aber unterschiedlichen Verfallterminen eine gekauft
und eine verkauft wird.

Traded Options. Siehe standardisierte Derivate.

Trader. (Risk Taker). Marktteilnehmer, der entsprechend seiner künftigen Preiserwartungen bewusst risikobehaftete Positionen eingeht und auf
eigene oder fremde Rechnung handelt.

Transaktionskosten. Kosten, welche
beim Durchführen einer Transaktion
entstehen, z. B. Clearinggebühren und
Courtage.

Underlying. Siehe Basiswert.

Ungedeckte Option. (Uncovered,
naked Options). Option, welche nicht
durch die Hinterlegung des Basiswerts
(Call) oder von einem dem Strikepreis
entsprechenden Geldbetrag (Put)
gedeckt ist.

Unsystematisches Risiko. Risiko,
welches verschiedene Branchen und
Unternehmen unterschiedlich beeinflusst und mittels Diversifikation reduziert werden kann.

Variation Margin. Börsentägliche
Buchung zur Realisierung der Gewin-
ne und Verluste aus offenen Future-
Positionen.

Vega. (Kappa). Sensitivitätskennzahl,
welche die Veränderung des Optionspreises bei Änderung der Standardabweichung bzw. des Kursrisikos
beschreibt. Mathematisch betrachtet
ist Vega die Ableitung des Optionspreises nach der Standardabweichung.

Verfall. Festgelegter Zeitpunkt, nach
dessen Erreichen (Verfalldatum) die
Option das Ausübungsrecht verliert.

Verkaufsoption. Siehe Put.

Vertikaler Spread. Siehe Price
Spread.

Volatilität. Schwankungsbereich der
Kurse eines Wertes. Mathematisch
betrachtet handelt es sich um die
annualisierte Standardabweichung
der logarithmierten Kursveränderungen. Die historische Volatilität basiert
auf den Vergangenheitsdaten eines
Basiswertes. Die implizite Volatilität
(Implied Volatility) wird mittels des
aktuellen Marktpreises einer Option
bestimmt.

Warrant. Optionsschein, meist Call
Option, dessen Basiswert vom Aussteller garantiert wird. Im Gegensatz zur
üblichen Stillhalteroption stellen die
Basiswerte von Warrants meist Aktien
des emittierenden Unternehmens dar
und besitzen eine Laufzeit zwischen
ein und fünf Jahren. Wird auch im
Zusammenhang mit Optionsanleihen
verwendet. Siehe auch Naked Warrant.

Zeitwert. Prämie minus Innerer Wert
ergibt den Zeitwert einer Option. Bei
unverändertem Basiswertkurs baut
sich der Zeitwert bis zum Verfall bis
auf Null ab.

Zins Future. Standardisierter
Terminkontrakt, welcher den Kauf
eines spezifischen Zinssatzes oder
Zinsinstrumentes zu einem gegebenen
Preis an einem bestimmten Zeitpunkt
vorsieht.

Zinsoption. Option, welche dem
Inhaber während eines bestimmten
Zeitraumes das Recht zum Kauf bzw.
Verkauf eines bestimmten zinstragenden Wertpapieres zu einem vereinbarten Ausübungskurs oder direkt eines
bestimmten Geldmarktzinssatzes einräumt.

Literaturverzeichnis

Aus den unzähligen Artikeln und Büchern zum Thema Optionen und Futures sind im folgenden einige interessante Werke aufgeführt, welche dem ambitionierten Leser zur Vertiefung seiner Kenntnisse beitragen sollen.

Beilner, Th.: Futures Options: Bewertung und Anwendung. Wiesbaden: Gabler, 1992.

Berger, M.: Hedging: effiziente Kursabsicherung festverzinslicher Wertpapiere mit Finanzterminkontrakten. Wiesbaden: Gabler 1990.

Black, F., Scholes, M.: The Pricing of Options and Corporate Liabilities. Journal of Political Economy, Nr. 81, May-June, 1973.

Bookstaber, R.: Options can alter Portfolio Return Distributions. The Journal of Portfoliomanagement, Spring 1981.

Brealy, R.A., Myers S.C.: Principles of Corporate Finance, New York, 1991.

Burton, E.: Observations on the Theory of Option Pricing on Debt Instruments. In Brenner, M. (Ed.), Option Pricing. Lexington: D.C. Heath, 1983.

Courtney, D.: Derivatives trading in Europe: a market outlook. London: Butterworth, 1992.

Cox, J.: A Theory of the Term Structure of Interest Rates, Econometrica, Vol. 53, No. 2, March 1985.

Cox, J., Rubinstein, M.: Options Markets. Englewood Cliffs: Prentice Hall, 1985.

Doll, G.F./ Neuroth H.P.: Internationale Optionsscheine: Kennzahlen, Formeln, Interpretation: ein alphab. Nachschlagewerk. Köln: DNI Verlag, 1991.

Ebneter, A.: Strategien mit Aktienoptionen zur Ertragssteigerung und Risikobegrenzung. Frankfurt am Main: Fritz Knapp Verlag, 1987.

Eurex: Eurex Produkte, Zürich und Frankfurt, September 1998.

Eurex: Der Europäische Derivatemarkt, Zürich und Frankfurt, Juli 1998.

Figlewski, S.: Arbitrage-Based Pricing of Stock Index Options. New York University Graduate School of Business, April 1985.

Figlewski, S./ Silber W.L./ Subrahmanyam, M.G.: Financial options: From theory to practice. New York: New York Universitiy, 1990.

Francis, J.C., Toy W.W., Whittaker, J.G.: The Handbook of Equity Derivatives, New York, 1995.

Frauenfelder, E.: Optionen in Wertpapieren und Waren: Eine Untersuchung ihrer mikro- und makroökonomischen Relevanz. 2. Auflage. Bern; Stuttgart: Haupt, 1987.

Gastineau, G.L.: The Options Manual. New York: McGraw-Hill, 1988b.

Geske, R., Roll, R.: On Valuing American Call Options with the Black-Scholes European Formula. Journal of Finance, No. 39, June 1984.

Hull, J.C.: Options, futures, and other derivative securities, New Jersey, Prentice-Hall, 1993.

Klein, R.A., Ledermann, J.: The Handbook of Derivatives & Synthetics, Chicago, 1994.

Kolb, R.W.: Understanding futures markets. 3. Auflage. New York: New York Institute of Finance, 1991.

Leuthold, R.M./ Junkus, J.C./ Cordier J.E.: The theory and practice of futures markets, Lexington, Lexington Books, 1989.

Loistl, O./ Kobinger, M.: Index-Arbitrage insbesondere mit DAX-Futures, Wien: Institut für Finanzierung und Finanzmärkte, 1993.

McHattie, A.: The Investor´s Guide to Warrants, London, 1996.

McMillan, L.G.: Options as a strategic investment. 2. Auflage. New York: New York Institute of Finance, 1986.

Merrick, J.J.: Financial futures markets: structure, pricing, and practice. New York: Harper & Row, 1990.

Merton, R.: On the Pricing of Corporate Debt: The Risk Structure of Interest Rates. Journal of Finance, No. 29, May 1974.

Merton, R.: The Relationship Between Put and Call Option Prices: Comment. Journal of Finance, No. 28, March 1973.

Petzel, T.E.: Financial futures and options: a guide to markets, applications and strategies. Connecticut: Quorum Books, 1989.

Rubinstein, M., Leland, H.: Replicating Options with Positions in Stock and Cash. Financial Analysts Journal, No. 37, July-August 1981.

Schweizer Börse: Merkmale und Risiken von Financial Futures und Traded Options, Zürich, 1998.

Schweizer Börse: Rechnungslegung und Steuern beim Handel und bei der Verwendung von Traded Options und Financial Futures, Zürich, 1996.

Schweizer Börse: Risk based margining, Zürich, September 1997.

Sharpe, W.F., Alexander, G.J.: Investments Fourth Edition, Englewood Cliffs, 1990.

Siegel D.R./ Siegel D.F.: Futures markets. Orlando: Dryden Press, 1990.

Soffex: Strategien mit Optionen und Futures im Aktienmarkt, Zürich, 1997.

Tolle, S.W.: Dynamische Hedging-Strategien mit SMI-Futures. Bern, Stuttgart, Wien: Haupt, 1993.

Uszczapowski, I.: Optionen und Futures verstehen: Grundlagen und neuere Entwicklungen 2. Auflage. München: Beck, 1993.

Weissenfeld, H.: Das grosse Buch der Optionen: ein praktischer Ratgeber für Kapitalanlagen mit Optionsscheinen, Warrants und Derativen, hybriden Anleihen und Finanzinnovationen. Ebmatingen: Fortuna Finanz Verlag, 1993.

Weller, P.: The theory of Futures Marktes. Oxford: Blackwell Publishers, 1992.

Wiener Börse: key facts´98, Wien, März, 1998.

Wilmott, P., Dewynne, J., Howison, S.: Option Pricing, Oxford, 1994.

Zorn, M.: Optionen: Investitions-, Finanzierungs- und anlagestrategische Möglichkeiten. Wien: Service-Fachverlag, 1988.

Autoren und Mitarbeiter

Ernst Müller-Möhl, (geb. 1957) Dr. oec. HSG, lic.iur.; Studium der Wirtschaftswissenschaften und der Jurisprudenz an der Universität St. Gallen.

Ernst Müller-Möhl war einer der erfolgreichsten Unternehmer und Financiers der jungen Generation in der Schweiz. Er begann seine Karriere als Leiter der Finanzanalyse. Kundenberater. Mitglied der Geschäftsleitung und Aktionär der BZ-Bank Zürich, wo er während acht Jahren einer der engsten Mitarbeiter von Martin Ebner war. Schon damals profilierte er sich als Optionen-Spezialist; er war u.a. mitverantwortlich für die erstmalige Lancierung von Warrants an der Schweizer Börse und Miturheber der überaus erfolgreichen Idee der Stillhalter-Optionen. Aus dieser Zeit stammt sein Optionen-Buch, das inzwischen als Standardwerk gilt.

1993 machte sich Ernst Müller-Möhl selbständig und gründete die Bank am Bellevue. Er wurde Hauptaktionär und geschäftsführender Partner der Bellevue-Gruppe in Zürich. Ab 1998 war er wiederum als Gründer, Mehrheitsaktionär und Verwaltungsratspräsident mit dem Aufbau der A&A Actienbank Zürich (mit Niederlassungen in Frankfurt und Mailand) beschäftigt. Ernst Müller-Möhl trat als aktiver Investor und Aktionär bei zahlreichen prominenten Schweizer Gesellschaften hervor. Mit visionärer Kraft und ehrgeizigen Zielsetzungen förderte er die Neuausrichtung des Telekommunikationskonzerns Ascom und des Handelshauses Siber-Hegner. Er engagierte sich massgeblich an Arbonia Forster, COS, Sigg Frauenfeld und anderen Unternehmen und war einer der finanziellen Motoren beim Aufbau der internationalen «20 Minuten»-Mediengruppe. Im Zeichen des liberalisierten Strommarktes arbeitete er an der Etablierung einer Schweizer Netzgesellschaft und ging beträchtliche Engagements in USA und China ein. Immer deutlicher profilierte sich Müller-Möhl dabei als Unternehmer von internationalem Format und Taktgeber wichtiger Innovationen.

Am 3. Mai 2000 starb er, 43 Jahre alt, beim Absturz eines selbst pilotierten Sportflugzeugs am Gotthardpass. Er hinterlässt seine Frau und seinen Sohn.

Erhard Lee, Betr. oec. HWV, Studium der Betriebswirtschaft an der Fachhochschule Zürich, eidg. dipl. Finanzanalyst und Vermögensverwalter, anschliessend Tätigkeiten bei der BZ Bank, Zürich als Handelschef und Finanzanalyst, bei der Bank Leu, Zürich als Finanzanalyst und Portfoliomanager, bei der Actieninvest Vermögensverwaltung, Zürich als Partner und Geschäftsleitungsmitglied. Heute mit dem Aufbau der eigenen Vermögensverwaltungsfirma AMG Analysen & Anlagen, Zürich beschäftigt. Er war für die komplette Überarbeitung der vierten und für die fünfte Auflage dieses Werkes verantwortlich.

Harun Can, lic. iur. HSG, LL.M. (Tax), dipl. Steuerexperte, ist als Rechtsanwalt in der Schweiz und als Notar im Kanton Zug zugelassen. Nach dem Studium der Rechtswissenschaften an der Universität St. Gallen, dem Anwaltspraktikum bei Nick & Ineichen, Zug, einer dreijährigen Tätigkeit als Steuerberater bei Pricewaterhouse Coopers, Zürich, und einem Auslandstudium im Jahre 2001 an der London School of Economics, wird er ab 2002 bei Pestalozzi Lachenal Patry als Steuerberater und Rechtsanwalt tätig sein. Er war als Mitautor an der Bearbeitung des Teils Besteuerung in der Schweiz beteiligt.

Thomas Meister, Dr. iur. HSG, LL.M. (Tax), dipl. Steuerexperte, Partner bei Pestalozzi Lachenal Patry, ist als Rechtsanwalt in der Schweiz und New York zugelassen. Nach dem Studium der Rechtswissenschaften an den Universitäten St. Gallen und Lausanne und mehrjähriger Tätigkeit beim Kantonalen Steueramt Zürich erfolgte 1994 der Übertritt zu Pestalozzi Lachenal Party in Zürich und Genf. 1998 arbeitete er als International Tax Associate bei Caplin & Drysdale in Washington D.C. 2000 wurde er Partner bei Pestalozzi Lachenal Patry. Er

war als Mitautor an der Bearbeitung des Teils Besteuerung in der Schweiz beteiligt.

Michael Randerath, Dr. iur., seit 1997 Rechtsanwalt und Steuerberater bei Freshfields Bruckhaus Deringer in Frankfurt. Zuvor seit 1986 Berater in der Frankfurter Steuerabteilung der KPMG. Studium der Rechtswissenschaften und der Betriebswirtschaft. Er betreut Unternehmen verschiedener Rechtsformen im nationalen und internationalen Steuerrecht. Sein Tätigkeitsschwerpunkt ist die steuerliche Beratung von Finanzdienstleistungsunternehmen, und zwar unternehmens- als auch produktbezogen. Zu diesem Bereich gehört auch die intensive Befassung mit Finanzinnovationen. Er war für die Überarbeitung des Teils «Besteuerung in Deutschland» verantwortlich.

Dr. Michael Sedlaczek, ist in Österreich als Rechtsanwalt zugelassen und seit 1. Mai 2001 Steuerpartner am Wiener Standort. Die Schwerpunkte seiner Beratungstätigkeit liegen im Bereich des M&A-Steuerrechts, des Umgründungssteuerrechts, der steuerlichen Behandlung von Kapitalanlageprodukten einschließlich Investmentfonds sowie deren Strukturierung, des Europäischen Steuerrechts (einschließlich der Vertretung vor Europäischen Instanzen), der Nachfolgeplanung sowie der Umsatzsteuer. Dr. Sedlaczek ist Fachautor und unterrichtet an der Universität Wien.

Index

Das nachstehende Sachwortregister ermöglicht ein rasches und gezieltes Nachschlagen aller zum sachlichen Verständnis notwendigen Stichwörter.

349